Hauptprobleme des öffentlichen Sachenrechts

Eine Studie zur Methodik und Dogmatik des deutschen Verwaltungsrechts

Von

Dr. Theodor Maunz

Privatdozent an der Universität München

1933

München, Berlin und Leipzig

J. Schweitzer Verlag (Arthur Sellier)

Hauptprobleme des öffentlichen Sachenrechts

Eine Studie zur Methodik und Dogmatik
des deutschen Verwaltungsrechts

Von

Dr. Theodor Maunz

Privatdozent an der Universität München

1933

München, Berlin und Leipzig

J. Schweitzer Verlag (Arthur Sellier)

Druck: Max Leutnersche Buchdruckerei in München.

„Die Zivilrechtswissenschaft ist dadurch so reich und so anziehend geworden, daß sie sich nicht scheute, die großen Rechtsideen in die kleinsten Einzelheiten des praktischen Lebens zu verfolgen. Die Wissenschaft des öffentlichen Rechts wird sich in derselben Weise ausbilden."

Otto Mayer im ArchöR Bd. 15 S. 511.

Den Entschluß zur Bearbeitung des Themas habe ich in meiner praktischen Verwaltungstätigkeit als Bezirksamtmann in Starnberg am See gefaßt. Es erschien mir aus der Erfahrung der Praxis heraus als förderlich, das unendlich weitverzweigte und wirtschaftlich bedeutsame Gebiet des öffentlichen Sachenrechts auf seine juristischen Grundlinien zurückzuführen und mit den Grundfragen des Rechts in Zusammenhang zu bringen. Praxis und Theorie dürfen nirgends, am allerwenigsten in der Rechtswissenschaft, Feinde sein.

Überaus wertvolle Förderung für die Behandlung des Themas verdanke ich, wie schon aus den Schrifttumsangaben hervorgeht, meinen hochverehrten Lehrern, insbesondere von der juristischen Fakultät der Universität München, an der ich den größten Teil meiner Studienzeit verbrachte und später fünf Jahre lang Assistent von Universitätsprofessor Geheimen Rat Dr. Dyroff in dessen öffentlichrechtlichen Übungen (Staats-, Verwaltungs- und Kirchenrecht) war. In dieser Fakultät wurde mir das Bild des wissenschaftlichen Forschers und akademischen Lehrers als erstrebenswertes Ziel vorgezeichnet.

Die Arbeit war im Oktober 1931 druckfertig abgeschlossen; später erschienenes Schrifttum konnte nur noch in einzelnen besonders wichtigen Fällen berücksichtigt werden. Bei der technischen Herstellung unterstützte mich meine liebe Frau, indem sie in mühsamer Arbeit mein Stenogramm enträtselte und in lesbare Schrift übertrug, ferner mein Vater, indem er die Durchsicht der Korrekturbogen übernahm.

Die Arbeit lag der hohen Juristischen Fakultät der Universität München als Habilitationsschrift vor.

München, den 1. März 1933.

Der Verfasser.

Inhaltsübersicht.

I. Abschnitt. Die methodische Zielsetzung.

§ 1. Die Notwendigkeit der Behandlung methodischer Vorfragen.

§ 2. Die juristische und die soziologische Betrachtungsweise des Rechts.

§ 3. Die ideologische Betrachtungsweise des Rechts.

§ 4. Das Wesen des Sinns und der Ideologie.

I. Abschnitt.

Die methodische Zielsetzung.

§ 1. Die Notwendigkeit der Behandlung methodischer Vorfragen.

I.

Das öffentliche Sachenrecht (in einer hier noch des näheren zu entwickelnden besonderen Bedeutung) kann als Beispiel eines unfertigen, der gesetzgeberischen wie der wissenschaftlichen Behandlung harrenden Rechtsstoffgebietes bezeichnet werden.

Die Eigenschaft der Unfertigkeit kann in zwei Tatbeständen gefunden werden. Beide stehen trotz der Verschiedenheit ihres Ausgangspunktes in einem regelmäßigen, wenn auch nicht wesensnotwendigen Zusammenhang.

1. Vom Blickpunkt einer Rechtsgemeinschaft aus, in der das Recht als ein in sogenannten formellen Gesetzen geformtes Recht erkannt und angewandt zu werden pflegt, stellt sich das Fehlen solcher Gesetze, ohne daß damit gleichzeitig eine rechtliche Regelung schlechthin fehlen würde, schon allein dieses Mangels wegen als etwas Unfertiges dar. Es ist dabei nicht gedacht an jenen Fall, daß für das in Frage stehende Gebiet überhaupt keine Rechtsnorm besteht, also vom Standpunkt des Normgebers aus eine Gesetzeslücke vorliegt, vom Standpunkt des Normvollziehers aus, für den die Rechtsordnung als lückenlos zu denken ist, entweder das Gleiche (Analogieschluß, argumentum a maiori ad minus) oder das logische Gegenteil (argumentum e contrario) eines ausgesprochenen Rechtssatzes als gesollt unterstellt werden muß. Vielmehr ist an jenen anderen Fall gedacht, daß zwar ein Rechtssatz bestimmten Inhalts als bestehend angenommen wird, aber in anderer Weise kundgemacht und überliefert wird als durch die besondere Form des Gesetzes im formellen Sinn. Nur im letzteren Fall soll von einem Ungeformtsein des Rechts und von einem in dem

Ungeformtsein bestehenden Mangel oder von einer in ihm beruhenden *Unfertigkeit* des Rechtsstoffes gesprochen werden.[1])

Es ist nicht zu leugnen, daß der gleiche Zustand den Rechtsgenossen anderer Rechtsgemeinschaften mit anderer Entwicklungsgeschichte und anderen rechtlichen Vorstellungen als sie die deutsche Rechtsgemeinschaft der Gegenwart aufweist, als ein durchaus „fertiger", möglicherweise sogar als ein idealer Zustand erscheinen mag. Entscheidend für die Bewertung „fertig" oder „unfertig" ist der Vergleichsmaßstab. Legt man den für den deutschen Juristen naheliegenden, heute selbstverständlichen erstgenannten Vergleichsmaßstab zugrunde, so ist in der mangelnden Formung einzelner Sätze des Gesamtrechtsstoffes nach der Auffassung der Rechtskundigen und vielfach auch der Rechtsunkundigen der Rechtsgemeinschaft ein nicht befriedigender Zustand zu sehen. Bei der Empfindung dieses unbefriedigenden Zustandes und bei der Bezeichnung des Zustandes als eines „unfertigen" wird davon ausgegangen, daß der nicht in formellen Gesetzen ausgedrückte Rechtsstoff die Tendenz in sich trage, allmählich in formelle Gesetze gefaßt zu werden und dadurch von der Unfertigkeit zur Fertigkeit fortzuschreiten. Auch insoferne entspricht die Ausdrucksweise der Vorstellung vom Bestand und von den Entwicklungslinien einer bestimmt geformten und in dieser Formung als ideal angesehenen Rechtsordnung.[2])

2. Mit der Erkenntnis der mangelhaften *Formung* ist an sich nichts gesagt über die *Geltung* des Rechts. Der hier als erster aufgeführte Tatbestand der Unfertigkeit des als öffentliches Sachenrecht bezeichneten Rechtsstoffes ist daher scharf zu trennen von dem zu erwähnenden zweiten Tatbestand mit gleicher Wirkung. Auch das ungeformte Recht kann vielmehr je nach den herrschenden Vorstellungen über die Quellen des Rechts wirkliches, d. h. geltendes Recht sein oder werden, nicht etwa nur dann, wenn die Bildung des sogenannten Gewohnheitsrechts auch ohne formalgesetzliche Verweisung als zulässige Rechtsbildung erachtet wird, sondern auch dann, wenn die unerläßliche Rückführung des einem einheitlichen Rechtssystem angehörenden Rechts auf die gleiche rechtssetzende Autorität nur mittels formeller Gesetze zugelassen wird. Letztere bilden dann die Brücke für die Rückführung, indem sie die als notwendig erachtete Verbindung der beiden Ufer — nämlich vorhandener Stoff von Sinngebilden

[1]) Innerhalb des öffentlichen Sachenrechts sind einzelne Spezialstoffgebiete wieder in stärkerem Maße in diesem Sinne „unfertig" als andere. So pflegt z. B. das Wasserrecht in größerem Umfang „kodifiziert" zu sein als etwa das Wegerecht verschiedener Staaten. Das öffentliche Sachenrecht als Gesamtheit ist, soweit ersichtlich, gesetzgeberisch nirgends kodifiziert.

[2]) Einen noch weiteren Schritt bedeutet die sog. Kodifizierung des Rechts. Vergl. darüber die interessante Uebersicht von Rauchhaupt, Kodifiziertes und nichtkodifiziertes Rechts in Europa und in Amerika in Beiträge zur Erläuterung des deutschen Rechts, 1928, S. 218.

einerseits, Ursprungspunkt des Rechtssystems anderseits —, herstellen, während sie hinsichtlich des Inhalts des Rechts verweisen auf den ungeformten Stoff oder — um beim Bilde der Brücke zu bleiben — das verschlossene Ufer des ungeformten Stoffes für die Rechtserkenntnis und die Rechtsanwendung betretbar machen, und diesem ungeformten Stoff dadurch die Eigenschaft von geltendem sowohl für die Rechtsgenossen wie für die Rechtsschutzorgane maßgeblichem Recht verleihen.[3])

3. In einem anderen, methodisch viel bedeutungsvolleren als in dem auf die Gesetzesformung abgestellten Sinn liegt, wie bei verschiedenen anderen Rechtsstoffgebieten, so auch beim öffentlichen Sachenrecht, eine Unfertigkeit insoferne vor, als die rechtsnormmäßige Geltung selbst, d. h. das Inkraftsein von Rechtssätzen bestimmten Inhalts, zweifelhaft ist. Im zweiten Falle ist nicht die Frage der Form, sondern die Frage der Geltung gestellt. Es ist hierbei nicht zu prüfen, in welchen Ausdrucksformen die Rechtsnormen zum Bewußtsein geführt werden, sondern ob Normen überhaupt bestehen und wodurch sich etwa die Rechtsnormen von Normen anderer Gattungen unterscheiden. Der Maßstab der Fertigkeit oder Unfertigkeit des Rechtsstoffgebietes wird hier in der Rechtsnormmäßigkeit der Sinngebilde gesehen. Es liegt auf der Hand, daß es vom Standpunkt der Rechtserkenntnis und Rechtsanwendung aus einen unbefriedigenden Zustand darstellen muß, wenn nicht einmal das Stadium der sicheren Unterscheidungsmöglichkeit zwischen Recht und Nichtrecht erreicht ist.

4. Es mag dahingestellt bleiben, ob die Gewinnung eines begrifflichen Unterscheidungsmerkmales, an dem die existenten Gebilde auf ihre Qualität gemessen werden können, die primäre Aufgabe sein muß oder ob nicht mindestens ebenso wichtig das Begreifen einer Kategorie von Sinngebilden ist, über deren vorhandene oder mangelnde Fähigkeit, den Rechtsnormen zugerechnet zu werden, Einigkeit hergestellt werden kann, ob mit anderen Worten nicht mindestens ebenso fruchtbar wie die Prägung einer unterscheidenden Formel mit den Mitteln logischer Begriffsbildung und durch erkenntnistheoretische Zergliederung das verstehende Erfassen der Sinngebilde „Recht“ und „Nichtrecht“ durch Wesensschau und das beschreibende Darstellen des erfaßten Phänomens ist. Zunächst kann es nur auf die Unterscheidung überhaupt und die Unterscheidbarkeit, einerlei mit welchen Mitteln, ankommen. Die Tatsache, daß Recht und Nichtrecht in den sie ausdrückenden Sinngebilden nicht klar voneinander getrennt werden und mit den vorhandenen Mitteln vielleicht nicht einmal getrennt werden können, bedeutet einen Zustand, dem man mit einer gewissen Berechtigung

[3]) Vergl. dazu Dyroff, Rechtssatzung und Gesetz, Annalen, 1889, S. 829; Nawiasky, Lehre vom Gewohnheitsrecht, Festschrift des VGH, 1929, S. 158; Walter Jellinek, Verwaltungsrecht, 1929, S. 116.

die Eigenschaftsbezeichnung „Unfertigkeit" beilegen kann, auch hier wieder ausgehend von der Vorstellung, daß die Entwicklung fortschreitet zur klaren Unterscheidbarkeit und damit zur „Fertigkeit" des Rechtsstoffgebietes in diesem Sinne. Sieht man die Ueberwindung des unbefriedigenden Zustandes nicht allein in einer bestimmten Richtung der Entwicklung, sondern schon in einer Fixierung eines Wertungsmaßstabes, nicht in einem Werden, sondern in einem Sein, so mag man immerhin die im Ausdruck Unfertigkeit dann liegende sprachliche Unkorrektheit mit in Kauf nehmen, wenn nur das Wesen des Mangels eindeutig erkannt wird.

Ist der Maßstab für die Bewertung des Rechtsstoffes die Rechtsnormmäßigkeit, so hängt das Ergebnis der Anwendung des Maßstabes ab von der mehr oder minder großen objektiven, generellen Möglichkeit, zu trennen zwischen Rechtsnormen einerseits und außerrechtsnormativen Gebilden anderseits, wobei letztere wiederum Normen sein können, nämlich Normen der Aesthetik, der Ethik, der Sitte, des Gesellschaftsmäßigen oder Gesellschaftsnotwendigen usw., oder Sinngebilde ohne Normqualität, wie Vorstellungen des Rechtsgefühls, des Volksgeistes, der Tradition usw., auch der Behördenpraxis, solange nicht aus dieser in einer rechtsnormmäßig zugelassenen Weise Rechtssätze entstanden sind, endlich auch des richtigen Rechts im Gegensatz zum positiv-rechtlich seienden Recht.

5. Das Problem der mangelnden Formung kann mit dem Problem der fraglichen Geltung in naher Berührung stehen. Mit dem Ungeformtsein wachsen nämlich die Schwierigkeiten, die Rechtsnormen von außerrechtsnormativen, jedoch ebenfalls normmäßigen Gebilden zu unterscheiden. Umgekehrt bildet die Formung in Gesetzen einen brauchbaren Wegweiser dafür, den Bestand der Norm festzustellen. Die Berührung der beiden Tatbestände ist aber keine notwendige Berührung; denn es sind selbstverständlich andere Kriterien denkbar als die Gesetzesformung, die die Rechtsnormmäßigkeit nicht minder deutlich erkennen lassen.

6. Es gibt Rechtsstoffgebiete, in denen sich der Mangel einer klaren Unterscheidung besonders unangenehm bemerkbar macht, während er auf anderen Gebieten in geringerem Maße in Erscheinung tritt. Von Einfluß hierfür ist z. B. ob der Stoff des Nichtrechts innerhalb einer begrenzten Materie gegenüber dem Stoff des Rechts besonders umfangreich ist oder nach herrschender Auffassung eine besondere Bedeutung entwickelt. Da letzteres gerade beim öffentlichen Sachenrecht in erheblichem Umfang gesagt werden muß, ist es wohl berechtigt, diese grundlegende methodische Frage bei der Erforschung auch nur dieses Teilgebietes des Verwaltungsrechts aufzuwerfen.

Um zu erfassen, welchen Gebilden und Vorstellungen auf diesem verwaltungsrechtlichen Teilgebiet der Charakter von Rechtsnormen zuzusprechen ist, muß zunächst über den Maßstab Verständigung hergestellt werden, welchen Sinngebilden die Eigenschaft des Rechtlichen zugesprochen und welchen sie abgesprochen werden muß und bezüglich der letzteren sind die Voraussetzungen zu würdigen, unter denen sie für die Anwendung des Rechts von Bedeutung werden können. Soweit in der methodischen Problemstellung und in der Anwendung der methodischen Ergebnisse auf das geltende Recht Unterscheidungen aufgestellt werden, die zunächst ungewohnt sein mögen, werden diese Ergebnisse zweifellos dem Widerspruch der auf anderer Grundlage aufbauenden Forschung ausgesetzt sein. In dem Widerspruch, den sie hervorrufen werden, ist hier, wie in der Wissenschaft überhaupt, der Fortschritt zur besseren Erkenntnis zu sehen.

Gegenüber den beiden erwähnten Tatbeständen, in denen eine Unfertigkeit des Rechtsstoffgebietes des öffentlichen Sachenrechts erblickt wurde, tritt eine andere Tatsache, die dem deutschen Verwaltungsrecht im allgemeinen, dem öffentlichen Sachenrecht aber in ganz besonderem Maße eigen ist, und die von manchem ebenfalls als ein nicht befriedigender Rechtszustand angesehen werden mag, sowohl für die wissenschaftliche Erforschung, wie für die praktische Handhabung verhältnismäßig in den Hintergrund. Es ist die positiv-rechtliche Zersplitterung der Normengesamtheit des deutschen öffentlichen Sachenrechts in einer Mehrzahl von Rechtssystemen, die ihren Grund darin hat, daß die Normen zum überwiegenden Teil nicht Reichsrechts-, sondern Landesrechtsnormen sind. Eine solche Schwierigkeit, der allerdings die rechtswissenschaftliche Forschung auf manch anderen Gebieten des deutschen Rechts, etwa des deutschen Zivilprozeßrechts, in weit geringerem Maße ausgesetzt ist, fällt indessen für die Rechtsanwendung aus dem Grunde kaum ins Gewicht, weil ein Ueberschneiden der Rechtsordnungen gerade im öffentlichen Sachenrecht verhältnismäßig selten ist und damit die Notwendigkeit eines Kollisionsnormensystems auf dem speziellen Gebiete zurücktritt, übrigens die Grundgedanken innerhalb der verschiedenen Rechtsordnungen im großen und ganzen ähnlich zu sein pflegen. Für die wissenschaftliche Forschung anderseits ist diese Mannigfaltigkeit des Rechts in mehr als einer Hinsicht aufschlußreicher und anregender als es die Gleichförmigkeit eines kodifizierten Reichsrechts jemals sein könnte.

II.

1. Seit dem Spotte Otto Mayers im Vorwort seines „Deutschen Verwaltungsrechts" über die Behandlung methodischer Fragen[4]) ist in die

[4]) Otto Mayer, Verwaltungsrecht I, S. VIII, 1914: „Auseinandersetzungen über methodische Fragen liebe ich nicht und habe es namentlich nie verstehen können, wie einer zum Zeichen, daß er gesonnen sei, sich ernsthaft mit einem Zweige der Wissenschaft zu beschäftigen, zunächst einmal mit einem Buche oder einer größeren Abhandlung

Methodik auch des Verwaltungsrechts unter dem Einfluß der fortschreitend sich ausbreitenden und auswirkenden Ergebnisse der allgemeinen geisteswissenschaftlichen Forschung ein Wandel gekommen, der Mayer wohl zu einer noch viel schärferen Kritik veranlaßt hätte. Schon für die damalige Zeit war Mayer insoweit zuzustimmen, als er sich — wohl mit einem Blick auf die bereits erschienenen „Hauptprobleme" Kelsens[5]) — dagegen wandte, in erkenntnistheoretischen Voruntersuchungen das Kernproblem des Verwaltungsrechts zu suchen und zu finden, und als er eine Vorherrschaft technisch-konstruktiver Darlegungen als einseitig bekämpfte. Was Mayer damals aussprach, gilt heute in erhöhtem Maße. So verdienstvoll es zweifellos war und ist, die verwaltungsrechtswissenschaftliche Problembehandlung aus der Leere einer bloß in sich „logischen"[6]) reinen Normenbehandlung in immer größere Zusammenhänge und in die Geistesfülle der Forschung nach den letzten Gründen gerückt zu haben, so groß ist die Gefahr, daß sich die Behandlung in Erkenntnistheorie verliert, statt von ihr nur gestützt zu werden. Weder das Verwaltungsrecht im allgemeinen, noch viel weniger ein Ausschnitt über Spezialfragen daraus, kann und darf sich e r s c h ö p f e n in erkenntnistheoretischen Erörterungen.

Im Mittelpunkt der verwaltungsrechtlichen Forschung muß die Dogmatik stehen. Die Geringschätzung der Rechtsdogmatik kann ebensowenig zu einer Förderung der Rechtswissenschaft im allgemeinen führen, wie etwa der einseitige Kampf gegen das Hinausgreifen rechtswissenschaftlicher Forschung über das Gebiet des rein Normativen hinaus. Wie die Geringschätzung der Dogmatik meist zu einer Ueberschätzung der Methodik führt, so führt der Kampf gegen eine Berücksichtigung außernormativer Wissenschaftsgebiete statt zu einer Geschlossenheit des Gesamtbildes notwendig zu einer unfruchtbaren Abkapselung und damit zur Einseitigkeit, mag diese Methode sich selbst noch so betont als die rein juristische Methode bezeichnen. Aus der Leere der früheren reinen Normhandhabung logizistischer Färbung führt so der Weg der Entwicklung zu einer nicht minder abzulehnenden reinen Normenmethodik.

Demgegenüber ist es nach dem gegenwärtigen Stand der Verwaltungsrechtswissenschaft angebracht, als „erste und unerläßliche Aufgabe des Ju-

---

über Begriff und Methode dieses Zweigs die Oeffentlichkeit in Anspruch nehmen mag." Gegen ihn besonders Günther-Holstein in der „Lehre von der öffentlich-rechtlichen Eigentumsbeschränkung", 1921, S. 10: „Man wird . . . in dem Problem der Methodenlehre die u n e r l ä ß l i c h e V o r b e d i n g u n g für die erkenntniskritische Selbstbesinnung j e d e r Wissenschaft sehen können."

[5]) Kelsen, Hauptprobleme der Staatsrechtslehre, 1911.

[6]) Über den lange Zeit im Staats- und Verwaltungsrecht herrschenden „einseitigen Logizismus" Labands, dem nach Thoma „das soziologische Interesse an der Dynamik" und „das politische Interesse an der Evolution" fehle, vergl. Thoma im HDStR I,1 S. 4 und 5.

risten" zu betonen — um mit Thoma[7]) zu sprechen — „durch systematisch geordnete Feststellungen und Auslegungen der geltenden Rechtsnormen eine Dogmatik des positiven Rechts zu liefern"; „diese Aufgabe der Jurisprudenz" darf „mit ihren anderen Aufgaben, nämlich der historischen Ableitung, der soziologischen Erklärung, der politischen Kritik und der rechtsphilosophischen Würdigung nicht konfundiert werden".

2. Eine Bestätigung mag diese Auffassung finden in dem Ergebnis der Prüfung des Wertes der Methodik schlechthin. Zwar wohnt schon dem formalen Sinngebilde einer in sich geschlossenen und folgerichtigen Methode ein wissenschaftlicher Wert inne, ein Erkenntniswert, wie er dem Erlebnis des logischen Sinns auch sonst in der modernen Wissenschaft vom Werte nicht abgesprochen wird. Insofern beruht schon im Dasein methodischer Sätze ein Eigenwert, nämlich der Wert, der jedem sinnvollen Produkt einer Geistestätigkeit innewohnt. Wird freilich vom Wert einer Methode gesprochen, so wird regelmäßig nicht an diesen Wert des logischen Erlebens gedacht. Der Wert der Methode in diesem Sinne wird vielmehr gesehen in ihrer Funktion, als Weg zum Ziele der wissenschaftlichen Erkenntnis und Anwendung des geltenden Rechts zu dienen. Das ist die eigentliche Bedeutung der Methode im Gegensatz zum bloßen subjektiven Verfahren: Der eine, objektive, zur wissenschaftlichen Erkenntnis führende W e g soll aufgezeigt und betreten werden, damit die Wahrheit gefunden wird.[8]) Der Wert einer Methode und auch der Wert der auf Erkenntnis methodischer Fragen gerichteten Forschung (Methodik) ist ein bezogener Wert, bezogen auf die Förderung der wissenschaftlichen Erkenntnis und Anwendung des geltenden Rechts. Die Rechtsmethodik setzt Rechtsnormen voraus — sie besteht nicht etwa aus Rechtsnormen — und dient der Erfassung der Rechtsnormen. In der Fähigkeit des methodischen Gebäudes, diesem Ziele nahezukommen, beruht sein bezogener Wert. Dadurch, daß der Beziehungspunkt nicht in den methodischen Sätzen selbst, sondern in anderen Sinngebilden liegt, weist der Wert der Methode über sich selbst hinaus auf den Beziehungspunkt. Beziehungspunkt ist das positive Recht oder die das positive Recht als Gegebenheit voraussetzende Wissenschaft von diesem Rechte (Dogmatik).

---

7) HDStR S. 4.

8) Da die methodischen Fragen vielfach, wenn schon nicht mit dem Anspruch auf Allgemeingültigkeit (Absolutheit), so doch selten beschränkt auf einen Wissenschaftszweig gelöst zu werden pflegen, so führt die Rechtsmethodik zuweilen zu einer nicht selten recht liebevollen Behandlung von Problemen außerrechtlicher Wissenschaftszweige. Dieses Hinausgreifen ist — bei aller theoretischen Trennung der rechtlichen und außerrechtlichen Trennung — solange begrüßenswert und insoweit förderlich, als beachtet wird, daß alles, was jenseits der Grenzen der juristischen Erkenntnis liegt, nur zur Vervollständigung und Beleuchtung des Juristischen dienen kann und darf, nicht selbst Juristisches darstellt, daß also durch die über die Grenzen juristischer Erkenntnis hinausgehenden

Trotzdem muß auch der Beachtung der methodischen Fragen das nötige Augenmerk zugewendet werden. Der Spott Otto Mayers darf gerade beim gegenwärtigen Stand der wissenschaftlichen Forschung davon nicht abhalten. Gerade die methodischen Grundfragen sind ja heute problematischer als je. Die Notwendigkeit der Klärung einiger wichtiger in den dogmatischen Stoff einschlagender Fragen, deren Behandlung gerechtfertigt werden soll, folgt in der vorliegenden Abhandlung zwangsläufig daraus, daß in gewissem Umfang wissenschaftliches Neuland betreten werden soll. Wer eine Expedition in ein noch nicht erforschtes Land unternimmt, darf sich nicht darauf beschränken, sein Auge allein auf das Objekt der Forschung zu werfen. Er muß vielmehr auch, soll die Expedition erfolgreich sein, vor allem die Werkzeuge seiner Arbeit prüfen und zurecht richten. Die Methode ist nicht das Objekt der Forschung selbst, aber das Werkzeug, ohne dessen Brauchbarkeit die Expedition scheitern müßte; und sie ist mehr als das Werkzeug insoferne, als die Methode schon zur Stellung der Aufgabe selbst unentbehrlich ist. Nur nach methodischer Herausschälung der drei möglichen Betrachtungsweisen des Rechts ist es möglich, das gesteckte Ziel der Arbeit zu erfassen: die dogmatische und konstruktive Durchforschung eines unfertigen und unerforschten Teilgebietes des Verwaltungsrechts zu verbinden mit der ideologischen Begreifung, und damit die Harmonie herzustellen zwischen der Entscheidung von Fällen und der Orientierung nach den letzten Gründen, zwischen der praktischen Rechtsanwendung und der wissenschaftlichen Rechtserkenntnis.

III.

Der Untertitel der Abhandlung ist so gewählt, daß auch eine etwas

Forschung nur der Lageort der Wurzeln für juristische Probleme aufgedeckt, nicht der Baum der juristischen Erkenntnis selbst erkannt wird. Alle Wissenschaft und alle Erkenntnis hängt schließlich zusammen durch Geltungsbeziehungen verschiedenster Art. Anschaulich spricht unter Verwendung des bildhaft glücklichen Ausdrucks der Verwurzelung Heller (Lehre von der Souveränität, S. 35) den Zusammenhang — im Gegensatz zur Identität — der juristischen mit den Problemen anderer Wissenschaftszweige mit dem Satze aus: „Ausnahmslos jedes juristische Problem ist nach unten in der Soziologie und nach oben in der ethisch-politischen Sphäre verwurzelt." Das gleiche Problem mag Thoma (HDStR S. 5) im Auge haben, wenn er das Bild von der Einfügung der fließenden juristischen Probleme in das Bett der allgemeinen Wissenschaft mit den Worten ausspricht: „Alle Jurisprudenz ist insoweit, als sie geltendes Recht feststellt, auslegt und systematisiert, notwendig Positivismus. Es handelt sich nicht darum, den Positivismus zu überwinden, sondern darum, ihn als unentbehrliches Element einzubetten in die wissenschaftliche Erfassung der staatsrechtlichen Institute". Und es mag ein erster Schritt zur Erfassung der fundamentalen Bedeutung der Ideologie im Rechte sein, wenn Thoma beisetzt: „Die Aufgabe ist, ein jedes Institut sowohl positivistisch zu fixieren als auch zu begreifen als einen im Strom der Geschichte stehenden Versuch der Lösung eines politischen Problems."

ausholende Behandlung der methodischen Vorfragen darin Platz findet. Gerechtfertigt werden mag ein Ausholen auch damit, daß nicht allein zur methodischen Behandlung eines einzelnen Teilstoffes, sondern zur Methodik des deutschen Verwaltungsrechts überhaupt bescheidene Gedanken beigetragen werden wollen. Trotz dieser Beziehung auf das Ganze war es von Anfang an die Absicht der Arbeit, es keinesfalls bei einer methodischen Theorie zu belassen. Vielmehr sollte auf jeden Fall an einem praktischen Einzelinstitut des Verwaltungsrechts die Richtigkeit der Methode erprobt und damit gleichzeitig das einschlägige Teilgebiet auch dogmatisch gefördert werden. Das Recht der öffentlichen Sache schien mir dafür vor anderen geeignet zu sein, da es verhältnismäßig arm an Rechtsnormen und auch wissenschaftlich so wenig bearbeitet ist, daß neue Gedanken an diesem spröden Stoff besonders dankbare Gelegenheit finden konnten, sich zu bewähren.[9])

Es hat nicht geringe Mühe gekostet, die beiden mit der Abhandlung verfolgten Ziele in engere Verbindung zu bringen. Daß das für die Lösung der beiden Ziele in Betracht kommende Schrifttum durchaus verschiedenartig ist — das methodische Problem führt zwangsläufig in das philosophische und soziologische Schrifttum — war die kleinere Schwierigkeit. Größere Sorge bereitete die Frage, ob es gelingen wird, die beiden Zielverwirklichungen in einem einheitlichen Ganzen zusammenzuschmieden. Trotz des Sprungs vom rein methodischen ersten zu den konstruktiv-dogmatischen folgenden Abschnitten schienen mir aber schließlich so viele gedankliche Fäden von einem Teil zum anderen zu laufen und schien mir die praktische Rückkehr des letzten Abschnitts zum theoretisch-methodischen Ausgangspunkt eine solche Geschlossenheit zu gewährleisten, daß das Wagnis, die Gedanken als eine Einheit der Öffentlichkeit vorzulegen, unternommen werden konnte.

Das Ergebnis des Ringens um die gleichzeitige Verwirklichung der beiden Ziele bildet die vorliegende Abhandlung. Auch in diesem Sinne will sie nicht eine Lösung der aufgeworfenen methodischen und dogmatischen Probleme sein, sondern eine „Studie".

§ 2. Die juristische und die soziologische Betrachtungsweise des Rechts.

I.

Die Unterscheidung von zwei Betrachtungsweisen des Rechts, nämlich der sogenannten soziologischen oder historisch-politischen, und der sogenann-

---

[9]) Vergl. dazu auch Glungler, Rechtsschöpfung und Rechtsgestaltung, 1930, S. 34.

ten juristischen Betrachtungsweise, ist in der Staats- und Verwaltungsrechtswissenschaft der Gegenwart üblich und wird in ihr methodisch überwiegend anerkannt.

Georg Jellinek[10]) hat die Unterscheidungsmerkmale klar formuliert. Die eine Betrachtungsweise hat ihm zufolge zum Gegenstand den Staat als soziale Erscheinung. „Sie wendet sich den realen, subjektiven und objektiven Vorgängen zu, aus denen das konkrete Leben der Staaten besteht. Man pflegt diese Betrachtungsweise des Staates die historisch-politische zu nennen."[11]) Die andere Betrachtungsweise hat die rechtliche Seite des Staates, den Staat als rechtliche Institution zum Gegenstand.[12]) Jene Betrachtungsweise bildet nach Jellinek das Thema der Soziallehre des Staates, diese das Thema der Staatsrechtslehre. Das Recht führt nach Jellinek ein „Doppelleben", einmal als soziale Macht, die das konkrete Kulturleben eines Volkes ausgestaltet, sodann als „Inbegriff von Normen, der bestimmt ist, in Handlungen umgesetzt zu werden".

Diesen Gedanken Jellineks[13]) hat Kistiakowski[14]) philosophisch unterbaut mit seiner Scheidung der empirisch-kausalen Soziallehre (Gesellschaftslehre), deren Aufgabe die Erforschung der sozialen Wirklichkeit ist, und der normativen Rechtswissenschaft, zwischen dem Staate als „einer Gesellschaft oder einer Gesamtheit der Menschen selbst, die sich in unmittelbarer Wechselwirkung befinden" und dem Staate „als rechtlicher Verbindung", als „Subjekt der Rechte, der Pflichten und der Macht",[15]) wobei freilich bedauerlicherweise die Macht als der rechtlichen Betrachtung zugänglich und zum rechtlichen Wesen des Staates gehörig angesehen wird.

An die Unterscheidungen von Jellinek und Kistiakowski konnte Kelsen anknüpfen. Er hatte allerdings zunächst weniger Grund, an diese Berührungspunkte seiner eigenen mit den Theorien seiner Vorläufer zu erinnern, als vielmehr sich gegen die Staats- und Rechtslehre jener zu wenden, die unbewußt die beiden Betrachtungsweisen insoferne miteinander verquickten, als sie den Staat auch im Rechtssinn als eine mit überlegener Macht ausgestattete übergeordnete Institution auffaßten, die den

[10]) Jellinek, Allgemeine Staatslehre, 3. Aufl. insbes. S. 136. Das Zitat bei Kelsen, Staatsbegriff, 2. Aufl., S. 115, Fußnote 1 scheint irrtümlich zu sein.

[11]) Jellinek a. a. O. S. 137.

[12]) Jellinek a. a. O. S. 138.

[13]) Das Verdienst Jellineks auf diesem methodischen Gebiete kann ihm das auch zur Kritik seiner allgemeinen wissenschaftlichen Bedeutung geprägte scharfe Wort Smends von der „fortschreitenden Entleerung an sachlichem Ergebnis" (Verfassung und Verfassungsrecht, 1928, S. 4) nicht rauben.

[14]) Kistiakowski, Gesellschaft und Einzelwesen, 1899. Vergl. dazu Jellinek, a.a.O. S. 139, Fußnote 1, der Kistiakowski's Lehre mit einem lobenden Prädikat belegt. Ferner Kelsen, Staatsbegriff, S. 106, der die Lehre ablehnend kritisiert.

[15]) Kistiakowski, a.a.O. S. 72.

zum Gehorsam verpflichteten Untertanen Befehle erteile. Nach dieser bekämpften Vorstellung wären Staat und Untertan als Herrscher und Beherrschter anzusehen. Öffentlichrechtlich wäre ein Rechtsverhältnis dann, wenn es sich auf dem Boden einer (inbezug auf die Macht bestehenden) Ungleichheit von Staat und Untertan vollzöge. Bei einer solchen Vorstellung mußten naturgemäß Sätze wie die folgenden gleich einem Stoß auf die bisherigen gedanklichen Fundamente wirken, mochten sie immerhin nach ihrer philosophischen Grundlage betrachtet, dem Stand der zeitgenössischen Wissenschaft eher nachhinken als ihm vorauseilen oder entsprechen[16]: „Für den Juristen kommt die zur Welt des Seins gehörige sozialpsychische Tatsache der Staatsgewalt nicht in Betracht". „Jedes Herrschafts-, Macht- und Gewaltsverhältnis ist rein faktischer Natur und mit den Mitteln juristischer Formalität nicht ausdrückbar". Die Auffassung von Staat und Untertan als Herrscher und Beherrschter, der Rechtssatz als Imperativ werden als etwas Außerjuristisches bezeichnet. „Befehlen ist eine Herrschaftsfunktion, der Ausfluß eines faktischen Machtverhältnisses".[17] In der in den „Hauptproblemen" von Kelsen entwickelten Lehre ist der Staat nur Rechtsperson als Träger von Rechten und Pflichten. Damit ist nur die Vorstellung der völligen Gleichordnung der Staatsperson mit den sonstigen Rechtspersonen vereinbar. Vom Standpunkt der juristischen Betrachtungsweise aus ist der Staat den übrigen Personen gleichgeordnet; nur von einem soziologischen Standpunkt aus kann von einer Überordnung und einem Herrschaftsverhältnis gesprochen werden.

Die bis ins letzte durchgeführte Scheidung der soziologischen von der juristischen Betrachtungsweise, wie sie Kelsen in den „Hauptproblemen" unter scharfer Kritik aller, die nicht seines Sinnes waren, vortrug, kann sich naturgemäß nicht etwa beschränken auf die Betrachtung des Staates selbst. Sie muß auch anwendbar sein auf einzelne Rechtsinstitute oder Rechtsbegriffe. Es kann z. B. auch der Begriff „Unterordnung" sowohl juristisch wie soziologisch verstanden werden. In soziologischem Sinne bezeichnet der Begriff die faktisch-soziale Unterwerfung oder Unterworfenheit, juristisch bedeutet er die rechtliche Bindung oder Gebundenheit zu einem bestimmten Verhalten, die aus dem Bestehen der Norm folgt und deren Gehalt bildet.

Selbst wenn die Zweiteilung beschränkt bleiben müßte auf die Begreifung des Staates, wäre die Stellungnahme zu ihr bei Behandlung der

---

[16]) Vergl. hierzu Smend, Verfassung und Verfassungsrecht, 1928; Heller, Die Souveränität, 1927.

[17]) Sämtliche Zitate aus Kelsen, Hauptprobleme, S. 226. Vergl. jedoch die Kritik Kelsens an der sog. Zweiseitentheorie im „soziologischen und juristischen Staatsbegriff" S. 205 ff. Interessant auch Merkl, Staatszweck und öffentliches Interesse, Verw. Arch. 27, S. 268.

Hauptprobleme des öffentlichen Sachenrechts schwer vermeidbar. Auch im Mittelpunkt des öffentlichen Sachenrechts als eines Teilgebietes des Verwaltungsrechts steht der Staat (oder ein sonstiger Träger der öffentlichen Verwaltung). Der Ausgangspunkt einer jeden juristisch tiefer bohrenden verwaltungsrechtlichen Abhandlung schlechthin muß daher eine Klärung der Frage sein, in welchem Sinn der Staatsbegriff verwendet werden soll. Der Lehre von der Zweiteilung der Betrachtung oder der „Zweiseitentheorie" ist umsoweniger auszuweichen, als auch der Begriff der öffentlichen Sache selbst und das Verhältnis der an ihr beteiligten Rechtspersonen der Doppelbetrachtung unterliegen und weil erst aus der ergänzenden Zusammenschau die Vorstellung ihres vollen Wesens abgeleitet werden kann.

II.

1. Wie schon vorher Bierling[18]), so hat auch Kelsen[19]) zu erweisen versucht, daß es nicht der gleiche, d. h. identische Gegenstand einer Erkenntnis sein könne, wenn verschiedene Erkenntnisarten — Methoden — gewählt worden seien. Nach dieser Meinung, die von manchen als der wesentliche Fortschritt Kelsens über die Zweiseitentheorie hinaus angesehen wird[20]), fehlt der von Kelsen als „Zweiseitentheorie" bezeichneten Trennung zwischen sozialer (realer) und juristischer (idealer) Seite die Klärung dessen, was dieses „Bild" erkenntnistheoretisch bedeuten soll.[21]) Der Grundfehler liegt in dem immer wieder hervorzuhebenden Irrtum, als ob Normativität und Faktizität sich auf dieselben Dinge beziehen könnten. Die eine gilt einem geistigen Inhalt, die andere einem psychischen Prozeß." Die Zweiseitentheorie halte es für möglich, denselben Gegenstand, den sie juristisch d. h. auf juristische Methode bestimmt habe, nun auch einer Betrachtung zu unterziehen, die zugestandenermaßen in ihrer Richtung von der juristischen Methode wesensverschieden sei. Die kausalwissenschaftliche Methode soll auf das Sein, die Naturwirklichkeit, gerichtet sein, während die juristische Betrachtung auf das Sollen, auf Normen, zielt. „Wenn zwischen Gegenstand und Methode der Erkenntnis — wie nicht anders möglich — Korrelation besteht, die spezifische Methode den spezifischen Gegenstand bestimmt und umgekehrt, dann kann unmöglich auf zwei nach verschiedenen Richtungen gehenden Erkenntniswegen derselbe Erkenntnisgegenstand erreicht, dann kann es nicht derselbe identische Staat — der Staat als Ding an sich — sein, der zugleich durch kausale und normative Betrachtung erfaßt wird."

---

[18]) Bierling, Juristische Prinzipienlehre I, 1894, S. 226.

[19]) Staatsbegriff, S. 105 ff. S. 114 ff.

[20]) Vergl. z. B. Merkl, Staatszweck und öffentliches Interesse, Verw. Arch. Bd. 27 S. 268 ff., hier insbes. S. 269.

[21]) a. a. O. S. 105.

Gegen diesen Versuch erkenntnistheoretischer Beweisführung mag auf die Widerlegung durch Gg. Jellinek verwiesen werden[22], die zunächst Bierling gegolten hat, aber entsprechend auch auf Kelsen angewendet werden kann: „Für ein ens perfectissimum gilt das gewiß, nicht aber für uns, deren empirische Erkenntnis niemals vollkommen ist. Daher ist das Zusammenfassen aller Erkenntnis eines Dinges in eine vollständige Antwort auf die Frage nach seinem Wesen eine ideale Forderung, deren Erfüllung für uns nicht Sache der positiven Wissenschaft, sondern der stets nur subjektive Überzeugungskraft besitzenden Spekulation ist." Gegen Kelsen verwendbar erscheint mir ferner auch der in anderem Zusammenhang entwickelte Gedanke von Rothenbücher[23]: „Für die hier zu erörternden Fragen kommt es nicht darauf an, wann man im Sinne der wissenschaftlichen Logik „Identität" für gegeben erachtet, vielmehr ist hier entscheidend, ob nach der „allgemein herrschenden" Auffassung jeweils die Identität einer Sache noch als gegeben erachtet wird." Für die Aufstellung der Theorie einer zweiseitigen Betrachtung von Staat und Recht kann es nicht auf die erkenntnistheoretische Kritik der inmitten liegenden Vorstellungen ankommen. Maßgebend ist vielmehr, auf welchen gedanklichen Wegen, mit welchen Hilfsvorstellungen, in welchen Erkenntnisarten die bestmöglichste und vollständigste Auffassung vom Wesen des Staates, des Rechts und der einzelnen Rechtsinstitute erreicht werden kann. Und wenn dabei erwiesenermaßen nicht e i n Weg allein zur größtmöglichen Klarheit und Vollständigkeit führt, so werden, ohne daß Bedenken erkenntnistheoretischer Art dem entgegenstehen könnten, zwei oder mehrere Wege beschritten werden können, falls Aussicht besteht, auf diese Weise ein klareres Ergebnis zu erzielen.

2. Der erwähnte, von Kelsen in seinem Werk über den „Staatsbegriff" aufgeführte kritische Gedanke mußte verständlicherweise die Wurzel dafür sein, daß für ihn und seine Schüler eine immer stärker überhandnehmende Abneigung gegen die eine der beiden Betrachtungsweisen, nämlich die soziologische entstand; denn die Erkenntnis, die die Soziologie vermitteln konnte, mußte sich ja auf etwas anderes beziehen, als auf jenes Recht, das den Juristen beschäftigte, mußte also einen anderen Gegenstand der Erkenntnis haben. Die Abneigung wurde so groß, daß Nawiasky[24] die berechtigte Kritik fällen konnte, die Wiener Schule laufe Gefahr, sich selbst zu überschlagen. In der Tat führt von der folgerichtig durchgeführten Steigerung (und Übersteigerung) des Gegensatzes der juristischen und der soziologischen Betrachtungsweise eine Entwicklungslinie zur Aufhebung des

[22] Allgemeine Staatslehre, S. 139, Fußnote 1.
[23] Rothenbücher, Das Wesen des Geschichtlichen, 1926, S. 2 Fußnote 1.
[24] Nawiasky im Vorwort zum Bayerischen Verfassungsrecht, 1923.

Gegensatzes. Diese Möglichkeit kann aber nicht dazu führen, daß die an sich brauchbare Vorstellung von vornherein beiseite geschoben wird. Wie man auch sonst nicht in den Vordergrund schieben darf, was Kelsen rechtsphilosophisch zutage gefördert hat, das, wie Smend und Heller zutreffend erkannt haben, ein verspäteter Abglanz einer überwundenen philosophischen Richtung ist, sondern wie man neben der Kritik Kelsens seine Versuche einer Konstruktion von Staat und Recht (ohne den gewählten philosophischen Unterbau) als die brauchbaren Bausteine für die Weiterarbeit zu erachten hat, so steht es auch mit der hier berührten Spezialfrage: Die kritische und konstruktive Seite seiner Lehre ist das Brauchbare, die erkenntnistheoretische Seite steht demgegenüber zurück. Dem System Kelsen wird damit freilich seine Seele geraubt und nur Teile dieses Körpers werden als verwendbar anerkannt.

3. Wird die Herausarbeitung des Gegensatzes der soziologischen und der juristischen Betrachtungsweise des Rechts entgegen dem späteren Kelsen auf das richtige Maß zurückgeführt, so ist nicht etwa der Schärfe der Zweiteilung, sondern es ist der Unterschätzung der einen, nämlich der soziologischen Betrachtungsweise, entgegenzutreten. Es ist nicht so, als kämen die soziologische Betrachtungsweise für den Juristen überhaupt nicht in Frage. Sie ist im Gegenteil für ihn, will er die Einseitigkeit vermeiden, zur Ergänzung der juristisch theoretischen Vorstellungen und Begriffsbildungen nicht zu entbehren. Nawiasky's Verdienst ist es, gegenüber der Tendenz zur Erschöpfung in dieser Einseitigkeit theoretisch durch Lehre und praktisch durch eigene Anwendung der Gleichwertigkeit beider Betrachtungsweisen bei voller Auseinanderhaltung einen künftigen Siegeszug geweissagt und vorbereitet zu haben, und mit den Worten, die

Parallelität der Betrachtungsweisen

sei allein imstande, über den Gegenstand der Untersuchung volle Klarheit zu verschaffen[25]), die Ergänzungsbedürftigkeit und Ergänzungsfähigkeit der einen durch die andere Methode mit besonderem Nachdruck vertreten zu haben.

In die Verwaltungsrechtswissenschaft ist die Idee des gekennzeichneten Gegensatzes und damit die doppelte Betrachtungsweise des Rechts als eine Selbstverständlichkeit eingedrungen und darin herrschend geworden. An ihr soll auch in keiner Weise gerüttelt werden. Sie muß heute im Gegenteil verteidigt werden gegen Kelsen und seine Schule, die sie erkenntnistheoretisch aus dem Sattel heben wollen.

4. Allein die Zweiseitentheorie ist trotzdem nicht imstande, auf alle Fragen, die das Recht und die einzelnen Rechtsinstitute an den Forscher

[25]) Bayer. Verfassungsrecht, S. V u. VII.

stellen, eine allseits erschöpfende Antwort zu geben. Sie ist noch nicht selbst das letzte methodische Ergebnis. Über sie hinaus muß zu einer notwendigen Dreiteilung, zu einer

Dreiseitentheorie

im Sinne einer methodischen Dreiteilung der Betrachtungsweisen fortgeschritten werden. Deren Aufstellung ist die methodische Abweichung von der bisherigen Lehre. Die Idee der dritten Betrachtungsweise und ihre Einführung in die Verwaltungsrechtswissenschaft bedarf schon aus diesem Grunde einer näheren Begründung.

Die Verteidigung der Zweiteilung nach der grundsätzlichen Seite hin gegenüber den erkenntnistheoretischen Angriffen Kelsens ist gleichzeitig die formale Rechtfertigung für die Vornahme einer Dreiteilung an sich; denn ist es erlaubt, das gleiche Recht und das gleiche Rechtsinstitut sowohl juristisch wie soziologisch zu betrachten, so kann gegen die Einführung einer dritten Betrachtungsweise mit ebenso geringer Durchschlagskraft eingewendet werden, daß die Verschiedenheit der Erkenntniswege eine Verschiedenheit des Objekts zur Folge habe. Von dieser Seite her wird also gegen die folgenden Darlegungen kein Einwand erhoben werden können.

§ 3. Die ideologische Betrachtungsweise des Rechts.

I.

Daß Staat und Recht einer normativen, d. h. auf Normbeschreibung gerichteten Betrachtungsweise zugänglich sind und ihrem Begriffe nach sein müssen, ist, wie bereits betont, in der Verwaltungsrechtswissenschaft anerkannt und wohl auch nicht zu bestreiten. Auch die Auffassung, daß mit der normativen Betrachtungsweise allein das Wesen des Staates und Rechts in voller Wirklichkeit nicht erschöpfend erfaßt werden kann und daß Staat und Recht daher, damit ein zu enges, einseitiges Bild vermieden wird, von einem zweiten ergänzenden Blickpunkt aus betrachtet werden müssen, ist als herrschende und zutreffende Auffassung zu bezeichnen.

Wird in der im vorigen Kapitel angegebenen Weise als diese die normative ergänzende Betrachtungsweise die soziologische aufgestellt, so ist, da die Reichweite der normativen Gedankenwelt im wesentlichen feststeht, zu fragen, ob die Soziologie auf alle diejenigen Erscheinungen um den Staat und das Recht eine aufhellende Antwort geben kann, die mit den Mitteln normativer Begreifung nicht erklärt werden können.

1. Diese Problemstellung führt notwendigerweise zu der Vorfrage, welcher Wissenschaftsgattung die Soziologie angehört, welches ihr besonderer Gegenstand ist und welche Erkenntnisse mithin auf soziologischem Wege möglich sind. Eine Klärung dieser Frage muß selbst dann versucht werden, wenn man sich bewußt ist, daß nach neueren soziologischen Systemen[26]) die Soziologie immer noch ihren Ort im System der Wissenschaften sucht. Selbstverständlich soll zur Beantwortung dieser methodischen Vorfrage, die in ihrer Tiefe an die Wissenschaftssystematik schlechthin rührt, nicht ein origineller Lösungsbeitrag versucht werden. Es soll nur angeknüpft werden an einige wesentliche Ergebnisse der modernen soziologischen Forschung. Eine umfassendere Begründung der — hier zunächst nur skizzierten — Folgerungen soll für später vorbehalten bleiben.

Mag auch der wissenschaftstheoretische Fortschritt in den letzten zehn Jahren unverkennbar sein, so darf doch immer noch ausgegangen werden von dem bereits zehn Jahre zurückliegenden grundsätzlichen Werk Rickerts über die Grenzen der naturwissenschaftlichen Begriffsbildung[27]), der darin die Wissenschaften in ihrer Gesamtheit methodisch unterscheidet in einerseits die sogenannten Naturwissenschaften, anderseits die sogenannten Geisteswissenschaften. Die Naturwissenschaften sind ihm die generalisierenden, wertfreien Wissenschaften, die Geisteswissenschaften sind ihm die individualisierenden, wertbezogenen Wissenschaften[28]). Von den „naturwissenschaftlichen Bestandteilen" in den Geisteswissenschaften[29]), sowie von der beschränkten Wertung bei jeder wissenschaftlichen Begriffsbildung[30]) kann bei der hier vorzunehmenden Differenzierung, um tunlichst klare Grenzlinien zu erhalten, abgesehen werden. Zu den angegebenen Merkmalen der Naturwissenschaften, denen Rickert[31]), näher spezifizierend, noch beifügt die Herausschälung des „Gemeinsamen" und die Ausscheidung des „Individuellen", sowie den Merkmalen der Geisteswissenschaften, zu deren Wesen er rechnet die Herausschälung des „Besonderen" und die Ausscheidung des „Allgemeinen", darf ergänzend beigefügt werden, daß die naturwissenschaftliche Gesetzesbildung sich auf kausal-empirischer Grundlage voll-

[26]) Vergl. Hans Freyer, Soziologie als Wirklichkeitswissenschaft, Leipzig, 1930. Wiese in den „Vorbemerkungen" zu den Verhandlungen des VI. Deutschen Soziologentages 1928 in Zürich, erschienen Tübingen, 1929, hat allerdings den Satz gewagt: „Wer am Züricher Kongreß teilgenommen hat, wird kaum mehr behaupten können, daß die Soziologie heute noch eine durchaus problematische Wissenschaft sei (wobei mit problematisch nicht — was zuträfe — problemreich, sondern zweifelhaft gemeint ist)".

[27]) Rickert, Die Grenzen der naturwissenschaftlichen Begriffsbildung 1921.

[28]) a.a.O. S. 360, 462.

[29]) a.a.O. S. 326.

[30]) a.a.O. S. 515, sowie oben über den Wert der Methode an sich (§ 1). Über die Verschiedenheit der Forschungsmethoden in den beiden genannten Gebieten der Wissenschaft vergl. Bruno Bauch, Wahrheit, Wirklichkeit und Wert, S. 377 ff.

[31]) a.a.O. S. 357.

zieht. Die Soziologie nun will sein die Naturwissenschaft der Gesellschaft, und die Soziologie des Rechts oder die „soziologisch-explikative Rechtswissenschaft", will sein diejenige Kausal-Naturwissenschaft, die „gewisse menschliche Handlungen als determiniert innerhalb eines naturwissenschaftlichen Funktionszusammenhangs zu fassen sucht."[32]) Auf das Nähere und die Gegenmeinungen hierzu — etwa von Smend in „Verfassung und Verfassungsrecht" — kann im vorliegenden Rahmen nicht eingegangen werden.

Die Zweiteilung der Wissenschaften ist seit Rickert wieder problematischer geworden. An ihre Stelle wurde von manchen eine Dreiteilung in verschiedener Richtung gesetzt, etwa in Naturwissenschaften, Geisteswissenschaften und Normwissenschaften, wobei ersichtlich der Begriff der Geisteswissenschaften in einem ganz besonderen Sinn gebraucht ist und in diesem Zusammenhang auch durch den Begriff der Wirklichkeitswissenschaften oder Ethoswissenschaften[33]) ersetzt wird, als der Wissenschaften nicht von den fertigen Gebilden, in denen der objektive Geist sich verwirklicht hat, also von Werken der Kunst, Wissenschaft, Technik u. a., sondern von einem Geschehen, an dem der Mensch selbst mit seinem Willen beteiligt ist, also Geschichte, Soziologie, Psychologie. Die Soziologie wäre hiernach nicht mehr Naturwissenschaft, sondern Wirklichkeitswissenschaft.

2. Für eine Zwei- oder Dreiteilung der Betrachtungsweisen des Rechts

[32]) Alf Roß, Theorie der Rechtsquellen, S. 9.

[33]) Freyer („Soziologie als Wirklichkeitswissenschaft" findet die Zweiteilung von Rickert und seiner Schule für unzureichend. Hatte Rickert alle Wissenschaft von der Kultur und ihren Schöpfungen im Begriff der Geisteswissenschaft zusammengefaßt, so scheidet Freyer diese wieder in zwei Gruppen. Die erste Gruppe beschäftigt sich mit den bündigen Gebilden, die als „Werke", als Verwirklichung objektiven Geistes sich von ihrem Schöpfer abgelöst haben und nun eine zeitlose unabhängige Existenz führen, also mit der Sprache, Dichtkunst, Malerei, Bildkunst, Baukunst, mit philosophischen, religiösen, rechtlichen Gebilden. Der objektive Geist erscheint hier als ein Reich sinnvoller Formen. Die Logoswissenschaften machen diese Gebilde zu ihrem Gegenstande. Sie wollen ihren Gehalt vollständig verstehen, ihre Formfülle, ihre Strukturgesetze, ihren Formwandel, ihre Bedeutung im Ganzen der Kultur durch die theoretische Haltung des Verstehens erfassen. Psychologische, geschichtliche und soziologische Methoden dienen dazu, die Realbedingungen ihres Entstehens aufzuweisen, sind also nur Mittel zur Vertiefung des Verständnisses. Ganz anderer Art ist die zweite Gruppe der Kulturwissenschaften. Sie behandelt nicht bündige Gebilde, die sich vom Menschen losgelöst haben und nun ein zeitüberlegenes Dasein führen. Diese neue Gruppe, die Wirklichkeitswissenschaften, haben zum Gegenstande ein wirkliches Geschehen in der Zeit, Ereignisse, Taten, Entscheidungen — und daraus entstehende gesellschaftliche Wirklichkeiten, die aus Menschen bestehen, an denen wir also selbst beteiligt sind. Wir sind Partei und aktive Kraft. An den Entscheidungen ist unser Willensleben beteiligt, daher nennt Freyer diese Gruppe auch die Ethoswissenschaften. Der Versuch Freyers steht, soweit ich sehe, vereinzelt da, er steht im Gegensatz zu den Auffassungen namhafter neuerer Soziologen. Freyer selbst sagt (S. 205): „Energische Bemühungen, die drei Wirklichkeitswissenschaften logoswissenschaftlich umzubilden, sind in der Gegenwart im Gange."

kann nun allerdings die Zwei- oder Dreiteilung der Wissenschaften überhaupt nicht unbesehen verwendet werden, mag auch aus den mannigfachen Begriffsbestimmungsversuchen der Soziologie ihre (beschränkte) Verwendbarkeit für die Betrachtung des Rechts zu ersehen sein. Insbesondere sind die Begriffe Beziehungswissenschaft, Ethoswissenschaft, Logoswissenschaft, Kulturwissenschaft zunächst und ohne weiteres nicht geeignet, einen Fortschritt für die Systematisierung der R e c h t s betrachtung zu bedeuten. Es kann auch keinesfalls der Normwissenschaft, der Naturwissenschaft und der Wirklichkeitswissenschaft die juristische, soziologische und ideologische Betrachtungsweise als adäquat gegenübergestellt werden, schon aus dem Grunde nicht, weil sich das Ideologische in dem hier verstandenen Sinn nicht mit den Merkmalen der Wirklichkeitswissenschaft in Einklang bringen läßt. Trotz sonstiger Mängel ist die Bezeichnung „Wirklichkeitswissenschaft" insoferne geeigneter als die anderen hier genannten Bezeichnungen, den Gegensatz des Soziologischen zum Ideologischen erkennen zu lassen, als ja die Soziologie als Wirklichkeitswissenschaft Analyse einer seienden Gesellschaftsordnung und Erkenntnis der wirklichen Entwicklungstendenzen der gegenwärtigen gesellschaftlichen Verhältnisse sein, nicht Ideale aufstellen oder realisieren[34]) und nicht wirklichkeitstranszendente Orientierungen darbieten will, die über die bestehende Seinsordnung hinausragen, und die Seinsordnung in der Richtung eigener Ideen färben und gestalten.

Nach der neuesten Wendung in der Entwicklungsgeschichte der Soziologie darf die Soziologie auch nicht mehr ohne Einschränkung schlechthin als eine wertfreie Wissenschaft angesprochen werden. Die notwendige Einschränkung beruht hauptsächlich in der Erkenntnis, daß keine vom menschlichen Geiste vorgenommene Betrachtung schlechthin wertfrei sein kann. Hält man allerdings den Gegensatz von wertfrei und wertbezogen in dem hiernach notwendigen richtigverstandenen Grenzen, so kann die Zugrundelegung der skizzierten Rickert'schen Charakterisierung auch heute noch behelflich sein. Es kann dann jedenfalls ohne Gefahr, mißverstanden zu werden, die wichtige Behauptung gewagt werden, daß eine w e r t b e z o g e n e (u n d m i t i n d i v i d u a l i s i e r e n d e n W e r t u n g e n a r b e i t e n d e) Betrachtungsweise nach der herrschenden wissenschaftssystematischen Auffassung n i c h t als eine „s o z i o l o g i s c h e" Betrachtungsweise angesprochen werden kann. Kann man mit anderen Worten von einer Betrachtungsweise aussagen, daß sie in diesem Sinne wertbezogen sei, so kann sie keine soziologische Betrachtungsweise mehr sein.[35])

---

[34]) Vergl. Freyer a.a.O. S. 295.

[35]) So auch Freyer, a.a.O. S. 208: „Nicht für alle Wissenschaften, wohl aber in aller Strenge für die unsere gilt die Forderung der Wertfreiheit." Ferner Freyer, a.a.O.

3. Sieht man sich nach dieser Erkenntnis in der heutigen Rechtstheorie nach einer Differenzierung um, die alle wertbezogenen Gedankentätigkeiten um das Recht zusammenfaßt, so wird man kaum eine brauchbare Systematisierung finden, trotzdem diese Gedankentätigkeiten selbst — etwa bei dem mehrfach genannten Smend, (Verfassung und Verfassungsrecht), oder Heller (Souveränität) — in umfassender Weise vorgenommen werden. Man kommt aber der Aufstellung der dritten Kategorie näher, wenn man ausgeht von der herrschenden Auffassung über die verschiedenen Wissenschaftszweige oder wissenschaftlichen Tätigkeiten, die sich an das Recht knüpfen und die z. B. Alf Roß in übersichtlicher Weise zergliedert[36]).

Hiernach ist zu unterscheiden zwischen Rechtsdogmatik, Rechtssoziologie und Rechtspolitik als den drei möglichen Betrachtungsweisen rechtlicher Probleme. Die Rechtsdogmatik, auch positive oder dogmatische oder normative Rechtswissenschaft genannt, bezieht sich auf die Erkenntnis eines seinsollenden Seins, auf die Existenz geltender und als geltend hinzunehmender Normen. Die Rechtssoziologie, auch soziologisch-explikative oder kausal-empirische Rechtswissenschaft genannt, bezieht sich auf die Erkenntnis eines seienden Seins, nämlich der Ursachen bestimmter Rechtssysteme und ihres Einflusses auf andere Verhältnisse. Die Rechtspolitik endlich, auch politische Rechtswissenschaft genannt, bezieht sich auf ein seinsollendes Sollen, auf die Existenz von Normen, wie andere Normen, nämlich Rechtsnormen, beschaffen sein sollen, auf Ideale.

Der Formulierung der beiden erstgenannten Betrachtungsweisen ist nach den früheren Ausführungen im wesentlichen beizutreten. Anders steht es dagegen mit jenem Zweig der Rechtswissenschaft, der sich mit den Idealen vom und im Recht beschäftigt. Roß bezeichnet hier — übrigens wieder in Übereinstimmung mit der herrschenden Auffassung — die Lehre, die das Recht von diesem Standpunkt aus betrachtet, viel zu eng als Rechtspolitik, zielt also nur ab auf jene Seite, die sich mit den Idealen nur für das werdende, nicht für das seiende Recht befaßt. In Wahrheit bedeuten aber die Ideale für die Anwendung des geltenden Rechts eine nicht weniger starke Macht als für die Schöpfung des künftigen Rechts; denn die geltenden Normen fragen nach Sinn und sind der Gestaltung durch Sinn fähig. Den Sinn aber geben die Bewußtseinslagen der Menschen, in denen die ideologischen Vorstellungen einen wesentlichen Raum einnehmen. Man kann die Betrachtungsweise des Rechts, die sich

S. 83: „Gerade diese theoretische Haltung des Verstehens ist der Soziologie durch die Eigenart ihres Objektes versagt." „Hier gibt es kein Gegenüber von bündiger Form und verstehendem Subjekt." „Hier wird das Licht der Erkenntnis scheinwerferhaft auf ein Geschehen geworfen, dem der Erkennende selbst mittätig, mitleidend, existenziell angehört. Eine lebende Wirklichkeit erkennt sich selbst."

[36]) Alf Roß, Theorie der Rechtsquellen, S. 8 ff.

mit den ideologischen Einflüssen auf das Recht beschäftigt, als Rechtsideologie und demgemäß die Lehre von ihr als *Rechtsideologik* bezeichnen.

Die Rechtsideologik ist insoferne Rechtspolitik, als sie sich mit dem Problem befaßt, welche Rechtsnormen nach gewissen Idealen gelten *sollen*. Aber sie erschöpft sich nicht in der Rechtspolitik, weil sie sich auch mit der Frage befaßt, welchen Sinngehalt die *geltenden* (seienden) Rechtsnormen haben. Nicht nur die Ideale *für* das Recht, sondern auch die Ideale *im* Recht sind der Gegenstand der Rechtsideologik. Die Ideologie spielt mit anderen Worten nicht nur eine Rolle für die sogenannten Willenslenker, sondern auch für die sogenannten Erkenntnisdenker, die Ideenbildung setzt sich in die Realität nicht nur als wirkende Kraft für Künftiges ein, sondern leitet auch die Erfassung, Sammlung und Ordnung der seienden Tatsachen.[37])

II.

Die Ableitung einer dritten Betrachtungsweise rechtlicher Probleme neben der normativen und soziologischen aus den begrifflichen Grenzen der soziologischen Erkenntnis findet ihre volle Bestätigung bei der Prüfung einzelner Erscheinungen im Recht nach den drei möglichen Betrachtungsweisen, nämlich der normativen, der soziologischen und der ideologischen Betrachtungsweise, und zwar letztere gerichtet auf das geltende, nicht das werdende Recht.

Außerhalb der Sphäre des Normativen gibt es Vorstellungen, die sich mit der Rechtsordnung und ihren Bestandteilen beschäftigen, die aber nach dem angedeuteten Wesen der Soziologie sich nicht in eine soziologische Betrachtungsweise einzwängen lassen, weil sie in hervorragendem Maße wertbezogen sind. Ein Beispiel möge dies veranschaulichen.

1. Für die Rechtsanwendung spielt eine bedeutende Rolle die Idee der *Interessenabwägung*. Die Interessenabwägung muß ihrem Wesen nach zwischen Werten individualisieren, also abwägen; sie hat mit einer kausal-empirischen Geschehensabwicklung nichts zu tun.

Die Theorie der Interessenabwägung als Rechtstätigkeit, nicht als Motiv zu politischen Machthandlungen, wurde in der Hauptsache auf zivilrechtlichem Gebiete ausgebildet.[38]) Sie kann aber ihrer Natur nach nicht

---

[37]) Vergl. Freyer, a.a.O. S. 300.

[38]) Vergl. insbes. Müller-Erzbach, Die Relativität der Rechtsbegriffe und ihre Abgrenzung durch den Zweck des Gesetzes, in Iherings Jahrbücher Bd. 61; derselbe Gefühl oder Vernunft als Rechtsquelle, in Zeitschrift für Handelsrecht, Bd. 73, S. 429 ff. derselbe, Wohin führt die Interessenjurisprudenz, 1932; Heck, Gesetzesauslegung und Interessenjurisprudenz, 1914; ferner das bei Riezler, Das Rechtsgefühl, 1921, S. 141, Fußnote 42, aufgeführte Schrifttum.

darauf beschränkt bleiben und ist in der Tat auch nicht darauf beschränkt geblieben.[39])

a) Durch die Berücksichtigung des „Interesses", sei es durch ausdrückliche Aufnahme des Interessenbegriffes in den Tatbestand einer Rechtsnorm, sei es durch die Interessenabwägung als einem allgemeinen Interpretationsbehelf, müssen notwendigerweise Wertungen in die Betrachtung des Rechts kommen. Was jemands Interesse darstellt, ist vorwiegend Vorstellung, beruhend auf einer Wertung. Die Erfassung eines bestimmten Interesses eines anderen setzt mithin ein Einfühlen oder ein Nacherleben eines Wertgefühls oder das Verstehen von Wertungen voraus. Die Abwägung des Ergebnisses des Nacherlebens ist die Interessenabwägung. Ein Interesse ist, subjektiv gesehen, diejenige Vorstellung, die in einer Person ein positives oder negatives Wertgefühl und daher eine auf materielle oder ideelle Kulturgüter sich beziehende „Begehrungsdisposition" erzeugt.[40]) Die Vorstellung ist wertbezogen und individualisierend, kann nicht als ein Vorgang, eine Aufgabe, eine Angelegenheit der Soziologie zugerechnet werden und ist durch keine soziologische Betrachtungsweise darzustellen. Es ist vielmehr zu fragen: Wo werden die Wertmaßstäbe für die Abwägung hergeholt? Diese Frage schon weist über die normative und soziologische Kategorien hinaus in das Gebiet der Wertordnungen oder der Vorstellung von ihnen, auf das Weltbild des Wertenden, auf Ideologie.

b) Nicht nur der Inhalt und das Ergebnis der vorzunehmenden Interessenabwägung — also die Wertmaßstäbe und der Erfolg ihrer Anwendung — sondern schon die Vorstellung von ihrer Zweckmäßigkeit und Notwendigkeit selbst stellen eine Betrachtungsweise dar, der weder mit den Mitteln normativer Erkenntnis noch mit den Gedankenkomplexen der soziologischen Wissenschaft beizukommen ist. Sie ist die Idee, daß bestimmte Arten der Interpretation[41]) zur vollkommenen Auswertung des Normeninhalts nicht ausreichen und daß daher zu Gedankengebilden gegriffen werden muß, die außerhalb der Normengefüge selbst liegen. Auch diese Vorstellung ist ideologischer Natur.

2. Über das Normative und Soziologische hinaus verweisen eine Fülle von Rechtsinstituten und Gesetzesbegriffen, die mit S i n n erfüllt werden müssen und deren Sinn aus Ideologien gewonnen werden muß. Hierher gehören z. B. das wichtige Institut der Verhältnismäßigkeit des polizeilichen Eingreifens[42]) oder der polizeilichen Mittel schlechthin, das als ein

[39]) Triepel, Streitigkeiten zwischen Reich und Ländern, Festgabe für Kahl, S. 100; Beling, Grundzüge des Strafrechts, 1925, S. 37: das „Prinzip des überwiegenden Interesses", die „Güterabwägungstheorie".

[40]) Vergl. Riezler, Rechtsgefühl, S. 141.

[41]) Vergl. Heck a.a.O. S. 3.

[42]) Vergl. Fleiner, Institutionen, S. 404/405.

Grundprinzip des Rechtsstaates bezeichnet wird,[43]) die vier bekannten Grenzen der Polizeigewalt, nämlich Übermaß, Ungeeignetheit, Unzulänglichkeit und Schädlichkeit,[44]) die Gesetzesbegriffe „Treu und Glauben", „gute Sitten", „Verkehrssitten", „gemeiner Nutzen", „künstlerische Bedeutung", „offenbar unbillig", „öffentliches Interesse", „Notwendigkeit", „Zweckmäßigkeit", „Bedürfnis", und zahlreiche andere — und im weiteren Verfolg überhaupt alle Rechtslagen, in denen ein Staatsorgan nach seinem freien oder pflichtgemäßen Ermessen entscheiden darf (Kannvorschriften für Staatsorgane) und in denen unbestimmte Gesetzesbegriffe zu deuten sind.

Welche Gesetzesbegriffe wären aber bestimmt und eindeutig? Die Notwendigkeit, diese Frage zu stellen, ist das Zeichen dafür, daß die Ideologie ein Hauptmittel für die Rechtsauslegung ist. Mag man in solchen Fällen die teleologische Auslegung als die allein mögliche erachten, die Höchstwertigkeit oder Einhelligkeit der Fallentscheidung[45]) als Grundnorm für die Rechtsanwendung hinstellen, mag man die historische Auslegung oder objektive — einschließlich der soziologischen[46]) — Deutung, den Willen des Gesetzgebers oder den Willen des Gesetzes oder die Natur der Sache oder sonstige Ideen der Auslegung entscheiden lassen, stets handelt es sich um Vorstellungen, Werturteile, Abwägungen, die über den normativen und soziologischen Rahmen hinausweisen.

Ein reizvolles Beispiel, daß selbst „objektive", zwischen zwei äußersten anerkannten Grenzen mögliche Wertерwägungen auf Ideologien zurückgeführt werden, bietet ein Urteil des Thüringischen Oberverwaltungsgerichts bei Rothenbücher[47]), worin als der öffentlichen Sittlichkeit widersprechend das erachtet wurde, „was von der Mehrheit der Bevölkerung als anstößig würde empfunden werden". Es ist Rothenbücher darin zuzustimmen[48]), daß eine solche Einführung einer vermeintlichen Wahrheitsvorstellung nicht minder bedenklich werden mag, als die tatsächlich geübte, wenn schon nicht zugestandene Übung eines Gerichts, seine eigene Anschauung über die Sittlichkeit mit der Sittlichkeit gleichzustellen. Das liegt im Wesen der Ideologie. Aber läßt sich überhaupt eine andere Anfühlung des Rechtsbegriffs Sittlichkeit mit Sinn denken als durch Anschauungen, Vorstellungen, Ideologien? Und ist nicht auch das Abstellen auf das „Empfinden eines gedachten Normalmenschen" Ideologie?

3. Der statt des Begriffes „soziologisch" zuweilen z. B. bei Gg. Jellinek

---

[43]) Vergl. Rothenbücher, Verwaltungsarchiv 1931, S. 245, und das dort angeführte Zitat.

[44]) Vergl. W. Jellinek, Verwaltungsrecht, S. 417 und 422.

[45]) Vergl. W. Jellinek, a.a.O. S. 141, sowie unten!

[46]) Vergl. Heck, a.a.O. S. 3 ff., S. 274 ff.

[47]) Verwaltungsarchiv, 1931, S. 246.

[48]) a.a.O. S. 247.

(Allgemeine Staatslehre) verwendete Begriff „historisch" oder „historisch-politisch" deckt ebensowenig wie jener die Eigenart der rechtsideologischen Betrachtungsweise vollständig, mögen auch bei letzterer historische Gesichtspunkte mit eine Rolle spielen. Es ist aber auch umgekehrt zu bedenken, daß vieles Historische ideologischer Natur ist.

Dies lehrt schon ein kurzer Blick auf die in verwaltungsrechtlichen Lehrbüchern meist enthaltenen Übersichten über die Geschichte des Verwaltungsrechts. Der Abriß der Verwaltungsrechtsgeschichte bei W. Jellinek z. B.[49]) ist eine Geschichte der im Laufe der Jahrhunderte wechselnden Ideologien über das Verhältnis des Trägers der Herrschergewalt zum Untertanen, wobei dahingestellt bleiben mag, ob die aufgezeigten Vorstellungen bei jenen vergangenen Geschlechtern, denen sie zugeschrieben werden, als reale Tatsache bestanden haben — etwa der sog. ältere Justizstaat z. Zt. der Gründung des Reichskammergerichts — oder ob die Geschichte jener Ideologie selbst wieder eine Ideologie darstellt; ein sorgfältiges Quellenstudium wird sich bemühen, die Lösung dieser Frage zu fördern. Fleiner[50]) gliedert die Geschichte des Verwaltungsrechts in Epochen, nicht nach dem tatsächlichen Rechtszustand und seinen Wandlungen, sondern nach den in jedem Zeitabschnitt herrschenden Ideen, die einen Umbildungsprozeß des Verhältnisses der öffentlichen Gewalt zu den Untertanen bewirkt haben. „In keinem einheitlichen Tempo sind diese Bewegungen in den einzelnen deutschen Ländern vor sich gegangen und nirgends hat das jeweilig neue Recht das alte vollkommen beseitigt; in jede Periode ragen rechtliche Überreste überwundener A n s c h a u u n g e n herein. Aber in einer jeden Periode bestimmt e i n e neue, von den früheren Bestrebungen abweichende Auffassung die Stellung der öffentlichen Gewalt zum Untertanen und zum Recht. Dabei muß man sich stets gegenwärtig halten, daß sich von Epoche zu Epoche die Anschauungen über den Umfang der öffentlichen Gewalt wandeln."

III.

Die tiefere Erkenntnis des Zusammenhanges zwischen den drei Arten der Betrachtung der Rechtsgesamtheit wie einzelner Rechtsstoffgebiete kann erst durch eine Beleuchtung des Verhältnisses von Ideologie und Rechtsnorm gewonnen werden (s. u.). Das Ergebnis der Untersuchung ist zunächst die Feststellung, daß die juristische Betrachtung einerseits und die soziologische Betrachtung anderseits die Summe der Betrachtungsmöglichkeiten des Rechts nicht erschöpfen und daß als ergänzende Betrachtungsweise die ideologische hinzutreten muß.

[49]) Verwaltungsrecht 1929, S. 76 ff.
[50]) Institutionen, S. 28.

Wendet man die dreifache Betrachtungsweise auf den Staat an, so beschäftigt sich in großen Umrissen gesehen die soziologische Betrachtungsweise des Staates und Rechts mit dem faktischen Bestehen und Wirken des Staates, den tatsächlichen Machtvorgängen (Kampf um die Führung) und Herrschaftsverhältnissen, der auf kausalen Gesetzen beruhenden Abwicklung der Ereignisse, ihren Ursachen und Wirkungen usw. Die juristische (oder normative) Betrachtungsweise beschäftigt sich mit der Beschreibung der Seinsollens-Sätze, die sich an die Rechtsordnungs-Untertanen richten. Die ideologische Betrachtungsweise beschäftigt sich mit den Vorstellungen über den Staat, über seinen Wert und seine Rechtfertigung, über seine Zwecke, seine Formen, seine weltanschauliche Bewertung, mit seinem Verhältnis zum Ziel des Menschen und der Menschheit, mit der idealen Staatsform und der Kritik der bestehenden Formen.

Da die Ideologie vom Staate nach Zeiten und Menschen und auch im einzelnen Menschen im Laufe fortschreitender oder abnehmender Erkenntnis- und Empfindungsreife wechselt, liegt die Tendenz zu zusammenfassender und erklärender Behandlung, also zur Aufstellung und Darlegung des Typs einer herrschenden Ideologie nahe. Diese in gewissem Sinn generalisierende Tätigkeit zwingt zu der Überlegung, ob nicht doch die Betrachtung vom ideologischen Standpunkt aus nichts anderes als die Prüfung unter soziologischer Lupe sei, insbesondere nach Art der soziologischen Forschung analysierend und synthetisierend vorgenommen werden muß. Indessen ist dies auch gegenüber dem neuen Gesichtspunkt wiederum zu verneinen, da insbesondere das dem Ideologischen wesentliche Verstehen, Nacherleben, Einfühlen und Werten der soziologischen Methode fremd ist.

IV.

Die Scheidung der Betrachtungsweisen ist, soweit ich sehe, in der gewählten Art im Schrifttum neu. Sie deckt sich insbesondere nicht mit der in manchen Punkten anklingenden Differenzierung Nawiaskys[51]), der unterscheidet erstens die Gewinnung rein formaler Grundbegriffe, zweitens die Feststellung inhaltlich erfüllter Begriffe und drittens die Untersuchung gesellschaftlicher Machtverhältnisse. Man geht nicht fehl, wenn man in all diesen drei Kategorien, mindestens aber in den beiden letztgenannten ideologische Bestandteile von mehr oder minder starkem Ausmaße findet oder unterbringt. Auch sonstige ähnliche Unterscheidungen überschneiden sich mit der hier aufgestellten oder stellen andere Gesichtspunkte voran.

[51]) Bayer. Verfassungsrecht, S. VI. Dagegen hat Nawiasky, wie schon im Vorwort hervorgehoben, in seinem Seminar seit Jahren die ideologische Betrachtungsweise des Rechts zum Gegenstand von Aussprachen an Hand von neuesten rechtswissenschaftlichen

Mag es auch streng logisch nicht ganz zutreffend sein, die drei hier formulierten Betrachtungsweisen als gleichwertig nebeneinander zu stellen (es ist z. B. eine Abhängigkeit sowohl des Ideologischen vom Normativen, wie des Normativen vom Ideologischen nicht zu leugnen), so ist doch die bei einer reinlichen Scheidung naheliegende Parallelität der Betrachtungsweisen methodisch zunächst zweckmäßig.

Von den drei Betrachtungsweisen mag, die Vornahme der Differenzierung abschließend, das gleiche gesagt werden, was Nawiasky[52]) von seiner oben erwähnten Dreiteilung gehalten hat: „Alle drei Aufgaben sind gleich notwendig und gleich wichtig, ihre Ergebnisse ergänzen sich und beeinflussen sich auch teilweise gegenseitig; aber alle drei müssen zunächst reinlich geschieden und jede für sich verfolgt werden, erst dann ist eine Zusammenfassung am Platze. Damit soll natürlich nichts über die Art der Darstellung der getrennt ermittelten Ergebnisse gesagt werden; hier kann eine Nebeneinanderstellung mitunter recht förderlich sein."

§ 4. Das Wesen des Sinns und der Ideologie.

I.

1. Die Aufstellung einer dritten Betrachtungsweise, nämlich der ideologischen, neben der überkommenen soziologischen und juristischen Betrachtungsweise des Rechts, steht im Einklang mit dem gegenwärtigen Stand der geisteswissenschaftlichen Forschung im allgemeinen. Zur methodischen Rechtfertigung und zur Herstellung des Zusammenhangs mit dem Gesamtwissenschaftssystem soll auf das Wesen des Sinns kurz eingegangen werden, wie es sich in der heutigen Auffassung der Wissenschaft darstellt. Die Eigenart der geistigen Tätigkeit, die für die Rechtsideologik charakteristisch ist, ist ein Erkenntnisprodukt erst der jüngsten Zeit. Die Verbindung der Dreiteilung der Betrachtungsweisen des Rechts mit gewissen Ergebnissen der geisteswissenschaftlichen Forschung der Gegenwart überhaupt gibt dem gewonnenen Gedanken nicht nur die nötige Fundierung und verstärkte Überzeugungskraft, sondern ist auch die Quelle für eine klare Trennung von ideologischen Vorstellungen mit normativen Gegebenheiten und damit für eine Erkenntnis des Wesens des Sinns, im besonderen für das Recht. Selbstverständlich können aus dem unerschöpflichen Gebiet nur Andeutungen einiger wichtiger Gedanken gebracht werden, gleichsam als Programm für eine methodologische Theorie. Auch hier erschien es wieder

---

Monographien gemacht und die Dreiteilung — wenn auch in anderer Entwicklung und Motivierung als hier — vertreten.

[52]) a.a.O. S. VII.

vordringlicher, gerade die praktische Auswirkung des methodischen Grundgedankens auf einem abgegrenzten Rechtsstoff und ein besonderes verwaltungsrechtliches Institut aufzuzeigen.

Nach einer beachtlichen erkenntnistheoretischen Lehre der Gegenwart ist das Erkennen nicht etwa ein bloßes Wiedergeben oder Abbilden der etwa auch ohne Betrachtung als seiend anzunehmenden Tatsachen. Vielmehr erhalten alle Tatsachen erst durch den Geist einen Gehalt, eine Bedeutung, einen Sinn. Jede „Tatsache" ist hiernach schon beurteilte Tatsache.[53]) Erst durch den Sinn wird das Tatsachenmaterial verstanden. Die Tatsachen sind nicht ein unabhängig von der Erkenntnis Gegebenes, sondern schon ein durch den Sinn Geformtes. Jede Tatsache ist schon Tatsache einer bestimmten Sinnrichtung oder eines bestimmten Sinnprinzips. Daher erweist sich das für eine naive Betrachtungsweise als die gleiche Tatsache erscheinende Sein oder Geschehen als verschiedenartig, je nachdem es mit anderem Sinn aufgefaßt und damit gestaltet wird. Die Deutung (Interpretierung) des Objektiven und damit seine Bedeutung ändern sich nach dem Sinn, der an sie herangebracht wird. Tatsachen „sprechen" nicht „für sich". Sie haben in sich selbst keine Hinweise für eine ganz bestimmte alle anderen Möglichkeiten ausschließende Deutung. Was von den Tatsachen gesagt ist, gilt auch von dem ein reales Sein darstellenden „Gelten" der Normen.

Mit dem Hinweis auf diese geisteswissenschaftliche Richtung wird keineswegs einem Idealismus das Wort geredet, der auch die Existenz der Dinge in die Vorstellung von Dingen auflöst. An dem von aller Betrachtung unabhängigen Gelten der Sollenssätze, dem sog. seienden Sollen der Normen, soll nicht gerüttelt werden. Ebenso wenig ist mit der Betonung des Sinnes für das Sein der Tatsachen und das Gelten der Normen ein Verlieren im Subjektivismus zu befürchten. Mag auch der einzelne urteilende und wertende Geist subjektiv genannt werden, so ist doch die Summe der Sinnrichtungen, der Sinn oder Gehalt durchaus objektiv.[54])

[53]) Vergl. Bruno Bauch, Wahrheit, Wirklichkeit und Wert, 1923, S. 308: Tatsachen werden durch Urteile „festgestellt", nicht „vorgefunden". „Darum gibt es keine für sich selber schon feststehenden Tatsachen. Sie können nur festgestellt werden auf Grund ihres Begriffs, der die Festigkeit, freilich nicht des starren Seins, sondern der objektiven Beziehung hat. Das ist der tiefe philosophische Sinn, den hier schon die deutsche Wissenschaftssprache in der Wendung vom „Feststellen der Tatsachen" bekundet. Darin liegt: Feststellen kann man nicht etwas Feststehendes, sondern immer nur etwas Bewegtes. Aber man kann etwas nicht feststellen, ohne es an und durch etwas Festes zu befestigen. Dieses Feste aber ist der Begriff nicht im Sinne des Starren, sondern der Funktion der der Beziehung."

[54]) Wertgeladenheit und Wertfreiheit haben mit Subjektivismus nichts zu tun. Alle Werte sind objektiv. Aber auch die Wertungen entbehren zwar der Allgemeingültigkeit (Aufzwingbarkeit), sind geschichtlich bestimmt und „sozial", müssen aber trotzdem gerade in ihrer historisch-sozialen Bestimmtheit objektiv genannt werden (vergl. Ver-

So ist auch der Wert objektiv, während die Wertungen subjektiv sein können und sind.[55])

Darauf, daß der Sinn in gewissen Grenzen von allen erfaßbar, also allgemeingültig ist, beruht das gegenseitige **Verstehen**. Der Sinn ist, wie Rickert in den „Grenzen der naturwissenschaftlichen Erkenntnis"[56]) es ausgedrückt hat, nicht **mein** Sinn und nicht **Dein** Sinn, sondern er schwebt gleichsam frei zwischen uns und schlägt so die Brücke vom Ich zum Du. Erst verstehe ich den Sinn, dann beachte ich, wie der Sinn in mir selbst wirksam wird, und so komme ich durch Einfühlung zum „nacherlebenden Verstehen". Wäre der Sinn nichts Objektives, über dem Subjekt Schwebendes, so käme das Subjekt nicht zu einer Erkenntnis der Wirksamkeit des Sinnes in sich selbst, zur sogenannten Sinngebung. Das Ergebnis der Sinngebung ist ein Erkenntnis- oder ein Werturteil.

Der Sinn ist der Oberbegriff, der Erkenntnis- und Wertgebiet umfaßt. Daher konnte Theodor Litt[57]) schreiben: „Die Sphäre des Sinnhaften schließt Wertgemäßes. Wertwidriges und Wertindifferentes in einem logischen Verband zusammen." Sinngefühl und Wertgefühl sind korrelat in der Weise, daß das Wertgefühl der Inhalt, Sinngefühl dagegen Form und Inhalt zusammen ist; das Wertgefühl ist mithin eine Seite des Sinngefühls. Beide entstehen durch den gleichen Akt der Betrachtung. Auch das Erlebnis des logischen Sinns ist ein Werterlebnis. Es besteht im Verstehen eines Erkenntniswertes.[58])

2. Die bevorzugte oder herrschende Richtung des Sinns, die geistig-seelische Einstellung einer Person, einer Gruppe, einer Gemeinschaft, einer Nation, einer Kultur, die „Sinnrichtung" kann man als **Ideologie** bezeichnen. In dieser Bedeutung wird der Begriff „Ideologie" im folgen-

---

handlungen des VI. Deutschen Soziologentages, S. 95. Sombart in der Diskussion über den Vortrag von Mannheim): „Aber die Erfassung der Werte ist letzten Endes eine persönliche Angelegenheit. Das Postulat der Wertfreiheit hat nichts zu tun mit der Relativierung der Werte. Die Werte bleiben absolut, die Werte sind objektiv. Die Wertungen aber sind persönlich, also sozial, also geschichtlich bestimmt und entbehren der Allgemeingültigkeit."

[55]) Vergl. die sog. „**relative** Objektivität" der Interessenabwägung bei Riezler, Rechtsgefühl, S. 145! Die Objektivität des Sinnes zeigt sich insbesondere in dem Vorgang des Neu- oder Umlernens, das nichts anderes ist als der Erwerb der Fähigkeit, sich in einen fremden Sinn einzudenken. Eine bestimmte Kultur hat einen bestimmten Sinn. Der Anteil an den Kulturgütern einer Kultur besteht in dem Maß des Eindringens des Subjekts in den objektiven Sinn dieser Kultur. Vergl. Rickert. a.a.O. S. 444.

[56]) S. 439 ff.

[57]) Individuum und Gemeinschaft, S. 28.

[58]) Vergl. Rickert a.a.O. S. 413 ff. 423: „Der Sinn läßt sich nur mit Rücksicht auf Werte seinem Gehalt nach deuten." „Was nicht irgend Wert und Sinn ist oder hat, bleibt unverständlich und kann (wie die wert- und sinnfreien Realitäten der Natur) nur beschrieben und erklärt werden." Die Welt des Körperlichen wird beschrieben und erklärt. Die Welt des Geistigen wird verstanden.

den verstanden. Ideologie ist hiernach der geordnete Komplex der Gedanken-, Empfindungs- und Wertrichtungen bestimmter Subjekte oder Kollektivgebilde. Sie umfaßt die Wertordnung und das Weltbild dieser Subjekte. Sie bestimmt die für die Deutung maßgebenden Gesichtspunkte, die „Perspektiven". Sie ist die Grundlage für eine Differenzierung und Rangstufung der Grundwerte. Sie ist Inhaltsvorstellung und Bedeutungsbewußtsein.

Wenn aus dem Lebensgrundgefühl heraus ein Mangel, ein unbefriedigender Zustand, zum Bewußtsein des Menschen gekommen ist, so entwirft die schöpferische Phantasie ein Gebilde, in dem der Mangel nicht mehr besteht. In diesem Gebilde lebt der Wille nur in der Form des Wunsches. Der kritische Verstand hat die Frage nach der Möglichkeit einer Verwirklichung des erschauten und erwünschten Zustandes oft noch nicht gestellt. Aber schon im Schauen des Wunschgebildes hebt sich das Lebensgefühl und gibt der Persönlichkeit Antriebe zur Herbeiführung des besseren Zustandes.

Den Weg zum Ziel prüft der Verstand durch ein Gegenüberstellen der Widerstände, die sich dem Eintritt des erwünschten Zustands entgegenstellen und der zur Überwindung der Widerstände verfügbaren Mittel. In dem Maße, als das utopische Gebilde durch gangbare Wege mit der gegenwärtigen wirklichen Lage verbunden erscheint, als ein System von Plänen und Brücken vom Verstand gutgeheißen und vom Willen bekräftigt wird, geht die Utopie ein in ein ideologisches Gesamtbild. An utopischen Fernzielen der Phantasie erwachsen dem Geiste durch kritische Denkarbeit Ideologien. So stellt sich dem Forschen der Entwicklungsprozeß der Ideologie dar.

Das Treibende in der Ideologie ist der Wert. Ideologien sind Wertstufenordnungen oder Wertsysteme. Sie nehmen nicht nur die logische Urteilskraft in Anspruch, sondern auch das Gefühl und den Willen, die Totalität des Menschen.

Aus den Spannungen der Ideologien ergeben sich die Gruppenbildungen und die geistigen Kämpfe. Ideologien bestimmen die Grundhaltungen, mit denen Personen und Völker der Natur und der Kultur gegenüberstehen. Je einheitlicher eine Kultur in allen Zweigen von der gleichen Ideologie getragen ist, desto charakteristischer ist sie. Verschiedenen Kulturtypen liegen verschiedene Ideologien zugrunde. Die beherrschende Ideologie einer Kultur bestimmt deren Struktur.

II.

1. Die Ideologie ist die Grundlage für die Gewinnung rechtspolitischer

Grundsätze. Sie übt entscheidenden Einfluß auf die Rechtsnormenschöpfung.[59])

2. Die Ideologie ist auch — und das ist ihre wichtigste auf bestehende Normen bezügliche Funktion, deren Erkenntnisförderung eine Hauptaufgabe der vorliegenden Arbeit sein soll — die Grundlage der Rechtsinterpretation einschließlich der zu ihr gehörigen rechtsklassifikatorischen und rechtskonstruktiven Tätigkeiten. Selbst wenn die Form einer Normierung bleibt, legt eine andere Ideologie einen anderen Sinn unter. Eine andere Ideologie sieht andere Tatsachen als bedeutsam an und zieht daraus andere Folgerungen. Seit der Aufklärungszeit wurde z. B. vielfach das intellektuelle Erkennen als höchster Zweck des Menschentums erachtet. In neuester Zeit hat sich ein unverkennbarer Zug auf das Werten gerichtet, in dessen Vornahme die Krönung des geistigen Menschentums zu sehen sei. Ideologien werden durch andere Ideologien verdrängt. Werden andere Tatsachen gesehen und gewertet, so wird der Sinn von Normen ein anderer, mag auch das äußere Gerüst bleiben. Der Gehalt ändert sich, die Form bleibt. Dies ist der Vorgang des „Bedeutungswandels" des Rechts. In seiner Aufzeigung ist, wie im Recht überhaupt, so auch auf dem Gebiete des hier zu behandelnden öffentlichen Sachenrechts eine wichtige Aufgabe des normenbeschreibenden Rechtsdeuters und damit der Rechtsdogmatik zu sehen. Damit ist gleichzeitig auch erkannt, daß die Rechtsnorm in ihrem Sein durch die Ideologie nicht erschüttert oder aufgehoben wird. Rothenbücher hat diesen Gedanken in die anschauliche Form gekleidet: „Trotzdem in solchen Fällen die Bedeutung des Bildes, seine Funktion durch die Veränderung des ihm zugeschriebenen Sinngehalts eine ganz andere geworden ist, ist es dennoch in seinem gegenständlichen Sein noch dasselbe, die in der Vergangenheit entstandene Prägung ist heute noch gegenwärtig, wenn wir auch die Form mit einem anderen Inhalte erfüllen.[60]) Es soll hier nur behauptet werden, daß das Sein unverändert bleiben k a n n: Das Gleichbleiben ist m ö g l i c h trotz veränderter Ideologie. Die Ideologie kann aber selbstverständlich das Motiv dafür sein, daß auch das Sein, insbesondere das Gelten der Normen, ein anderes werden kann: Das Gleichbleiben ist also nicht notwendig. Die Ideologie gibt mit anderen Worten nicht nur dem vorhandenen Recht den Sinn, sondern kann auch Anlaß

[59]) Deutlich tritt der Einfluß bei den sogenannten kulturpolitischen Gesetzen zutage. Man kann in großen Umrissen von einem Beispiel sagen: Die katholische Kirche strebt nach dem Herrschen des Bekenntnisgeistes in der Schule. Der Faschismus fordert grundsätzlich staatliche Zwangseinheitsschule. Dem Liberalismus ist im allgemeinen die Unterrichtsfreiheit Ziel. Es liegt auf der Hand, daß der Inhalt eines staatlichen Schulgesetzes davon abhängig ist, von welchen Ideologien die Schöpfer des Gesetzes beherrscht werden. Ähnlich deutlich ist diese Abhängigkeit etwa bei der Ehegesetzgebung. Sie besteht aber für die Rechtsnormenschöpfung schlechthin.

[60]) Rothenbücher, Wesen des Geschichtlichen, S. 5.

sein für die Schöpfung neuen Rechts. Beim ideologisch veranlaßten Bedeutungswandel ändert sich der Sinn, während die Norm bleibt. Bei der ideologisch veranlaßten Neuschöpfung ändert sich auch oder nur die Norm an sich, je nachdem die Norm dem Sinn angepaßt oder die Normbildung der Inhaltsgestaltung vorangeht.

3. In diesem Zusammenhang ist die Beziehung der Ideologie zur Rechtskonstruktion zu berühren. Es ist nicht zu bestreiten, daß der Rechtskonstruktion nicht absolute Bedeutung zukommt. Die Wahl einer bestimmten Konstruktion ist eine Frage der Zweckmäßigkeit. Damit kommt eine Abwägung oder Wertung in die Vornahme oder besser vor die Vornahme der konstruktiven Tätigkeit und mit ihr erscheint die Abhängigkeit von der Ideologie. Die Ideologie beeinflußt in stärkstem Maße die Art der Konstruktion. Vielleicht ist die ganze Kelsen'sche Lehre nur verständlich auf dem Boden einer bestimmten Philosophie, des Neukantianismus. Es mag unberechtigt gewesen sein, daß man in der Konstruktion des Rechts, wie sie Kelsen vornahm, den Einfluß auch einer politischen Ideologie sah, oder daß man die Integrationslehre Smends in Zusammenhang mit einer anderen politischen Richtung brachte. Aber ausgeschlossen wäre das Bestehen eines Zusammenhangs nicht, und es wäre auch kein Grund vorhanden, an dem Zusammenhang etwas Verabscheuungswürdiges oder Unwissenschaftliches zu sehen. Wie die Wissenschaft an sich und jeder Wissenschaftszweig auf Voraussetzungen beruht, so kann auch kein Wissenschaftler voraussetzungslos sein. Er ist irgendwie ideologisch beeinflußt. Freilich ist es seine Aufgabe als Wissenschaftler, den ideologischen Einfluß bei sich selbst zu erkennen und ihn, wenn sich die Ideologie in seinen Theorien auswirkt, auch für andere erkennbar zu machen.[61])

Daß auch die Konstruktion der öffentlichen Sache, wie sie in der vorliegenden Abhandlung vorgenommen werden wird, von einer bestimmten Auffassung des Staates mindestens bei dem gesonderten Gebiete, damit aber — selbst bei Modifikationen in anderen Rechtsgebieten — von einer bestimmten Staatsauffassung schlechtweg abhängt, ist nicht zu leugnen.[62]) Schon allein die Tatsache, daß das Hauptgewicht nicht auf das Herrschen, sondern auf das Dienen des Staates, nicht auf die Freiheit, sondern auf die Bindung der staatlichen Betätigung gelegt wird, ist Ausfluß einer bestimmten Ideologie und zwar einer Ideologie, die im Gegensatz zu manch absolutistischen Tendenzen unserer Zeit inbezug auf Staatsführung und

[61]) Vergl. Eduard Spranger, Der Sinn der Voraussetzungslosigkeit in den Geisteswissenschaften, 1929, insbes. S. 29. Über „Sinn", „Verstehen", „Voraussetzungslosigkeit" u. a. siehe Verhandlungen des VI. Soziologentags, bes. S. 93 ff., 208 ff.

[62]) Vergl. Spranger, a.a.O., S. 17: „Jede Definition etwa des Staates oder der Religion geht über das generalisierende Feststellen hinaus, es steckt darin das Bekenntnis, was echter Staat sein soll und echte Religion sein soll."

Staatsverwaltung doch auf dem Rechtsgebiet öffentlicher Betriebe, öffentlicher Anstalten und öffentlicher Sachen — vielleicht auf dem Gebiete des Verwaltungsrechts überhaupt — und gerade unter den Rechtsgenossen der deutschen Rechtsordnung als vorherrschend bezeichnet werden möchte.

§ 5. Ideologie und Norm.

I.

1. Das gegenseitige Verhältnis der Ideologie und der Rechtsnorm, das man nur in einem besonderen Sinn als das Verhältnis von Inhalt und Form bezeichnen kann, wird in voller Klarheit nur erfaßt werden können, wenn über die Wesensmerkmale der Rechtsnorm Einigkeit hergestellt ist.

Das Charakteristische der Rechtsnorm ist eine doppelte Regel — man kann auch gefahrlos sagen, ein doppelter Befehl —, nämlich einmal an die Gesetzesuntertanen oder Rechtsgenossen, ein bestimmtes Verhalten zu beobachten, sodann an die Rechtsschutzorgane, bei Nichtbeobachtung dieses Verhaltens bestimmte Folgerungen zu ziehen und hierbei die Regel für die Rechtsgenossen zur Grundlage zu nehmen.[63]) Die zweitgenannte Seite des Doppelbefehls ist das für die rechtliche Qualität als Norm Entscheidende. Verhaltungsregeln außerrechtlicher Art mögen zwar die erste Seite aufweisen. Dagegen fehlt ihnen die zweite Seite. Immer dann, wenn die beiden Seiten des Befehls vorliegen, handelt es sich um eine Rechtsnorm.

Aus diesem Grunde ist es naheliegend, wenn schon nicht notwendig, die Rechtsnorm so zu definieren, daß nur auf die zweite Seite abgestellt wird. So ist es, wenn — unter gleichzeitiger Ausscheidung imperativischer Konstruktionselemente — die Rechtsnorm ihrer logischen Struktur nach konstruiert wird als ein hypothetisches Urteil über das Verhalten von Rechtsschutzorganen bei Realisierung eines abstrakten Tatbestandes durch konkrete Lebensvorgänge. Es kann dahingestellt bleiben, welche Konstruktion die zweckmäßigere ist, jene mit oder jene ohne imperativistische Formung der Norm. Jedenfalls ist daran festzuhalten, daß die Beziehung zu den Rechtsschutzorganen, oder richtiger die Beziehung der Rechtsschutzorgane zur Rechtsnorm das Wesentliche ist, daß also beim Fehlen der Bindung der Rechtsschutzorgane oder, wie man es auch ausdrücken kann, beim Fehlen des Garantiemoments der Rechtsnorm, eine Rechtsnorm nicht vorliegt.

Bei der Auffassung des Wesens der Rechtsnorm als eines Doppelbefehles ist eine besondere Klasse von Normen zu erwähnen, nämlich solche, die Ermächtigungen geben und damit Zuständigkeiten begründen.

[63]) Vergl. Nawiasky, Zur Lehre vom Gewohnheitsrecht, S. 158.

Auf diese Besonderheit soll hier nur hingewiesen werden, weil die Verwechslung von subjektiven öffentlichen Rechten und Zuständigkeiten in einigen Theorien über die öffentliche Sache eine Rolle spielt. Auch die Ermächtigungssätze gehören zu den Rechtsnormen im genannten Sinn, wobei die beiden für die Rechtsnorm wesentlichen Befehle bei entsprechender Formulierung unschwer herausgeschält werden können.

Es ist zu bedenken, daß die Norm als Verhaltungsregel nicht nur ein Müssen oder Sollen, sondern auch ein Dürfen oder Können zum Inhalt haben kann, daß sogar in dem weithin vom Prinzip des freien Ermessens beherrschten Verwaltungsrecht das Dürfen oder Können der Staatsorgane mit der Kategorie der Ermächtigungssätze in unmittelbarstem Zusammenhang steht, wohl sogar diesen Sätzen eingeordnet werden muß, ohne daß deswegen der Normcharakter der ein freies Ermessen zulassenden und gleichzeitig die Zuständigkeit für die Ausübung des freien Ermessens begründenden Sätze bezweifelt zu werden braucht.

Es ist nicht nötig und wohl gar nicht zweckmäßig, die Bindung der Rechtsschutzorgane zu einem bestimmten Verhalten, falls Verhaltungsregeln der Rechtsgenossen von diesen nicht beachtet werden, so stark zu verselbständigen, daß der Zusammenhang mit der Verhaltungsregel der Rechtsgenossen verloren geht. So wichtig für den Rechtsnormcharakter die Bindung der Rechtsschutzorgane in dem besagten Sinn ist, so förderlich ist es, den Zusammenhang dieser Bindung der Rechtsgenossen inbezug auf einen und denselben Verhaltungsinhalt zu betonen. Dies geschieht am treffendsten durch die bildhafte Vorstellung eines Doppelbefehls.

Es liegt nahe, nach der Konstruktion der Norm als Doppelbefehl und nach der Betonung der Bindung der Rechtsschutzorgane als der wesentlichen Seite dieses Doppelbefehls den Blick auf die andere Seite zu richten und die eben vorgenommene Konstruktion durch Negation einer entscheidenden Bedeutung der anderen Seite für die Rechtsnormqualität in noch klareres Licht zu richten. Zu diesem Gedanken muß hier folgende Andeutung genügen: Mögen sich immerhin gewisse Schichten und Kreise der Rechtsgenossen nach bestimmten vorgestellten Regeln richten und selbst die Vorstellung einer Gebundenheit an diese Regeln hegen, über Rechtsnormqualität der Regeln besagen diese Tatsachen noch nichts. Erst wenn vorgesehen ist, daß auch die Rechtsschutzorgane sich bei der Vornahme des Rechtsschutzes nach den gleichen Regeln als den für sie maßgebenden Tätigkeitsbindungen richten sollen, werden aus den besagten Regeln Rechtsnormen.[64]) Man kann hiernach die gegebene Antwort auf die Frage, wann eine Rechtsnorm vorliegt, auch umkehren. Er lautet dann: Nur dann, wenn die beiden Seiten des Doppelbefehls vorliegen, liegt eine Rechtsnorm vor.

[64]) Vergl. Nawiasky, Lehre vom Gewohnheitsrecht, S. 160.

2. Von diesem Standpunkt aus ist der Charakter solcher Sinngebilde zu prüfen, die zuweilen dem positiven Recht als ergänzende oder berichtigende Tatsachen gegenübergestellt werden, z. B. gesellschaftliche Vorgänge und Anschauungen, das Volksbewußtsein, die allgemeine Überzeugung, die Macht des Rechtssinns usw. Weil und soweit diesen Bewußtseinsformen das Garantiemoment, d. h. die Gewährung des staatlichen Rechtsschutzes, fehlt, fehlt ihnen nach dem Gesagten auch die Rechtsnormqualität.

Trotzdem sind sie für das Recht und die einzelnen Rechtsnormen keineswegs bedeutungslos. Mögen auch Rechtsnormen (mit Rechtsschutzgarantien) bestehen, so sind diese doch nicht eine einzige und eindeutige Wirklichkeit. Vielmehr gewinnt nach dem früher Gesagten die Wirklichkeit der Rechtsnormen je nach der Sinnrichtung, die an sich herangebracht wird, ein innerhalb gewisser Differenzpunkte schwankendes Bild. Das Heranbringen der Sinnrichtung ist eine Tätigkeit der Rechtsauslegung, der „Sinndeutung". Es schafft nicht Rechtsnormen und hebt Rechtsnormen nicht auf, aber es färbt bestehende Rechtsnormen, es gibt den Rechtsnormen bestimmten Sinn und bestimmte Deutung. Kein Geschehen und kein Gelten ist eindeutig. Die Deutung, d. h. beim Gelten der Normen das Heranbringen von Sinn an die Normen, darf sie auch nicht willkürlich, sondern nur gebunden sein, ist doch unermeßlich vielgestaltig. Wie es theoretisch eine unzählbare Fülle von Sinnrichtungen gibt, so ist auch die Zahl der möglichen Interpretationen und Interpretationsergebnisse theoretisch unendlich.

3. Die Gesichtspunkte für die Rechtsdeutung sind nicht mit den Normen mitgegeben. Sie können auch nicht von den Normen selbst aus als den zwar — wie angedeutet — nicht schlechthin inhaltslosen, aber doch mitunter inhaltsschwachen Hülsen gewonnen werden. Das Bemühen, die Interpretation auf das zu beschränken, was in den Normen selbst enthalten ist, ist zu vergleichen der vermeintlichen Entnahme der deutschen Kultur aus dem deutschen Menschen, die Litt[65]) treffend mit den Worten charakterisiert: „Man zaubert die deutsche Kultur aus den Lebenstiefen des ‚deutschen Menschen' hervor, — den man zu diesem Zwecke natürlich bereits mit allen den Beschaffenheiten und Formkräften versorgt hat, die ihm in Wahrheit erst im Angesicht nicht zuvor bestimmter Schicksale, nicht in ihm selbst liegender Aufgaben, nicht ihm zum Dienste bestellter Ideenmächte zuwachsen könnten."

Auch die Interpretation, die nach dem „Willen des Gesetzes" selbst forscht, wird nicht um Auslegungsbehelfe herumkommen, die sie von den außerhalb dieser Normen liegenden Sinngebilden herholt. Sonst täuscht sie sich über ihre eigene Tätigkeit und zaubert in Hülsen Inhalt, ohne sich dessen bewußt zu werden. Die Welt des Rechts und auch die Teilgebiete des

[65]) Individuum und Gemeinschaft, S. 329.

Rechts erschließen sich in ihrer Gänze nicht, wenn sie nur auf logizistischem Wege zu ergründen versucht werden. Die logizistische Betrachtung allein ist einseitig. Sie bedarf der ideologischen Ergänzung.

Die Ideologie ist Motiv und Richtschnur für Gliederung und Deutung der Normen, für Systematik und Interpretation des Rechts. Sie ist mithin die Grundlage für die Gewinnung einer Fallentscheidung. Sie muß an das Normensystem herangebracht werden, um Unklares klar, Zweifelhaftes zweifellos zu machen und damit das Recht faßbar und anwendbar zu gestalten.

Ist sie für den besonderen Fall neu, so kann sie für eine größere Dauer Grundlage nur dann werden und sein, wenn sie — und diese Beurteilung inbezug auf die notwendigen Eigenschaften einer anderen Ideologie und anderer Interpretationsergebnisse mag ihrerseits wieder eine Ideologie sein —, die Tendenz in sich hat, allgemein zu werden oder, wie es Walter Jellinek ausgedrückt hat,[66]) wenn sie „die größte Aussicht auf Einhelligkeit für sich hat". Diese Ideologie der Ideologien, nämlich die Notwendigkeit oder das Ideal der „Einhelligkeit", mag man sie wie W. Jellinek oder anders bezeichnen, ist für die Rechtsauslegung und Rechtsanwendung in der Tat von einer erheblichen Bedeutung. Daß sie selbst Ideologie reinster Prägung ist, zeigt sich deutlich an dem, was W. Jellinek von ihr hält und aussagt, insbesondere an dem Geständnis: „Daß hierbei wichtige Werte, wie Billigkeit, Zweckmäßigkeit, Wirtschaftlichkeit, aber auch Logik, geschichtlicher Wille des Gesetzgebers nicht zu kurz kommen, wird sich alsbald zeigen,"[67]) oder aus der an Savigny angelehnten Forderung, „der Richter solle den Zeitgeist personifizieren, sich in die so entstandene Persönlichkeit hineindenken und das aussprechen, was ihrem Wesen entspricht."[68]) „Wem diese Fähigkeit zur Betrachtung der gegenwärtigen Strömungen als einer Ganzheit nicht gegeben ist, hält sich an logische Schlußfolgerungen aus dem Gesetzestexte, an die Entstehungsgeschichte des Gesetzes, prüft aber das Ergebnis an objektiv anerkannten Werten der Billigkeit, Gerechtigkeit, Zweckmäßigkeit nach." „So sind es geistige Einflüsse mannigfacher Art, die den Inhalt des richterlichen Urteils bestimmen. Historische Forschung, juristische Theorien, Anschauungen der Gesellschaft, Zweck des Gesetzes und noch eine Reihe anderer Erwägungen beeinflussen die Überzeugung des Richters von der größtmöglichen Einhelligkeit einer bestimmten von ihm zu fällenden Entscheidung."[69])

---

[66]) Vergl. Schöpferische Rechtswissenschaft, 1928, S. 9.

[67]) a.a.O. S. 9.

[68]) a.a.O. S. 10.

[69]) a.a.O. S. 12. W. Jellinek geht sogar so weit, zu behaupten, „daß es dem Ansehen eines Gelehrten keinen Abbruch zu tun braucht, wenn man ihm logische Fehler nachweist, sofern nur seine Beweisführung psychologisch genügt, d. h. gemessen an der

Doppelsinnig ist die Formulierung W. Jellineks (S. 13), daß alle Tatsachen und Anschauungen, die ganz allgemein die Beurteilung gewisser Rechtsfragen beeinflussen, zum Rechte „gehören" (S. 13), da W. Jellinek mit dem Ausdruck „gehören" nicht nur den engen Zusammenhang mit dem Rechte betonen, sondern wie die Gleichstellung mit dem Gesetzesrecht unzweifelhaft erhellt, den Charakter als Bestandteil der Rechtsgesamtheit ausdrücken möchte, womit er freilich die Begriffsschranken der Rechtsnorm erschüttert.

Dies führt zur Erkenntnis einer bedeutsamen Grenze des Einflusses der Ideologie auf die Norm.

Schranken der Wirksamkeit der Ideologie auf das Recht liegen vor allem im Bestand der Norm selbst begründet. Die Ideologie ist nicht selbst das Recht. Die Idee ist keine Norm. Gesellschaftliche Vorstellungen sind weder Recht noch Geltungsgrund für Recht. Sie können allenfalls Tatbestandsmerkmal in einer den Geltungsgrund bestimmenden Norm sein. Ideologien können auch Beziehungen zu Rechtsschöpfungen haben und haben sie wirklich. Sie sind aber niemals selbst Rechtsquellen.

Auch soll mit der Betonung der Wichtigkeit der Ideologie für den Sinn des Rechts nicht gesagt werden, daß die Welt der Ideologien oder der Sinnrichtungen die höhere oder eigentliche geistige Welt sei. Die Hervorhebung der Ideenkreise als eines unentbehrlichen Interpretationsmittels soll keine Wertung oder Rangstufung bedeuten. Soweit die Ideologie für die Art der Betrachtungsweise, für die Wahl des Blickpunkts zu den Sinngebilden eine Rolle spielt, soll im Gegenteil an der obenbetonten völligen Parallelität und damit Ergänzungsfähigkeit der Betrachtungsweisen festgehalten werden. Dies ist umso leichter möglich, als die Voraussetzungen, das Wesen und die Wirkungen der beiden Sinngebilde durchaus verschieden sind. Normen und Ideologien bestehen unabhängig nebeneinander. Aber die Ideologien ohne Beziehung zu den Normen scheiden für die Welt des Rechtlichen aus, und die Normen sind ohne Ideologien ein Torso. So führt die Lehre von den Ideologien im Recht, die Rechtsideologik mit Notwen-

unkritischen, aber doch nun einmal vorhandenen Denkweise des Volkes einschließlich des Durchschnittsjuristen." (S. 11) Er erkennt und betont, daß die Annahme von der Notwendigkeit der Einhelligkeit selbst eine Ideologie ist, die bei der Einführung anderer konkreter Ideologien als gegeben vorausgesetzt werden muß. Der Richter selbst soll nach ihm „nicht sein subjektives Meinen zur Geltung bringen wollen, da wir ja nun einmal als feststehend annehmen, daß nur die Entscheidung richtig ist, die die größte Chance der Einhelligkeit für sich hat, diese Chance aber gefährdet erscheint, wenn der Richter seine zufälligen persönlichen Ansichten in die Wagschale wirft." (S. 12) Einhelligkeit ist aber allein noch kein Beweis für die absolute Richtigkeit. Gleichzeitig hebt W. Jellinek mit diesem Satz mit aller Schärfe und Klarheit den auch hier schon einmal betonten objektiven Charakter der Ideologie hervor.

digkeit zur Rechtsdogmatik und die Dogmatik kann der Ideologien nicht entbehren. Insoferne ist die Lehre von den Ideologien im Rechte eine Hilfswissenschaft der Rechtsdogmatik.

II.

1. Die Verwischung der Grenzen der Normen mit Ideologien ist einer der bedeutsamsten methodischen Fehler auf dem Gebiete der Rechtswissenschaft überhaupt. Aus der Vermengung der beiderseitigen Sinngebilde entspringen zwei für die Rechtswissenschaft grundlegende Systeme, nämlich das des Naturrechts, — soweit es geltendes, von den staatlichen Rechtsschutzorganen zu beachtendes Recht darstellen soll —, und das des Gewohnheitsrechts, — soweit es nicht durch das positive Recht zugelassen und damit zu seinem Bestandteil gemacht worden ist —.

Das Naturrecht ist eine der interessantesten und wirkungsvollsten Ideologien, die die Rechtswissenschaft aller Zeiten aufzuweisen hat. Die Macht diese Ideologie beruht vor allem darin, das Naturrecht nicht nur als Richtschnur für werdendes Recht, (auch hier wäre die Existenz einer Ideologie augenscheinlich) anzusehen, sondern als seiendes Recht, nicht als Idealtyp, sondern als Verwirklichung des Ideals.

Der Bestand des sog. „Gewohnheitsrechts" kann ebensowenig wie der des Naturrechts in Abrede gestellt werden, auch nicht im deutschen Verwaltungsrecht, mag man immerhin der Ansicht sein, daß beim gegenwärtigen Zustand der deutschen verwaltungsrechtlichen Gesetzgebung die Bedeutung des Gewohnheitsrechts zurückgedrängt sei. In der praktischen Rechtsanwendung zeigt sich eben doch ein anderes Bild. Das Rechtsgebiet der öffentlichen Sache ist selbst ein treffendes Beispiel. Man vergleiche z. B. das bayerische und das preußische Wegerecht! Unerläßlich ist es allerdings zu erkennen, daß das sog. „Gewohnheitsrecht" zwar mit Erfolg zur Ausfüllung von Rechtsnormen nach der inhaltlichen Seite verwendet werden kann und vielfach verwendet werden muß, aber nicht selbst Rechtsnorm im formal-technischen Sinn ist, daß also unter anderem Gesichtspunkt gesehen, die Ausfüllung der Normen mit jenen Sinngebilden, die als Gewohnheitsrecht angesehen werden, höchst förderlich sein mag, aber nicht zwingend notwendig ist.

Die Begriffsbestimmungen des Gewohnheitsrechts sind zur Frage der Rechtsnormnatur des Gewohnheitsrechts überaus lehrreich. Schon die Ausdrucksformen für den Begriff des Gewohnheitsrechts beleuchten dessen ideologischen Charakter.

Meinzolt[70]) hat eine interessante Auswahl solcher Begriffsbestimmun-

[70]) Das Gewohnheitsrecht als Quelle des Staats- und Verwaltungsrechts, Bay. Verw. Bl. 1928, S. 227.

gen verschiedener Autoren zusammengestellt. Da findet sich z.B. die Erklärung des Gewohnheitsrechts als „natürliche Übereinstimmung der Überzeugung eines volksmäßigen Inbegriffs", als „vox naturae et aequitatis", als „Volksgeist" als „Volksbewußtsein, d.h. Überzeugung des Volkes, die sich inbezug auf rechtliche Dinge geltend macht", ferner das Gewohnheitsrecht als begründet „in der Macht des Rechtssinnens", die, auf nationaler Grundlage ruhend, dem Rechtsleben des Volkes eine bestimmte Richtung gibt", als „Versöhnung zwischen Freiheit und Notwendigkeit", als entstanden durch „unmittelbare Wirkung des Volkslebens", als „stillschaffende Arbeit des Volksbewußtseins", als „Ventil der Volksmeinung", als zurückzuführen auf ein „psychologisches Phänomen", und endlich — damit dürfte die Rechtsnormqualität schlechthin verlassen sein — als Geltungsgrund die Ethik angegeben. Meinzolt weist in diesem Zusammenhang auf den Gedanken von Waldecker hin,[71]) demzufolge maßgebend für das Verhältnis zwischen Gewohnheitsrecht und Gesetzesrecht nur der Einzelfall „mit der ihn beherrschenden Geistigkeit und den hinter dem jeweiligen Beziehungssystem stehenden Kräften" ist.

Es kann selbstverständlich in diesem Zusammenhang nicht eine kritische Nachprüfung der Lehre vom Gewohnheitsrecht überhaupt erfolgen.[72]) Die Erwähnung der hier für richtig gehaltenen Auffassung ist aber nicht nur aus dem mehrfach betonten methodischen Grunde (Einführung der ideologischen Betrachtungsweise des Rechts) notwendig, sondern auch aus dem für das spezielle Thema zur Abhandlung (öffentliche Sache) praktischen Gesichtspunkt, daß sich im öffentlichen Sachenrecht im Hinblick auf den Mangel von ausdrücklichen Rechtsnormen in manchen Zweigen oder zu manchen Problemen das „Gewohnheitsrecht" besonders breit gemacht hat (vergl. etwa die ausgedehnte Observanzenlehre des preußischen Wegerechts) und daß daher in einer rechtlichen Untersuchung über die öffentliche Sache der Frage nach dem Wesen solcher Sinngebilde schlechterdings nicht ausgewichen werden kann. Worauf es zunächst ankommt, ist die Gewinnung der Überzeugung, daß das Gewohnheitsrecht sowohl hinsichtlich seiner formalen Geltungskraft wie auch hinsichtlich seines Inhalts auf ideologischem Boden erwachsen ist, und daß ihm mit Rücksicht auf seine mangelnde Korrelation mit normmäßigen Bindungen der Rechtsschutzorgane, also wegen des Fehlens des sogenannten Garantiemoments, der Normcharakter abgesprochen werden muß. Volksgeist, volksmäßige Überzeugung, Volksbewußt-

---

[71]) Allgemeine Staatslehre, 1927 S. 175.

[72]) Schrifttum hierüber auch bei Riezler, Rechtsgefühl, S. 135, Fußnote 26 und bei dem dort zitierten Endemann. Für das öffentliche Recht bedeutsam besonders Dyroff, Rechtssatzung und Gesetz, Ann. D. R. 1889 (Theorie des gesproßten oder gewachsenen Rechts!); Nawiasky, Lehre vom Gewohnheitsrecht, a.a.O.

sein, Rechtssinn, beherrschende Geistigkeit des Einzelfalls usw. sind nichts anderes als Umschreibungen für bestimmte Sinnrichtungen, bestimmte Gedanken-, Empfindungs- und Wertungsrichtungen, bestimmte Ideologien. Gleichzeitig erhellt aber aus den aufgeführten Begriffsbezeichnungen oder -umschreibungen, daß es sich nicht um subjektive Einzelvorstellungen, sondern um eine kollektive Sinnrichtung, um eine allgemein verstandene und geteilte Vorstellung, um als notwendig erachtete Bewußtseinsformen handelt —, also gerade um das, was der Ideologie nach dem Gesagten typisch ist. Die Rechtsnorm selbst ist — gesehen von Normadressaten aus — nicht wandelbar, sondern ein unveränderliches Festes, mag immerhin dem Normgeber die Änderung leichtgemacht sein. Für die Wandelbarkeit des Rechtsnorm selbst sind bestimmte verfassungsmäßig festgelegte und geschützte Voraussetzungen und Bindungen vorhanden, ihre Faßbarkeit ergibt sich aus der sprachlichen Objektivierung und ihre Verschwommenheit ist, wo sie bestehen sollte, eine Verschwommenheit des Sinns — also ideologischer Natur — nicht eine Verschwommenheit des Bestands.

2. Ähnliches wie vom Gewohnheitsrecht ist vom Gerichtsgebrauch zu sagen. Auch ihm fehlt das Garantiemoment, die Bindung unterer und anderer Gerichte, der Zwangscharakter. Durch den Gerichtsgebrauch wird nicht neues Recht geschaffen und soll auch nicht geschaffen werden. Es soll vielmehr durch Realisierung der mit dem Gesetz vermutlich verfolgten Absicht das Gesetz ausgelegt werden. Selbst Hatschek[73]), der glaubt, aus Gerichtsgebrauch könnten Normen entstehen „nicht aufgrund besonderen Rechtstitels, sondern kraft empirischer Faktizität", nennt den Gerichtsgebrauch doch nur „Vorstadium des Rechts" und behandelt die aus dem Gerichtsgebrauch entstehenden „Konventionen" nicht als wirkliche oder vollwertige Rechtsnormen. Auch die Vorstellung, daß dem Gerichtsgebrauch gefolgt werden müsse, ist ideologischer Natur. Für das öffentliche Sachenrecht spielt, wiederum in Preußen, der Gerichtsbrauch insoferne eine ausschlaggebende Bedeutung, als das preußische Oberverwaltungsgericht grundlegende Sätze zur Anwendung des Wegerechts-, Wasserrechts-, Friedhofrechts- und anderer Normen, zur Lehre von der Polizei der öffentlichen Sache und der Polizeipflichtigkeit des Eigentums ausgebildet hat.

Wo das Naturrecht, das Gewohnheitsrecht, der Gerichtsgebrauch beginnen, handelt es sich um die Tätigkeit der Sinnfassung. Für diese Tätigkeit kommt ihnen eine grundlegende Bedeutung zu. Man kann mit Nawiasky[74]) von diesen Sinngebilden sagen, sie stellten keine Rechtsquellen und keine Rechtsnormen, wohl aber außerrechtliche Beurteilungsnormen dar. Dabei kann es sich um rechtsdogmatisch wie rechts-

[73]) Vergl. dazu Meinzolt a.a.O. S. 233.
[74]) Bayer. Verfassungsrecht S. 342.

politisch verwendete Beurteilungsnormen handeln. Im ersten Fall liefert die Beurteilungsnorm die für die Auslegung notwendigen Vorstellungen, im zweiten Fall stellt sie Ideale der Gesetzgebung auf.

3. In Verbindung mit dem Verhältnis der Ideologie zur Norm ist die Lehre vom Einfluß des Rechtsgefühls auf Rechtsbildung und Rechtsanwendung zu erwähnen. Über das Rechtsgefühl hat Riezler die schon erwähnte wertvolle Abhandlung[75]) verfaßt, die auch über die anderen hier berührten Gebilde — das Naturrecht, das Gewohnheitsrecht, den Gerichtsgebrauch — sowie über die Theorie der Interessenabwägung wichtige Beiträge liefert. Der Zusammenhang mit der Ideologie im Recht besteht darin, daß das Rechtsgefühl die Neigung zu einem Rechtsideal hat;[76]) dabei pflegt das Rechtsgefühl gerade die große Masse der Rechtsanwender und Rechtsausleger (nämlich die Laien) zu beherrschen,[77]) denen dabei ihre — weitgehend übereinstimmende — Ideologie als das Recht schlechthin vorkommt.

Das klare Verhältnis, das Riezler zwischen Rechtsgefühl und Rechtsnorm zieht, läßt sich auch für das Verhältnis von Ideologie und Rechtsnorm verwerten. „Der Einfluß des Rechtsgefühls auf die Rechtsanwendung hat aber .... seine Grenze oder will sie wenigstens haben in dem klaren Willen der Rechtsordnung. Nie darf der Richter seinem Rechtsgefühl als Neigung zu einem Ideal, selbst wenn er es mit weiteren Volkskreisen teilt, da Geltung verschaffen wollen, wo ihm das Gesetz selbst deutlich eine mit diesem Gefühl nicht harmonierende Entscheidung gibt, oder das Schweigen des Gesetzes auf eine Frage zweifellos als deren Verneinung zu deuten ist .... Die Bindung an das Gesetz ist ein notwendiges und wohltätiges Korrektiv gegen die Gefahren eines subjektiven Rechtsgefühls. Kautelen dagegen, daß nicht der Richter, von seinem Rechtsgefühl geleitet, unbewußt die Grenzen des Gesetzes überschreitet, wird freilich keine Rechtsordnung geben können.“[78])

Auch die Analogie (Gesetzesanalogie, Rechtsanalogie) beruht, wie auch andere Auslegungsmittel, auf Wertungen. Daher ist auch die Ausfüllung der sogenannten Gesetzeslücken ideologisch zu begreifen.[79]) Ähnlich steht es mit der „Natur der Sache“, der „ratio legis“, dem „unsicheren Recht“,[80]) dem „Zweck der Rechtsordnung“ u. a.

4. Worauf es für die dogmatische Behandlung des öffentlichen Sachenrechts in methodischer Hinsicht ankommt, ist die scharfe begriffliche Tren-

[75]) Riezler, Das Rechtsgefühl, Rechtspsychologische Betrachtungen, 1921.
[76]) a.a.O. S. 137 u. 154.
[77]) a.a.O. S. 153.
[78]) a.a.O. S. 154/55.
[79]) Vergl. Riezler a.a.O. S. 142 Fußnote 45, und S. 144 — 149.
[80]) Riezler a.a.O. S. 139.

nung der Rechtsnormen von außerrechtlichen Ideologien einerseits und die Erkenntnis der Ergänzungsfähigkeit, ja Ergänzungsnotwendigkeit der juristischen und der ideologischen — neben der soziologischen — Betrachtungsweise anderseits. Die Voraussetzung einer fruchtbaren dogmatischen Untersuchung und vor allem einer auf ein „unfertiges" Rechtsgebiet oder einen „unfertigen" Rechtsstoff gerichteten dogmatischen Untersuchung ist die strenge Sonderung der mit Rechtsnormqualität ausgestatteten Gebilde von außernormativen ideologischen Gebilden, die Sonderung der inhaltsschwachen Form von der Inhaltsmasse, die Gegenüberstellung des normativen Seins und des objektiven Sinns. Das Auseinanderhalten von Norm und Ideologie ist auf dem unfertigen Gebiete des öffentlichen Sachenrechts, auf dem — vielfach unerkannt oder im Rahmen einer wissenschaftlichen Theorie oder in der Umhüllung als Observanzen — die Ideologien die Normen überwuchern, besonders schwierig, aber auch besonders notwendig. Erst nach Vornahme der Scheidung kann der Stoff systematisch und dogmatisch entwickelt und kann ein konstruktives Gerüste aufgerichtet werden.

Mag es immerhin auffallend sein, daß die Behandlung eines Teilgebietes des Verwaltungsrechts eingeleitet werden mußte mit der Entwicklung von Gedanken, die in das Gebäude einer allgemeinen Theorie des Rechts gehören, so erscheint doch diese Darlegung als notwendig mit Rücksicht auf den Stand der verwaltungsrechtlichen Grundlagen auch und gerade auf dem zu behandelnden Sondergebiet. Soweit die aufgestellten Gedanken über das Sondergebiet hinaus Wirkung und Bedeutung haben, handelt es sich bei ihnen naturgemäß, wie schon angedeutet, nur um die Skizze eines Programms, dessen Anwendung auf den Gesamtstoff des Rechts noch aussteht und das sich ganz besonders in seiner Allgemeinheit erst noch bewähren muß am positiven Recht.

II. Abschnitt.

Die begrifflichen, ideengeschichtlichen und positivrechtlichen Grundlagen.

1. Der Begriff des öffentlichen Sachenrechts.

§ 6. Der Begriff des Sachenrechts.

Mit der begrifflich scharfen Trennung der formalen Rechtsnorm an sich von ihren ideologischen Inhalten ist die Basis gewonnen für die Erkenntnis der Rechtsquellen, aus denen das Recht der öffentlichen Sache strömt, und ist die Voraussetzung für eine rechte Einschätzung derjenigen Theorien[1]) geschaffen, die sich im Verwaltungsrecht der Gegenwart vielfach als „Recht" der öffentlichen Sache im objektiven Sinn ausgeben. Der nächste Schritt ist die Sammlung, Sichtung und Sonderung der Stoffmasse, die sich um die öffentliche Sache als Rechtsbegriff gruppiert, unter Verwendung des Ergebnisses der methodischen Vorforschung. Dadurch wird ein System des öffentlichen Sachenrechts geschaffen. An die Spitze des Systems ist die Entwicklung des Begriffs des öffentlichen Sachenrechts als eines Teilgebietes des Verwaltungsrechts zu stellen.

I.

1. Die Systematik der herrschenden Privatrechtslehre geht aus von einem vorgestellten Gegensatz zwischen rechtlicher Willensbeherrschung und rechtlicher Sachbeherrschung. Sie hat zur Voraussetzung, daß eine rechtliche Herrschaft im Sinne einer Realisierung subjektiver Rechte nicht bloß im Verhältnis von Rechtspersonen untereinander, sondern auch von Rechtspersonen einerseits, Sachen anderseits denkbar sei, daß mit anderen Worten Rechtsverhältnisse nicht nur zwischen Rechts- und Pflichtsubjekten bestehen können, — und zwar in der Weise, daß die Relation einer Rechtsperson zur Rechtsordnung mit der Relation einer anderen Rechtsperson zur

[1]) Vergl. z. B. die für das öffentliche Sachenrecht bedeutsame Theorie eines öffentlichen oder öffentlich-rechtlichen Eigentums.

gleichen Rechtsordnung korrespondiert —, sondern auch zwischen Rechtssubjekten einerseits und Rechtsobjekten anderseits. Auch dort wo die letztgenannte Vorstellung theoretisch verworfen wird,[2]) wird doch vielfach in Wahrheit auf ihr aufgebaut.[3]) Es kommt aber auch vor, daß die Vorstellung einer unmittelbaren rechtlichen Macht einer Person über eine Sache ohne Scheu ausgesprochen wird.[4]) Jedenfalls bildet diese Vorstellung, mag sie ausgesprochen sein oder nicht, die Basis für den Gegensatz von Leistungsansprüchen und Sachbeherrschungsrechten, von Obligationenrecht und Sachenrecht, von Rechten auf die Sache und Rechten an der Sache, von personenrechtlicher und sachenrechtlicher Herrschaft, von persönlichen und dinglichen Ansprüchen, von Rechten des rechtlichen Sollens und Rechten des rechtlichen Dürfens (im zivilrechtlichen Sinn), von relativen und absoluten Rechten.[5])

2. Der Komplex von Rechtssätzen, die sich auf die Rechtsbeziehungen von Rechtspersonen zu Sachen nach der herrschenden Lehre beziehen, wird unter dem Begriff „Sachenrecht" im objektiven Sinn zusammengefaßt. Dabei wird also, wie in der Überschrift zum Dritten Buche des BGB, das Sachenrecht als Summe jener Normen aufgefaßt, deren Inhalt die Regelung unmittelbarer Beziehungen von Rechtspersonen zu Sachen und von Rechten an der Sache bildet. Daß dabei meist das Rechtsverhältnis als eine rechtlich geregelte Beziehung, also als eine logisch schon vor der Rechtsnorm vorhandene, von ihr vorgefundene und geordnete Beziehung betrachtet wird, und daß ferner die unmittelbare Herrschaft nicht als solche von Rechtspersonen im engeren Sinn, sondern von natürlichen Individuen

[2]) Vergl. Fuchs, Grundbegriffe des Sachenrechts, 1917, S. 18.

[3]) Vergl. z. B. Friedrichs, Bürgerliches und Öffentliches Sachenrecht, Arch ö R Bd. 40 S. 257 ff.

[4]) Vergl. Motive zu dem Entwurf eines BGB für das Deutsche Reich, Amtliche Ausgabe, 1888, die als Niederschlag einer verbreiteten Rechtsauffassung aussprechen (Bd. III S. 2) „Das Wesen der Dinglichkeit liegt in der unmittelbaren Macht der Person über die Sache . . . Entscheidend ist nur, daß das Recht sich ohne den Willen eines anderen zu betätigen vermag, daß das Vorhandensein eines Verpflichteten nicht erfordert wird . . Hieraus folgt, daß dingliche Rechte nur stattfinden können an Sachen im eigentlichen Sinn, an körperlichen Dingen. Über Dinge, welche nur in der Vorstellung bestehen, nämlich über Sachgesamtheiten und Rechte, läßt sich eine reale Macht nicht ausüben."

[5]) Vergl. Motive zum BGB, a.a.O., S. 1: „Die Selbständigkeit des Sachenrechts beruht wesentlich in dem Gegensatz zwischen dinglichem und persönlichem Rechte." Die Scheidung verschiedener Begriffe, insbes. dinglich, sachenrechtlich, absolut u. a. bereiten nicht unerhebliche Schwierigkeiten, auf die jedoch hier nicht näher eingegangen werden kann. Einen gewissen Anhaltspunkt bildet die Scheidung der Motive zum BGB, a.a.O. S. 2: „Die Begriffe der Dinglichkeit und Absolutheit decken einander nicht. Wenn auch das obligatorische Recht grundsätzlich nur relativ wirkt, so gibt es doch eine Reihe anderer persönlicher Rechte, welche absolute Wirkung haben . . . Die Absolutheit kann somit nur als eine r e g e l m ä ß i g dem dinglichen Recht beiwohnende Eigenschaft angesehen werden." Vergl. über den Begriff der Dinglichkeit auch unten Ziff. 6! Ferner die klare Trennung bei Kisch, Elsaßlothringisches Privatrecht 1905.

(Menschen) aufgefaßt wird, kommt als weitere Fehlvorstellung hinzu. Der gleiche Irrtum wie in diesem Punkte im Zivilrecht findet sich übrigens auch im öffentlichen Recht.[6])

Ist das Sachenrecht im objektiven Sinn der Inbegriff der Rechtssätze von der Herrschaft der Personen über die Sache, so ist Sachenrecht im subjektiven Sinne eine Berechtigung, die eine unmittelbare Herrschaft an der Sache einräumt. Fuchs[7]) unterscheidet zwischen einem subjektiven Sachenrecht „seinem Wortsinn nach", d. h. einem Recht, dessen Gegenstand eine Sache sei, und „im juristisch-technischen Sinn"; dazu gehören diejenigen Rechte, die das BGB zu den Sachenrechten zählt.[8])

II.

1. Es hat nicht an scharfsinnigen Versuchen gefehlt, den bürgerlichen Sachenrechtsbegriff als einen seinem rechtlichen Wesen nach eigengearteten typischen Begriff hinzustellen. Allein es ist unschwer zu erkennen, daß ein gemeinsames rechtliches Merkmal der vom Bürgerlichen Gesetzbuch als Sachenrechte klassifizierten Rechte, wodurch sie sich gegenüber anderen subjektiven Rechten unterscheiden, in Wahrheit nicht besteht. Als ein solches kann insbesonders nicht die Gewährung einer unmittelbaren Sachherrschaft angeführt werden; denn unverwirklichte Sachenrechte gewähren schlechthin keine unmittelbare Sachherrschaft und auch bei den verwirklichten Sachenrechten kommt es darauf an, ob sie mit Besitz verbunden sind und ob sie zu den sogenannten unmittelbaren Gebrauchsrechten gehören.[9]) Ist z. B. der Eigentümer nicht auch Besitzer, so hat er keine unmittelbare Sachherrschaft, sondern nur einen sogenannten dinglichen Herausgabeanspruch. Auch die Absolutheit des Klageschutzes kann nicht als gemeinsames Merkmal angesehen werden; denn ein solcher Klageschutz kann auch bei anderen als gerade den Sachenrechten im Sinne des BGB, z. B. den Immaterialgüterrechten bestehen, bildet also diesen gegenüber kein Unterscheidungsmerkmal. Selbst das zuweilen aufgestellte negative gemeinsame Merkmal, daß ein Sachenrecht keine positive Leistungspflicht zum Inhalt haben könne, ist jedenfalls mit dem positiven bürgerlichen Recht nicht vereinbar.[10]) Während sich der

[6]) Vergl. Georg Jellinek, Allgemeine Staatslehre, S. 162: „Der Begriff des Eigentums und des Besitzes werden abgezogen aus den die Relation der Menschen zu den Sachen regelnden Normen."

[7]) Grundbegriffe, S. 14 ff.

[8]) Vergl. dazu ferner Biermann, Sachenrecht des Bürgerlichen Gesetzbuchs, 1898, S. 1. Männer, Sachenrecht, 1906, S. 3 ff., Turnau-Förster, Das Liegenschaftsrecht, 1906. Crome, System des Deutschen bürgerlichen Rechts, 1905 S. 1 ff. Dernburg, Das Sachenrecht, 1908, S. 2 ff. Wolf, Lehrbuch des Bürgerl. Rechts von Enneccerus-Kipp-Wolf II, 1, 1913, S. 3 ff. Warneyer, Kommentar zum BGB, 1930, I, S. 119.

[9]) Vergl. Fuchs, Grundbegriffe S. 25.

[10]) Vergl. Fuchs, a.a.O. S. 26.

Begriff sowohl des dinglichen wie auch des absoluten Rechts als ein seinem Wesen nach von anderen Begriffen unabhängig von positivrechtlicher Einzelgestaltung scharf unterscheidbarer Begriff darstellen läßt, ist der Begriff des Sachenrechts im subjektiven Sinn, da die Sachenrechte eben kein gemeinsames anderes Merkmal aufweisen, als daß sie inhaltlich in gewisser Weise von Sachen im Rechtssinn handeln, in ähnlicher Schärfe nicht konstruierbar.

2. Es mag immerhin geprüft werden, ob nicht allein die Befassung mit Sachen dem Sachenrechte ein formales Kriterium zu geben imstande ist. Die Prüfung muß indessen aus dem nachfolgenden Grunde zu einem negativen Ergebnis führen. Der Begriff der Sache im Sinne des deutschen bürgerlichen Rechts ist ein rein inhaltlicher und noch dazu durchaus willkürlicher Begriff. Man kann die im § 90 BGB enthaltene Vorschrift, daß Sache ein körperlicher Gegenstand sei, auffassen als eine Sprachregel, die ausdrückt, daß überall körperliche Gegenstände zu verstehen seien, wo das Bürgerliche Gesetzbuch von Sache spricht,[11]) oder als ein Rechtssatz des Inhalts, daß Sachenrechte nur an körperlichen Gegenständen bestehen dürfen und können.[12]) Die Willkürlichkeit des Satzes nach der einen wie nach der anderen Richtung zeigt sich schon daran, daß das BGB selbst nicht imstande war, die Sinnbedeutung, sei es nach der einen oder nach der anderen Richtung, folgerichtig durchzuführen. Als Sprachregel ist der Satz durchbrochen z. B. im § 96 BGB, wonach ein Grundstück mit den subjektiv dinglichen Rechten an ihm zusammen eine einheitliche Sache bildet. Als Rechtssatz ist sein Geltungsbereich in Frage gestellt durch die Vorschriften über den Nießbrauch und das Pfandrecht an Rechten; denn während Rechte nicht Sachen im Sinne des BGB sind, wären doch an gewissen Rechten Sachenrechte im subjektiven Sinne möglich. Die Normen über solche Berechtigungen „an" Rechten werden, vom BGB jedenfalls, zum Sachenrecht im objektiven Sinn gerechnet. Die Inkonsequenz in dem letztgenannten Punkt ist die Ursache einer im Privatrecht mitunter vertretenen Auffassung, daß der Rechtsnießbrauch und das Rechtspfandrecht nicht Sachenrechte im eigentlichen Sinn seien, sondern vom Gesetz nur im Anschluß an eigentliche Sachenrechte, nämlich an Sachnießbrauch und Sachpfandrecht behandelt würden. Die vom systematischen Standpunkt aus bedauerlichen Durchbrechungen des Konstruktionsprinzips nach beiden Richtungen vermögen indessen die Erkenntnis nicht zu beeinträchtigen, daß der Sachenrechtsbegriff der Privatrechtslehre grundsätzlich auf dem Sachenbegriff des BGB aufgebaut ist, und daß der Begriff der Sache das einzige die verschiedenen Sachenrechte zu einer Einheit zusammenschließende Element ist. Und da

[11]) So im Gegensatz zur überwiegenden Zivilrechtslehre Nawiasky, Bayer. Verf. Recht, S. 343.

[12]) So die herrschende Zivilrechtslehre, vergl. Fuchs, Grundbegriffe, S. 31.

der Begriff der Sache etwas durchaus Willkürliches, eine positivrechtliche Zufälligkeit darstellt, teilt der privatrechtliche Sachenrechtsbegriff den gleichen rein positivrechtlichen und zufälligen Charakter mit ihm.

Damit entfällt auf dem Gebiete des Sachenrechts eine gemeinsame Eigenschaft der Sachenrechte ihrer formalrechtlichen Qualität nach. Qualitativ unterscheiden sich die Sachenrechte nicht von Rechten anderer Art. Die logische Folge ist es, die Existenz von Sachenrechten im subjektiven Sinn überhaupt zu verneinen. Es gibt dann allenfalls ein Sachenrecht im objektiven Sinn; das Unterscheidungsmerkmal von dessen Rechtsnormenkomplex ist hierbei nicht eine besondere formale Qualität der in Frage stehenden Rechte, sondern der inhaltliche Gegenstand der Normen. Privates Sachenrecht im objektiven Sinn ist hiernach der Komplex von Normen, die sich auf „Sachen" im Sinn der Privatrechtsordnung beziehen. Ein Sachenrecht gibt es mithin nur insoweit, als es Sachen im Rechtssinne gibt.

3. Dies ist die wichtigste Erkenntnis, die das Verwaltungsrecht aus den Theorien des Zivilrechts über den Begriff der Sachenrechte entnehmen mag: Nicht die Qualität der Berechtigung (des subjektiven Rechts), sondern der Gegenstand der Normen ist das charakteristische Merkmal des Sachenrechts. Ihrer rechtlichen Qualität nach sind die Rechte, die das Sachenrecht als Rechtsnormenkomplex begründet, von keiner anderen Art als Berechtigungen, die durch andere, zu anderen Normenkomplexen gehörigen Rechtsnormen erzeugt werden.

Die Schwierigkeiten des Zivilrechts bei dem Versuch einer theoretischen Ausbildung eines Systems von subjektiven Sachenrechten hätten dem Verwaltungsrecht allen Anlaß geben dürfen, von vorneherein davon Abstand zu nehmen, für das Sachenrecht des öffentlichen Rechts, das öffentliche Sachenrecht, ein anderes gemeinsames Merkmal finden zu wollen als das Befaßtsein mit öffentlichen Sachen. Sie hätten dem Verwaltungsrecht aber gleichzeitig auch ein Fingerzeig dafür sein können, sich aus der Verstrickung in die Fesseln ebenso entbehrlicher wie verwirrender Ideologien von einer rechtlichen Herrschaft über Sachen und einem rechtlichen Verhältnis zwischen Personen und Sachen loszumachen. Auf der Konstruktion der öffentlichen Sache liegt für die Systematik des öffentlichen Sachenrechts der Schwerpunkt. Die verfehlte Konstruktion der öffentlichen Sache als einer irgend einer vermeintlich öffentlichrechtlichen Herrschaft unterworfenen „bürgerlich-rechtlichen" Sache, die aus der Ideologie der Herrschaft über Sachen entspringt, ist das Merkmal fast aller Theorien über die öffentliche Sache (s. u.). Sie geraten dadurch in eine Sackgasse, aus der ein Weg zum Ziele der Gewinnung einer die in Frage stehenden Interessenlagen wertenden und damit im vollsten Sinne sinndeutenden Ideologie der öffentlichen Sache nicht mehr zu finden ist.

4. Keine Förderung für die Gewinnung eines brauchbaren Begriffs des öffentlichen Sachenrechts bilden die Theorien über die **Dinglichkeit** des öffentlichen Rechts. Zur Vollständigkeit sei aber auf diesen Begriff und auf seine Mehrdeutigkeit verwiesen. Fleiner[13]) unterscheidet drei Bedeutungen des Dinglichkeitsbegriffs, nämlich a) die pfandrechtliche Haftung eines Grundstücks für eine öffentliche Forderung; b) die Vorschrift, daß der Besitz eines Grundstücks die Voraussetzung für eine Abgabepflicht bildet; c) die durch den Besitz eines Grundstücks vermittelte Nachfolge in öffentliche Rechte und öffentliche Pflichten. In Wahrheit sind die Bedeutungsschattierungen noch zahlreicher,[14]) während andererseits die sämtlichen drei Bedeutungen Fleiners gleichzeitig auf dasselbe Rechtsverhältnis zutreffen können, z. B. bei der Rentenbankgrundschuld[15]). Überdies hat „dinglich" im Zusammenhang „dinglicher Vertrag" auch im öffentlichen Recht die Bedeutung, daß das Rechtsgeschäft nicht auf die Pflicht zur Vornahme einer Handlung gerichtet ist, sondern diese Vornahme selbst darstellt. Es handelt sich aber bei allen Fällen der sog. öffentlich-rechtlichen Dinglichkeit grundsätzlich nicht um Rechtsbeziehungen zu öffentlichen Sachen, sondern zu Sachen im Sinne des Privatrechts; die Lehre mündet daher im Grunde in die oben schon gewürdigten Theorien ein.[16])

---

[13]) Institutionen des Verwaltungsrechts S. 153, Fußnote 15. Vergleiche auch Laue, Rechtscharakter des Gemeingebrauchs, Verw. Arch. Band 34, S. 297 ff., hier S. 472.

[14]) Vergl. auch die interessante Abhandlung von Friedrichs über „Öffentliche dingliche Rechte", Pr. Verw. Bl. 39, S. 297. Friedrichs wendet sich sachlich scharf gegen den Satz von Otto Mayer: Es gibt keine dem öffentlichen und dem Privatrecht gemeinsamen Rechtsinstitute. Was man so nennt, sind einfach privatrechtliche Rechtsinstitute, die man auf diese Weise ins öffentliche Recht hinüberschmuggeln möchte. So scharfsinnig auch der Versuch von Friedrichs ist, eine Vergleichsbasis „Dinglichkeit" zwischen gewissen Erscheinungen des privaten und des öffentlichen Rechts herzustellen, so sind doch die praktischen Ergebnisse für das Verwaltungsrecht dürftig. Gerade den praktisch wichtigsten Instituten, die als dinglich im Rechtssinn bezeichnet zu werden pflegen, den sog. Anliegerbeiträgen, („persönliche Lasten, die jemandem mit Rücksicht auf den Besitz eines Grundstückes obliegen", Friedrichs a.a.O. S. 300) spricht er die Natur öffentlicher dinglicher Rechte ab (a.a.O. S. 301). Auch über die von ihm als öffentliche dingliche Rechte anerkannten sog. öffentlichen Lasten („Deichlasten", „Gemeine Lasten") erfährt man nur wenig Einschlägiges, jedenfalls nicht soviel, daß man darauf ein System aufbauen könnte. Das Brauchbarste an dieser Lehre für die hier später vorzunehmende Herausschälung eines einheitlichen Typs werden die sog. „öffentlichen dinglichen Rechtslagen" (a.a.O. S. 302) sein, aber auch diese nur hinsichtlich ihrer formalen Konstruktion, nicht hinsichtlich ihrer Sinnbedeutung. Vergleiche über die öffentlichen Lasten W. Jellinek, Verwaltungsrecht, S. 399 ff. Fleiner, Institutionen S.414, Herrnritt, Verwaltungsrecht, S. 431 ff.

[15]) Ver. O. über die Errichtung der Deutschen Rentenbank v. 15. 10. 23, RGBl. I S. 963, insbes. § 6.

[16]) Über eine ganz besondere Art juristischer Dingbegriffe siehe Schmidt, Freiheit der Wissenschaft, S. 108. Diese haben zwar für die Bezeichnung als Dingbegriff eine weit größere Berechtigung als der Dingbegriff von Friedrichs, liegen aber auf ganz anderem Gebiete als dieser.

5. Nicht weiter verwendet wird ferner der Sachenbegriff des kanonischen Rechts[17]), wenn auch manche im folgenden als Substrate öffentlicher Sachen — etwa Friedhöfe — behandelte Objekte auch Sachen im Sinne des kanonischen Rechts sind, und wenn auch ferner die Bindung und Beschränkung der Gebrauchsfähigkeit der heiligen Sache durch Konsekration und Benediktion ihrer Konstruktion nach Berührungspunkte mit dem hier zu behandelnden Rechtstyp aufweisen mögen. Soweit die res sacrae für das weltliche öffentliche Sachenrecht in Betracht kommen, sind sie später mitbehandelt. Für eine Systembildung im deutschen Verwaltungsrecht eignet sich dagegen der Sachenbegriff des kanonischen Rechts weder seinem Konstruktionstyp noch seinem Ideengehalt nach.

§ 7.

Versuche zur Begriffsbildung eines öffentlichen Sachenrechts.

I.

Zu den Rechtsinstituten, die dem öffentlichen und dem privaten Recht gemeinsam sind, gehört das Institut des Sachenrechts nicht. Dies ist verständlich, wenn man sich vergegenwärtigt, was den Gegenstand des dem öffentlichen und dem privaten Rechte gemeinsamen Rechtsgebietes, des sog. allgemeinen Teiles des Rechts[18]), bildet. Während der Unterschied des öffentlichen vom privaten Recht, so wie ihn die herrschende Lehre auffaßt, rechtsinhaltlicher Natur ist, betrifft der gemeinsame Teil des Rechts die formalen Denkformen der Rechtswissenschaft wie Rechtssatz, Rechtssubjekt, Rechtspflicht, Vertrag usw. Das Sachenrecht im objektiven wie im subjektiven Sinn ist aber nichts, was sich zu solchen Rechtserscheinungen seiner formalen Grundform nach rechnen läßt. Die Möglichkeit einer Differenzierung von Sachenrechten etwa gegenüber Erwerbsrechten oder Familienrechten beginnt erst bei Eintritt in die Prüfung rechtsinhaltlicher Momente.

Angesichts dieser Sachlage mag die Kühnheit bewundert werden, mit der im Schrifttum ein Versuch gemacht wurde, das öffentliche und das private Sachenrecht unter einem einheitlichen Gesichtspunkte zu behandeln[19]),

[17]) Vergl. z. B. Eichmann, Lehrbuch des Kirchenrechts auf Grund des Codex iuris canonici, 1930, Bd. II, § 109.

[18]) Vergl. hierüber insbes. Kormann, Grundzüge eines Allgemeinen Teils des öffentlichen Rechts, in Ann D R 1911 und 1912.

[19]) Vergl. Friedrichs, Bürgerliches und öffentliches Sachenrecht, Arch ö R 40 S. 257 ff.: „Ich will das Gesamtgebiet des Sachenrechts in öffentlicher und privater Beziehung von einem Gesichtspunkt aus geordnet und im Zusammenhang darstellen, indem ich das Bekannte und Feststehende kurz andeute und nur das Zweifelhafte und Streitige, daneben aber namentlich das Grenzgebiet zwischen öffentlichem und Privatrecht hervorhebe." (a.a.O. S. 259). „Es gibt noch keine Darstellung, die es auch nur versucht, öffentliches und privates Recht aus einem Gesichtspunkt zu behandeln." (a.a.O. S. 261).

gleich als gehörte der Sachenrechtsbegriff wie die oben genannten Formalbegriffe Rechtssubjekt usw. dem öffentlichen und dem Privatrecht schon an sich — ohne Rücksicht auf den Inhalt der einzelnen Normen — an. Bei diesem Versuch, den Sachenrechtsbegriff als einen Formbegriff aufzufassen, ihn zu formalisieren, treten eigenartige Ergebnisse zutage. Formalisieren bedeutet in diesem Zusammenhang, aus dem Begriff eine über den Rechtsinhalt stehende juristische Denkform machen. Friedrichs glaubt, den Begriff der Sache von der positiven Norm des BGB lostrennen und ihn zu einem allgemeinen, d. h. unabhängig von einzelnen Gesetzen allgemein gültigen und auf alle Rechtsgebiete anwendbaren Begriff stempeln zu können. Das Bestreben, einen solchen formalisierten Begriff zu finden, bei dessen Bildung Friedrichs bezeichnenderweise ausgeht von einem naturwissenschaftlichen[20]) Sachenbegriff, führt ihn zu einer — vermeintlich philosophisch orientierten — verwirrenden Vermengung von rechtlichen Begriffen und außerrechtlichen Ideologien. Wenn er ferner den Willensentschließungen der Beteiligten — Willen offenbar im psychologischen Sinn verstanden — Bedeutung für den Begriff des Sachenrechts beimißt, so setzt er lediglich an die Stelle eines eingeschränkten Sachenbegriffs, wie ihn das BGB enthält, einen umfassenderen, aber ebenfalls positivrechtlich schon einmal (im Allg. preuß. Landrecht) verwirklichten und auch ohne weiteres wieder realisierbaren anderen Sachenbegriff; dadurch wird freilich der Begriff nicht eine dem privaten und dem öffentlichen Rechte gleichermaßen angehörende allgemeine juristische Denkform. In der bloßen Sprengung des gegenwärtigen, etwa als zu eng befundenen positivrechtlichen Rahmens, in den der Begriff eingebaut ist, kann nicht das Wesen einer Heraushebung des Begriffs in die Kategorie der formalen juristischen Denkformen bestehen.

Die eigenartige Vorstellung Friedrichs von einer Sache im Rechtssinn wird durch seine Meinung beleuchtet, die Rechtsordnung behandle Rechte,

[20]) a.a.O. S. 261: „Was nicht Körper ist, ist nicht Sache." „Aber nicht alle Körper sind Sachen, sondern nur die, welche man sich mit oder ohne einen Herrn denken kann." Nicht jeder einzelne Körper ist eine selbständige Sache. Das einzelne Korn Salz oder Getreide im Haufen ist sicher keine Sache. Der ganze Haufen, auch mehrere Haufen oder Säcke, selbst mehrere Böden voll Ware in einem Speicher können eine Sache sein, darüber entscheidet nicht die Naturwissenschaft, sondern das Recht im Anschluß an die Verkehrssitte." Offensichtlich passen diese Sätze nicht für das Gesamtgebiet des Rechts, sondern allenfalls — eine positive Norm vorausgesetzt — für einzelne Rechtssätze oder Rechtssatzgruppen. Friedrichs will aber einen über allen positiven Normen stehenden Begriff finden und gerät dadurch die Fährte nach einem naturwissenschaftlich-empirischen, statt nach einem normativen Sachenbegrif. Bei dieser unkritischen Vermengung normativer und außernormativer Begriffselemente kann sich Friedrichs allerdings berufen auf ein großes Vorbild, nämlich Georg Jellinek, der im System der subjektiven öffentlichen Rechte S. 23 folgende These aufstellt: „So ist z. B. das Objekt der Außenwelt, welches einem oder einer Zahl kohärenter oder doch verwandter Zwecke dient, für das praktische Denken eine Sache; der juristische Begriff der Sache entsteht erst durch das Inbeziehung-Setzen der Außenwelt zu Menschenzwecken."

„obgleich sie nur Beziehungen sind, so als wenn sie Sachen wären. Das heißt, die rechtlich anerkannte Beziehung gilt als feststehend, auch wenn die Personen, zwischen denen sie vermitteln, wechseln. Denn Abtretung und Schuldverhältnisse sind nichts anderes, als daß neue Personen in bestehende rechtliche Beziehungen eintreten und die Beziehung selbst als unverändert gilt."[21]) „Da die Rechte nicht Sachen sind, sondern nur wie Sachen behandelt werden, so können sie nicht nur als bewegliche, sondern auch als unbewegliche Sachen behandelt werden."[22]) „Rechte, Rechtsverhältnisse, Pflichten, die in mancher Beziehung als Rechtsobjekte und wie Sachen behandelt werden, sind Beziehungen und zwar zwischen Menschen."[23]) Friedrichs scheint, hiernach zu urteilen, das Wesen einer Sache im Rechtssinne in der Eigenschaft zu sehen, eine unabhängig von den Sachträgern feststehende rechtliche Beziehung zu sein.[24]) Der Beweis dafür, daß dies bei allen Sachen so sei oder sein müsse, und warum diese Lage auf Sachen beschränkt sein müsse, also die Abgrenzung nach der positiven wie negativen Seite, bleibt offen. Bei Friedrichs ist offensichtlich schon die S a c h e n-begriffsbildung in starkem Maße, wenn auch unbewußt, i d e o l o g i s c h beeinflußt. Mit einer bestimmten Ideologie vom Wesen der Sache, die in mancher Hinsicht zweckmäßig sein kann, aber weder aus positivrechtlichen noch aus logischen Gründen eine notwendige Begriffsbildung darstellt, geht er an die Systematik und Dogmatik des dem privaten und öffentlichen Rechte vermeintlich gemeinsamen allgemeinen S a c h e n r e c h t s, ähnlich wie Kormann seinerzeit mit einer Fülle von Ideologien an die Darstellung der allen Rechtsgebieten gemeinsamen „rechtsgeschäftlichen Staatsakte" gegangen ist.[25]) Bei dieser Sachlage sind die eigenartigen Ergebnisse Friedrichs nicht verwunderlich.

Mit dem Versuch einer Formalisierung des Sachenbegriffs hängt zusammen die bereits angedeutete mangelnde Fundierung mancher von Friedrichs aufgestellter Sätze im positiven Rechte. Die Ideologien treten unverhüllt auf, sogar ohne eine positivrechtliche Verhüllung auch nur zu suchen. Zum Teil geht dieser Mangel darauf zurück, daß das positive Recht den Geltungsbereich einzelner Sätze nicht auf alle, sondern nur auf einzelne Rechtsgebiete erstreckt hat. So entstehen folgende Sätze, die den Anspruch erheben, allgemeingültig für öffentliches wie privates Sachenrecht zu sein: „Alle Sachen werden in bewegliche und unbewegliche eingeteilt."[26]) „Bei Wasserläufen beruht der Gemeingebrauch auf alter Gewohnheit, jetzt auf

[21]) a.a.O. S. 268.
[22]) S. 270
[23]) S. 261/261
[24]) So auch insbes. a.a.O. S. 268
[25]) Kormann, System der rechtsgeschäftlichen Staatsakte, 1910.
[26]) Friedrichs, a.a.O. S. 263.

Gesetz; die Polizei kann ihn regeln, vielleicht tatsächlich unmöglich machen, aber nicht dem Rechte nach aufheben. Wenn sie ihre Anordnungen wieder zurücknimmt, so wird der Gebrauch wieder offen. Der Eigentümer hat gar keinen Einfluß darauf."[27]) „Das öffentliche Recht kann keinen anderen Begriff der Miteigentümer aufstellen als den privaten" — was wohl richtiger heißen soll „als das private".[28]) Der Versuch, derartige Sätze als allgemeingültig hinzustellen, muß zum Mißlingen verurteilt sein, weil weder eine Denknotwendigkeit noch ein positiver Rechtssatz aufgewiesen werden kann, die sie enthalten oder voraussetzen. Sie sind meist nichts anderes als teils bürgerrechtliche, teils partikularrechtliche (insbes. preußischrechtliche) öffentlichrechtliche Rechtssätze, wenn sie nicht wiederum Ideologien ohne normative Fundierung darstellen. Die Konstruktion ist auf außerrechtlichen, ideologischen Vorgegebenheiten aufgebaut, die schwerlich Aussicht haben, anerkannt zu werden.

Soweit die Behandlung des öffentlichen und des privaten Sachenrechts unter einem einheitlichen Gesichtspunkte brauchbare Erkenntnisse zutage fördert, sind sie nicht neu, wenn sie auch vielfach in der herrschenden Lehre noch nicht durchgedrungen sind und insoferne das Eintreten von Friedrichs für sie verdienstvoll ist. Dies gilt z. B. von dem Ergebnis, daß das öffentliche Recht an die gleichbezeichneten bürgerlichrechtlichen Begriffe nicht gebunden, sondern die bürgerlichrechtlichen Begriffe — selbst unter Beibehaltung ihrer Bezeichnung — mit verschiedenartigem Inhalt erfüllen kann. „Das öffentliche Recht kann für seinen Geltungsbereich die Gerechtigkeit den Grundstücken gleichstellen, es kann auch davon absehen oder eine Auswahl treffen, es kann auch solche Rechte wie Grundstücke behandeln, welche ihnen nach bürgerlichem Rechte nicht gleichstehen."[29]) Daß z. B. das Eigentum im Sinne des BGB ein anderes Rechtsinstitut sein kann als im Sinne der Reichsabgabenordnung (§ 154 RAO) oder der Reichsverfassung (Art. 153 RV), liegt auf der gleichen Linie.[30])

Der Versuch Friedrichs ist ein Beispiel dafür, welcher Weg nicht eingeschlagen werden darf, wenn ein System des öffentlichen Sachenrechts aufgestellt werden will. Sein Ergebnis ist kaum etwas anderes als ein loses Nebeneinanderstellen privatrechtlicher und öffentlichrechtlicher Rechtsgedanken und -vorschriften, die sich um den Begriff der Sache in einem außerpositivrechtlichen Sinn gruppieren lassen. Ähnliches gilt bei Friedrichs auch insoweit, als er zwischendurch von einer öffentlichen Sache im üblichen

[27]) Friedrichs, a.a.O. S. 333.

[28]) Friedrichs, a.a.O., S. 290.

[29]) S. 274.

[30]) Vergl. Friedrichs a.a.O. S. 263—265; Nawiasky, Bayerisches Verfassungsrecht, S. 242 ff; Maunz, Stellung des Staates im rechtlichen Verfahren Ann D R 1925, S. 379, Fußnote 37, W. Jellinek, Verwaltungsrecht S. 144, Fußnote 121.

Rechtssinn handelt: auch hier ein Aneinanderreihen privatrechtlicher und öffentlichrechtlicher Rechtsbeziehungen inbezug auf einen öffentlichen Sachenbegriff, nicht die Herausschälung des rechtlichen Wesens aller öffentlichen Sachen. Daß Friedrichs es sich auch hier nicht versagen kann, den Versuch einer Sprengung des sonst allgemein üblichen Begriffs der (hier öffentlichen) Sache zu unternehmen, z. B. durch Einbeziehung der bei Auflösung adeligen Hausvermögens entstehenden Sachen, in den allgemeinen Begriff der öffentlichen Sache, fällt daneben weniger ins Gewicht.

Die Vorstellung, von der Friedrichs beherrscht wird, ist im allgemeinen die von der Existenz eines umfassenden dem öffentlichen wie dem privaten Rechte gemeinsamen Rechtsgebiets. Den Umfang und die Bedeutung des gemeinsamen Rechtsgebietes, das in Wahrheit nur die allgemeinen juristischen Denkformen und allenfalls die Unterscheidungskriterien der beiden Gebiete umfassen kann, wird aber von Friedrichs weit überschätzt.[31]) Er hat auch auf seinem Wege, soweit ersichtlich,[32]) wenig Nachfolger gefunden.

Was hingegen als Fortschritt in der Verwaltungsrechtswissenschaft angestrebt werden muß, ist die Erfassung und Behandlung des öffentlichen Sachenrechts als eines Teiles des Verwaltungsrechts in seiner typenmäßigen Eigenart, losgelöst von allen Schlacken außerrechtlicher oder bürgerlichrechtlicher Natur, unter klarer Scheidung und gleichzeitig fruchtbarer Verbindung ideologischer und normativer Elemente.

II.

Der Begriff eines selbständigen öffentlichen Sachenrechts als eines Teilgebietes des Verwaltungsrechts, zum Unterschiede von einem vorgestellten, dem privaten und dem öffentlichen Recht gemeinsamen Sachenrechte, ist bisher weder wissenschaftlich noch weniger gesetzgeberisch einheitlich ausgebildet worden.[33]) Immerhin existiert im deutschen Verwaltungsrechte eine Anzahl von Rechtsinstituten, deren „sachenrechtlicher" Charakter behauptet oder sogar anerkannt ist. So werden z. B. das öffentliche Wegerecht oder das öffentliche Wasserrecht als Stoffgebiet des öffentlichen Sachenrechts behandelt und der Begriff der öffentlichrechtlichen Eigentumsbeschränkungen wird vielfach als eine öffentlichsachenrechtliche Rechtsfigur erachtet. An diese Erscheinungen muß angeknüpft werden. Der nächste Schritt ist es, zu einer Abgrenzung des Inhalts des gesamten Stoffgebietes und zu einer Systematisierung der Einzelerscheinungen zu gelangen. Auch

[31]) Vergl. über diesen Irrtum z. B. Meier-Brannecke, Anwendbarkeit privatrechtlicher Normen im Verwaltungsrecht, Arch ö R 50, S. 238.

[32]) Vergl. z. B. Otto Mayer, Verw. R. I S. 21, Fußnote 14 und dazu derselbe I, S. 120 über die „gemeinsamen" und „gemischten" Rechtsinstitute.

[33]) Vergl. Kapitel: „Zur Problematik des öffentlichen Sachenrechts" bei Günther Holstein, Die Lehre von der öffentlich-rechtlichen Eigentumsbeschränkung", 1921, S. 9 ff.

dieser zweite Schritt ist in der Verwaltungsrechtswissenschaft schon versucht worden. Er hat zu einer Reihe von Theorien über das Wesen des öffentlichen Sachenrechts geführt.

1. Nur äußerlich verwandt mit dem unter I dargestellten Weg, im übrigen aber von anderen Grundgedanken ausgehend, ist der Versuch, Rechtsinstitute des bürgerlichen Sachenrechts im öffentlichen Sachenrecht *entsprechend* (analog) zu verwerten. Die äußerliche Verwandtschaft der beiden Wege zeigt sich in der Ähnlichkeit der Ergebnisse, von denen eines die Konstruktion der privatrechtlichen oder öffentlichrechtlichen „Rechte an der Sache" ist. Die Verschiedenheit des Grundgedankens ergibt sich daraus, daß eine analoge Anwendung von Normen des Privatrechts im öffentlichen Recht die Nichtzugehörigkeit dieser Normen zu einem allgemeinen Teil des Rechts voraussetzt; andernfalls wäre für Analogie kein Raum.[34] Dieser Überlegung entspricht es nicht, wenn W. Jellinek[35] die Abhandlung von Friedrichs[36] unter dem Schrifttum über die analoge Anwendung von Rechtssätzen im öffentlichen Recht aufführt.

Über das Problem der grundsätzlichen Anwendbarkeit privatrechtlicher Normen im Verwaltungsrecht (das Problem der *abstrakten Analogie*) sowie über die individuelle Anwendbarkeit einer bestimmten Norm des einen Gebietes auf Rechtsverhältnisse des anderen Gebietes (das Problem der *konkreten Analogie*) existieren bereits interessante Untersuchungen.[37] Es ist bemerkenswert, daß mit einer einzigen Ausnahme[38] sich keine von ihnen systematisch mit der Analogie der bürgerlich-sachenrechtlichen Rechtsinstitute im Verwaltungsrecht befaßt, während die Verwendbarkeit von *schuld*rechtlichen Vorschriften auf Geldleistungsansprüche des Verwaltungsrechts vielfach im Vordergrund der Untersuchung steht. Es mag allerdings zweifelhaft sein, ob sich eine praktische Notwendigkeit dafür ergibt, ein der bürgerlichrechtlichen Hypothek oder Grundschuld (anders bei der Rentenschuld) oder ein dem bürgerlichrechtlichen Nießbrauch analoges Rechtsinstitut des Verwaltungsrechts aufzustellen. Soweit das Verwaltungsrecht von einer öffentlichrechtlichen Grunddienstbarkeit oder einem öffentlichrechtlichen Besitz handelt, wird man nicht mehr analoge, sondern nur mehr gleichbenannte Institute annehmen können, die außer dem Namen wenig gemeinsam haben.

---

34) Vergl. auch Meier-Branecke, Arch ö R 50, S. 238.

35) Verwaltungsrecht, S. 110.

36) Der Allgemeine Teil des Rechts, 1927.

37) W. Jellinek, Verwaltungsrecht S. 110, und das dort aufgeführte Schrifttum; Alzheimer, Allgemeine Normen des materiellen öffentlichen Rechts, Bay. Verw. Bl. 1929 S. 7 ff; Apelt, Der verwaltungsrechtliche Vertrag, 1920.

38) Vergl. Tezner, Der Privatrechtstitel im öffentlichen Recht, Arch ö R Band 9, S. 325 ff.

Auch den umgekehrten Weg, nämlich analoge Anwendung, aber verschiedenartige Bezeichnung, ist die Verwaltungsrechtswissenschaft gegangen. So sind z. B. wesentliche Ergebnisse der zivilistischen „Irrtumslehre" im Verwaltungsrecht eingebaut in die Lehre vom „fehlerhaften Staatsakt".[39]) In den Zusammenhang der analogen Verwendung bürgerlich-sachenrechtlicher Institute im Verwaltungsrecht gehört auch die Untersuchung von Friedrichs über die „Dinglichkeit im öffentlichen Recht".[40])

2. Eine eigene Sachenrechtstheorie des öffentlichen Rechts stellte schon vor mehr als drei Jahrzehnten Tezner[41]) auf. Tezner bejaht die Existenz eines öffentlichen Sachenrechts. „Gestritten wird, ob von einem publizistischen Sachenrecht gesprochen werden könne. Diese Frage ist dahin zu beantworten, daß der Staat nach Maßgabe der bestehenden Normen behufs unmittelbarer Erfüllung öffentlicher Zwecke über die in seinem Gebiete gelegenen Sachen verfügen kann so, wie der Private über Sachen verfügt kraft dinglichen Rechts."[42]) Das Charakteristische des öffentlichen Sachenrechts sieht Tezner offenbar in zwei Punkten, einmal darin, daß den Gegenstand des öffentlichen Sachenrechts die Sachen im Sinne des positiven Privatrechts bilden, sodann darin, daß das öffentliche Sachenrecht seine Eigenschaft „öffentlich" in der Weise erhält, daß öffentlichrechtliche Rechtsnormen ein Verfügungsrecht über diese Sachen einräumen und zwar zur unmittelbaren Erfüllung öffentlicher Zwecke. Die Begrenzung des öffentlichen Sachenrechts auf die Beteiligung des Staats unter Ausschluß der als Träger öffentlicher Sachen im weitesten Umfang in Betracht kommenden unterstaatlichen Träger öffentlicher Verwaltung, sowie die Begrenzung auf den Gebietshoheitsraum des Trägers (Territorialitätsprinzip) erscheinen demgegenüber bei Tezner nicht als so hervorstehende und wohl auch nicht als wesentliche Merkmale.

Mit den beiden erstgenannten Sätzen dagegen ist Tezner der Vorläufer geworden für eine auch in der Gegenwart weitverbreitete Meinung oder Voraussetzung (Ideologie), die es als Selbstverständlichkeit ansieht, daß Objekte auch des öffentlichen Sachenrechts die Sachen im bürgerlichrechtlichen Sinn sind, soweit sie nämlich unter öffentlichrechtliche Normen gebracht, oder öffentlichrechtliche Normen auf sie angewendet werden. Die Theorie von Tezner liegt etwa auf gleicher Linie mit einer Begriffsbildung, die einen bürgerlich-rechtlichen Kaufvertrag, soweit er zum Tatbestand eines öffentlich-rechtlichen Rechtsverhältnisses gehört und damit für das öffentliche Recht „besonders bedeutsam" werden kann, z. B. im Umsatzsteuerrecht,

[39]) Vergl. einerseits W. Jellinek, Der fehlerhafte Staatsakt, anderseits Vogels, Verw. Arch. 27, S. 247.

[40]) Pr. Verw. Bl. 39 S. 297, darüber siehe auch § 6, Ziff. 6.

[41]) Tezner, Der Privatrechtstitel im öffentlichen Recht, Arch. ö R Band 9, S. 325 ff.

[42]) a.a.O. S. 376.

als öffentlichrechtlichen Kaufvertrag bezeichnen würde. Für die Systematik kann eine solche Sinnverschiebung verwirrend wirken.

So zahlreich die — meist unbewußte — Anhängerschaft Tezners sein mag, seiner Lehre fehlt schon wegen der geringen Selbständigkeit der öffentlichrechtlichen Prägung gegenüber der privatrechtlichen Begriffswelt für das Verwaltungsrecht die systembildende Kraft.

3. Ungleich weniger Anhänger und mehr Gegner, aber auch ungleich größere systematische Bedeutung hat Otto Mayer's Theorie des öffentlichen Sachenrechts.

Auf den ersten Blick mag es scheinen, als ob Otto Mayer bei der Begriffsbestimmung des öffentlichen Sachenrechts[43]) in einen ähnlichen unbewußten Irrtum verfallen sie wie Tezner, wenn er nämlich ausführt, es handle sich in diesem Falle um „ein öffentliches Sachenrecht", falls „die öffentlichrechtliche Zugehörigkeit der Sache", die „Unzulänglichkeit der Sache für das Zivilrecht" in Frage stehe[44]), „das öffentliche Sachenrecht bedeutet eine staatliche Beherrschung der Sache für ihren Zweck mit Ausschluß des für diesen Zweck gleichgültigen Zivilrechts".

Allein in Wahrheit will Otto Mayer auf einen ganz anderen Gesichtspunkt abstellen. Er will beweisen, daß die Sache infolge einer besonders gearteten Zweckbestimmung ihre Eigenschaft als Sache im Sinne des Zivilrechts schlechthin verliert, falls sie diese Eigenschaft vor dem Zweckbestimmungsakt gehabt haben sollte (z. B. der öffentliche Weg), und nicht erhält, falls sie sie vor dem Zweckbestimmungsakt nicht gehabt haben sollte (z. B. der öffentliche Fluß). Worauf er Gewicht legt, ist die vollkommene Entrückung der öffentlichen Sache aus den Normen des Zivilrechts, die durch die unbedingte Wahrung des öffentlichen Zwecks gegenüber Beeinträchtigungen und durch die ausschließliche Zulassung nur solcher Rechte daran erreicht wird, die mit der Zweckbestimmung vereinbar sind.[45]) „Wenn sich ... an diesen Sachen die besondere Empfindlichkeit des öffentlichen Zwecks kund tut, so ist es nur folgerichtig, daß im Rahmen dieses Zweckes und um der guten Ordnung willen auch der viel ausgiebigeren Störung entgegengetreten wird, welche die rücksichtslose Entstehung und Geltendmachung von Privatrechten hier bereiten können."[46]) Auch dort, wo Mayer den Gegensatz zwischen öffentlicher Sache und öffentlicher Anstalt, wie er ihn auffaßt, herauszuschälen sucht, meint er mit der „Sache", die im einen Fall selbst den „öffentlichen Zweck darstellt", im anderen Fall nur „Schauplatz" für die Entfaltung des Anstaltszwecks ist, nicht Sache im bürgerlich-

[43]) Arch ö R Bd. 16.
[44]) a.a.O. S. 54.
[45]) a.a.O. S. 67.
[46]) a.a.O. S. 70.

rechtlichen Sinn in öffentlichrechtlicher Beleuchtung, sondern eine ganz spezifisch öffentliche Sache.[47]) Öffentliche Sache ist für Mayer im wesentlichen das, was zum „öffentlichen Gut gehört", — wie es das elsaß-lothringische Ausführungsgesetz zum BGB § 44 ausgedrückt hat.[48]) Allerdings macht er gegenüber dieser positiven Norm in Einzelheiten Einschränkungen; in großen Zügen deckt sie aber seine Auffassung. Er sieht das Wesen der öffentlichen Sache darin, daß sie *mit ihrer Körperlichkeit einem bestimmten Zwecke des Gemeinwesens unmittelbar zur Erfüllung dient*.[49]) Die Bestimmtheit für den öffentlichen Zweck komme zum Ausdruck „einmal in der äußerlichen Beschaffenheit, wonach sie zur Erfüllung des Zwecks geeignet ist, sodann in ihrer Zugehörigkeit an ein Subjekt öffentlicher Verwaltung, das sie für diesen Zweck bereithält und verwaltet."[50])

Mit dieser Begriffsbestimmung der öffentlichen Sache, mag man ihr beitreten oder sie ablehnen, — gewinnt O. Mayer eine klare Basis für die Abgrenzung des öffentlichen Sachenrechtsbegriffs. Mögen auch einzelne Systemwidrigkeiten festzustellen sein — die bedeutendste dürfte die Einreihung des Enteignungsrechts unter das öffentliche Sachenrecht sein —, im wesentlichen und grundsätzlich ist für O. Mayer *öffentliches Sachenrecht im objektiven Sinn* der Komplex von Normen, die eine öffentlich-sachenrechtliche Beziehung statuieren, mit anderen Worten die Rechtsverhältnisse der öffentlichen Sache betreffen.

Öffentliches Sachenrecht im subjektiven Sinn ist ihm eine Erscheinung der öffentlichen Gewalt und zwar in der Gestaltung als sachenrechtliche Herrschaft. Worin Mayer den Kern der sachenrechtlichen Herrschaft sieht, spricht er allerdings, soweit ersichtlich, nirgends klar aus. Hierin liegt ein Moment der Unsicherheit eingeschlossen, das auch nicht aus der sonstigen Konstruktionsideologie Mayers beseitigt werden kann, zumal er Rechtsbeziehungen zwischen Rechtssubjekten und Sachen ablehnt[51]), und Macht über eine Sache nicht als etwas Rechtliches, sondern etwas „Tatsächliches" ansieht. Einen gewissen Anhaltspunkt bildet vielleicht der Zusammenhalt seiner Auffassungen: einerseits, daß das Eigentum einen Inbegriff von rechtlichen Beziehungen bildet, der die Macht über eine Sache umgibt, sichert und ordnet, anderseits, daß sich diese rechtlichen Beziehungen nicht nur zwischen gleichberechtigten Subjekten ergeben könnten, in welchem Falle es das Institut des Privateigentums bildet, sondern

[47]) a.a.O. S. 69.

[48]) a.a.O. S. 74 Fußnote 34, vergl. dazu auch unten die Theorie bei Kisch, Elsaß-lothringisches Landesprivatrecht.

[49]) Vergl. a.a.O. II S. 71.

[50]) a.a.O. II S. 72

[51]) a.a.O. II S. 73.

auch auf der Grundlage einer rechtlichen Ungleichheit, indem der Eigentümer als Träger der öffentlichen Gewalt den anderen als Privaten gegenübertritt und wodurch sich das private Eigentum zum öffentlichen Eigentum entwickelt.[52]) Damit berührt die Lehre Mayers über das öffentliche Sachenrecht seine Theorie des öffentlichen Eigentums, die in anderem Zusammenhang gewürdigt werden soll. (Siehe unten: Theorie von Otto Mayer Seite 123.) Trotz des Ausblicks auf das öffentliche Eigentum bleibt die Mayer'sche Konstruktion des öffentlichen Sachenrechts im subjektiven Sinn unklar und ist insoferne ein neuer Beitrag zur Erkenntnis, daß ein subjektives Sachenrecht mit den überkommenen Vorstellungen und positivrechtlichen Vorschriften schwerlich konstruiert werden kann. Das Verdienst Mayers, den Grundstein zu einem vom Zivilrecht losgelösten öffentlichen Sachenrecht im objektiven Sinn gelegt zu haben, soll damit nicht geschmälert werden.

5. Als ein unbedingter Verneiner der Existenz eines öffentlichen Sachenrechts wird von Otto Mayer Georg Jellinek wegen seiner These angesehen: „Im Sinne des Verwaltungsrechts kann die Institution eines öffentlichen Sachenrechts nicht begründet werden."[53]) Allein mit diesem Satze hat es eine besondere Bewandtnis. Zwar geht ihm unmittelbar voran die Ablehnung auch des öffentlichen Eigentums als eine seinem Wesen nach vom Privateigentum verschiedene Institution. Doch ist der verwaltungsrechtliche Ausblick Jellineks nur der Behandlung eines staatsrechtlichen Sachenrechts angereiht, zu dessen Verständnis auf Labands Theorie über die Natur der staatlichen Herrschaft als einer auch sachenrechtlichen Herrschaft (öffentlichrechtlichen Sachherrschaft) zurückgegriffen werden müßte. Labands Theorie lehnt Jellinek ab. Zwar hat auch nach Jellinek das Staatsgebiet eine zweifache Eigenschaft: einmal als Moment des Staates als Subjekt,[54]), sodann als räumliche Grundlage der Herrschaftsentfaltung.[55]) Im Sinne der Realisierung von Herrschaftsbefehlen des Staates auf einem abgegrenzten Gebiet kann man „von dem Gebiete als einem Objekt der Staatsherrschaft sprechen"; damit werde zu Unrecht die Vorstellung verbunden, daß „das Gebiet selbst der unmittelbaren Herrschaft des Staates unterliege, es somit ein staatliches Sachenrecht gebe.[56]) Anstelle der von ihm bekämpften Laband'schen Theorie setzt Jellinek eine neue Beleuchtung des Gegensatzes von imperium und dominium unter gleichzeitiger Verwendung des Gegensatzes der personenrechtlichen und sachenrechtlichen Herrschaft. Er bezeichnet schließlich die staatsrechtliche Sachherrschaft, das subjektive öffentliche Sa-

[52]) Verwaltungsrecht, II S. 74.
[53]) Allgemeine Staatslehre S. 399/400
[54]) a.a.O. S. 395.
[55]) a.a.O. S. 398.
[56]) a.a.O. S. 398.

chenrecht in diesem Sinn, als bloßen Reflex der Personenherrschaft, dem die subjektive Rechtsnatur mangle. Daß Jellinek von dieser seiner staatsrechtlichen Theorie überspringt auf das verwaltungsrechtliche Sachenrecht und auf die Lehre vom öffentlichen Eigentum, als dessen Gegner er sich bekennt, ist nicht notwendig und auch nicht zwingend begründet.

Die drei Theorien der Analogie des öffentlichen im Verhältnis zum privaten Sachenrecht, der Verwendung des privatrechtlichen Sachenbegriffs als Element des öffentlichen Sachenrechts und schließlich der rein öffentlichen Sachherrschaft unter Ablehnung privatrechtlicher Elemente sind die im deutschen Verwaltungsrecht der Gegenwart hauptsächlich vertretenen Theorien; zur Vervollständigung des Bildes wurde die Theorie einer Ablehnung des öffentlichen Sachenrechts schlechthin beigefügt. Bei den drei Theorien kann es sich selbstverständlich nur um die Hauptrichtungen handeln. Im einzelnen werden, wie die Ideengeschichte der öffentliche Sache erweisen wird, die verschiedenartigsten Schattierungen und mannigfachsten Kombinationen vertreten.

Was der Ideengeschichte vorangestellt werden muß, ist die wiederholte Betonung, daß nach dem derzeitigen Stande der verwaltungsrechtlichen Begriffsbildung und des positivrechtlichen Rechtszustands das öffentliche Sachenrecht nicht etwa jenes Recht ist, das die öffentlichrechtlichen Beziehungen inbezug auf Sachen im bürgerlichrechtlichen Sinn enthält, sondern die Summe aller Normen über die öffentliche Sache. Der Begriff des öffentlichen Sachenrechts ist ein abgeleiteter Begriff. Die Ableitung erfolgt aus dem Begriff der *öffentlichen Sache*. Auch daraus folgt die Notwendigkeit, Ideengeschichte, Konstruktion und Dogmatik der öffentlichen Sache in den Mittelpunkt des öffentlichen Sachenrechts zu stellen; denn sie bildet dessen eigentlichen — und einzigen — Gegenstand.

§ 8.

Der Begriff der Öffentlichkeit im öffentlichen Sachenrecht.

I.

Der Begriff der *Öffentlichkeit* ist sowohl ein Rechtsbegriff wie auch ein Begriff der außerrechtlichen Sphäre. Im ersten Fall knüpft das Recht hinsichtlich der Begriffsinhalte regelmäßig an den Sprachgebrauch des außerrechtlichen Lebens an, ohne freilich dadurch in der Selbständigkeit der Prägung seiner Begriffe behindert zu sein. Für das *außerrechtliche Gebiet* ist eine alle Einzelfälle deckende und zugleich scharfe Begriffsbestimmung „Öffentlichkeit“ kaum möglich. Die Bezeichnung ist mehrdeutig. In manchen Fällen wird als gemeinsames Merkmal angesehen werden können, daß eine grundsätzlich unbegrenzte, durch besondere sachliche Merkmale nicht bestimmte Zahl von Personen beteiligt ist oder sein kann. So kann man etwa eine Führung durch ein Museum öffentlich nennen, wenn für jedermann die Möglichkeit eröffnet ist, sich Zutritt zu verschaffen oder sich zu beteiligen, während man sie als nicht öffentlich, geschlossen oder privat zu bezeichnen pflegt, wenn sich nur ein genau umgrenzter Kreis von Personen beteiligt. Die Anklänge an den Rechtsbegriff sind hierbei unverkennbar.

Soweit die Worte „öffentlich" oder „Öffentlichkeit" als Rechtsbegriff verwendet werden,[57]) muß zunächst in jedem Einzelfall ermittelt werden, welchen Sinn das einschlägige Gesetz mit der Bezeichnung verbinden will. Ein begriffsbestimmender Rechtssatz, der für alle Teile des Rechts oder wenigstens des deutschen öffentlichen Rechts den Sinn eindeutig festlegen würde, besteht nicht. Aber auch ein auf konstruktivem Wege gewonnener einheitlicher Begriff dürfte nicht bestehen. Von Einfluß auf die Bedeutung ist vor allem die Verbindung, in der er vorkommt. Solche Verbindungen sind z.B. „öffentliche Ordnung", „öffentliche Verhandlung", „öffentliche Verkündigung" usw. Indessen hat er selbst als Attribut eines und desselben Substantivs nicht durchweg den gleichen Inhalt. Im Polizeirecht bedeutet z.B. Störung der „öffentlichen Ordnung" nicht das gleiche, wie im Strafrecht die Delikte wider die „öffentliche Ordnung". Ebenso werden die Begriffe „nichtöffentlich" und „geheim" nicht stets gleichbedeutend gebraucht. So bedeutet z.B. „nichtöffentlich" im Sinne des Art. 20 Abs. IV Satz 1 der bayer. Kreisordnung etwas anderes als im Sinne des Art. 26 Abs. II Satz 2 des gleichen Gesetzes, obwohl es sich beidemal um ein Attribut zu dem gleichen Begriff „Sitzung" handelt.[58])

II.

Am grundlegendsten, aber auch umstrittensten ist die Bedeutung des Begriffs „öffentlich" in dem Gegensatz „öffentliches" und „privates" Recht. Von diesem Gegensatz wird das gegenwärtige deutsche Recht in der Gesetzgebung und in der Gesetzesvollziehung, in der Wissenschaft und in der Praxis beherrscht. Er ist eine Ideologie von außergewöhnlichem Ausmaß. Für das öffentliche Sachenrecht besteht die Bedeutung des Begriffs „öffentlich" nicht nur darin, daß das gleiche Attribut auch in der Verbindung „öffentliche Sache" auftritt, sondern vor allem auch in dem Umstand, daß nach herrschender Auffassung die öffentliche Sache eine eigenartige Doppelstellung zwischen den beiden als gegensätzlich vorgestellten Rechts-

[57]) Vergl. über die Begriffe „Öffentlichkeit" und „öffentlich" jetzt die Untersuchungen von Forsthoff, Die öffentliche Körperschaft im Bundesstaat, 1931 S. 11 ff.

[58]) Über die Begriffe der „öffentlichen" Gewalt siehe Apelt, Der verwaltungsrechtliche Vertrag, S. 124 ff; W. Jellinek, Verwaltungsrecht S. 311; Fleiner, Institutio S. 281, 292.

gebieten des öffentlichen und des privaten Rechts einnimmt. Zu dieser zweiten Bedeutung sei hier zunächst Stellung genommen.

Eine Verständigung der den Gegensatz verwerfenden monistischen Richtung mit den herrschenden dualistischen Richtungen der verschiedenen Färbungen ist nicht zum wenigsten aus dem Grunde schwierig, weil die Prägung des Begriffs „Öffentlichkeit" im Sinn des öffentlichen Rechts nicht Gegenstand und Inhalt von Rechtsnormen ist, sondern entweder von Wissenschaft und Rechtsanwendung — als typischer Fall einer ideologischen Rechtsinterpretation — vorgenommen wird oder einfach ohne schärfere Prüfung, gleichsam als wäre er vorrechtlicher Natur, eine Vorgegebenheit des Rechts, vorausgesetzt wird. Da an den hierin eingeschlossenen Problemen bei einer Behandlung von Grundfragen des öffentlichen Sachenrechts nicht vorbeigegangen werden kann, andererseits aber eine Behandlung ex professo nicht im Rahmen der Abhandlung liegt, so sei lediglich die zu dem Problem hier eingenommene Stellungnahme kurz angedeutet.

1. Zu den gebräuchlichsten dualistischen Richtungen zählt die sog. Subjektionstheorie[59]), die das Kriterium des Gegensatzes sieht in der rechtsqualitativen Verschiedenheit der an einem Rechtsverhältnis beteiligten Personen; die verschiedene Rechtsqualität wird darin gesehen, ob die Person Träger öffentlicher Gewalt und dadurch gegenüber den der öffentlichen Gewalt Unterworfenen übergeordnet ist, oder ob die Person im Verhältnis zu der am gleichen Rechtsverhältnis beteiligten Person gleichgeordnet ist. Hiernach wäre öffentliches Recht die Summe der Normen zur Regelung herrschaftlicher Rechtsverhältnisse zwischen Rechtspersonen, insbesondere zwischen Staat und Untertanen, einschließlich jener Normen, die unter dem Gesichtspunkte der erwähnten qualitativen Verschiedenheit der Rechtsbeziehungen der mehrwertigen Personen untereinander regeln.[60])

Im Gegensatz dazu stellt die Interessentheorie[61]) darauf ab, ob das in Frage stehende Interesse vom Recht als Gesamtinteresse (Kollektivinteresse) oder als Einzelinteresse (Individualinteresse) anerkannt wird. Nicht die Rechtspersonen, sondern die Interessen werden hierbei als verschiedenwertig aufgefaßt.[62]) Hiernach wäre öffentliches Recht jenes

---

[59]) Vertreter der Subjektionstheorie siehe bei Herrnritt, Grundlehren, S. 58, Fußnote 3!

[60]) Vergl. Apelt, Verw. R. Vertrag, S. 55.

[61]) Vertreter der Interessentheorie siehe bei Herrnritt, Grundlehren, S. 58, Fußnote 4.

[62]) Mit der Einführung des Interessenbegriffs in die Unterscheidung erscheint ihr ideologischer Hintergrund besonders deutlich. Über den Begriff des Interesses siehe aus dem älteren Schrifttum Leuthold, Öffentliches Interesse und öffentliche Klage, Ann D R 1884, S. 321; Neumann, Das öffentliche Interesse, Ann D R, 1886, S. 357 ff. Fleiner, Einzelrecht und öffentliches Interesse, Festgabe fü

Recht, das die Gesamtinteressen normiert, oder jenes Recht, das durch die Grundsätze des Gesamtinteresses beherrscht wird, während das Privatrecht die Einzelinteressen normiert oder durch die Interessen der einzelnen seine entscheidende Prägung erhält.[63]) Von ganz anderer Art als die gewöhnlichen hier einschlägigen Theorien ist die Interessentheorie von Nawiasky, nach der es nicht darauf ankommt, ob losgelöst von Normen öffentliche Interessen vorliegen oder nicht, sondern darauf, ob das konkrete Rechtsnormensystem etwas als höherwertig bezeichnet, also auf die positive Regelung.[64])

Neben die Subjektions- und Interessentheorie stellt Herrnritt[65]) eine dritte Theorie. Er sieht diese sogar als die am häufigsten vertretene Theorie an. Hiernach wäre der Unterschied in der Natur des Lebensverhältnisses zu erblicken, welches durch die Rechtsnorm geregelt werde; als öffentliches Recht sei der Inbegriff jener Normen zu bezeichnen, die die Beziehungen des einzelnen zur obrigkeitlichen Verbandsgewalt, in erster Linie zur Staatsgewalt regeln, während das Privatrecht die Beziehungen des Individuums zu anderen Rechtssubjekten regle. Bei näherem Zusehen entpuppt sich diese dritte Theorie als eine Subjektionstheorie besonderer Färbung[66]) ohne neues wesentliches Begriffsmerkmal. Dagegen hat W. Jellinek[67]) eine von den beiden Grundtheorien[68]) abweichende Lehre aufzustellen versucht, die allerdings, mag sie auch äußerlich die Terminologie der Subjektionstheorie vermeiden, im Grunde auf das gleiche Prinzip hinausläuft und, wie so viele Theorien zu diesem Problem, einen naheliegenden logischen circulus nicht ganz vermeiden kann. Eine Abweichung von den gebräuchlichen Theorien besteht darin, daß nicht auf die Rechts-

---

Laband, II 1908, S. 1 ff; Layer, Prinzipien des Enteignungsrechts, S. 129, S. 176—225. Gg. Jellinek, System der subjektiven öffentlichen Rechte, S. 43. Ferner aus dem neueren Schrifttum Merkl, Staatszweck und öffentliches Interesse, Verw. Arch 1919, Bd. 27 S. 268 ff. insbes. S. 273; ferner auch Apelt, Verw. R. Vertrag S. 129 ff. Maunz, Stellung des Staates, S. 367 mit Fußnoten.

[63]) Zur Kritik der Interessentheorie vergl. insbes. Lutz Richter, das subjektive öffentliche Recht, Arch ö R Bd. 8 S. 36 ff., dem sich in diesem Punkte auch Koelreutter im Handwörterbuch der Rechtswissenschaft, Bd. IV S. 267 anschließt. („das öffentliche Interesse ist kein Generaltitel, der dem öffentlichen Recht eigentümlich wäre und hier jedem für die Allgemeinheit erstrebenswerten Wunsch rechtliche Erfüllung verhieße;" er zieht sich vielmehr durch die ganze Rechtsordnung).

[64]) Nawiasky, Steuerrechtliche Grundfragen, 1926, S. 21 („materielle Verschiedenheit der Interessenberücksichtigung".), Ähnlich Forsthoff, a.a.O., S. 17: „Das ausschließliche Kriterium ist die konkrete Entscheidung des Staates darüber, was öffentlich und was privat ist".

[65])a.a.O. S. 59.

[66]) So auch andeutungsweise Herrnritt a.a.O. S. 59, Fußnote 5.

[67]) Vergl. Verw. R., 1929, S. 46 ff.

[68]) Über die weniger wichtigen Theorien siehe die bekannte ältere Zusammenstellung von Holliger, Das Kriterium des Gesetzes zwischen dem öffentlichen und dem Privatrecht, 1904; ferner Schrifttum bei W. Jellinek, Verw. R. S. 39.

normen, sondern auf die Rechtsverhältnisse abgestellt wird.[69]) Jellinek sieht als „ursprünglichöffentlichrechtlich“ alle Rechtsverhältnisse an, kraft deren Verwaltungsakte vorgenommen werden sollen oder können. Die abgeleiteten Rechtsverhältnisse des öffentlichen Rechts müssen mit einem ursprünglichöffentlichrechtlichen Rechtsverhältnis in einem bestimmten Zusammenhang stehen, und zwar in dem der Einheitlichkeit, der Umkehrung oder der Abwicklung. Damit ist gleichzeitig ein Zusammenhang der Unterscheidung mit dem für das Verwaltungsrecht grundlegenden Begriff des Verwaltungsakts hergestellt.

2. Der verwaltungsrechtlichen Praxis muß es klar werden, daß derartige Versuche nicht ausreichen, um alle Zuteilungsfälle im einzelnen einwandfrei zu erklären. Ganz besonders schwer fällt dies solchen Theorien, die den Gegensatz auf eine möglichst einfache und möglichst antithetische Formel zu bringen suchen. Die etwas verwickeltere Jellinek'sche Theorie vermag der Praxis dagegen manchen Fingerzeig zu geben. Aber auch bei ihr bleibt ein rechtlich und logisch unbefriedigendes Gefühl. Aus diesem heraus ist es psychologisch durchaus verständlich, daß einmal die monistische Theorie einer Leugnung des Gegensatzes entstehen mußte.[70])

Dieser letztgenannten Theorie gegenüber mag zwar zugegeben werden, daß ein einwandfreier logischer Unterschied zwischen den beiden Rechtsgebieten und den ihnen zugehörigen Rechtsverhältnissen nicht besteht. Schwerlich zu bestreiten ist aber, daß die Idee eines Unterschiedes historisch gewachsen und geworden ist,[71]) und sowohl vom objektiven Recht des deutschen Rechtssystems wie auch von der Wissenschaft davon vorausgesetzt wird.[72]) Wie allem historisch Gewachsenen haften ihm manche Zufälligkeiten an, die mit der Logik nicht befriedigend erklärt werden können. Die Unmöglichkeit der logischen Erklärung offenbart sich nicht bloß bei der Zuteilung von Grenzfällen, sondern auch beim Versuch einer Erklärung der Zugehörigkeit großer Rechtsstoffgebiete, deren tatsächliche Zugehörigkeit vielfach gar nicht zweifelhaft ist, etwa des Beamtenrechts. Allein es ist

---

[69]) Vergl. dazu Lutz Richter, Das subjektive öffentliche Recht, Arch ö R, 1925, S. 2 ff.

[70]) Eine kurze Zusammenstellung von wichtigen Lehrsätzen der monistischen Theorie siehe bei Herrnritt, a.a.O. S. 58, Fußnote 6!

[71]) Vergl. Kisch, Elsaß-Lothringisches Privatrecht, S. 62: „Er ist nicht überall und zu allen Zeiten der gleiche. Er wechselt vielmehr nach Zeit und Ort, je nachdem vom Standpunkt der jeweils maßgebenden Rechtsanschauungen ein bestimmter Tatbestand mehr die öffentlichen oder die privaten Interessen berührt“.

[72]) Es ist ein typisches Beispiel dafür, daß es „gesproßte“ Ideologien gibt, richtiger, daß die Ideologien im Rechte ihrem Wesen nach „gesproßt“ sind; denn da der Begriff des „Gesproßten“ in dem von Dyroff, Rechtssatzung und Gesetz, Ann D R 1889, S. 820, geprägten Sinn als Gegensatz das „Gesetzte“ voraussetzt, eine autoritative „Satzung“ von Ideologien aber nicht stattfindet, sondern nur von Normen, muß jede Ideologie „gesproßt“ sein, mehr noch: sie ist das eigentlich Gesproßte am Recht!

zu bedenken, daß auch sonst im Recht nicht allein nach dem verfahren wird, was logisch ist. Wenn auch innerhalb eines zusammengehörigen Komplexes von Rechtsnormen, einer Rechtsordnung, die Logik das herrschende gedankliche System sein muß, und die Dogmatik ihre Aufgabe, die bestehenden Normen zu einer Einheit zusammenzufassen und zu erklären, nur auf logischem Wege erfüllen kann,[73]) so sind doch für das Entstehen dieser selben Normen nicht oder doch nicht ausschließlich logische Gesichtspunkte maßgebend.

Es ist schwer, wenn nicht überhaupt unmöglich, einen systematischen, nach einheitlichen Merkmalen abgegrenzten Gegensatz zu finden, der gleichzeitig auch alle historischen Zufälligkeiten trifft. Daher werden auch die erwähnten dualistischen Theorien stets in dem einen oder anderen Punkte bemängelt werden können unter Hinweis auf bestehende tatsächliche Regelungen. Selbst wenn es aber gelingen sollte, den Unterschied auf eine logisch und positivrechtlich unangreifbare Formel zu bringen, kann diese allenfalls einen Schlüssel geben für die Zuteilung einzelner Fälle, über die das positive Recht und die Rechtsentwicklung Zweifel gelassen haben. Sie wird aber nicht vermögen, Ursachen und Sinn des Gegensatzes aufzuklären. „Öffentliches Recht" und „privates Recht" sind keine apriorischen Begriffe. Sie sind vielmehr reine Begriffe des positiven Rechts. Es sind daher Rechtssysteme denkbar und wirklich vorhanden, denen ein einartiges Recht zugrunde liegt.

Daher bewegen sich die Vertreter der monistischen Theorie, die einen logischen Unterschied leugnen, und die Dogmatiker der bestehenden dualistischen Rechtsordnung des deutschen Rechts auf zwei verschiedenen Ebenen. Auf diesem Wege ist eine Verständigung nicht möglich. Man kann auch als Dogmatiker den Versuch machen, die aus der Kelsen'schen monistischen Theorie fließenden allgemeinen Erkenntnisse des Rechts als Deutungsversuche zur Klärung unklarer Rechtssätze und zur Konstruktion noch nicht erfaßter Rechtsfiguren zu verwenden;[74]) aber man kann mit der logischen Widerlegung eines Unterschiedes des öffentlichen und privaten Rechts, wie ihn Kelsen unternommen hat, nicht die entwicklungsgeschichtlich gewordene und wirklich vorhandene Differenzierung einfach verneinen.

An der Differenzierung selbst, und zwar in dem hergebrachten Sinn und Umfang, wird daher auch hier festgehalten, wobei es dahingestellt bleiben mag, ob man den Unterschied besser mit der einen oder anderen Theorie erklären zu können glaubt, und ob man glaubt, das konkrete Lebensverhältnis bestimme den Charakter der es regelnden Rechtsnorm,

---

[73]) Vergl. Laband, Vorwort zur 2. Auflage seines „Staatsrechts", 1887.

[74]) Vergl. Verdroß, Die Verfassung der Völkerrechtsgemeinschaft, 1926; Merkl, Rechtskraft, 1923; Merkl, Allgemeines Verwaltungsrecht, 1925; Maunz, Stellung des Staates, Ann D R 1925, S. 395.

oder die Beschaffenheit der Rechtsnorm sei für den Charakter des geregelten Lebensverhältnisses maßgebend.[75])

Nur von dem einen Irrtum soll hier abgerückt werden, daß nämlich öffentliches Recht nur dort zu finden sei, wo die Rechtserscheinungen von Befehl und Zwang auftreten. Selbst wenn hierbei Befehl und Zwang nicht in dem weiten Sinn aufgefaßt werden, in dem sie Wesensmerkmal für jede Rechtsnorm sind, sondern in einem engeren Sinn als Merkmal der Befugnis eines höherwertigen oder herrschenden Subjekts gegenüber einem geringerwertigen oder gewaltunterworfenen Subjekt, kann ihr Auftreten für die Klassifizierung nicht erheblich sein; denn selbst im engeren Sinn sind Befehl und Zwang auch im Privatrecht möglich und maßgeblich z. B. im Familienrecht, während sie in manchen Zweigen des öffentlichen Rechts fehlen, z. B. im öffentlichen Wohlfahrtsrecht, überhaupt in dem weiten Gebiete, in dem sich der Staat und unterstaatliche Träger öffentlicher Verwaltung nicht herrschend, sondern fürsorgend (im weiteren Sinn) betätigen. Zu leugnen, daß hier öffentliches Recht vorliegen könne, hieße den Zweck des Staates als eines Kulturstaates verneinen und ihn in die Rolle des reinen Rechtsstaates drängen.[76])

In gewissem Sinn freilich, nämlich in dem eines Forderungs- und Gewaltverhältnisses[77]) im allgemeinen, gibt es allerdings auch bei der fürsorgenden Tätigkeit (im weiteren Sinn) eine „Gewalt" des Trägers oder Herrn des Unternehmens. Ein Beispiel hierfür ist gerade das öffentliche Sachenrecht und das öffentliche Anstaltsrecht mit den Figuren Anstaltsgewalt, Anstaltspolizei, Anstaltsherr — Sachherrschaft, Sachpolizei, Herr der öffentlichen Sache.

III.

Die unter I aufgeführten Unterscheidungen sind für die Theorie der öffentlichen Sache nur dann von grundlegender Bedeutung, wenn man mit der herrschenden Lehre die Doppelstellung dieses Rechtsinstitutes zwischen den beiden unterschiedenen Gebieten, oder richtiger in jedem der beiden Gebiete bejaht. In dem Augenblick, in dem der Begriff der öffentlichen Sache so geprägt werden kann, daß er nur mehr dem öffentlichen Recht angehören kann, nämlich nicht als natürlicher Körper, der von verschiedengearteten Rechtsnormen in der Sphäre des Rechts geregelt wird, sondern als eine rechtliche Beziehung, ein Rechtsverhältnis, das in einer konkreten Erscheinungsform nur dem einen oder dem anderen Rechts-

[75]) Vergl. Herrnritt, Grundlehren, S. 60 und das dort Fußnote 8 aufgeführte Schrifttum.

[76]) Vergl. Nawiasky, Deutsches und Österreichisches Postrecht I, 1909, S. 4.

[77]) Vergl. Nawiasky, Forderungs- und Gewaltverhältnis, Festschrift für Zitelmann; Maunz, Stellung des Staates S. 377.

zweig angehören kann, entfällt nach dieser Richtung die grundlegende Bedeutung für die Behandlung der Einzelfälle. Dagegen wird die Wichtigkeit der Differenzierung auch in diesem Fall dort nicht berührt, wo die einzelne öffentliche Sache — z. B. der öffentliche Weg — abgegrenzt werden muß gegenüber einem entsprechenden Objekt des Privatrechts, z. B. dem privaten Weg. Die Differenzierung wird indessen hier insoferne erleichtert, als ein solcher Begriff stets vom Standpunkt und auf dem Boden einer positivrechtlichen Norm gewonnen werden muß. Die Verbindung der Bezeichnung „öffentlich" mit „Weg" in einer konkreten Rechtsordnung vermag für die Begriffsbildung gewisse Anhaltspunkte, aber an sich noch keine fertige Lösung zu bieten. Nicht nur in verschiedenen Gesetzen der gleichen Rechtsordnung, z. B. einerseits in § 1 der bayerischen Bauordnung,[78]) anderseits in Art. 8, Ziff. 34 des bayerischen Verwaltungsgerichtshofgesetzes, sondern sogar innerhalb des gleichen Gesetzes, z. B. einerseits in § 1, anderseits in § 62 der bayerischen Bauordnung wird der gleiche Doppelbegriff „öffentlicher Weg" verschiedensinnig gebraucht, nämlich in dem jeweils ersten Fall der beiden Beispiele als sog. „offener" Weg im Rechtssinn, in dem jeweils zweiten Fall als sog. „öffentlichrechtlicher" oder „verwaltungsrechtlich-öffentlicher" Weg.[79]) Es gibt auch Fälle, in denen die Auslegung nicht aus einer Einzelrechtsnorm, sondern aus dem Sinn eines ganzen Gesetzes oder sogar der gesamten Rechtsordnung vorgenommen werden muß, z. B. beim Rechtsbegriff der öffentlichen Anstalt. Vielfach wird hierbei der Interessentheorie zugeneigt, etwa wenn behauptet wird, daß eine öffentliche Anstalt dann vorliegt, wenn die Darbietung der Anstaltsvorteile im gemeinen Interesse erfolgt, dagegen ein privates Unternehmen, wenn die Darbietung erfolgt, damit sich das unternehmende Subjekt bereichert.[80]) Nun wird es freilich kein Unternehmen in der Hand eines Trägers öffentlicher Gewalt geben, dem nur die Bereicherungsabsicht zugrunde liegt. Der Wert der Trägerschaft durch die „öffentliche Hand" wird gerade vorwiegend darin gesehen, daß irgendwie ein gemeinnütziger Gesichtspunkt mit hereinspielt. Anderseits wird der Unternehmer

[78]) Vergl. dazu Englert-Schmitt-Stauffer, Bauordnung, 1929, S. 23.

[79]) Vergl. über diese Unterscheidung z. B. Steinbach, Die öffentlichen Wegservituten in Bay. Verw. Bl. 1926, S. 354 (er nennt die offenen Wege „tatsächlich öffentliche" im Gegensatz zu den „rechtlich öffentlichen"); ferner R. Mayer, Der tatsächlich öffentliche Weg im bayer. Eisenbahnwegerecht, Bayer. Verw. Bl. 1930, S. 225. Wörner, Bayer. Gem. O., 1931, S. 197.

[80]) Vergl. Hatschek, S. 455; Fleiner, Institutionen, S. 324. Noch verwickelter wird die Frage, wenn zwischen öffentlicher und öffentlich-rechtlicher Anstalt unterschieden wird; vergl. Fleiner, a.a.O. S. 323. Fleiner sieht den Unterschied darin, ob die Anstalt nur durch Sätze des öffentlichen Rechts organisiert, also hinsichtlich nur ihrer Grundlage öffentlichrechtlich ist (dann öffentliche Anstalt), oder ob sie auch in den übrigen Beziehungen dem öffentlichen Rechte unterstellt ist (dann öffentlich-rechtliche Anstalt); näheres über den Anstaltsbegriff siehe unten!

auch einer vom öffentlichen Interesse beherrschten öffentlichen Anstalt — etwa ein bayerischer Bezirk als Träger eines Bezirkskrankenhauses (Art. 2 Ziff. 4 Bez.O) — vielfach bestrebt sein, aus dem Betrieb der Anstalt nicht allein die reinen Selbstkosten zu decken, sondern, soweit dies nach der Natur der Anstalt möglich ist, darüber hinaus einen Gewinn für die allgemeinen Finanzbedürfnisse zu gewinnen. So wenig in jenem Fall der Charakter als Erwerbsunternehmen beseitigt wird, so wenig ist in diesem Fall der Bestand einer öffentlichen Anstalt zu leugnen. Klarer und einheitlicher wird die Differenzierung bei der Abstellung auf den Rechtswillen des Anstaltsherrn. Dieser Rechtswille wird kundgetan durch eine Anstaltsordnung. Ergeht eine Anstaltsordnung — in Form einer Satzung —, so ist der Rechtswille erkennbar, daß der Anstaltsherr die Anstalt auf öffentlichrechtlicher Grundlage betreiben will und öffentlichrechtlich sowohl sich selbst wie diejenigen binden will, die mit ihm in Rechtsverkehr treten. Nicht das Vorliegen einer allgemeinen Benützungsmöglichkeit, nicht der Zulassungszwang, nicht die Erhebung einer Nutzungsgebühr einschließlich der Befugnis zur zwangsweisen Beitreibung u. a. sind das Kriterium einer öffentlichen Anstalt; sie sind vielmehr nur Folgen aus dem verwirklichten Rechtswillen, eine öffentliche Anstalt zu betreiben. Das rechtlich Entscheidende bei der Verwirklichung dieser Absicht besteht in einer Rechtserklärung bestimmter Art. An die Vornahme der Erklärung knüpfen sich von selbst die Rechtswirkungen, insbesondere die „Öffentlichkeit“. Die maßgebliche Erklärung ist bei der öffentlichen Anstalt die Verkündigung der Anstaltsordnung. Die Anstaltsordnung zeigt an, ob die Anstalt auf öffentlichrechtlicher oder privatrechtlicher Basis geführt werden soll. Im Hinblick darauf, daß somit das entscheidende Gewicht auf einem Verwaltungsakt des Trägers der öffentlichen Anstalt beruht, nähert sich die Ursache der „Öffentlichkeit“ (im Rechtssinn) einer Anstalt der Ursache der „Öffentlichkeit“ im Sinne des öffentlichen Sachenrechts, was bei der Lehre von der Widmung im einzelnen darzulegen sein wird. Die Theorie der öffentlichen Anstalt bietet hier, wie auch in mancher anderen Beziehung, einen wertvollen Fingerzeig für die Theorie der öffentlichen Sache.[81])

Der Gesichtspunkt, worin die Öffentlichkeit im Sinn des öffentlichen Sachenrechts zu suchen ist, bildet im Zusammenhang mit der Idee, den Begriff der öffentlichen Sache von jeder körperlicher Unterlage, dem sog. Substrat der öffentlichen Sache, etwa einem Grundstück, loszulösen, die Grundlage für eine im folgenden vorzunehmende Begriffsbildung der öffentlichen Sache.

---

[81]) Vergl. über den Rechtsbegriff „Öffentlichkeit“ im öffentlichen Sachenrecht auch Fleiner, Institutionen, S. 367.

§ 9. Die öffentliche Sache als Rechtsverhältnis.

I.

1. Die Rechtswissenschaft ist eine Wissenschaft nicht von Seinsgesetzen, sondern von Seinsollensgesetzen. Die Seinsollensgesetze als positives Recht sind etwas Bestehendes, Anerkanntes, nicht etwas Fingiertes, nach Anerkennung Ringendes. Das Seinsollen bezieht sich nicht auf die Existenz der Normen, sondern auf ihre logische Form. Der Existenz nach sind die Normen ein — wenn auch nicht körperliches — Sein, der logischen Form nach sind sie ein Seinsollen.

Ein körperliches Sein kann nicht ein juristischer Begriff sein, sondern allenfalls ein Etwas, auf das sich ein juristischer Begriff beziehen kann. Durch Rechtsnormen wird kein reales Sein erkannt.[82]) Den Gegenstand der Rechtswissenschaft im allgemeinen und auch einer rechtswissenschaftlichen Einzeluntersuchung bilden nicht die realen Substanzen, sondern die Normen und Beziehungen zu Normen; nicht das körperlich Wirkliche, sondern das die körperliche Wirklichkeit Ordnende; nicht das Geordnete, sondern die Ordnung. Die juristische Erkenntnis und die zur juristischen Erkenntnis notwendigen Begriffe müssen aus der Welt der körperlichen Objekte in die Welt der bestehenden Normen und Beziehungen zu Normen verlegt werden. Die durch die juristische Erkenntnis gewonnenen Urteile können sich nicht mit den Substanzen, sondern nur mit den Normen und Beziehungen zu Normen befassen. Sie gewähren nach Jellinek nicht die Erkenntnis einer Substanz, sondern einer Relation, sie lehren uns „das Verhältnis des Seienden zur Norm erkennen".[83])

Da die Rechtswissenschaft als normative Wissenschaft von Normen und Beziehungen zu Normen handelt, müssen sich die juristischen Vorstellungen entweder auf Normen oder auf Beziehungen zu Normen erstrecken. Die Beziehungen zu Normen sind in zwei Figuren denkbar, die im Grunde auf den gleichen Denkvorgang zurückzuführen sind, deren verschiedenartige Bezeichnungen sich aber rechtfertigen im Hinblick auf die Verschiedenartigkeit des Standpunkts, von dem aus die Normbeziehung in dem einen und in dem anderen Fall gesehen wird.[84]) Diese beiden Figuren sind die Rechtsperson und das Rechtsverhältnis. Der innige Zusammenhang zwischen den beiden Normbeziehungsfiguren zeigt sich darin, daß ohne Rechtspflichten (oder ohne Rechtsansprüche) auch keine Rechtspersonen vorstellbar sind; denn der Rechtssatz macht den Verpflichteten (Berechtigten) zu

[82]) Georg Jellinek, Allgemeine Staatslehre, S. 138.

[83]) Mißverständlich Jèze, Das Verwaltungsrecht der französischen Republik, in Öffentl. Recht der Gegenw. S. 14: „Das Recht ist eine Wissenschaft von den Tatsachen."

[84]) Vergl. über die rechtslogische Identität der beiden Figuren Kelsen, Der soziologische und der juristische Staatsbegriff, 1928, S.134/135 einschl. S. 135, Fußnote 1.

einem Rechtssubjekt jenes Rechtsstoffgebietes (Handelsrechts, Steuerrechts, Versicherungsrechts), dem der Rechtssatz angehört.

2. Der Begriff des Rechtsverhältnisses kann in einem doppelten Sinn verstanden werden, entweder als Verhältnis einer Rechtsperson zur Rechtsordnung (Rechtsverhältnis im engeren Sinn)[85]) oder als Verhältnis von Rechtspersonen zueinander (Rechtsverhältnis im weiteren Sinn). Das Verhältnis einer Rechtsperson zur Rechtsordnung äußert sich in Auferlegung einer Rechtspflicht. Die Untertanen sind der Rechtsordnung gegenüber zunächst Pflichtsubjekte und in dieser Pflichtstellung beruht ihre Rechtssubjektivität. Der Rechtspflicht braucht nicht unbedingt ein Rechtsanspruch gegenüberzustehen, wohl aber muß dem Rechtsanspruch stets eine Rechtspflicht gegenüberstehen.[86]) Jedes Rechtsverhältnis, auch ein Rechtsverhältnis im engeren Sinn, setzt mindestens eine Rechtsperson voraus. Dagegen ist für ein Rechtsverhältnis im weiteren Sinn eine Korrespondierung von Rechtsanspruch und Rechtspflicht und somit eine Mehrheit von Rechtssubjekten wesentlich. Korrespondieren die Rechtslagen mehrerer Rechtssubjekte in der Weise, daß die Beziehung des einen zur Rechtsordnung das Spiegelbild einer Beziehung eines anderen zur gleichen Rechtsordnung ist, so kann man unbedenklich sagen, das Rechtsverhältnis bestehe zwischen mehreren Subjekten.[87]) Es liegt dann ein Rechtsverhältnis im weiteren Sinn[88]) vor.[89]) Besteht beim Vorliegen einer Rechtspflicht ein solches Spiegelbild von Rechtsanspruch und Rechtspflicht zwischen Rechtssubjekten nicht, so ist das Rechtsverhältnis nach der einen Seite hin offen. In diesem

---

[85]) In diesem Sinne versteht den Begriff Kelsen (Hauptprobleme S. 705/706), wenn er sagt: „Rechtsverhältnis ist nicht ein Verhältnis zwischen zwei Subjekten, sondern lediglich das Verhältnis zur Rechtsordnung. Rechtsverhältnis ist entweder subjektives Recht oder subjektive Pflicht und als solches Relation zur Rechtsordnung."

[86]) Vergl. Somlò, Jurist. Grundlehre, S. 444: „Das Verhältnis von Anspruch und Pflicht läßt sich nach dem Gesagten leicht bestimmen. Da es einerseits keine Rechtsnorm geben kann, die nicht irgend eine Rechtspflicht setzte, diese also eine notwendige subjektive Beziehung der Rechtsnorm ist, dahingegen eine Rechtsnorm nicht unbedingt einen Anspruch zu gewähren braucht, diese also eine bloß mögliche subjektive Beziehung der Rechtsnorm bedeutet, so folgt, daß Anspruch und Pflicht keine Korrelatbegriffe, nicht einfach verschiedene Seiten ein und derselben Sache sind, sondern daß es wohl niemals einen Anspruch ohne Pflicht, wohl aber Pflichten ohne Anspruch geben kann. Der Rechtsanspruch ist immer die Kehrseite einer Rechtspflicht, aber die Rechtspflicht läßt sich nicht als Kehrseite eines Rechtsanspruchs definieren. Dem Anspruch muß eine Pflicht entsprechen, aber der Pflicht „braucht kein Anspruch zu entsprechen."

[87]) Man kann hiermit die Kelsen'sche Lehre (s. o.) in der Weise vereinen, daß man sich vorstellt, der Gläubiger sei nicht dem Schuldner gegenüber berechtigt, sondern im Verhältnis zur Rechtsordnung, im Rechtsverhältnis des Schuldners zur Rechtsordnung sei er aber der Begünstigte, dem die Rechtspflicht zugute komme.

[88]) In diesem Sinn gebraucht den Begriff z. B. Kormann, System der rechtsgeschäftlichen Staatsakte, S. 104.

[89]) Beispiele: Darlehensvertrag, Werkvertrag, Familienrechtsverhältnis, Steueranspruch und -pflicht, Wehrpflichtverhältnis, Beamtenverhältnis.

Falle kann es sich bei der einen Seite stets nur um eine Rechtspflicht handeln. Es ist hierbei nicht ausgeschlossen, daß später ein Rechtsanspruch als Spiegelbild zur Rechtspflicht hinzutritt. Dann ist das Rechtsverhältnis von diesem Augenblicke an zweiseitig geworden.[90]) Es ist aber auch möglich, daß das Rechtsverhältnis bis zu seinem Erlöschen einseitig bleibt.[91])

3. Erkennt man den rechtlichen Unterschied zwischen einem (einseitigen) Rechtsverhältnis im engeren Sinn und einem (mehrseitigen) Rechtsverhältnis im weiteren Sinn an, so kann man die uneingeschränkte Behauptung, für ein Rechtsverhältnis sei das Vorhandensein von mindestens zwei Rechtspersonen stets notwendig,[92]) nicht als zutreffend anerkennen. In einem Rechtsverhältnis liegen, wie das Beispiel des einseitigen Rechtsverhältnisses beweist, nicht ohne weiteres[93]) subjektive Pflicht und subjektives Recht als seine logischen Entfaltungen beschlossen. Vielmehr genügt es, nämlich für ein Rechtsverhältnis im engeren Sinn, wenn nur eine Rechtspflicht einer einzigen Rechtsperson besteht, um diese rechtliche Situation als ein Rechtsverhältnis zu bezeichnen.[94])

4. Zwischen dem Stadium, in dem nur ein einseitiges Rechtsverhältnis vorliegt, und dem anderen Stadium, in dem zu der bestehenden Rechtspflicht ein korrespondierender Rechtsanspruch getreten ist, kann eine rechtlich ganz besonders zu qualifizierende Lage vorliegen, deren Besonderheit darin besteht, daß der Rechtsanspruch noch nicht vollkommen entstanden, sondern erst im Werden begriffen ist. Das Maß der Entfaltung des werdenden Anspruchs vermag gewisse Einwirkungen auf die korrespondierende Rechtspflicht auszuüben, die für die Konstruktion der öffentlichen Sache als Rechtsverhältnis eine wichtige Rolle spielen werden.

5. Der Entstehungsgrund für ein Rechtsverhältnis ist primär die als objektiv geltend vorauszusetzende Rechtsnorm, subsidiär die Konkretisierung der in der Rechtsnorm abstrakt aufgeführten Tatbestandsmerkmale in einem Lebensvorgang. Da als Tatbestandselement entweder rechtliche Handlungen von Rechtssubjekten oder andere Ereignisse auftreten können, kann man sagen, Entstehungsgrund für ein Rechtsverhältnis sei in einem Fall ein Rechtsgeschäft,[96]) im anderen Fall ein Rechtsvorgang.[97]) Man kann

[90]) Beispiel: Zu einem bindenden Vertragsangebot tritt die Annahme.

[91]) Beispiel: Die Bindung an das Vertragsangebot erlischt vor Annahme.

[92]) So Lutz Richter, Das subjektive öffentliche Recht, Arch ö R. Bd. 47, S. 1.

[93]) Wie Richter, a.a.O. S. 2., ausgeführt hat.

[94]) Eine ganz abweichende Auffassung vertritt Jèze, im Öffentl. R. Ggg. S. 13, der die Notwendigkeit der Existenz auch nur eines einzigen Rechtssubjektes bestreitet: „Es kommt oft vor, daß zwei Subjekte, ein aktives und ein passives, vorhanden sind, notwendig ist das aber nicht."

[96]) Vergl. Kormann, System der rechtsgeschäftlichen Staatsakte, S. 22 und 23, dazu auch S. 58.

[97]) Auch Rechtshandlung in diesem besonderen Sinn (als Gegensatz zu Rechtsgeschäft) genannt; vergl. Kormann, a.a.O. S. 22.

den Unterschied — wenn schon nicht ganz korrekt — auch in der Weise ausdrücken, daß das Rechtsverhältnis im einen Fall als Folge eines Rechtsgeschäfts, im anderen Fall als unmittelbare Folge des Gesetzes erscheint. Wird das Rechtsverhältnis von der Seite der Rechtspflicht aus betrachtet, so erscheint der Eintritt der Rechtspflicht im ersten Fall als Willensfolge, im zweiten Fall als Folge des Gesetzes unmittelbar (oder als Folge eines im Verhältnis zum Willen des Pflichtsubjektes fremden Willens). Im ersten Fall wird jemand pflichtig aus dem Grunde, weil er selbst erklärt hat, dies werden zu wollen; im zweiten Falle wird er es ohne seinen Willen.

Für das Wesen des Rechtsverhältnisses und für die beiden Figuren als Rechtsverhältnis im engeren Sinn (nach einer Seite hin offen), und als Rechtsverhältnis im weiteren Sinn (Korrespondieren von Rechtsanspruch und Rechtspflicht) ist der Entstehungsgrund nicht von Bedeutung. Wohl aber ist die Art des Entstehungsvorgangs, wie zu zeigen sein wird, wichtig für die Erkenntnis des besonderen Charakters des Rechtsverhältnisses „öffentliche Sache".

II.

1. Die außerrechtlichen Wirklichkeiten kann man einteilen in Menschen, Substanzen (Dinge in diesem Sinn), Tätigkeiten und Beziehungen. Die rechtliche Ordnung dieser außerrechtlichen Wirklichkeiten geschieht in der Weise, daß Rechtssubjekte geschaffen und Rechtsverhältnisse begründet werden. Die Schaffung von Rechtssubjekten, wie die Begründung von Rechtsverhältnissen erfolgt durch die Rechtsnorm. Rechtssubjekte und Rechtsverhältnisse bestehen nur insoweit, als eine Rechtsnorm besteht, die sie zur Entstehung gebracht hat.

Rechtssubjekte und Rechtsverhältnisse sind scharf zu sondern von den Menschen, den Substanzen, den Tätigkeiten und den Beziehungen. Eine besondere Rolle für das Recht pflegt die häufige Verwechslung von Menschen und Rechtssubjekten zu spielen. Sie führt zu dem Problem der natürlichen und der juristischen Person.[98]) Bei Vermeidung einer Verwechslung von juristischen Vorstellungen mit außerrechtlichen Wirklichkeiten liegt es klar zu Tage, daß der Mensch zwar das Substrat bilden kann für die Fixierung eines Zurechnungspunktes von Handlungen, den man Rechtssubjekt nennt, daß er aber nicht mit dem Rechtssubjekt identifiziert werden

[98]) Vergl. Binder, Das Problem der juristischen Persönlichkeit insbes. S. 40, 50 ff; Bierling, Juristische Prinzipienlehre I S. 201 ff, 220; Somlò, Juristische Grundlehre, S. 513 ff; Kelsen, Der soziologische und der juristische Staatsbegriff S. 134/135. Jèze, Öffentl. R. Geg. S. 14 bezeichnet die Theorie der juristischen Person „als ein Dogma, eine Religion, an die ich nicht glaube" (er meint damit eine Konstruktions-Ideologie), und glaubt ein Verwaltungsrecht ohne diese Ideologie darstellen zu können.

kann; daher kann auch das gleiche Substrat für die Bildung mehrerer Rechtssubjekte verwendet werden.[99])

2. Um die Fülle der Normen, die, soweit sie dem gleichen Schöpfer und Träger zuzurechnen sind, in ihrer Gesamtheit eine Rechtsordnung bilden, unter einheitliche Gesichtspunkte zu bringen, werden Rechtsbegriffe gebildet. Rechtsbegriffe sind Sinngefüge oder Bedeutungsbegriffe, die sich zwar auf außerrechtliche Wirklichkeiten beziehen können, die aber nicht selbst außerrechtliche Wirklichkeiten darstellen.

Rechtsbegriffe können entweder unmittelbar auf bestehenden Normen beruhen, oder sie können gebildet sein zu dem Zwecke, damit Normen gestaltet werden. Im ersten Fall ist die Begriffsbildung aufgebaut auf der Tatsache des Bestands von Rechtsnormen. Im zweiten Fall ist sie dagegen reines Hilfsmittel der Konstruktion und der Rechtspolitik. Jedermann hat die Freiheit, Rechtsbegriffe im zweiten Sinn zu denken und auszusprechen. Die wissenschaftliche Begriffsbildung ist aber keine Rechtsquelle. Sie kann keine Rechtspersonen und keine Rechtsverhältnisse schaffen.[100])

3. Die Rechtsperson und das Rechtsverhältnis sind als notwendige Begriffe des positiven Rechts Begriffe im ersten Sinn. Rechtsbegriff im zweiten Sinn dagegen ist der nicht notwendige, aber mögliche Begriff „Rechtsobjekt". Wie Rechtssubjekt eine normative Figur zur Bezeichnung des rechtlichen Zwecksubjekts ist, so kann man die Figur des „Rechtsobjekts" zur Bezeichnung des rechtlichen Zweckmittels prägen. Eine Begreifung positiven Rechts ist nicht ohne die Begriffe Rechtssubjekt und Rechtsverhältnis, wohl aber ohne den Begriff Rechtsobjekt möglich. Die Figur des Rechtsobjekts ist nicht eine logische Notwendigkeit des Rechtssystems wie Rechtsperson und Rechtsverhältnis. Sie ist kein auf positiven Normen unmittelbar beruhender Rechtsbegriff. Sie ist vielmehr ein Hilfsmittel zur Gestaltung von Normen. Seine Bildung steht im Belieben der Konstruktion und ist eine Frage der Zweckmäßigkeit zur Vermittlung juristischer Erkenntnisse.

III.

Ob die öffentliche Sache Rechtssubjekt, Rechtsverhältnis oder Rechtsobjekt ist, bedarf der Prüfung.

---

[99]) Vergl. Die beiden Beispiele bei Maunz, Stellung des Staates, S. 379.

[100]) Gegenteiliger, durchaus verfehlter Ansicht ist Schelcher, Zur Lehre vom öffentlichen Eigentum, in Fischers Zeitschrift, Bd. 48, S. 356—358, der als Rechtsquelle des für das öffentliche Sachenrecht höchst bedeutsamen, öffentlichen Eigentums nicht das gesetzte Recht und nicht einmal das hier so beliebte Gewohnheitsrecht bezeichnet und gelten läßt, sondern die wissenschaftliche Erkenntnis. Treffend hält ihm Friedrichs Arch ö R Bd. 40, S. 314, entgegen: „Die wissenschaftliche Erkenntnis kann nur Begriffe bringen; der Begriff kann nur als möglich nachgewiesen werden; ob die durch den Begriff abgegrenzte Vorstellung wirklich ist, läßt sich nur aus der Erfahrung entnehmen."

1. Rechtssubjekt ist sie ersichtlich nicht. Sie ist nach keiner Rechtsnorm Zurechnungsendpunkt für juristisch erhebliche Handlungen. Daß sie selbst keines Handelns im natürlichen Sinn fähig ist, würde freilich der Vorstellung ihrer Rechtssubjektivität nicht hinderlich im Wege stehen. Auch eine juristische Person im Sinne der üblichen Terminologie ist keines Handelns im natürlichen Sinn fähig. Entscheidend ist aber, daß kein irgendwie geartetes Handeln und auch kein sonstiger Rechtsvorgang der öffentlichen Sache als Tatbestandsmerkmal für den Eintritt einer Rechtsfolge zugerechnet wird.

2. Am nächsten liegt die Annahme, daß die öffentliche Sache unter die Hilfskonstruktion Rechtsobjekt zu bringen sei. Als Rechtsobjekt könnte die öffentliche Sache entweder als Substanzbegriff oder als Bedeutungsbegriff aufgefaßt werden, entweder als Seinsgefüge oder als Sinngefüge. Ein Grundstück als Rechtsobjekt wird man, wennschon es nicht identisch ist mit einem beliebigen Stück Erdoberfläche, als einen Substanzbegriff auffassen dürfen, während man einen Weg im Sinne des Privatrechts als Bedeutungsbegriff bezeichnen muß. Auch im privatrechtlichen Sinn ist ja der Weg nicht etwa identisch mit jenem Stück Erdoberfläche, das ihm als körperliche Grundlage dient.[101]) Selbst wenn man die öffentliche Sache als Rechtsobjekt konstruieren wollte — was an sich nicht ausgeschlossen ist — wäre es irrig, sie als Substanzbegriff aufzufassen.

3. Es ist aber auch durch nichts ausgeschlossen, die öffentliche Sache als ein Rechtsverhältnis aufzufassen. In welcher Weise dies gedanklich geschehen kann, ob die öffentliche Sache als Rechtsverhältnis im engeren oder weiteren Sinn, als Verhältnis einer Person zur Rechtsordnung oder als Korrespondenz von Rechtspflicht und Rechtsanspruch zwischen Rechtssubjekten konstruiert werden kann und ob im ersten Fall der der Rechtspflicht korrespondierende Rechtsanspruch bereits entstanden sein muß oder ob er erst in der Entstehung begriffen zu sein braucht, wird bei der Konstruktion der öffentlichen Sache im einzelnen darzustellen sein. Vorläufig genügt es, das Problem aufzurollen mit der These, daß die öffentliche Sache entgegen allen bisherigen Konstruktionsversuchen nicht als Rechtsobjekt, sondern als Rechtsverhältnis darzustellen versucht wird.

4. Die öffentliche Sache kann nach den unter 1 gegebenen Voraussetzungen nur dann als Rechtsverhältnis konstruiert werden, wenn eine Rechtsperson gefunden wird, deren eigenartige Beziehung zur Rechtsordnung als eine Rechtspflicht bestimmter Art aufgewiesen werden kann,

[101]) Anderer Ansicht z. B. Wörner, Bay. Gem. O. 1931, S. 194: „Ein Weg ist ein Grundstück, welches . . ." Über die Verwechslung von Naturobjekt und Sache im Rechtssinn siehe auch Gg. Jellinek, System der subjektiven öffentlichen Rechte, S. 23, insbes. Fußnote 2.

oder aber, die sich zusammen mit der Rechtspflicht einer anderen Person als Rechtsanspruch qualifizieren läßt, und wenn in dem einen oder dem anderen Fall nachgewiesen werden kann, daß darin das rechtliche Wesen jener Figur begründet ist, die man öffentliche Sache nennt. Das Schwergewicht der rechtlichen Konstruktion der öffentlichen Sache wird also nicht, wie üblich, auf außerrechtliche Substrate gelegt, sondern auf die in Mitte liegenden Rechtsansprüche und Rechtspflichten. Die öffentliche Sache als Rechtsverhältnis hat zwar den Zweck, auf reale, außerrechtliche Substrate angewandt zu werden. Aber sie ist nicht selbst ein reales Substrat. Sie ist von substanziellen Vorstellungen völlig losgelöst und ausschließlich als Beziehung zur Norm aufzufassen. Der öffentliche Weg als öffentliche Sache im Rechtssinn ist weder ein Stück Erdoberfläche noch ein oder mehrere Grundstücke noch gewalzter Teer noch nebeneinandergesetzte Pflastersteine. Der öffentliche Fluß als öffentliche Sache im Rechtssinn ist weder Wassermenge noch Wasserwelle noch Wasserbewegung noch Ufer noch Flußbett noch auch alles oder einiges davon kombiniert. Gerade das rechtlich Wesentliche und begrifflich Spezifische kommt in ihnen nicht zum Ausdruck. Die öffentliche Sache ist eine von all diesem losgelöste neue Beziehung, deren rechtlicher Wesenskern in dem Verhältnis ihres Trägers zur Rechtsordnung besteht.

5. Es ist daher auch nicht möglich, die öffentliche Sache zu begreifen als eine besonders geartete bürgerlich-rechtliche Sache, etwa als eine bürgerlich-rechtliche Sache mit bestimmtem Verwendungszweck; denn die besondere Artung oder die besondere Zweckverwendung vermöchte nicht das Substrathafte abzustreifen, das mit einer Sache im Sinn des bürgerlichen Rechts verbunden ist. Sie würde nichts an dem Charakter der Sache als raumausfüllendem Körper ändern.[102])

Ein Verständigungsmoment mit der herrschenden Lehre (Theorie der Eignungserklärung und des Verwendungszwecks oder der Zweckverwendung) wäre allenfalls darin zu finden, daß die öffentliche Sache nicht als etwas Zweckbestimmtes, sondern als die Zweckbestimmung selbst angesehen würde. Allein, abgesehen davon, daß auch dieser gedankliche Vorgang in der herrschenden Theorie des öffentlichen Sachenrechts durchaus nicht vorgenommen wird — nicht in einem Rechtsgeschäft oder einer Rechtshandlung wird ja die öffentliche Sache gesehen, sondern in dem Körper, auf den sich diese erstrecken sollen oder dem sie eine besondere Qualität verleihen sol-

[102]) Die Auffassung, daß die öffentliche Sache nichts anderes sei als eine besonders qualifizierte bürgerlich-rechtliche Sache, ist weit verbreitet. Im Anschluß an K o r m a n n kann man sie die Theorie der „Eignungserklärung" nennen (Vergl. Kormann, System der rechtsgeschäftlichen Staatsakte, S. 110: „Eignungserklärung ist z. B. die Erklärung einer Sache zu einer öffentlichen"). Zur Theorie der Zweckverwendung vergl. M ü l l e r, Das Eigentum an den öffentlichen Sachen im Schweizer Recht, S. 207.

len, — verbietet es sich auch aus logischen Gründen, den Begriff der öffentlichen Sache zu identifizieren mit seinem Entstehungsgrund, einen Rechtsvorgang gleichzusetzen mit dem durch ihn hervorgerufenen rechtlichen Zustand.

IV.

1. Die Auffassung der öffentlichen Sache als eines Rechtsverhältnisses ist, mag die Durchführung der Idee im übrigen noch so klar und folgerichtig gelingen, zunächst stets ein rechtskonstruktives Wagnis. Ob sich die Konstruktion durchsetzen wird und ob ihre vorzuführenden Vorzüge gegenüber der Theorie des körperlichen Substrats anerkannt werden, bleibt abzuwarten. Es ist richtig, daß es zunächst ein gedankliches Umstellen erfordert, bis man sich nach allen Seiten in die Konstruktion hineingedacht hat und bis das allem Neuen anhaftende Ungewohntsein abgestreift ist. Bei aller Bescheidenheit in der Einschätzung neuer konstruktiver Gedanken muß doch für das Verständnis der späteren Ausführungen dieses Hineindenken in die aufgestellte These — an Hand der im konstruktiven Abschnitt folgenden Fingerzeige — vorausgesetzt werden.

2. So gar den überkommenen staats- und verwaltungsrechtlichen Vorstellungen widersprechend dürfte indessen die Konstruktion nicht sein. Man mag hier davon absehen, daß z. B. schon bisher der öffentliche Weg zuweilen als eine Belastung oder Beschränkung des Grundstücks angesehen wurde, über das er führt.[103]) Überzeugender als dieser Hinweis ist vielleicht die Tatsache, daß auch die Ideengeschichte des Staates oder die Theorie des Prozesses ähnliche, auf entgegengesetzten Konstruktionselementen aufgebaute Auffassungen aufweist.

So wurde z. B. der Staat als „Tatsache"[104]), als „gegenständliche Faktizität"[105]), als „Naturkörper"[106]), als „soziales Substrat"[107]) bezeichnet; von anderen wurde die Auffassung vertreten, der Staat sei ein Zustand und zwar ein Verhältnis der Beherrschung[108]), der Herrscher verhalte sich zum Staate so wie das Subjekt zum Objekt[109]) (Staat als Rechtsobjekt!), wieder von anderen wurde er als Anstalt[110]) oder als Rechtsverhältnis auf-

[103]) Vergl. insbes. bei Stammler, Das Recht des Gebrauchs öffentlicher Straßen, Beiträge zur Erläuterung des Deutschen Rechts, 1928, S. 129, hier insbes. S. 139, 140: und zwar seinen Vergleich mit den Servituten: Beide „beschränken den Eigentümer in einer Weise, die abzuwehren und zu verbieten er ohne das Vorhandensein dieser besonderen Beschränkung an dieser besonderen Sache eine rechtliche Möglichkeit haben würde." Ebenso S. 146: Durch die Entwidmung und den Wegfall des öffentlichen Gebrauchs wird das Eigentum „wieder von jeder Beschränkung frei." Ferner Mayer II S. 89—92, 97—

[104]) Vergl. Gg. Jellinek, Allg. Staatslehre, S. 140 Fußnote 2.

[105]) Ebda S. 141, Fußnote 1.

[106]) Ebda S. 141, Fußnote 1.

[107]) Gierke, Deutsches Privatrecht I, 1895, S. 456 ff.

[108]) Vergl. Jellinek, Allgemeine Staatslehre, S. 142/143.

[109]) Seydel, Grundzüge einer allgemeinen Staatslehre, S. 1 ff.

[110]) Vergl. Jellinek, a.a.O. S. 165.

gefaßt[111]) und heute ist die Vorstellung des Staates als Rechtssubjekt herrschend.[112])

In der Theorie des Prozesses wird das Schwergewicht der Konstruktion des Zusammenwirkens von Gericht und Parteien gelegt bald auf die Handlungsmehrheit — das dynamische Element —, bald auf einen bestehenden rechtlichen Zustand — das statische Element —.[113]) Dementsprechend wird der Prozeß konstruiert bald — unter Ablehnung besonderer Prozeßrechte und Prozeßpflichten als Summe von Tätigkeiten[114]) bald als (Prozeß-) Rechtsverhältnis[115]). Es ist nicht denknotwendig, den Prozeß aufzufassen als ein Rechtsverhältnis. Aber es ergeben sich aus dieser Auffassung zweifellos eine Reihe von neuen Erkenntnissen, die zu beachtlichen rechtlichen Folgerungen führen. Ähnlich verhält es sich mit der Auffassung der öffentlichen Sache als eines Rechtsverhältnisses.

V.

Den Bedenken, die sich gegen die Konstruktion erheben könnten, kann keine ausschlaggebende Bedeutung beigemessen werden.

1. Kaum eine Rolle dürfte die Tatsache spielen, daß mit dem Namen „Sache" dem normalen Sprachgebrauch nach nicht die Vorstellung eines Rechtsverhältnisses verbunden wird; denn es steht an sich der juristischen Begriffsbildung frei, einen bestimmten Bedeutungsinhalt mit einer Bezeichnung zu verbinden.[116]) „Sache" im Sinne des kanonischen Rechts ist z.B. auch ein Sakrament[117]), also sicherlich eine *substanzlose* Vorstellung.

2. Ein schwerwiegenderes Bedenken mag darin gesehen werden, ob vom Standpunkt der rechtlichen Erfordernisse eines Rechtsverhältnisses aus beurteilt, die öffentliche Sache überhaupt als Rechtsverhältnis konstruiert werden *kann*. Es ist mit anderen Worten das Problem zu lösen, ob Normen aufzeigbar sind, die Rechtsansprüche und Rechtspflichten von

---

[111]) Vergl. Jellinek, a.a.O. S. 167.

[112]) Vergl. Jellinek, a.a.O. S. 169.

[113]) Vergl. Maunz, Stellung des Staates, S. 343, 393.

[114]) Kisch, Deutsches Zivilprozeßrecht, S. 11, 19.

[115]) Beling, Strafprozeßrecht, 1914, S. 149; Kohler, Prozeß als Rechtsverhältnis, 1888; Kohler, Struktur des Strafprozesses, Goltdammers Archiv, Bd. 56, S. 314; Mittermaier, Parteistellung der Staatsanwaltschaft, 1897, S.164; Nagler, der Parteibegriff im Zivil- und Strafverfahren, Rechtsgang, Bd. 1 S. 116; Artloff, Staat und Gesellschaft in der Strafrechtspflege, Gerichtssaal Bd. 47, S. 304.

[116]) Vergl. *Merkl*, Lehre von der Rechtskraft, S. 170: „jede Begriffsbestimmung wird *zweckmäßigerweise* zunächst nach dem Wortsinn des für den Begriff verwendeten Ausdrucks fragen und nicht ohne Grund von ihm abgehen. So gibt es wissenschaftliche Begriffe, die sich mit dem gewöhnlichen Sprachgebrauch decken, andere, die von ihm abweichen; daneben gibt es auch Ausdrücke, mit denen sich ein sozusagen *sprachgebräuchlicher* Sinn überhaupt nicht verbindet." Vergl. auch *Schultzenstein*, Begriff der Straße nach dem § 15 des (preußischen) Fluchtliniengesetzes, Pr. Verw. Bl. Bd. XXXIII, S. 397.

[117]) Vergl. Eichmann, Lehrbuch des Kirchenrechts, 1930, Bd. II § 109.

Rechtspersonen begründen, in denen das Wesen einer öffentlichen Sache erblickt werden kann. Die Fragestellung lautet: Welche Vorstellung ist nötig dafür, daß die öffentliche Sache als Rechtspflicht oder Rechtsanspruch erscheinen kann? Dieser Vorstellung im einzelnen nachzugehen, wird Aufgabe des konstruktiven Teiles der Abhandlung sein.

3. Demgegenüber sind die Gründe zugunsten der Konstruktion von ungleich stärkerem Gewicht. Sie seien hier lediglich angedeutet.

Zunächst erhält die Figur der öffentlichen Sache ein mit der Begriffswelt des Rechts in weit innigerem Zusammenhang stehendes Gepräge. Der unmittelbare Konnex des öffentlichen Sachenrechts mit den Polen der Rechtswissenschaft überhaupt: subjektives Recht und Rechtsverhältnis[118]), und den Angelpunkten des Verwaltungsrechts: Rechtssatz und Verwaltungsakt[119]) wird hergestellt. Die Möglichkeit der scharfen Differenzierung gegenüber der Sache im privatrechtlichen Sinn, mit der wenig mehr Gemeinsamkeit besteht als die Bezeichnung, wurde bereits betont.

4. Weiterhin dürfte es nur auf diese Weise — Konstruktion der öffentlichen Sache als Rechtsverhältnis — möglich sein, für den rechtlichen Kern aller öffentlichen Sachen, d. h. für das spezifisch Rechtliche an ihnen einen einheitlichen Typ aufzustellen, unabhängig von aller körperlichen Formung der Substrate öffentlicher Sachen. Der gewählte Begriff ist imstande, das typisch Rechtliche an den einschlägigen Vorgängen zu erkennen, die einzelnen Seiten der Rechtsfigur schärfer zu sehen und den ganzen Komplex der Vorgänge und Beziehungen auf einen einheitlichen Nenner zu bringen, damit also dem Streben „nach Vereinheitlichung des Rechts" zu dienen, und das Verwaltungs r e c h t der öffentlichen Sache aus der Verwaltungs l e h r e herauszuheben. Eine wichtige Aufgabe rechtswissenschaftlicher Betrachtung ist es, die Vielheit der Erscheinungen auf Typen zurückzuführen. Damit wird auch gleichzeitig von den vergänglichen Erscheinungen das Bleibende festgehalten; nicht die körperlichen Substanzen und ihre Formungen sind ja das Feststehende in der Flucht der Erscheinungen, sondern die aus dem geformten Körperlichen herausgeschälten Typen von Rechtsinstituten.

5. Endlich aber — und dies scheint das Ausschlaggebende zu sein — kann das S i n n p r o b l e m der öffentlichen Sache in ungleich klarerer und schärferer Weise herausgearbeitet und beleuchtet werden, wenn die öffentliche Sache als Rechtsverhältnis mit bestimmter Verteilung von Rechten und Pflichten unter Rechtssubjekten aufgefaßt wird, wenn also das Ringen der das Institut der öffentlichen Sache beherrschenden I d e e n im Zusammenhang gebracht werden mit der Abwägung rechtlicher Macht durch

118) Vergl. Lutz Richter, das subjektive öffentliche Recht, Arch ö R 1925, S. 1 ff.
119) Vergl. Herrnritt, Verw. Recht, S. 53.

die Rechtsnorm. Der Staat und die unterstaatlichen Träger öffentlicher Verwaltung können bei dieser Konstruktion der öffentlichen Sache dargestellt werden als Pflichtsubjekte. Während die öffentliche Verwaltung im öffentlichen Sachenrecht bisher als Herrschaft, und zwar als Herrschaft über Sachen (in bürgerlich-rechtlichem Sinn), und demgemäß die Träger öffentlicher Verwaltung als Herrscher (Obrigkeit) erschienen, kann nunmehr das verpflichtende Moment, das im Bestand und Betrieb einer öffentlichen Sache liegt, in den Vordergrund gerückt werden.

Die Erkenntnis des Sinns der öffentlichen Sache dürfte dadurch, wie sich später ergeben wird, einen wesentlichen Schritt vorwärts gekommen sein.

2. Zur Ideengeschichte der öffentlichen Sache.

§ 10.

Die Theorien über die öffentliche Sache im allgemeinen.

I.

Die Normen als das gesetzte Recht, die Ideologien als das Gesproßte am Recht, und der Zusammenklang der beiden als Gesamtstoff für die Rechtsanwendung müssen die leitenden Gesichtspunkte auch für die Beurteilung der Theorien über die öffentliche Sache sein. Eine Übersicht über diese Theorien ist in einer Erörterung über die Hauptprobleme des öffentlichen Sachenrechts insoweit erforderlich, als die Theorien für die Konstruktion und Abgrenzung des Begriffs der öffentlichen Sache und für die Erfassung der das öffentliche Sachenrecht beherrschenden Ideen von Bedeutung sein können.

1. Die leitende Idee, die das Recht der öffentlichen Sache beherrscht, kommt freilich in keiner der bisherigen Theorien in voller Klarheit zum Ausdruck. Die Frage nach dem Sinn der öffentlichen Sache ist bisher kaum gestellt, geschweige denn beantwortet worden. Es ist, soweit ersichtlich, weder von den Zivilisten, die sich mit der öffentlichen Sache befaßt haben, etwa von Biermann, Ihering oder Eisele — Stammler vielleicht ausgenommen — noch selbst von jenen Publizisten, die in der Theorie des öffentlichen Eigentums den Schlüssel des modernen Verwaltungsrechts überhaupt sehen, etwa Otto Mayer, das Problem bewußt herausgearbeitet worden, von welchen Vorstellungen jene Kräfte beseelt sind, die auf den Bestand oder den Nichtbestand öffentlicher Sachen hinwirken, unter welcher Ideologie also die Begriffsabgrenzung steht, ferner welche Ideen auf die Behandlung der öffentlichen Sache im Rechtsverkehr Einfluß haben. Ge-

rade darauf müßte aber das Hauptaugenmerk des Interpreten gerichtet sein, dem, was nicht er, sondern der Gesetzgeber zu vertreten hat, die notwendige Zahl eindeutiger Normen fehlt und der das Fehlende durch Sinnforschung zu ergänzen hat.

Die im folgenden ausgewählten Theorien beschränken sich vielfach darauf, Definitionen samt Beispielen für die öffentliche Sache aufzustellen, sodann aus den rechtlichen Schwierigkeiten der Doppelstellung der öffentlichen Sache sowohl im öffentlichen wie im Privatrecht eine brauchbare Lösung zu finden, ferner die rechtlichen Arten der Benützung der öffentlichen Sache zu erkennen und ihren Rechtsschutz zu untersuchen, und endlich die Normen anzugeben, die der Behandlung der öffentlichen Sache zugrunde zu legen sind. Bei manchen Theorien schimmert das Problem des Sinnes der öffentlichen Sache durch die oft weitausholenden Darlegungen wenigstens durch. Eine der interessantesten unter den zivilrechtlichen Theorien, die von Ihering, hätte bei der Vornahme der Konstruktion (Vorderseite — Rückseite des Gemeingebrauchs) nahe an das Sinnproblem herankommen können. Die Berührung Stammlers mit dem Sinnproblem wurde schon angedeutet. Unbewußt kommt die Bedeutung des Sinnproblems bei vielen Theorien dadurch zum Ausdruck, daß versucht wird, die eigenartige Mittelstellung des Instituts zwischen öffentlichem und privatem Recht zu klären und zu deuten. Mayer hat sich dabei sogar soweit vorgewagt, daß er auf Loslösung des Instituts vom Privatrecht und vom Privateigentum überhaupt hinarbeitete.

2. Wenn auch die Frage des S i n n e s erst im letzten Abschnitt von der Ideologie der öffentlichen Sache behandelt werden wird, so muß doch schon an dieser Stelle auf die Fragestellung hingewiesen werden, um die nachfolgenden Theorien richtig zu erfassen, ihren Wert oder Unwert zu erkennen und damit der späteren Zusammenfassung der einschlägigen Ideen vorzuarbeiten.

Im Recht der öffentlichen Sache treten sich zwei Institute der gesamten Rechtsordnung und Rechtswissenschaft gegensätzlich gegenüber und ringen um Anerkennung. In dem Maße, in dem sich beide gegenseitig durchdringen und beeinflussen, erhält das Recht der öffentlichen Sache in einem bestimmten Rechtssystem und in einer bestimmten Entwicklungsperiode die eine oder die andere Prägung. Diese beiden Institute sind das E i g e n t u m und die ö f f e n t l i c h e V e r w a l t u n g. Die Idee des Eigentums und die Idee der öffentlichen Verwaltung ringen im Institut der öffentlichen Sache um die Anerkennung. Je mehr sich die Theoretiker der öffentlichen Sache dieses Gegenspiels der Ideen bewußt geworden sind und demgemäß den Sinn der öffentlichen Sache letzten Endes in der jeweils bestehenden Staatsauffassung suchen, desto lebensfähiger wird ihre Idee sein.

Und je mehr sie an Äußerlichkeiten positivrechtlicher Gestaltung haften geblieben und dem Sinnproblem ausgewichen sind, desto rascher wird ihre Konstruktion der Vergessenheit geweiht sein.

Dies ist der tiefste Grund dafür, daß die Theorie des öffentlichen Eigentums von Mayer (nach seiner Vorstellung sollte öffentliches Eigentum die Addition von Eigentum und öffentlicher Verwaltung sein!) auf das verwaltungsrechtliche Denken so nachhaltige Wirkungen ausüben konnte: sie ist wie die Theorie von Jhering dem Sinnproblem mindestens unbewußt nahe gekommen. Mayer selbst, der trotz oder vielleicht gerade wegen seiner ausgesprochenen Vorliebe für die Dogmatik des Verwaltungsrechts den Sinn und die Bedeutung des Sinnes für das Recht gefühlt haben mochte, ohne das Gefühlte freilich auszusprechen, hat die Idee des öffentlichen Eigentums als den Schlußstein seines verwaltungsrechtlichen Systems überhaupt angesehen, und unermüdlich, trotz aller Anfeindungen darum gerungen. Mit Recht: denn der Gegensatz zwischen Eigentum und öffentlicher Verwaltung ist im Grunde nichts anderes als ein Ausfluß des Kampfes zwischen dem Untertanen und dem Staate, dem Individuum und der Gemeinschaft, dessen Auswirkung im Recht gerade die Verwaltungsrechtswissenschaft als ureigensten Boden zu beackern hat.

Es ist schon ein Fortschritt, das Problem zu erkennen; auch die Problemstellung ist eine wissenschaftliche Tätigkeit. Mit ihr soll es aber hier nicht abgetan sein. Die Problemlösung wird freilich immer bescheidener Versuch bleiben. Mag sie sich auch eng an die herrschende Staatsauffassung anschließen, mit dem Wesen der Staatsauffassung bleibt auch sie ideologischer Natur. Die verpflichtende Kraft der Rechtsnorm fehlt ihr. Trotzdem soll die Problemlösung nicht unterlassen werden. Die wirkliche Lösung braucht sich nicht auf das eine oder das andere Prinzip festlegen. Nicht in dieser Festlegung, sondern in dem Ringen beruht der Sinn der öffentlichen Sache. Nach der herrschenden Staatsauffassung und entsprechend dem Zug der Verwaltungsrechtswissenschaft der Gegenwart ist es vertretbar, sich dahin zu entscheiden, daß das gesamte öffentliche Sachenrecht und alle zu ihm gehörigen Institute von öffentlichrechtlichen Grundsätzen beherrscht werden, selbstverständlich bei peinlicher Beachtung der positiven Normen, die aber, wie zu zeigen sein wird, auch mit *diesem* Sinn ausgefüllt werden können. Damit wird die Entscheidung in gewisser Hinsicht zugunsten der *öffentlichen Verwaltung* fallen. Damit wird weiter alles, was mit Eigentum, sei es Privateigentum oder öffentlichem Eigentum zusammenhängt, aus dem öffentlichen Sachenrecht verbannt. Dadurch wird aber in keiner Weise einem Absolutismus der öffentlichen Verwaltung das Wort geredet. Im Gegenteil: gerade in der Betonung der rechtlichen Pflichtstellung des Trägers der öffentlichen Sache wird ein wesentliches Moment einer Theorie der öffentlichen Sache gesehen und mit ihr wird vielleicht eine stärkere Bindung der öffentlichen Verwaltung erreicht, als sie je vorher das Institut des Eigentums zu geben vermochte.

Mit diesem Hinweis ist der Blickpunkt gewonnen, von dem aus die Theorien über die öffentliche Sache beurteilt werden können.

II.

Die Entwicklungsgeschichte der öffentlichen Sache ist ferner nicht zum wenigsten aus dem Grunde für das Verständnis ihres Rechtscharakters wichtig, weil die öffentliche Sache zwar in der Gegenwart ein Institut des Verwaltungsrechts ist, ihre römisch-rechtlichen wie auch ihre deutsch-rechtlichen Wurzeln aber im Zivilrecht wurzeln, oder wenigstens, falls die heutige Scheidung in öffentliches und privates Recht für jene Rechtssysteme nicht anerkannt wird, in dem damals bestehenden einartigen Recht unausgeschieden neben den gegenwärtig zweifellos privatrechtlichen Stoffgebieten und Rechtsinstituten zu suchen sind. Auch diese Verwurzelung im Zivilrecht ist letzten Endes ideologischer Natur. Sie hängt damit zusammen, daß der Sinn im Eigentum, und zwar in einem besonders gestalteten oder gearteten Eigentum, gesehen wurde.

1. Da die rechtliche Regelung der öffentlichen Sache jahrhundertelang zum überwiegenden Teil in dem rezipierten römischen Recht enthalten war und da die deutschen Romanisten Zivilisten waren, mußte das Rechtsinstitut der öffentlichen Sache dem Zivilrecht und den Zivilisten anvertraut sein und unter zivilrechtlicher Ideologie stehen. Daß diese Tatsache für die ideenmäßige Ausbildung des Rechts der öffentlichen Sache von ausschlaggebendem Einfluß sein mußte, und daß die Entwicklung eine andere geworden wäre, wenn es damals schon ein Verwaltungsrecht und Verwaltungsjuristen im heutigen Sinn gegeben hätte, ist verständlich.

So ist es — um nur ein Beispiel zu nennen, nicht verwunderlich, daß eine bestimmte Vorstellung, soweit ersichtlich, alle zivilistischen Theorien über die öffentliche Sache beherrscht, nämlich die Vorstellung, daß die öffentliche Sache in erster Linie eine Sache im Sinn des Privatrechts sei, allerdings eine privatrechtliche Sache mit ganz besonderen, nämlich öffentlichrechtlichen, Modifizierungen. Darin liegt auch, wie im folgenden noch des öfteren hervorgehoben werden muß, die Vorstellung der „Sache" als einem sinnlich wahrnehmbaren, körperlichen Substrat eingeschlossen, die so überspitzt ist, daß sogar als selbstverständlich angenommen wird, eine öffentliche Sache müsse wie eine privatrechtliche Sache notwendigerweise ein körperliches Substrat und mit diesem identisch sein. Die körperliche Sache als Rechtsobjekt verlangt aber, um als Vorstellung in das Rechtssystem eingebaut werden zu können, ein Rechtssubjekt. Aus dieser Konsequenz entspringen, abgesehen von der hiernach unausweichlichen Verwechslung des „Trägers der öffentlichen Sache" in einem noch zu entwickelnden Sinn mit dem „Eigentümer" eines etwa vorhandenen körperlichen Substrats, die bemerkenswerten Theorien über die sog. „Herrenlosigkeit"[120]) als einer Besonderheit der öffentlichen Sache und über das Eigentum der „Destinatäre"[121]), ferner über die sog. „Vorderseite" und „Rückseite" des Eigentums[122]) und über das „latente" und „patente" Eigentum an der öffentlichen Sache. Auch wo übrigens gelehrt wurde, daß es sich um ein „Eigentum" an einer öffentlichen Sache handle, konnte doch nicht verschlossen bleiben, daß noch ein anderer Rechtszustand außer der Reichweite des Eigentums vorhanden sein mußte, den man zu umschreiben und mitunter auch — freilich vergeblich — zu bannen suchte, in dem Satz: „niemand soll vom Genuß ausgeschlossen sein", mit der Vorstellung der „Allgemeinheit" als Subjekt dieses Rechtsverhältnisses, mit der Theorie der sog. „Extrakommerzialität" der öffentlichen Sache. Der Richtungsstreit, ob die öffentliche Sache eine verkehrsunfähige Sache (Sache im Sinne des Privatrechts) sei oder ob sie nicht umgekehrt in einem besonders hohen Maße innerhalb des Rechtsverkehrs stehe, ist aus dieser Wurzel erwachsen.

2. Zu diesen und anderen vorwiegend ideologisch zu erklärenden Seltsamkeiten der zivilistischen Entwicklungsperiode der öffentlichen Sache sind die während dieser Periode herrschenden Vorstellungen über den Begriff des Staates als ein die Lehre von der öffentlichen Sache wesentlich beeinflussendes Moment hinzuzunehmen. Die Rechtspersönlichkeit des Staates im juristischen Sinn, losgelöst von Territorium, Volk und Macht, als Zurechnungsendpunkt von Organhandlungen, die Konstruktion des Staates als Subjekt nicht nur von Rechten, sondern auch von Pflichten, die Bindung des Staates als Rechtsperson an die — doch wieder als staatlich zu denkende — Rechtsordnung, war weder jener Periode noch jener zivilistischen Richtung aufgegangen, ist aber für die Erfassung des rechtlichen Wesens der öffentlichen Sache nach den dem heutigen Stande der Verwaltungsrechtswissenschaft entsprechenden Vorstellungen von grundlegender

[120]) Bei dieser früher verbreiteten Theorie sah man kein Rechtssubjekt der öffentlichen Sache. Die Sachen waren da. Man sah sie, d. h. das körperliche Substrat, und benützte sie. Eine Vorstellung von einer rechtlichen Bindung eines die Benützung gewährenden Rechtssubjekts konnte damit naturgemäß nicht verbunden sein, daher auch nicht die Vorstellung von einem pflichtgemäßen Handeln dieses Rechtssubjekts. Diese Theorie ist, wie zu zeigen sein wird, auch heute noch nicht aufgegeben.

[121]) Rudolf Ihering, Streit zwischen Basel-Land und Basel-Stadt, 1862, insbes. S. 38.

[122]) a.a.O. S. 43.

Bedeutung. Auch hier zeigt es sich wieder, daß ohne Klärung der Frage, in welchem Sinn der Begriff Staat verstanden wird, die Erfassung auch eines einzelnen verwaltungsrechtlichen Instituts nicht möglich ist. Das Verhältnis des Staates zum Untertan ist das Kernproblem des ganzen öffentlichen Sachenrechts, wie des Verwaltungsrechts überhaupt. Die Voraussetzung für eine richtige Erkenntnis der öffentlichen Sache nach der wechselvollen Geschichte der rechtlichen Irrtümer — ist die Gewinnung der Vorstellung einer öffentlichrechtlichen Pflichtstellung des verwaltenden Staates. Der Staat ist nicht nur Herrscher, sondern auch Diener, beides, weil er beim Eintritt in das Rechtsleben als Rechtssubjekt entweder Anspruchssubjekt und damit in diesem Sinne Herrscher, oder Pflichsubjekt und damit in diesem Sinne Diener ist. Gerade dieser Gedanke ist freilich in den bisherigen Theorien über die öffentliche Sache noch nicht genügend hervorgetreten. Es gilt, ihn auszusprechen und gegen die im folgenden zu skizzierenden Theorien zu verteidigen.

A. Zivilistische Theorien über die öffentliche Sache.

§ 11. Die Theorie von Biermann.

Im zivilistischen Schrifttum über die öffentliche Sache spielt unverdientermaßen eine Monographie von Biermann eine Rolle, die die öffentliche Sache vom Standpunkt des römischen und des gemeinen Rechts sowie des Bürgerlichen Gesetzbuchs aus betrachtet und die eine bemerkenswerte Vermengung ideologischer Sinngebilde mit normativen Gegebenheiten darstellt.[123])

Im Anschluß an das römische Recht unterscheidet Biermann auch für das geltende Recht einseits Privatsachen öffentlicher juristischer Personen, insbesondere des Staates und der Gemeinden, anderseits öffentliche Sachen.[124]) Schon diese Art der Unterscheidung zeigt, daß Biermann einen gemeinsamen Oberbegriff „Sachen schlechthin" stillschweigend voraussetzt. Da er aber auch die öffentlichen Sachen unter dem Gesichtswinkel des Privatrechts betrachtet,[125]) taucht bei ihm naturgemäß die Frage gar nicht auf, welchem Rechtsgebiete und welchen Rechtsnormen der gemeinsame Rechtsbegriff der Sache schlechthin zu entnehmen sei. Er unterläßt es sogar,

[123]) Biermann, Die öffentlichen Sachen, Rektoratsprogramm, Gießen, 1905.

[124]) a. a. O. S. 6.

[125]) S. 14, Fußnote 3, spricht er nebenher die Bemerkung aus: „. . . zum Teil gehört die Lehre von den öffentlichen Sachen in das öffentliche Recht". Die notwendigen Forderungen für die Systematik zieht er freilich daraus nicht, es sei denn, daß man seinen gelegentlichen Hinweis auf die Öffentlichrechtlichkeit eines Aktes oder einer Frage oder Vorschrift als solche auffaßt, z. B. S. 26, 27, 29, 39, 40 u. a.

auf die Gemeinsamkeit des von ihm vorausgesetzten Begriffs für das Privatrecht und das öffentliche Recht hinzuweisen, und die Begriffsmerkmale dieser „Sache schlechthin“ herauszuschälen. Daß auch die öffentliche Sache nach seiner Vorstellung ein materieller Körper, ein reales Substrat darstellt, wird von ihm gar nicht eigens erwähnt, geschweige denn in Zweifel gezogen. Die rein privatrechtliche ideologische Einstellung verhindert die Erkenntnis dieses Problems.

Zu den Privatsachen rechnet Biermann zunächst Sachen, welche dem Eigentümer lediglich oder vorwiegend durch ihren Ertrag dienen. Darauf, daß auch werbende Betriebe des Staates und der Gemeinden auf öffentlichrechtlicher Grundlage betrieben werden können, wird von Biermann überraschenderweise in diesem Zusammenhang nicht eingegangen, obwohl dies zum Verständnis der Begriffsbestimmung der Privatsachen öffentlicher Körperschaften zweckmäßig gewesen wäre. Als Beispiele für diese Klasse von Sachen gibt Biermann vielmehr die Domänen, staatlichen und gemeindlichen Waldungen, Spekulationsgrundstücke, Kassenbestände usw. an, Sachen, deren privatrechtlicher Betrieb im allgemeinen kaum in Zweifel steht. Ferner rechnet er hierher jene Unternehmungen, die zwar dem Nutzen der Allgemeinheit dienen, „für diese vielleicht sogar unentbehrlich sind, die aber überwiegend von Privaten betrieben werden und eigentlich mehr ausnahmsweise vom Staate oder anderen öffentlichen juristischen Personen“. Schon aus der Formulierung ist eine gewisse Verschwommenheit unverkennbar. Geht man dieser Definition zu Leibe, so ist sie nahezu inhaltlos. Welche Grenze zwischen dem „überwiegenden“ und dem „eigentlich mehr ausnahmsweisen“ Betrieb bestehen soll, wird nicht einmal angegeben, geschweige denn beachtet. In der Aufzählung der Betriebe, die Biermann zu dieser Kategorie rechnet, findet man hier die elektrischen Straßenbahnen, die städtischen Gas- und Elektrizitätswerke, die staatlichen Bergwerke, die staatlichen Leihämter — unerklärlich ist, warum nicht auch die gemeindlichen —, die Reichsdruckerei, die städtischen Theater — seltsamerweise nicht auch die staatlichen —, die städtischen Volksbäder, endlich — und dies letztere nebst der mit „obgleich“ beginnenden Einschränkung zeigt die ganze Unklarheit der Biermann'schen Klassifizierung in deutlichem Lichte —: „städtische und staatliche Krankenhäuser, obgleich wenigstens die letzteren mindestens an die öffentlichen Sachen angrenzen, vielleicht bereits als solche anzusehen sind. Warum zwischen städtischen und staatlichen Krankenhäusern irgend ein sachenrechtlich (verwaltungsrechtlich) erheblicher Unterschied für die Einreihung in die aufgestellten Klassen — Privatsachen und öffentliche Sachen — bestehen soll, ist in keiner Weise ersichtlich; wird aber eine bestimmte Art von Unternehmungen zu den Privatsachen gerechnet, „obgleich“ sie bereits als öffentliche

Sachen anzusehen sind,[126]) so wird damit die Zweiteilung selbst über Bord geworfen. Die Theorie Biermann leidet hier an einem Widerspruch in sich selbst. Dabei ist noch ganz davon abgesehen, daß die beiden Gruppen im einzelnen mehr oder weniger willkürlich abgegrenzt sind, die Gliederung jedenfalls nicht durch allgemeine Prinzipien rechtlicher Art, sondern höchstens durch praktische Erwägungen — aber auch da nicht folgerichtig durchgeführt — bestimmt wird und für die Theorie des Verwaltungsrechts nahezu wertlos ist.

Die öffentlichen Sachen im Biermann'schen Sinn kommen in zwei Arten vor,[127]) nämlich als Sachen des Gemeingebrauchs und als Sachen des öffentlichen Dienstes. Sachen des Gemeingebrauchs sind Sachen, „die dazu bestimmt sind, dem Gebrauche der Allgemeinheit unmittelbar zu dienen". Die Unbestimmtheit der Begriffsbestimmung — siehe vor allem das Begriffsmerkmal „Allgemeinheit" — scheint von Biermann offenbar selbst gefühlt worden zu sein; denn er fügt gleich noch eine zweite Begriffsbestimmung bei, die auf ein ganz anderes Unterscheidungsmerkmal abstellt. Eine Sache des Gemeingebrauchs liege nämlich dann vor, wenn „der Gebrauch der Sache" nicht von einer besonderen Zulassung des Eigentümers z. B. dem Abschluß eines Vertrags mit ihm abhängt". Damit lenkt Biermann in einen noch zu besprechenden Irrtum einiger publizistischer Theorien ein, daß der Gemeingebrauch „etwas rein Tatsächliches" sei, nicht auf Äußerungen des Rechtswillens von Rechtspersonen beruhe. Und als empfände Biermann die beiden Begriffsbestimmungen der öffentlichen Sache (im engeren Sinn) immer noch nicht als für die Klarheit des Begriffs ausreichend genug, fügt er alsbald[128]) eine dritte, wiederum aus ganz anderer Vorstellung erwachsene, Theorie bei: „Als charakteristische rechtliche Eigenschaft der öffentlichen Sache wird herkömmlich ... ihre Verkehrsunfähigkeit, ihre Fähigkeit als res extra commercium angesehen." Daß dieses Merkmal das verfehlteste von allen dreien ist, wird noch zu zeigen sein. Hier soll nur die Häufung widersprechender Merkmale festgestellt werden, die keinesfalls zur Klarheit beiträgt. Für die Sachen des öffentlichen Dienstes unterläßt Biermann eine Begriffsbestimmung, es sei denn, daß die nachstehende anspruchslose Umschreibung als Begriffsbestimmung aufgefaßt wird: Sachen des öffentlichen Dienstes sind „Sachen, welche dem öffentlichen (insbes. Staats- oder Gemeinde-) Dienste gewidmet sind."[129]) Hierbei bleibt nicht nur offen, was Sachen, sondern auch was öffentlicher Dienst ist.

126) a.a.O. S. 8.
127) a.a.O. S. 22.
128) a.a.O. S. 22.
129) a.a.O. S. 9 unten und 10 oben!

Im übrigen bringt Biermann nur beispielsweise Aufzählungen für die einzelnen Klassen. So rechnet er z. B. zu den Sachen im Gemeingebrauch[130]): Wege, gewisse Wässer, Brücken, Häfen, Schmuckanlagen, öffentliche Parks, öffentliche Briefkästen, die Bücher einer dem Publikum ohne weiteres zugänglichen Bibliothek, die Schätze eines öffentlichen Museums, die Kirchen, Kapellen, Synagogen und Friedhöfe. Er hält hierbei offenbar öffentliche Sachen und Privatsachen, die von einem unbegrenzten Kreis von Personen benützt werden können, nicht scharf auseinander. Zu den Sachen des öffentlichen Dienstes rechnet er die Dienstgebäude, Schulen, Kasernen, Gefängnisse, Exerzier- und Schießplätze, Festungswerke, das Mobiliar und die Ausstattung der Dienstgebäude, die Telegraphen-Apparate der Postanstalten, gottesdienstliche Geräte usw.

Bei der verfehlten Konstruktion der öffentlichen Sache in der Biermann'schen Monographie ist die mehr oder weniger willkürliche Abgrenzung, wie sie hier wiederum zu Tage tritt, schwer vermeidbar. Es liegt aber auf der Hand, daß diese ermüdende Aufzählung aller möglichen Objekte ohne Herausschälung des juristisch Gemeinsamen und Wesentlichen eine juristisch-konstruktive Unmöglichkeit darstellt.

Rechtlich bedeutsamer als die Systematik, in die der Begriff der öffentlichen Sache bei Biermann eingebaut ist, ist das, was Biermann an Normen aufführt, die nach seiner Ansicht auf die öffentliche Sache anwendbar sind. Die öffentlichen Sachen — in seiner Vorstellung materielle Körper — stehen nach ihm im Eigentum und zwar im bürgerlichrechtlichen Eigentum. Wichtig ist dies für ihn vor allem im Hinblick auf die Anwendbarkeit der Eigentumsbeschränkungen im Sinne des Privatrechts. Nach Biermann muß der „Eigentümer einer öffentlichen Sache" (zwischen „Träger der öffentlichen Sache" und „Eigentümer" des körperlichen Gegenstandes, den er mit der öffentlichen Sache identifiziert, unterscheidet er nicht, wenn schon er an anderer Stelle erkennt, daß die öffentliche Sache eines Staates oder einer Gemeinde auch im Eigentum einer Privatperson stehen kann[131])) aufgrund des § 904 BGB eine Einwirkung auf diese im Notstand dulden! Er kann ferner Einwirkungen nicht verbieten, an deren Ausschließung er kein Interesse hat (§ 905), er muß zur Grenzerneuerung mitwirken (§ 909), kann die Ansprüche aus dem Eigentum, wie sie das BGB aufführt, geltend machen, z. B. die Vindikation (§§ 986 ff.), das Verbot der Verbreitung von Gerüchen (§ 906) usw. Die öffentliche Sache ist, wie sich hieraus ergibt, für Biermann nicht nur körperlicher Gegenstand, sondern im vollen Sinne Sache des Privatrechts, die des Eigentums und anderer Privatrechte fähig ist und die sich von den von Biermann vorgestellten

---

[130]) a.a.O. S. 9.

[131]) Vergl. z. B. a.a.O. S. 19, Fußnote 4, S. 20, 25 u. a.

reinen Privatsachen lediglich durch den Zweck unterscheidet, dem sie dienen soll. Die ganze Konstruktion und die Anknüpfung der einzelnen Rechtsinstitute ist so ausschließlich zivilrechtlich gedacht, daß man fragen muß, ob für das, was Biermann hierfür vorschwebt, die Bezeichnung „öffentliche Sache" überhaupt am Platze ist, und inwiefern von einer „öffentlichrechtlichen" Modifikation noch die Rede sein kann. Er ist so in zivilrechtlichen Gedankengängen verstrickt, daß er auf die verwaltungsrechtlichen Besonderheiten des Rechtsinstituts gar nicht stößt.

Von den Rechtsnormen des bürgerlichen Rechts, die Biermann auf die öffentliche Sache (in seinem Sinne) anwendet, ist die wichtigste der Artikel 111 EGBGB. Hiernach sind unberührt geblieben landesgesetzliche Vorschriften, welche im öffentlichen Interesse das Eigentum in Ansehung tatsächlicher Verfügungen beschränken. Zunächst tritt bei Biermann nicht klar zutage, daß Art. 111 EGBGB nicht etwa selbst bestimmte Handlungen zuläßt oder verbietet, sondern nur inbezug auf die die Vorschrift ausfüllenden Normen etwas aussagt. Es ist also zum mindesten mißverständlich, wenn Biermann aus Art. 111 folgert, daß „auch tatsächliche Maßnahmen, welche der Zweckbestimmung der Sache widerstreiten, unzulässig sind." Aber auch sonst leiden seine Folgerungen aus Art. 111 EGBGB an unklaren Ausführungen oder Verallgemeinerungen. So kann z. B. nicht daraus geschlossen werden, daß Einwirkungen auf die Sache, welche der Zweckbestimmung gemäß sind, nicht verboten werden können; denn Art. 111 spricht nur von solchen Vorschriften, die das Eigentum beschränken, nicht aber von solchen, die sich auf die Ausnutzung der Beschränkung durch ein Gebrauchmachen beziehen. Auch würden polizeiliche Beschränkungen durch den Wortlaut der Folgerung von Biermann ausgeschlossen werden, was jedoch dem Art. 111 durchaus widersprechen würde. Daß vollends dem Art. 111 — oder richtiger den von ihm unberührt gelassenen Vorschriften — nicht nur eine Duldungspflicht, sondern umgekehrt ein positives Tun des Eigentümers entnommen werden könnte, ist weder aus dem Wortlaut, noch aus dem Sinn der Vorschrift ersichtlich. Bei der Ausdehnung des Art. 111 auf solche landesgesetzliche Vorschriften, die die Eigentümer nichtöffentlicher Sachen zugunsten jener von öffentlichen Sachen in tatsächlichen Verfügungen beschränken, was übrigens konstruktiv ein höchst bedenklicher Vorgang ist, — unterläuft Biermann ein Mißgeschick: Die in Art. 89 Abs. 2 S. 1 des hessischen AGBGB genannten Bäume an öffentlichen Straßen (Alleebäume) samt ihren Zweigen und Wurzeln sind nämlich zweifellos k e i n e öffentlichen Sachen, so daß aus dem Biermann'schen Musterbeispiel nichts entnommen werden kann. Schließlich kann Biermann auch noch entgegengehalten werden, daß Art. 111 EGBGB auf öffentliche Sachen überhaupt keine Anwendung oder doch wenigstens keine unmittelbare Anwendung findet. Denn soweit durch die öffentliche Sache das Eigentum beschränkt wird, geschieht es nicht „in Ansehung tatsächlicher", sondern in Ansehung rechtlicher Verfügungen, was Biermann selbst[132]) als den vom Gesetz gewollten Gegensatz der tatsächlichen Verfügungen ansieht. Auch die Maßnahmen, welche wegen Widerstreits mit der Zweckbestimmung der Sache unzulässig sind, können für die rechtliche Betrachtung nur als rechtliche Maßnahmen erfaßt werden. Für sie kann daher aus Art. 111 nichts gefolgert werden. Würde aber Art. 111 auf die rechtlichen Verfügungen, die sich auf Widmung und Benützung der öffentlichen Sache beziehen, angewendet werden dürfen,[133]) so würden auch Verfügungen, durch welche die Sache ihrer Zweckbestimmung entzogen wird, darunterfallen. Für diese mit Biermann besondere Rechtsfolgen vorzusehen, bestünde indessen weder ein Anlaß noch eine rechtliche Möglichkeit. Dann ist aber auch die von Biermann getroffene Unterscheidung nach der Richtung, ob diese Eigentumsbeschränkungen dem öffentlichen oder dem Privatrecht angehören, belanglos; denn gehören sie dem öffentlichen Rechte an, so sind sie vom BGB ohne weiteres unberührt geblieben, gehören sie aber dem Privatrecht an, so ist in Art. 111 ein ausdrücklicher Vorbehalt für ihre Fortgeltung enthalten. Damit entfällt auch die von Biermann bedingt gezogene Folge der Nichtigkeit von Art. 17 Abs. I hess. AGBGB und Art. 12 bad. AGBGB.

Verstrickt sich Biermann bei der Frage der Beschränktheit des Eigentums in Ansehung öffentlicher Sachen in Widersprüche, so steht es im Kapitel über den Schutz des Gemeingebrauchs nach dem geltenden Recht nicht besser. Er hält hier z. B., indem er den § 366 Ziff. 9 RStGB als Schutzgesetz im Sinne des § 823 Abs. 2 BGB auffaßt, den Gemeingebrauch an öffentlichen Sachen dadurch geschützt, trotzdem § 366 Ziff. 9 RStGB gar nicht von öffentlichen Sachen schlechthin handelt, sondern lediglich von Wegen, und zwar ohne Rücksicht auf ihre rechtliche Eigenschaft als öffentliche Sachen, wenn sie nur allgemein benützbar, also sog. offene Wege sind; der Wortlaut des § 366 Ziff. 9 darf hier nicht irreführen.[134]) Daß schließlich bei der Erörterung des Rechts auf den Gemeingebrauch nicht klar ersichtlich wird, welches Entwicklungsstadium der einschlägigen rechtlichen Beziehungen damit behandelt werden will, das Stadium v o r dem Eingehen des Benützungsverhältnisses oder das Stadium während der Ausübung des Gemeingebrauchs, nimmt nicht mehr wunder.

Die Biermann'schen Konstruktionen sind im ganzen genommen ein

---

[132]) a.a.O. S. 39.

[133]) a.a.O. S. 24.

[134]) Vergl. Ebenmayer, Kommentar zum R Str G B § 366, IX 2 und oben über den Begriff der rechtlich-öffentlichen und der tatsächlich-öffentlichen Wege.

Beispiel der Verwirrung, die in der zivilrechtlichen Lehre von der öffentlichen Sache herrschte und noch herrscht; schon aus diesem Grunde verdienen sie an die Spitze der zahlreichen Theorien über die öffentliche Sache gestellt zu werden. Ausgehend von der Ideologie, daß die als öffentliche Sachen bezeichneten Objekte im Grunde „Sachen" im Sinne des privatrechtlichen Sprachgebrauchs seien, wird versucht, einerseits die vorhandenen Erscheinungen in die Fesseln des Zivilrechts einzuzwängen und die zutage tretenden Vorgänge als solche des Zivilrechts zu erklären, anderseits die irgendwie in Betracht kommenden zivilrechtlichen Normen in ausgedehntem Maße auf die festgestellten Erscheinungen und Vorgänge anzuwenden. Da aber die zivilrechtlichen Vorschriften vielfach in keiner Weise oder doch nur höchst gezwungen darauf passen, müssen sich notwendigerweise derartige Unstimmigkeiten und sogar Widersprüche ergeben, wie sie bei Biermann nachgewiesen werden können. Für die Erkenntnis des Wesens der öffentlichen Sache, für eine Konstruktion der Erscheinungen und für eine rechtliche Typisierung der möglichen Fälle ist mit einer unjuristischen Klassifizierung allein nichts getan und mit der Biermann'schen Lehre im allgemeinen nichts gewonnen. Es ist verständlich, daß in den Gedankengängen Biermann's für die Theorie des Verwaltungsrechts kein Fortschritt erzielt werden kann. Solange nicht eine reinliche Scheidung getroffen ist darüber, daß lediglich die Rechtsverhältnisse des Trägers der öffentliche Sache zum Eigentümer des Substrats der öffentlichen Sache, also die v o r sachenrechtlichen Beziehungen, privatrechtlich sein können, daß aber alle anderen rechtlichen Beziehungen inbezug auf die öffentliche Sache auf dem Boden des Verwaltungsrechts zu konstruieren sind, muß die öffentliche Sache weiterhin ein Stiefkind des Verwaltungsrechts bleiben, das es bisher war. Vergleicht man das Gestrüpp der Irrtümer Biermann's mit diesem Gedanken, so ist ersichtlich, welche Arbeit noch geleistet werden muß, um den Rechtstyp der öffentlichen Sache aus der zivilrechtlichen Ideologie herauszunehmen und als Institut des Verwaltungsrechts in voller Klarheit erstehen zu lassen.

§ 12. Die Theorien von Ihering, Dernburg, Windscheid usw.

I.

Das Problem der öffentlichen Sache war um die Mitte des vorigen Jahrhunderts Gegenstand vielbeachteter Erörterungen im zivilistischen Schrifttum. Den Anlaß dazu gab der zu einer gewissen Berühmtheit gelangte sog. Baseler Schanzenstreit. Der Rechtsstreit selbst, wie er in den Jahren um 1860 zwischen den Halbkantonen Basel-Stadt und Basel-Land ausgefochten wurde, verdient freilich — mindestens vom Standpunkt des Verwaltungsrechts aus — die große Beachtung nicht, die ihm damals schon und auch in der Gegenwart noch[135]) geschenkt wird; denn im wesentlichen handelte es sich dabei lediglich um die Auslegung eines im Jahre 1833 bei der Teilung vorgenommenen Schiedsspruch. Bei dieser Auslegung ist es möglich, aber nicht unbedingt erforderlich, auf die rechtliche Behandlung der öffentlichen Sache einzugehen. In den zum Rechtsstreit abgegebenen Gutachten nehmen denn auch meist die auf diesen Schiedsspruch zugeschnittenen Auslegungsfragen den breitesten Raum ein, während die Behandlung der öffentlichen Sache erst in zweiter Linie steht, bei Ihering[136]) z. B. nur wenige Seiten einer größeren Abhandlung[137]) umfaßt. Immerhin war der Streit die Ursache der Erkenntnis der Bedeutung des Problems in seiner ganzen Tragweite und der Anstoß zu wertvollen Untersuchungen[138]), zum Teil noch längere Zeit nach Schlichtung des Streits, z. B. der Monographien von Wappäus (s. u.), Eisele (s. u.) u. a. Im vorliegenden Zusammenhang ist es aus dem angegebenen Grunde entbehrlich, auf den Streit selbst einzugehen; eine ausführliche Geschichtserzählung ist enthalten bei Ihering a.a.O. S. 1 ff., kurz zusammengefaßt bei Fleiner S. 356;[139]) dagegen ist es zweckmäßig, die bei dem Streit entwickelten Theorien zu betrachten.

Die Lehre von I h e r i n g pflegt in diesem Zusammenhang regelmäßig in vorderster Reihe genannt zu werden. Den rechtlichen Charakter der öffentlichen Sache sieht Ihering „in der Bestimmung der Sachen für eine unbestimmte Vielheit von Personen"; „dieselbe Stellung, die der Eigentümer dem Eigentumsobjekt gegenüber einnimmt, behaupten jene S u b j e k t e — (gemeint ist offenbar die genannte Vielheit von Personen) — den öffentlichen Sachen gegenüber. Ihering nennt diese Subjekte die „Destinatäre"[140]). Deren Verhältnis zu den Sachen bezeichnet Ihering in gleicher Weise wie das Eigentum als ein Recht im subjektiven Sinne, ohne freilich dabei zu sagen, ob es ein Privatrecht oder ein öffentliches Recht sei, und ohne ferner darzulegen, was er überhaupt unter einem „subjektiven Recht" versteht, und wem dieses Recht zustehen soll. Er geht soweit, unter Koordinierung des Eigentums und des Gemeingebrauchs in

[135]) Vergl. His, Eine historische Staatsteilung, in der Festgabe für Fleiner, 1927; Fleiner, Institutionen des Deutschen Verwaltungsrechts, 1928 S. 356 und 357, Fußnote 13.

[136]) Ihering, der Streit zwischen Basel-Land und Basel-Stadt, 1862.

[137]) a.a.O. S. 37—44.

[138]) His a.a.O. S. 100: „Eine der wenigen erfreulichen Folgen der Basler Staatsteilung und des Schanzenprozesses lag in der Bereicherung der Rechtswissenschaft, besonders der Lehre über die öffentlichen Sachen."

[139]) Ausführlich den G e s a m t komplex des Streits behandelt His a.a.O., im besonderen über den Schanzenstreit S. 92 ff.

[140]) a.a.O. S. 38.

diesen beiden zwei Formen der rechtlichen Unterwerfung der Sachen unter die Zwecke der Menschen, zwei Sphären menschlicher Berechtigung an den Sachen zu unterscheiden, nämlich die des exklusiven und die des allgemeinen Gebrauchs, mit anderen Worten die des Eigentums (einschl. anderer dinglicher Rechte im Sinne des bürgerlichen Sachenrechts) und die des Gemeingebrauchs.[141]) Mit besonderem Nachdruck erklärt Ihering sodann, daß man von einem Staatseigentum an den öffentlichen Sachen nur in einem uneigentlichen Sinne sprechen könne.[142]) Die Qualität der Verkehrsentzogenheit stehe nicht nur der Begründung von Eigentum Privater, sondern auch der Begründung von Eigentum des Staates hinderlich im Wege. Das Eigentum des Staates oder der Stadt an den res publicae sei nur die Rückseite des Gemeingebrauchs. Stehe letzterer den Angehörigen des Staates zu, so schreibe man dem Staate, stehe er den Einwohnern einer Stadt zu, so schreibe man der Stadt das Eigentum an den betreffenden res publicae zu. Beide — Eigentum und Gemeingebrauch — gingen in dem Maße Hand in Hand, daß das bloße Dasein der res publica mit Notwendigkeit jene Beziehung derselben zu dem betreffenden Staate in sich schließe, der man den Namen Eigentum gegeben habe.[143])

Zur Würdigung der Ihering'schen Lehre genügen einige Hinweise.[144])

Die Theorie des exklusiven und des allgemeinen Gebrauchs ist verfehlt. Es ist insbesondere verfehlt, in dem Gegensatz die zwei Sphären menschlicher Berechtigung an den Sachen zu sehen; denn die Berechtigung bleibt ihrer Qualität nach die gleiche, mag der Träger des Rechts eine Einzahl oder eine Vielzahl von Subjekten sein. Man könnte allenfalls daran denken den Trennungsstrich so zu ziehen, daß auf der einen Seite alle subjektiven Rechte mit Rechtssubjekten als deren Trägern stehen. Allein dann dürfte auf der anderen Seite nichts stehen; denn subjektlose subjektive Rechte sind ein Widerspruch in sich. Die Beherrschung einer Sache durch eine unbestimmte Allgemeinheit, durch kein Subjekt, gehört überhaupt keiner „Sphäre menschlicher Berechtigung an den Sachen" an. Es fehlt dabei sowohl an einer Herrschaft über Sachen als auch an einer Berechtigung dazu.

Der Gemeingebrauch ist keine Herrschaft über Sachen, ebensowenig wie etwa die Ansprüche des Mieters aus der Miete eine Herrschaft über Sachen darstellt — an die dingliche Seite des Besitzes ist hier nicht zu denken —, ja noch viel weniger. Man müßte sagen: ebensowenig, wie der Kunde eines Ladengeschäftes eine Herrschaft am Laden hat. Die Koordi-

[141]) a.a.O. S. 39.

[142]) a.a.O. S. 42.

[143]) a.a.O. S. 43.

[144]) Eine ausführliche Kritik auf zivilrechtlichem Boden bietet z. B. Dernburg, Rechtsgutachten (s. u.) S. 9 ff.

nierung von Gemeingebrauch und Eigentum als der beiden möglichen Sachbeherrschungsformen scheitert übrigens an der Begriffsbestimmung Iherings selbst über das Wesen der öffentlichen Sache; denn der Charakter des Eigentums kann nicht erblickt werden in der Bestimmung der Sachen für eine begrenzte Zahl von Rechtssubjekten. Dabei soll ganz davon abgesehen werden, daß eine Grenzziehung zwischen dem exklusiven und dem allgemeinen Gebrauch in tatsächlicher Hinsicht insoferne nicht möglich ist, als zwar für ein bestimmtes Recht — etwa eine Wegeservitut — ein bestimmtes Rechtssubjekt — etwa eine Gemeinde — bestehen und im Grundbuch eingetragen sein kann, der Inhalt des Rechts aber die Benützung durch die Allgemeinheit sein kann. Schwerer fällt ins Gewicht, daß Ihering den von vorneherein wenig aussichtsvollen Versuch macht, das Hauptgewicht der Konstruktion des Gemeingebrauchs auf den Benützerkreis zu legen, — eine Richtung, in der wohl alle konstruktiven Versuche mehr oder minder scheitern werden —, statt auf diejenigen Personen, die die Nutzungen gewähren.

Eine konstruktive Unmöglichkeit ist die Trennung des Rechts in die „Vorderseite" und „Rückseite"; etwas derartiges ist nicht vorstellbar. Dieses Ihering'sche Bild ist im Grunde auch nur die wenig glückliche Verschleierung dafür, daß Ihering seine Theorie der sogenannten „Destinatäre" als Träger der Berechtigung selbst unbefriedigend erschienen sein mochte, und daß er aus diesem Grunde die Sachlage — wie bei dem eben genannten Beispiel der Wegeservitut einer Gemeinde — in der Weise verschieben wollte, als wäre eine Gemeinde Trägerin der Berechtigung und die Allgemeinheit nur Nutznießerin, zu deren Gunsten die Berechtigung begründet worden sei. Aber auch diese Konstruktion wäre nicht möglich. Wenn eine Gemeinde an einer gemeindlichen Straße das berechtigte Subjekt sein soll, so müßte gefragt werden, wer dann das verpflichtete Subjekt ist; denn eine Berechtigung ohne korrespondierende Verpflichtung ist nicht denkbar. Die Antwort hierauf müßte sein: die Gemeinde. Inbezug auf das gleiche Rechtsverhältnis wäre also die Stadt das berechtigte und das verpflichtete Subjekt. In einem solchen Falle könnte ein Rechtsverhältnis überhaupt nicht bestehen. Es wäre infolge Identität von Anspruchs- und Pflichtsubjekt untergegangen oder nie entstanden.

Die Wurzel des Übels wird aber wohl darin zu sehen sein, daß Ihering nur das Eigentum an der Sache sieht, und um dieses als Eigentumsbeteiligte alle Subjekte gruppieren möchte, die mit der öffentlichen Sache zu tun haben. Dieses Bestreben ist schon im Hinblick auf das positive Recht bedenklich; denn es gibt öffentliche Sachen, an denen alle Staatseinwohner Gemeingebrauch haben, nur eine einzelne Gemeinde aber Substratseigentum. Und es gibt öffentliche Sachen, an denen alle Staatseinwohner Gemeingebrauch, aber nur eine einzelne Privatperson Eigentum hat. Zu dem Eigentum dieser Privatperson stehen die „sämtlichen Staatsbürger“ in keinem Rechtsverhältnis. Sie sind nicht eigentumsbeteiligt. Es schiebt sich zwischen sie und den Eigentümer ein anderes Rechtssubjekt ein (oder der Eigentümer tritt in anderer Funktion auf), um die rechtlichen Beziehungen zum Eigentümer herzustellen. Die Betonung des Verhältnisses zum zivilrechtlichen Eigentum erklärt sich aus der rein privatrechtlichen Ideologie Iherings. Darüber täuscht auch die Konstruktion einer doppelten Sachherrschaft, nämlich des exklusiven und des allgemeinen Sachgebrauchs, nicht hinweg. Wer an den öffentlichen Sachen nur das Eigentum sieht, kann nicht zu einer überzeugenden Konstruktion der einschlägigen Tatbestände kommen, weder auf dem Boden des Zivilrechts noch des Verwaltungsrechts; denn das Eigentum ist das rechtlich Unbedeutendste und am geringsten Charakteristische an der öffentlichen Sache; mag auch das Hauptproblem des ideologischen Hintergrundes das Verhältnis zwischen Eigentum und öffentlicher Verwaltung sein, in der Konstruktion der öffentlichen Sache selbst kann das Eigentum nicht als Begriffsmerkmal erscheinen. Es gehört in das Gebiet, das als vor sachenrechtliches Rechtsgebiet bezeichnet wurde. Gegenüber dem Rechtsverhältnis der öffentlichen Sache tritt das Eigentum — wie sich aus der späteren Konstruktion noch deutlich ergeben wird — durchaus zurück. Das Eigentum als Begriffsmerkmal in den Vordergrund zu schieben, heißt den Weg verschütten, auf dem zur Klarheit über das Wesen der öffentlichen Sache gelangt werden kann.

Es liegt aber weiterhin auf der Hand, daß das Sinnproblem der öffentlichen Sache von Ihering einer Lösung nicht näher gebracht ist; denn wer das Eigentum (im privatrechtlichen Sinn) als Begriffsmerkmal in den Begriff der öffentlichen Sache aufnimmt, kann naturgemäß nicht zeigen, daß und inwiefern die öffentliche Sache das Produkt der einander widerstrebenden Kräfte des Eigentümers und des Trägers öffentlicher Verwaltung ist.

Bemerkenswert an Ihering ist, daß er versucht hat, das Rechtsverhältnis der Benützer einer öffentlichen Sache und der Eigentümer der körperlichen Gegenstände konstruktiv zu erfassen. Wenn auch die Richtung der Lösung entgegengesetzt zu der ist, die hier einzuschlagen sein wird, so verdient seine Theorie trotz aller in ihr selbst ruhenden Mängel doch als ein gedankenreicher Versuch aufgeführt und gewertet zu werden. Der Standpunkt Iherings mag, wie Almsick, der selbst in verschiedenen Ihering'schen Ideologien befangen ist, seiner Theorie vorausschickt, „heute allgemein überwunden sein“;[145]) der Versuch als solcher war bahnbrechend und für

[145]) Almsick, Die Rechtsstellung des Privateigentümers von Sachen des Gemeingebrauchs, 1928, S. 3.

lange Zeit hinaus Mittelpunkt der wissenschaftlichen Erörterungen und der zustimmenden oder ablehnenden Kritik.

II.

Auch Dernburg, der geistvolle Widerpart Iherings, der außer in einer Monographie zum Baseler Schanzenstreit[146]) auch in seinen berühmten Pandekten[147]) zur Rechtsnatur der öffentlichen Sache eingehend Stellung genommen hat, setzt ohne Erörterung voraus, daß die öffentlichen Sachen „Sachen" im Sinne des bürgerlichen Rechts sind.[148]) Die Auffassung dagegen, daß die öffentlichen Sachen als niemand gehörig anzusehen sind und nur unter staatlichem Hoheitsrecht stünden, durch das sie für öffentliche Zwecke in Anspruch genommen würden, lehnt er ab. „Das Richtige ist, daß die öffentlichen Sachen im Eigentum des Staates, der Städte, Kirchen stehen. Diesen gehören auch die Nutzungen. Aber ihr Eigentum ist dadurch potenziert, daß es außerhalb des Rechts der Privaten gestellt ist." Die öffentliche Sache steht nach Dernburg zwar im privaten Eigentum, aber doch außerhalb des Rechts der Privaten.

Für diese Annahme fehlt indessen nicht nur jede gesetzliche Grundlage, sie ist auch in sich selbst widerspruchsvoll; denn entweder unterliegt die öffentliche Sache — als körperlicher Gegenstand aufgefaßt — dem privaten Eigentumsrecht oder nicht; im ersten Fall steht sie „innerhalb", im zweiten „außerhalb" des Rechts von Privaten. Eines schließt das andere als identisch in sich beziehungsweise als konträr aus. Da Dernburg dies nicht anerkennt, kommt er keinen Schritt über den bei den Pandektisten auch sonst verbreiteten Irrtum hinaus, daß die öffentliche Sache zwar einerseits ein körperlicher Gegenstand und mögliches Objekt des privatrechtlichen Eigentums sein soll, anderseits aber dieses Eigentum doch kein richtiges Eigentum im Sinne des bürgerlichen Rechts sein soll. Daß er daneben die eigenartige Beschränkung des Eigentums, die man mit einem nicht zutreffenden, aber gebräuchlichen Ausdruck „Verkehrsentzogenheit" oder „Verkehrsunfähigkeit" nennt, sogar für eine Potenzierung des Eigentums hält, ist überraschend. Er will offenbar damit ausdrücken, daß das Eigentum an einer öffentlichen Sache über dem Eigentum an sonstigen Sachen steht, obwohl doch die Vorstellung des Eigentums an einer öffentlichen Sache — wenn schon eine solche Stufenfolge im Eigentumsrecht angenommen wird — gegenüber der Vorstellung des Eigentums schlechthin nur ein Minus sein kann; denn der Eigentümer der öffentlichen Sache

---

[146]) Dernburg, Rechtsgutachten mit Rücksicht auf die Lehren von den öffentlichen Sachen, 1862.

[147]) Dernburg, Pandekten, Berlin, 1884.

[148]) Pandekten S. 161.

kann verschiedenes nicht tun — und zwar vermöge der Eigenschaft als öffentliche Sache nicht —, was der Eigentümer sonstiger Sachen vornehmen kann, eine Folge des Gegenspiels der Ideen von Eigentum und öffentlicher Verwaltung. Gerade wenn Private, wie Dernburg selbst sagt,[149]) „an öffentlichen Sachen juristischen Besitz und Besitzesschutz nicht erlangen", so ist doch darin allein schon aufseiten des Eigentümers eine rechtliche Beschränkung gegenüber dem Normalfall zu sehen.[150])

In anderen Punkten hat übrigens Dernburg manche konstruktive Notwendigkeiten richtig gefühlt. So wenn er — trotz des Festhaltens an der Theorie des „besonderen" Eigentums — in seinem Rechtsgutachten jene Sachen klar hervorhebt, die unbestritten im Privateigentum einzelner und zugleich auch im allgemeinen Gebrauch aller stehen[151]): „Eigentumsrecht und Gemeingebrauch sind nicht bloß verschiedene Namen für dieselbe Sache und schließen sich nicht ihrer eigentlichen Natur nach aus." Ja, er unterscheidet sogar — vielleicht instinktiv — zwischen Träger der öffentlichen Sache und Eigentümer in dem Beispiel vom Kirchhof, den zwei Gemeinden gemeinschaftlich halten und der auf höhere staatliche Verfügung hin aus gesundheitlichen Gründen geschlossen werden muß, worauf die beiden Gemeinden nur mehr Miteigentümer des der Eigenschaft als öffentliche Sache entkleideten Substrats sind.[152]) Beachtlich ist auch, daß Dernburg den engen Zusammenhang zwischen der Staatsauffassung im allgemeinen, der „Auffassung der Rechte und Pflichten des Staates"[153]) einerseits und der Konstruktion der öffentlichen Sache anderseits hervorhebt, wie denn überhaupt der in diesem Zusammenhang gebotene gesamthistorische Ausblick in die Entwicklung der Theorie der öffentlichen Sache nicht uninteressant ist. Schließlich verdient die wie ein plötzlich Aufleuchten hervortretende Erkenntnis Dernburgs festgehalten zu werden, daß man, „wenn man lieber will", statt der Konstruktion eines eigentümlich modifizierten Eigentumsrechts „die Sachlage auch so auffassen kann, daß das Recht des Herrn der öffentlichen Sache" „Eigentumsrecht zu seiner Basis hat",[154]) also vor sachenrechtlicher Natur ist.

Dafür schlägt Dernburg in anderen Fragen wieder die altgewohnten Gleise ein. Die Sachen des Staates, der Gemeinden und Kirchen gliedert

[149]) Pandekten, S. 162.

[150]) Die Erkenntnis, daß der Gemeingebrauch in Wahrheit eine Beschränkung des Eigentums sei, wird übrigens bei anderen Pandektisten vertreten; vergl. z. B. Bekker, System, Bd. I., S. 336; Regelsberger, Pandekten, Bd. I. S. 426. Dazu auch Otto Mayer im Archiv für öffentliches Recht, S. 57, Fußnote 20.

[151]) Gutachten S. 9.

[152]) Gutachten S. 11.

[153]) Gutachten S. 5 und 6.

[154]) Gutachten S. 17 und 18.

er in zwei Klassen,[155]) einmal in das dem Geldertrag bestimmte Vermögen, anderseits in die unmittelbar den öffentlichen Zwecken dienenden Sachen. Jene sind dem Verkehr nicht entzogen, diese stehen außerhalb des Privatverkehrs. Die letzteren treten wieder in zwei Formen auf, einmal in den dem Gemeingebrauch offenstehenden und sodann in den dem öffentlichen Dienst gewidmeten Sachen. Die Einteilung ist im wesentlichen die herkömmliche ohne originelle Gedanken. Es wird dabei, wie üblich, gar nicht geprüft, ob nicht auch die öffentlichen Zwecken dienenden Sachen (etwa in zweiter Linie) zum Geldertrag bestimmt sein können, z. B. ein öffentliches Krankenhaus, und ob nicht auch umgekehrt das dem Geldertrag bestimmte Vermögen unter Umständen öffentlichen Zwecken dienen kann, z. B. ein Gaswerk, ferner ob nicht auch die Sachen des öffentlichen Dienstes, wie Gerichtsgebäude u. a., dem Gemeingebrauch unterliegen und ob nicht Sachen des Gemeingebrauchs, wie öffentliche Häfen auch dem öffentlichen Dienste gewidmet sein können. Ist Dernburgs Theorie einschließlich ihrer Systematik schon innerhalb der Rechtsnormen des bürgerlichen Rechts, auf denen sie aufgebaut sein will, nicht frei von Unklarheiten, so pflegt die Lehre der Zivilisten im allgemeinen und so auch hier die Lehre von Dernburg zu versagen, wenn die Grenzziehung zwischen bürgerlichrechtlichen und öffentlichrechtlichen Rechtsgedanken und Instituten beginnt. Bei Dernburg scheint die Abneigung gegen das Öffentlichrechtliche besonders stark zu sein. Auch die rechtliche Beschränkung oder „Potenzierung" des Eigentums wird bei Dernburg nicht etwa, wie häufig, als ein Hereinragen öffentlichrechtlicher Rechtsgebilde in das Zivilrechtsgebiet erachtet, sondern wieder als eine zivilrechtliche Eigenschaft der betreffenden Sachen. Und selbst bei der Frage, woher diese besondere rechtliche Eigenschaft kommt und wie sie erlischt, vermeidet Dernburg eine öffentlichrechtliche Antwort und erklärt, reichlich farblos, „rechtsgültige Beschlüsse des Staates, der Gemeinde, der Kirche" als maßgebend. Offen bleibt die Frage, warum die Sache als eine „öffentliche" im Rechtssinn bezeichnet wird. Schuldig bleibt Dernburg endlich auch die Aufklärung darüber, welche Rechtsnormen auf die öffentliche Sache Anwendung finden sollen; dieses Versagen ist im Grunde ein notwendiges Versagen. Denn wird die Voraussetzung so gewählt, daß die öffentliche Sache zwar körperliche Sache im bürgerlichrechtlichen Sinne, aber doch von ganz besonderer Art, daß sie zwar dem privaten Eigentum unterliege, aber doch durch den Ausschluß von Privatrechten potenziert sei, daß sie zwar dem allgemeinen Gebrauch diene, aber doch nur vermöge bürgerlichrechtlicher Normen, dann ist kein Ausweg aus dem Gewirre mehr zu finden; denn weder das bürgerliche Recht, noch das Verwaltungsrecht kennen eine solche Rechtsfigur und so bleibt denn mit

[155]) Pandekten S. 161.

Notwendigkeit die ganze Konstruktion ein Gebäude im luftleeren Raum ohne Unterbauung durch positive Rechtsnormen und auch vom logischen Standpunkt aus nicht ohne schwere Bedenken.

III.

Die Theorien der sog. Pandektisten weichen in den Hauptpunkten voneinander nur wenig ab. Nur soweit sie für das öffentliche Sachenrecht in der einen oder anderen Weise von einigem Interesse sein können, seien einige Gedanken aus ihnen nachstehend skizziert. Zuerst aus der Theorie von A r n d t s[156]). Nach der Auffassung von Arndts sind nicht alle körperlichen Sachen fähig, Gegenstand von Rechten der Privatpersonen und daher Gegenstand des privatrechtlichen Verkehrs (res in commercio) zu sein. Manchen Sachen sei vielmehr diese Fähigkeit e n t z o g e n (res extra commercium), während andere sich nur zufällig nicht im Eigentum von Privatpersonen befänden (nullius in bonis sunt), wohl aber sich darin befinden könnten. Was im einzelnen zu den letzteren gehört, wird von Arndts nicht angegeben. Die öffentlichen Sachen, die auch von Arndts als körperliche Gegenstände betrachtet werden, erscheinen bei ihm in drei Arten, nämlich den sog. heiligen Sachen, den aus natürlichen Gründen allen gemeinsamen Sachen, und den öffentlichen Sachen im engeren Sinn, das sind solche Sachen, „welche im Eigentum des Staates oder auch einer Gemeinde befindlich, zu öffentlichem Gebrauch bestimmt sind". Arndts spricht im Gegensatz zu Dernburg nicht von einer P o t e n z i e r u n g, sondern von einer B e s c h r ä n k u u n g des Eigentumsrechts an der öffentlichen Sache. Im übrigen erhebt er sich in keiner Weise über den damals herkömmlichen Stand der Theorie hinaus, gibt die Rechtsnormen nicht an, aufgrund derer die behauptete Verkehrsentzogenheit gewisser Sachen bestehen soll, erörtert nicht das Wesen der Widmung und Entwidmung, berührt nicht die Rechtslage zwischen Widmung und Benützung und trennt weder bewußt noch unbewußt öffentlichrechtliche und privatrechtliche Rechtsverhältnisse. Den Kreis der öffentlichen Sachen zieht er viel zu eng, indem er nur auf das Eigentum, statt wie sonst gebräuchlich, auch auf andere dingliche Rechte abstellt und überdies nur auf das Eigentum von Staat und Gemeinde; der letztgenannte Mangel ist eine weitere Folge der vollständigen Vernachlässigung öffentlichrechtlicher Gesichtspunkte in der Begriffsbestimmung. Anders als im staatlichen oder gemeindlichen E i g e n t u m stehend kann sich Arndts öffentliche Sachen nicht vorstellen.

Arndts Lehre ist ein Beispiel dafür, wie durch eine, teilweise sogar mißverstandene, Übernahme einzelner (zivilistischer) römisch-rechtlicher

[156]) Arndts, Lehrbuch der Pandekten, 1868, S. 53/54.

Bruchstücke unter Vernachlässigung öffentlichrechtlicher Gesichtspunkte ein sowohl für die wissenschaftliche Erkenntnis, wie für die praktische Rechtsanwendung ungenügendes Ergebnis der Lehre von der öffentlichen Sache entsteht. Befremdlich daran ist hauptsächlich, daß sich sowohl die Methode wie ihr Produkt von den Zeiten der Pandektisten bis in die Gegenwart behaupten konnte, ohne daß ihre innere Haltlosigkeit allgemeine Überzeugung geworden wäre.

IV.

Windscheid[157]) ist nicht zum wenigsten deshalb interessant, weil er sich über die Notwendigkeit der Substantialität des Sachenbegriffs Gedanken gemacht hat, die er seiner Darstellung des Sachenrechts vorausschickt.

Unter Sache im allgemeinen versteht er das einzelne Stück der vernunftlosen Natur. Den noch weitergehenden Begriff, wonach Sache „nicht bloß das real Existierende, sondern auch das Gedachte bezeichnet", lehnt er „für das Recht" als „unbrauchbar" ab. „Hiermit ist gesagt, daß zum Begriff der Sache das Moment der realen Existenz, der Körperlichkeit gehört." Allerdings schränkt er diese scharfe Ablehnung unmittelbar nachher durch das Zulassen der „unkörperlichen Sachen" ein. Hierunter versteht er Rechte, die als Sachen im Rechtssinn aufzufassen sind. „Das Gedachte ist für das Recht nicht Sache, aber das Gedachte kann für das Recht Sache sein, wie für das Recht Person sein kann, was in Wirklichkeit nicht Person ist.[158]) Aber auch, wenn das „Gedachte" Sache im Rechtssinn ist, ist sie ihm stets „Gegenstand von Rechtsverhältnissen", also Rechtsobjekt. Daß sie auch selbst als Rechtsverhältnis gedacht werden könnte, behauptet er nicht und hat dazu in seinem Pandektenlehrbuch auch keinen Grund. Auch die öffentlichen Sachen sind ihm etwas „real Existierendes", etwas „Körperliches". In seiner Theorie der unkörperlichen Sachen steckt daher nicht einmal ein leiser Anklang an die Konstruktion der öffentlichen Sache als Rechtsverhältnis. Sie ist gleichsam nur eine Entschuldigung für gewisse positiv-privatrechtliche Rechtserscheinungen, wonach nicht nur das „real Existierende", sondern auch Rechte Objekte von Rechtsverhältnissen sein können.

Seine sonstige Theorie der öffentlichen Sache ist durchaus unoriginell, so daß es sich nicht verlohnt, näher auf sie einzugehen. Es ist wieder im wesentlichen eine Aufzählung und Klassifizierung von Erscheinungen des Privatrechts, wie wir sie bereits breitangelegt bei Biermann gefunden haben. Dabei herrscht bei ihm eine nicht unbedenkliche Begriffsverwirrung. Er versteht z. B. unter res publicae auch solche Sachen (im privatrecht-

[157]) Lehrbuch des Pandektenrechts, 1882, 1. Bd. S. 416 ff.
[158]) a.a.O. S. 416, Fußnote 2.

lichen Sinn), die „ohne dem gemeinen Gebrauch unterworfen zu sein", sich von anderen Sachen nur dadurch unterscheiden, daß ihr Eigentümer nicht eine Privatperson, sondern der Staat oder eine Gemeinde ist.[159]) Die Sachen im Gemeingebrauch konstruiert er rechtlich so, daß sie durch die Widmung nicht aufhören, Eigentum des Staates oder der Gemeinde zu bleiben. Deren Eigentum trete aber erst wieder hervor, wenn die öffentliche Bestimmung der Sache wegfalle, und auch während ihrer Dauer, soweit sie nicht entgegenstehe. Immerhin kennt er auch öffentliche Sachen im Eigentum von Privatpersonen.[160]) Solange die öffentliche Bestimmung der Sache dauere, entscheide über ihre Benützung die von der zuständigen Behörde getroffene Anordnung. Eine mit dem gemeinen Gebrauch verträgliche Bevorzugung einzelner der Gesamtheit gegenüber sei dabei nicht ausgeschlossen.[161]) Die Handhabung der Ordnung in der Benützung der Sachen im Gemeingebrauch erfolge entweder auf polizeilichem Wege dadurch, daß gegen den Verletzer ein Privatanspruch gewährt werde. Das öffentlichrechtliche Nutzungsrechtsverhältnis der öffentlichen Sache ist Windscheid also durchaus fremd. Er kennt nur Polizei oder Privatrecht.

Im übrigen ist seine Lehre das alte Lied, wonach bei der öffentlichen Sache eine ganz eigenartige, schwer zu erklärende Mittelstellung eines Instituts zwischen öffentlichem und privatem Recht vorliege. Schließlich mißversteht er auch noch Eisele so sehr, daß er glaubt, dessen „publizistisches Eigentum" sei nichts anderes „als das gewöhnliche Eigentum, welches die der Sache aufgedrückte Zweckbestimmung zu respektieren hat." Auch dies mag eine Folge davon sein, daß er wirklich öffentlichrechtlichen Gedankengängen vollkommen fremd gegenübersteht.

V.

Innere Widersprüche — mindestens nach der gewählten Formulierung der Thesen — zeigen sich in der Lehre von Ortmann über die öffentliche Sache.[162]) Auch er geht vom Begriff der öffentlichen Sache als einem Substanzbegriff aus. Öffentliche Sachen sind ihm stets Sachen im bürgerlichrechtlichen Sinn. Zu den öffentlichen Sachen rechnet er aber nicht alle bürgerlichrechtlichen Sachen, die im Eigentum einer Körperschaft des öffentlichen Rechts stehen, sondern nur „solche, die unmittelbar, um ihrer sachlichen Eigenart willen, also nicht erst durch einen weiteren Verwaltungsakt, zur Erfüllung der öffentlichen Zweckbestimmung ihres Herrn

[159]) a.a.O. S. 438, Fußnote 15.

[160]) a.a.O. S. 439.

[161]) a.a.O. S. 440.

[162]) Ortmann, Der Allgemeine Teil des Bürgerlichen Gesetzbuchs, 1908, S. 273 ff. insbes. 244.

dienen". Die Begriffsbestimmung erweckt den Anschein, als ob die zeugende Kraft des Widmungsaktes für den Ursprung der öffentlichen Sache geleugnet werden wollte. Allein dies wäre wohl nicht im Sinne Örtmanns gelegen. Er wollte vermutlich sagen, daß **nach** dem Widmungsakt **weitere** Akte des Trägers der öffentlichen Sache nicht mehr nötig und auch nicht möglich sind, um die öffentliche Zweckbestimmung herbeizuführen. So aufgefaßt, kämpft die These aber gegen eine Annahme, die nirgends aufgestellt zu sein scheint. Soll sie aber hinweisen auf eine Billigung jener Theorie, wonach es zur Ausübung des Gemeingebrauchs keiner besonderen Zulassung bedürfe, so wäre sie denkbar unglücklich formuliert, zumal die öffentliche Sache ja nicht etwa „um ihrer sachlichen Eigenart willen", sondern ausschließlich um der Widmung willen öffentliche Sache ist und als solche „dient", übrigens nicht schlechthin „zur Erfüllung der öffentlichen Zweckbestimmung dient", sondern allenfalls zu dienen bestimmt ist. Wenn Örtmann „sachliche Eigenart" sagt, so ist ihm dabei vielleicht der eindeutigere Begriff „bestimmungsgemäße sachliche Verwendbarkeit" vorgeschwebt. Aber selbst bei Auswechslung der beiden Begriffe wäre sein oben wiedergegebener Satz immer noch unzutreffend; denn nicht etwa durch die bestimmungsgemäße sachliche Verwendbarkeit, wenn schon diese in der Widmungslehre meist eine beachtliche Rolle spielt, ist die Sache nach der zivilistischen Theorie der Pandektisten zu einer öffentlichen Sache „geworden", und nicht um dieser ihrer Eigenschaft willen dient sie „zur Erfüllung der öffentlichen Zweckbestimmung". Nur nebenbei sei bemerkt, daß in der erwähnten Örtmann'schen Begriffsbestimmung auch der Satz unlogisch gebaut ist; denn nicht der öffentlichen Zweckbestimmung kann die öffentliche Sache dienen, sondern allenfalls dem öffentlichen Zweck.

Was Örtmann neben der verfehlten Begriffsbestimmung noch über die öffentliche Sache ausführt, ist wenig. „Sie stehen möglicherweise im Gemeingebrauch des Publikums . . . so öffentliche Straßen, Plätze, Brücken und Kanäle, aber keineswegs ausnahmslos: so nicht Dienstgebäude, Festungswerke, Museen, Universitätsgebäude, Krankenhäuser, zu denen das Publikum nicht allgemein, sondern höchstens nach Maßgabe ihrer besonderen Zweckbestimmung Zutritt hat, während sie übrigens nur bestimmten dienstlichen Verrichtungen gewidmet sind." Eine Fülle von Unklarheiten! Dabei wird unterstellt, daß Örtmann **nicht** sagen wollte — wozu freilich der Wortlaut ausreichend Anlaß gäbe —, daß öffentliche Straßen, Plätze, Brücken und Kanäle **nur** der Benützung mittels des Gemeingebrauchs unterlägen. Vielleicht sollte durch das Wort „möglicherweise" ausgedrückt werden, daß es daneben auch noch andere öffentlichrechtliche Benützungsarten gäbe. Die Unterscheidung „Sachen im Gemeingebrauch", „Sachen außerhalb des Gemeingebrauchs" ist im übrigen weniger deutlich als selbst die Unterscheidung von Arndts und anderer auf ähnlicher Grundlage arbeitender Pandektisten in Fragen des Gemeingebrauchs, des öffentlichen Dienstes, heiliger Sachen u. a. Sie teilt anderseits mit dieser Unterscheidung das Schicksal, mit der Wirklichkeit nicht übereinzustimmen, denn auch Gerichtsgebäude, öffentliche Museen usw. können dem „Gemeingebrauch" unterliegen. Die Einschränkung, daß das Publikum „nicht allgemein, sondern höchstens nach Maßgabe ihrer besonderen Zweckbestimmung Zutritt hat", kann sich übrigens nicht nur auf die Sachen außerhalb des Gemeingebrauchs beschränken, sondern ist, richtig verstanden, ein Charakteristikum aller öffentlichen Sachen, auch jener, die dem Gemeingebrauch unterliegen. Die besondere „Art der Zweckbestimmung" im Sinne dieser Auffassung ist überall Schranke der Benützbarkeit. Der Nachsatz „während sie übrigens nur bestimmten dienstlichen Verrichtungen gewidmet sind", ist schlechthin unverständlich.

Auch Örtmann erklärt nicht, wann und warum eine Sache zu einer öffentlichen werden kann, zeigt nicht die Rechtsnormen auf, die den Inhalt der Rechtsverhältnisse an öffentlichen Sachen prägen, behandelt diese Rechtsverhältnisse nicht und kommt — dies mag weniger für ihn als Zivilrechtler als vielmehr für die Entwicklungsgeschichte der öffentlichen Sache an sich ins Gewicht fallen —, in keiner Weise zur Erkenntnis der grundlegenden öffentlichrechtlichen Probleme der öffentlichen Sache.

§ 13. Die Theorien von Wappäus und Eisele.

I.

Es ist kein Zufall, daß die aufgeführten zivilistischen Theorien über die öffentliche Sache durchwegs bereits einige Jahrzehnte zurückliegen; denn auch die neuere zivilistische Lehre bewegt sich im wesentlichen in ähnlichen Gedankengängen, sodaß besondere neue Gedanken aus dem neueren zivilistischen Schrifttum schwerlich vorgeführt werden können.

Aber auch jene andere Theorie, die man als konstruktives Gegenspiel zu den genannten Lehren auffassen mag, entstand noch im dritten Viertel des vorigen Jahrhunderts, und zwar ebenfalls auf zivilistischem Boden, wenn sie auch erst später in den Händen eines Verwaltungsrechtlers zur vollen Entfaltung kommen konnte: die Theorie des öffentlichen oder öffentlichrechtlichen Eigentums.

Einer der frühesten Theoretiker, die sich mit ihr befassen, ist Wappäus in seiner ausführlichen, jedoch an originellen Gedanken verhältnismäßig armen Monographie „zur Lehre von den dem Rechtsverkehr entzogenen Sachen"[163]) Mag er auch darauf hinweisen,[164]) daß bereits vor ihm, die Idee des öffentlichen Eigentums vertreten worden ist, so scheint er doch zu jenen zu gehören, denen die Idee mit ihrem heutigen Inhalt in voller Klarheit erstand, freilich dadurch, daß er sie nachdrücklich ablehnt. Er bezeichnet die Idee „als ein leeres, alles juristischen Gehalts bares Gebilde neuester Juristen". „Was man unter öffentlichem Eigentum versteht, ist nichts anderes, als das territoriale Hoheitsrecht."[165]) Die Ableitung von sachenrechtlichen Befugnissen aus dem territorialen Hoheitsrecht lehnt er aber mit aller Schärfe ab.[166])

Daß die Theorie des öffentlichen Eigentums letzten Endes aus dem, wenn auch verfehlten, Versuch einer Lösung des Sinnproblems der öffentlichen Sache ist, scheint ihm nicht aufgegangen zu sein.

Die angegebene Auffassung über das öffentliche Eigentum ist das Bemerkenswerteste an der Theorie von Wappäus, die im übrigen an Gedankenreichtum weit hinter der des Bejahers der Existenz eines öffentlichen Eigentums, Eisele, zurückbleibt.

Aus den sonstigen Ausführungen von Wappäus verdienen noch zwei Gedanken festgehalten zu werden, einmal die Erkenntnis, daß der germanisch-mittelalterlichen Rechtsanschauung die Konstruktion der öffentlichen Sache verschlossen bleiben mußte, weil die Kategorie der res fiscales in patrimonio populi mit der Kategorie der res in publico usu infolge der für jene Zeit charakteristischen Vermischung und Verwechslung privatrechtlicher und staatsrechtlicher Elemente zusammenfloß in der Idee des nutzbaren königlichen Eigentums (regalia). Sodann gleichsam als Vorstufe zur späteren Holstein'schen Theorie der öffentlich-rechtlichen Eigentumsbeschränkungen[167]) die Meinung, der Gemeingebrauch sei ein sachlicher Mangel des Eigentums.[168])

---

[163]) Göttingen, 1867.

[164]) a.a.O. S. 78: Gesterding im Arch. f. zivil. Pr. III. n. 5; Jumke Arch. f. zivil. Pr. XII; Schwab, Arch. f. zivil. Pr. XXX, Beil. Heft.

[165]) a.a.O. S. 78.

[166]) a.a.O. insbes. S. 95.

[167]) Günther Holstein, Zur Lehre von der öffentlich-rechtlichen Eigentumsbeschränkung.

[168]) Wappäus S. 108: „Zu den Befugnissen, welche im Eigentum enthalten sind und deren Ausübung durch den bestehenden Gemeingebrauch ausgeschlossen ist, gehört vor allem das Verbietungsrecht gegen dritte Personen, diese Sachen innerhalb der durch ihre Bestimmung gezogenen Grenzen zu gebrauchen. Die Ausschließung dieses Verbietungsrechts gegen jedermann beruht nicht etwa . . . auf einer bloß obligatorischen Verbindlichkeit, den Gemeingebrauch zu dem bestimmten Zweck nicht hindern zu wollen, die der Staat oder die Gemeinde eingegangen wäre —, wo dann jene Verbietungsrechte der Sache nach im Eigentum noch enthalten wären, denn von einer Obligation kann hier keine Rede sein, da dem Staate keine bestimmte Person als anderer Kontrahent (creditor) gegenübersteht; sondern es liegt ein wirklicher sachlicher Mangel des negativen Elementes des Eigentums vor, sobald der öffentliche Gemeinge-

II.

Im Gegensatz zu Wappäus ist Eisele zur Idee des öffentlichen Eigentums positiv eingestellt. Mit seinem Werke „über das Rechtsverhältnis der res publicae in publico usu"[169]) darf Eisele als der zivilistische Bahnbereiter der publizistischen Theorie Otto Mayer's bezeichnet werden. Seine Gedanken sind, im ganzen genommen, von einer Klarheit und Kühnheit und zeugen bereits für die damalige Zeit von einer so modernen Auffassung des Rechtsverhältnisses der öffentlichen Sache, daß es sich für die Verwaltungsrechtswissenschaft wohl verlohnen würde, sie der Vergessenheit zu entreißen.

An die Spitze des Abschnitts, in dem er seine eigene Konstruktion entwickelt, stellt Eisele den Satz, der sein Programm enthält: Das Rechtsverhältnis der öffentlichen Sachen gehört, und zwar ganz und nach allen Seiten, dem ius publicum an." Eisele hält es für notwendig, daß man den privatrechtlichen Standpunkt bezüglich dieser Sachen gänzlich aufgebe[170]) und führt dafür folgende Gründe an: Die öffentlichen Sachen seien dem öffentlichen Gebrauch bestimmt. Diese Bestimmung sei keine bloß ökonomische, wie etwa in dem Falle, daß ein Grundstückseigentümer sein Grundstück zu irgend etwas bestimme; sie erfolge vielmehr durch einen rechtlichen Akt. Das privatrechtliche Eigentum charakterisiere sich negativ durch die totale und prinzipielle Abstraktion von jeglichem „speziellen" d. h. die allgemeine Bestimmtheit der Sache, Objekt dieses Eigentumswillens zu sein, spezialisierende Zwecke, oder wie Ihering, dies ausdrücke[171]): Durch die Freiheit des Eigentümers in der Wahl des Genußformen. Das Zweckmoment könne sich in verschiedener Weise und zwar rechtlich, geltend machen, ohne gleichwohl rechtlich die Sache selbst, oder was dasselbe sagt, ohne gleichwohl das Eigentumsrecht an der Sache zu „afficieren": solange dies nicht der Fall sei, solange der Zweck der Sache selbst ein äußerliches bleibe, bleibe auch der Begriff des privatrechtlichen Eigentums unversehrt.[172]) Selbst vom

brauch ins Leben getreten ist." Die gleiche Konstruktion einer „Dispositionsentziehung" des „negativen Teils der Eigentumsrechte" ist zu vergleichen in dem von Wappäus a.a.O. S. 115 aufgeführtem Beispiel.

[169]) Basel, 1873. Das Werk wird sogar von dem italienischen Klassiker des Verwaltungsrechts Santi Romano eines Zitats für würdig befunden, wobei dieser allerdings von dem Irrtum ausgehen dürfte, Eiseles Gedanken seien identisch mit der Theorie des domanio publico, die indessen wohl die Existenz eines öffentlichen Eigentums im Sinne Eisele's verneinen dürfte.

[170]) a.a.O. S. 22.

[171]) Ihering, Geist des römischen Rechts III. S. 337.

[172]) Über das „Zweckmoment" und seine Bedeutung siehe Köttgen, Verwaltungsrecht der öffentlichen Anstalt, Veröffentlichungen der Vereinigung deutscher Staatsrechtslehrer, Heft 6, 1929, S. 115 ff.

Staatsgut könne dies gesagt werden, z. B. beim römischen Staatsvermögen im patrimonio oder in pecunia populi; hier sei der Zweck zum gemeinen Besten verwendet zu werden, nur persönliche Verpflichtung derer, die das Staatsgut zu verwalten und zu verwenden haben. Die privatrechtliche Natur des Eigentumsrechts werde dadurch nicht berührt. Stärker sei das Zweckmoment verwirklicht bei der Stiftung. Man spreche daher hier von Zweckvermögen. Das Zweckvermögen sei aber, weil der Zweck nur die subjektive Beziehung beherrsche, unveräußerlich nur als Vermögen, nicht seiner Individualität, sondern seinem Werte nach. Bei den zum Gemeingebrauch bestimmten Sachen hingegen erscheine die Zweckbestimmung als der Sache selbst, folglich auch dem Eigentum daran immanent. Diese Sache sei nicht mehr bloß Zweckvermögen, sondern Zwecksache und überschreite damit den Charakter des privatrechtlichen Eigentums. Durch das Dienen zum Gebrauch oder vielmehr durch die Zweckbestimmung hierzu würden die Sachen dem ius privatum entzogen und fielen unter das ius publicum. Die Zweckbestimmung, so sehr sie dem privatrechtlichen Eigentum widerstrebe, sei durchaus nicht unvereinbar mit einem publizistischen Sachenherrschaftsrechte. Daher bezeichnet Eisele das Recht des Staates an den öffentlichen Sachen als „Eigentum des ius publicum" oder als „publizistisches Eigentum" und versteht darunter jenes Eigentum, welchem die Zweckbestimmung zum Gemeingebrauch immanent sei.[173])

Es ist nicht ohne Reiz, an dieser Stelle einige Gedanken aus Otto Mayer anzureihen, die die Ideenverwandtschaft mit Eisele bekunden mögen. Mayer bezeichnet das Recht des Staates an den öffentlichen Sachen als „öffentliches, besser öffentlichrechtliches Eigentum"[174]) und sagt von den öffentlichen Sachen: „Die öffentliche Sache setzt das Zusammentreffen von zweierlei voraus: Die Zugehörigkeit der Sache an eine Trägerschaft öffentlicher Verwaltung und ein unmittelbares Dienstbarwerden für den bestimmten öffentlichen Zweck".[175]) „Die Gebundenheit der Sache für diesen Zweck ist es, die das Eigentum belastet und unter anderem auch die entsprechende Verkehrsentzogenheit hervorbringt."[176]) Es ist überraschend, mit welcher Sicherheit Eisele schon mehrere Jahrzehnte vor Mayer die Kerngedanken einer Lehre entwickelt hat, die nicht zum geringsten zu Mayers Berühmtheit mit beigetragen hat. Eisele versucht auch bereits den Einwand vorwegzunehmen, als sei sein terminus technicus schlecht gewählt.[177]) Daß technische Ausdrücke des Privatrechts auch im öffentlichen Recht verwendet würden, sei nichts Neues. Gerade diese Gemein-

[173]) Eisele a.a.O. S. 24.
[174]) Otto Mayer, Verwaltungsrecht II, S. 74.
[175]) Mayer II. S. 92.
[176]) Mayer II. S. 89.
[177]) Eisele a.a.O. S. 24.

samkeit des juristischen Typus sei es, die ihn bestimme, das publizistische Recht des Staates an den öffentlichen Sachen als Eigentum zu bezeichnen.[178])

Durch Aufhebung der Qualität einer Sache als einer im Gemeingebrauch befindlichen Sache werde an ihr sofort privatrechtliches Eigentum für das Subjekt des bisher öffentlichen Eigentums begründet. Dadurch werde die Sache und die rechtliche Herrschaft über dieselbe aus dem öffentlichen Recht wieder in das Privatrecht versetzt.[179]) Der Gemeingebrauch sei seiner rechtlichen Natur nach zwar ein Recht, aber kein Privatrecht und auch nicht der Reflex einer Eigentumsbeschränkung, sondern ein publizistisches Recht;[180]) denn an den öffentlichen Sachen seien Privatrechte überhaupt nicht möglich. Der Gemeingebrauch sei — in Umkehrung des oben angegebenen Bildes von Jhering — „die Rückseite des publizistischen Eigentums". In diesem Punkte unterscheidet sich Eisele's Theorie erheblich von der Mayer's, der dem Gemeingebrauch auch vom Standpunkte des öffentlichen Rechts die Qualität eines Rechtes abspricht und darin nur etwas rein „Tatsächliches" erblicken möchte.

Da das Recht des Gemeingebrauchs ein publizistisches sei, so beruhe es nicht auf irgend welchen privatrechtlichen, sondern auf einem publizistischen Titel, nämlich auf der Angehörigkeit zu dem Gemeinwesen, dem die öffentliche Sache gehöre, d. h. auf dem Bürgerrecht. Auch den späteren Einwand Mayer's, daß doch auch den Nichtbürgern (Fremden) die Benützung der öffentlichen Sache frei stehe, kennt Eisele bereits und sucht ihn, freilich wenig überzeugend, zu widerlegen mit der Behauptung, den Fremden könnten diese Sachen bloß in Folge einer „Reflexwirkung" zugute kommen.[181])

Da ferner öffentliches Eigentum und Gemeingebrauch begrifflich untrennbar seien, so liege in der Ausübung des Gemeingebrauchs zugleich eine tatsächliche Verwirklichung des öffentlichen Eigentums, wenn auch bloß nach einer Seite hin. Daher hätten diejenigen römischen Juristen, welche den öffentlichen juristischen Personen wegen der fehlenden Möglichkeit des animus possidendi die Möglichkeit des Besitzes absprächen, bezüglich der res publicae in der Ausübung des Gemeingebrauchs ein Surrogat des fehlenden Besitzes erblicken können.

Der einzelne Bürger habe gegen das Subjekt des öffentlichen Eigentums kein Klagerecht, wenn dieses etwa zur Unzeit oder ungebührlich lange den Gemeingebrauch einstellen sollte. Im Falle der gänzlichen Auf-

178) Eisele S. 25.
179) Eisele S. 26.
180) a.a.O. S. 27.
181) a.a.O. S. 28, Fußnote 1: Zitat von Jhering, Geist des römischen Rechts, S. 348.

hebung der Qualität der Sache als einer öffentlichen habe der einzelne schon deshalb kein Klagerecht auf Wiederherstellung, weil damit sein Recht selbst, welches nur durch die Bestimmung der Sache zum Gemeingebrauch entstehe und bestehe, weggefallen sei; auf Entschädigung habe er gleichfalls kein Klagerecht, „weil das aufgehobene Recht niemals ein ius privatum war"[182]), gleich als gäbe nur ein Privatrecht bei Verletzung einen Entschädigungsanspruch!

Subjekte des publizistischen Eigentums seien die „publizistischen Personen" Staat und Gemeinde und nur diese. Das private Eigentum des Staates sowohl wie der einzelnen habe die materielle Bestimmung, den Zwecken des Eigentümers zu dienen. Diese seien bei Staat und Gemeinde öffentliche, gemeinnützige Zwecke, bei den einzelnen private, eigennützige Zwecke. Der usus publicus sei aber ein gemeinnütziger Zweck, stehe also mit der allgemeinen materiellen Bestimmung des Staatseigentums in Einklang, zu der des Privateigentums im Gegensatz. Wenn daher der Staat die materielle Bestimmung, welche all sein Gut habe, zur formellen rechtlichen Bestimmung einzelner ihm gehöriger Sachen erhebe, so erführen diese Sachen dadurch nicht etwa eine Bestimmung, die ihrer früheren Bestimmung fremd oder gegensätzlich wäre: und es wäre eben darum keine der inneren Natur des Verhältnisses entsprechende rechtliche Gestaltung, wenn der usus publicus den öffentlichen Personen gehörigen Sachen von außen her als gesetzliche Eigentumsbeschränkung auferlegt würde, während dieser umgekehrt für die Privatpersonen gehörige Sachen eine angemessene Verwirklichung des usus publicus sei.

Nun kann allerdings nicht behauptet werden, daß die zuletzt angegebene, abgesehen von anderen Mängeln auch noch reichlich gewundene Begründung Eisele's für die Beschränkung der Trägerschaft öffentlichen Eigentums auf Staat und Gemeinde überzeugend zu wirken vermöchte. Sie ist ein schwächerer Punkt seiner Beweisführung. Die inhaltsschillernden Begriffe „gemeinnützig", „eigennützig", „innere Natur" der Sachen u. a. verhindern eine klare Einsicht. Immerhin kann der Eiseleschen Konstruktion selbst in diesem Punkte nicht die Folgerichtigkeit und auch nicht eine gewisse Originalität abgesprochen werden.

Aus der Erörterung des Ursprungs und Untergangs und der rechtlichen Schicksale des publizistischen Eigentums im Sinne Eiseles sei lediglich angeführt, daß das ius publicandi, das ist im Sinne des heutigen Verwaltungsrechts die „Widmung", nicht Ausfluß des erst zu begründenden publizistischen Eigentums, aber auch nicht Ausfluß des privatrechtlichen Eigentums ist, sondern Ausfluß der Staatsgewalt. Wo also eine Ge-

[182]) a.a.O. S. 29.

meinde es ausübe, liege Ausübung einer staatlichen Funktion vor.[183]) Dieser letztgenannten Gedankenwertung von Eisele vermag nicht zugestimmt zu werden. Der Irrtum liegt auf staats- und verwaltungsrechtlichem Gebiete: Gleichgültig ob der Widmungsvorgang zum sog. eigenen oder zum sog. übertragenen Wirkungskreis gerechnet wird, nach der Theorie des deutschen Gemeinderechts übt die Gemeinde stets nur eine gemeindliche, keine staatliche Funktion aus. Richtig ist aber, daß die Widmungsbefugnis oder Widmungszuständigkeit nicht Ausfluß des Privateigentums sein kann.

Was die Theorie von Eisele im ganzen betrifft, so werden Einwendungen gegen die Konstruktion eines öffentlichen Eigentums im Zusammenhang mit der Darstellung neuerer Meinungen hierüber vorzubringen sein. Unabhängig von der später notwendig werdenden Ablehnung der Fundamente seines Lehrgebäudes darf hier jedoch bereits auf seine Bedeutung für die Lehre von der öffentlichen Sache und damit für das Verwaltungsrecht im allgemeinen hingewiesen werden. Es ist nicht uninteressant, daß von dem Schweizer Eisele die spätere Theorie sowohl des deutschen wie des französischen Verwaltungsrechts nachhaltig beeinflußt wurde. Von Eisele konnte Otto Mayer die Grundidee übernehmen, die er ursprünglich,[184]) dogmatisch wie historisch nicht ganz gerechtfertigt, als Theorie des französischen Verwaltungsrechts aufgefaßt haben mochte und mit der er eine gewaltige, wenn auch in ihrer ursprünglichen Gestalt nicht nachhaltige Umwälzung des verwaltungsrechtlichen Denkens in Deutschland hervorrief, angefangen von den ersten Wissenschaftlern schon, die die grundlegende Bedeutung seiner Idee für das gesamte Verwaltungsrecht sofort klar erkannten, etwa Nawiasky,[185]) über den Kreis seiner Anhänger im Schrifttum und selbst in einigen Urteilen oberster Gerichte,[186]) bis zu den namhaften Vertretern des neuesten deutschen Verwaltungsrechts, etwa Walter Jellinek, der in voller Erkenntnis ihrer grundlegenden Bedeutung wieder die alte Frage aufwirft, ob vielleicht das öffentliche Eigentum nichts anderes sei, als die durch kein gegenüberstehendes Privatrecht gehemmte G e b i e t s h o h e i t, und der gleichzeitig, angeregt durch Mayer's Konstruktion das neue und noch ungelöste Problem aufwirft, ob nicht auch die umgekehrte Konstruktion eines „staatsgerichteten Eigentums" Sinn

[183]) a.a.O. S. 36 einschl. Fußnote 1. Vergl. auch dazu die von Mayer II. S. 93, Fußnote 27 aufgeführten Schriften!

[184]) Später anders im Vorwort zum Verw. R. 1914, S. IX: „Den Franzosen jedenfalls hat mein Buch in der französischen Bearbeitung einen s e h r d e u t s c h e n Eindruck gemacht, namentlich in der geschichtlichen" — (vorwiegend ideologischen) — „Auffassung, die ja doch das Ganze beherrscht und durchdringt."

[185]) Vergl. Nawiasky, Zur Theorie und Praxis des österreichischen Wegerechts, Österreichische Gerichtszeitung, 1905, S. 205.

[186]) Vergl. Mayer II. S. 84, Fußnote 19.

habe.[187]) All das ist heute noch, — so sagt W. Jellinek —, „eine Fülle von Fragen, die der Klärung würdig und bedürftig sind". Über Mayer aber ging die Theorie in das französische Verwaltungsrecht über, vor allem gefördert durch Gaston Jèze in seinem „Verwaltungsrecht der französischen Republik".[188]) In keinem der beiden Rechtssysteme freilich, weder im deutschen noch im französischen Verwaltungsrecht, ist die Theorie des öffentlichen Eigentums heute anerkannt[189]); auch die französische Lehre des domaine public und die italienische Lehre des domanio publico begnügen sich vielfach mit der Vorstellung einer Herrenlosigkeit. Trotzdem wird niemand annehmen können, daß die Idee spurlos am Bau des Verwaltungsrechts hätte vorübergehen können. Ja man kann sagen: Gerade durch die scharfsinnigen Versuche, die Ablehnung zu begründen, ist das deutsche Verwaltungsrecht einen guten Schritt vorwärts gekommen. Von einem Zivilrechtler ging der erste Anstoß zu dieser Bereicherung des Verwaltungsrechts aus.[190]) Wäre die deutsche Verwaltungsrechtswissenschaft schon zu den Zeiten von Eisele in einem solchen Zustand gewesen, daß sie den ihm von Eisele aus dem Zivilrecht mit Geschick zugeworfenen Ball hätte auffangen und zurückgeben können, so wären manche verwaltungsrechtlichen Irrtümer der späteren Zeit erspart geblieben. Die bedeutsame Kritik Holstein[191]) hätte nicht erst im Jahre 1920 einzusetzen

[187]) Verwaltungsrecht S. 490.

[188]) Öffentl. R. Geg. XXIII, 1913.

[189]) Auch Jèze muß zugeben: „Man kann in der Tat nicht sagen, welches die richtige Lösung nach geltendem französischem Rechte ist, da es keine genauen Gesetzesbestimmungen gibt" (a.a.O. S. 241); auch im französischem Recht ist also die Theorie eine Ideologie.

[190]) Reizvoll für die Verwaltungsrechtsgeschichte wäre es darnach zu forschen, wie Eisele zu seinen Ideen gekommen ist. Anlaß zu seiner Untersuchung war nach seinem eigenen Bekenntnis der Basler Schanzenstreit, obwohl es sich, wie schon erwähnt, dort um eine ganz andere Frage gehandelt hat. Aber nicht die in diesem Streite zutage geförderten Tatsachen waren es, wie Eisele betont, die ihn zu seiner Anschauung brachten sondern „das Bestreben, dem gesamten vorliegenden Quellenmaterial gerecht zu werden" (a.a.O. S. 4): Er glaubte nach Quelleninhalt zu forschen und interpretierte doch seine eigene Ideologie hinein, — eine überraschende Bestätigung der aufgestellten Meinung über das Verhältnis von Ideologie und Norm, gleichzeitig auch ein Beweis dafür, wie notwendig und wertvoll Ideologien für den Fortschritt in der Wissenschaft sind. Für seine Ideologie kann er denn auch quellenmäßige Belege kaum anführen. Es wäre bei der Dürftigkeit der Lehre von Wappäus vermessen anzunehmen, diese oder auch nur die von Wappäus mit matten Gründen bekämpften Theorien hätten ihm Pate gestanden. Auch bei dem von Mayer II S. 84 Fußnote 10 als Vorläufer angesehenen Neuner sind nur schwache Ansätze vorhanden. Den ideologischen Charakter des von ihm aufgestellten Gebäudes ahnend, hat er übrigens selbst angegeben, er leite seine Gedanken aus „der inneren Natur des Verhältnisses ab;" vergl. a.a.O. S. 22 und S. 31!

[191]) Holstein, Lehre von der öffentlichrechtlichen Eigentumsbeschränkung 1921. Für die Theorie Holsteins nicht ohne Bedeutung ist übrigens die Problemstellung Eiseles (a.a.O. S. 31)), warum der usus publicus an den dem Staate und den Gemeinden gehörigen Sachen nicht als gesetzliche Eigentumsbeschränkung gestaltet sei.

gebraucht; man hätte schon zu der Zeit, als Mayer mit wachsender Überzeugungsfreude seine Theorie des öffentlichen Eigentums vertrat, mit ihr hervortreten und die Diskussion in die richtige Bahn lenken können. Eisele selbst hat, wesentlich klarer als Mayer, den Weg angedeutet, der gegangen werden muß, um zu einer konstruktiv befriedigenden Lösung zu gelangen, indem er nämlich den Gemeingebrauch als ein subjektives öffentliches Recht und indem er die Beziehung zwischen Benützer und Träger der öffentlichen Sache als ein öffentlichrechtliches Verhältnis auffaßte. Wäre er auch noch zu dem Problem gelangt, in welchem Stadium der Entwicklung des öffentlichrechtlichen Nutzungsverhältnisses das subjektive öffentliche Recht entsteht und in welchem Stadium die diesem Rechte notwendigerweise gegenüberstehende Rechtspflicht sich zu entwickeln beginnt — eine für Eisele nach seinen sonstigen Gedanken durchaus naheliegende Erörterung, — so wäre vielleicht schon vor Jahrzehnten der befreiende Schritt über die Wirrnisse der Lehre vom öffentlichen Eigentum hinaus getan worden.

§ 14. Die Theorie von Kisch.

1. Das Problem der Konstruktion der öffentlichen Sache mußte naturgemäß in jenem Rechtssystem besonders reizvoll werden, in dem einerseits das französische Recht des domaine public, anderseits die deutsche Theorie von Otto Mayer über diesen domaine public nahe zusammen trafen und sich in der praktischen Rechtsgestaltung auswirken konnten: das ist im elsaß-lothringischen Recht zur Reichslandzeit. Kisch hat in seinem grundlegenden Werk über das elsaß-lothringische Landesprivatrecht[192]) der öffentlichen Sache ein für die hier einschlägigen Fragen nach verschiedener Richtung höchst bedeutungsvolles Kapitel gewidmet, das umso interessanter ist, als es einen von Kisch selbst als „öffentliches Recht“[193]) bezeichneten Rechtsstoff im Rahmen einer Darstellung des Privatrechts behandelt. Die Theorie gehört nur hinsichtlich ihrer Urhebers in die Gruppe der zivilistischen Theorien, nicht hinsichtlich ihres Wesensgehalts. Dem Gehalt nach ist sie nach ihrem eigenen und zutreffenden Bekenntnis öffentlichrechtlich. Sie ist nicht nur aus dem bereits angegebenen Grunde für die Forschung interessant, weil sie gerade ein unter französischen Rechtsideen stehendes deutsches Teilrechtssystem darstellt, sondern auch, weil sie das Verhältnis des öffentlichen und privaten Rechts auf dem Gebiete des öffentlichen Sachenrechts in ein besonderes Licht rückt und dabei das Zurücktreten des Privatrechts vor dem öffentlichen Recht auf dem einschlägigen Gebiet anerkennt und folgerichtig durchführt.

192) Halle, 1905.
193) a.a.O. S. 377.

Die Lehre von Kisch über das öffentliche Eigentum fußt, wie er selbst hervorhebt,[194]) in wesentlichen Punkten auf der Auffassung Mayer's, von dessen Eigentumslehre er sagt, daß sich ihr die Theorie des französischen Rechtes „wesentlich nähert". Eine nähere Betrachtung ergibt indessen, daß die Lehre von Kisch gegenüber der von ihr zum Vorbild genommenen Theorie von Mayer in verschiedenen Punkten selbständige Wege geht, — z. B. in der Annahme eines dem öffentlichen und privaten Recht gemeinsamen Instituts „Eigentum" als Oberbegriff für öffentliches und privates Eigentum, dann in den Voraussetzungen der Zugehörigkeit zum öffentlichen Gut u. a. — wie denn auch Stammler[195]) sich nicht etwa gegen Mayer, sondern gegen Kisch wendet.

2. Kisch scheidet mit Recht aus dem Kreise der öffentlichen Sachen jene Sachen aus — Sache im bürgerlich-rechtlichen Sinn aufgefaßt —, die dem öffentlichen Verkehr oder Gebrauch nur tatsächlich dienen, „ohne aus dem Privateigentum herauszutreten".[196]) Weiterhin scheidet er aber aus solche Sachen, die vermöge ihrer „natürlichen Eigenschaft den allgemeinen Gebrauch hindern", wie z. B. die Luft, das Meer, die fließende Wasserwelle[197]), die den dinglichen Privatrechten nicht durch einen positiven Rechtssatz, sondern unmittelbar durch ihr natürliches Wesen entzogen seien und auch nicht in einer öffentlich-rechtlichen Herrschaft ständen. Die Folgerung von Kisch: „Sie fallen daher aus dem Kreise der öffentlichen Sachen im technischen Sinn heraus", ist insoferne richtig, als von Kisch als öffentliche Sachen im technischen Sinn nur Sachen aufgefaßt werden, die im „öffentlichen Eigentum" stehen können und auch wirklich stehen.[198]) Zwar könnten auch andere Sachen zum Gegenstand einer verwaltungsrechtlichen Tätigkeit gemacht werden, etwa durch Regelung mittels polizeilicher Vorschriften; aber dadurch verwandelten sie sich nicht in öffentliches Eigentum. Wenn Kisch weiterhin auch die „herrenlosen Sachen" aus dem Kreis der öffentlichen Sachen ausscheidet, „die einer privatrechtlichen Herrschaft zwar fähig sind, in Wahrheit aber einer solchen noch nicht oder nicht mehr unterstehen",[199]) so ist damit allein zwar noch nichts über die Möglichkeit der Konstruktion der öffentlichen Sache als herrenloses öffentliches Gut ausgesagt; seine sich anschließenden Ausführungen lassen aber erkennen, daß er eine solche Konstruktion für die öffentliche Sache des elsaß-lothringischen Rechtes trotz mancher einschlägiger Theorien des französi-

[194]) a.a.O. S. 381, Fußnote 4.

[195]) Stammler, Recht des Gebrauches öffentlicher Straßen, siehe nächsten Paragraphen!

[196]) Kisch a.a.O. S. 379.

[197]) a.a.O. S. 380.

[198]) a.a.O. S. 381.

[199]) a.a.O. S. 380.

schen Rechts nicht billigen würde, den Begriff der herrenlosen Sache vielmehr im engeren (man kann sagen privatrechtlichen) Sinn auffaßt.

3. Nach Kisch muß die Sache, um zum öffentlichen Gut gehören zu können, erstens einem Zwecke der öffentlichen Verwaltung dienen (Zweckverwendungstheorie) und zweitens Objekt einer besonderen rechtlichen Herrschaft sein (Theorie der öffentlichen Sache als Rechtsobjekt)[200]. Einem Zwecke der öffentlichen Verwaltung dient sie auch dann, wenn zum bestimmungsgemäßen Gebrauch eine amtliche Vermittlung hinzuzutreten hat, wie etwa bei Eisenbahnen und Kirchhöfen, sowie, wenn sie von einem einzelnen überhaupt nicht gebraucht wird, sondern ihren Zweck auf andere Weise erfüllt, etwa Festungen. Die Kategorien „öffentliche Sachen" und „Sachen im Gemeingebrauch" seien also wohl auseinanderzuhalten. Es gebe einerseits öffentliche Sachen, die nicht im Gemeingebrauch ständen und anderseits Privatsachen, die im öffentlichen Gebrauch (Gemeingebrauch) ständen.[201]) Die Verwendung im allgemeinen Interesse mache die Sache noch nicht zu einer öffentlichen; denn sie sei namentlich bei zahlreichen, einer öffentlichen Person gehörigen Vermögensstücken gegeben, ohne daß sie dieselben hierdurch in öffentliches Eigentum verwandeln würde. Die Anklänge an Mayer[202]) sind bei dieser Seite der Theorie unverkennbar. Ob es sich freilich empfiehlt, allgemein benützte Sachen, aber nicht öffentliche Sachen, dem „Gemeingebrauch" oder „öffentlichen Gebrauch" im Rechtssinn zu unterstellen oder ob nicht diese Begriffe zweckmäßiger dem öffentlichen Sachenrecht vorbehalten bleiben, mag dahingestellt bleiben.[203])

Die besondere rechtliche Herrschaft erfaßt nach Kisch die Sache in ihrer Totalität. Sie unterwirft die Sache zugunsten der öffentlichen Verwaltung einer prinzipiell unbeschränkten rechtlichen Gewalt und hat infolgedessen „die größte Analogie mit dem Privateigentum".[204]) Als gemeinsames Merkmal der beiden Arten von Eigentum, das diese zu einem Oberbegriff zusammenfassen läßt, wird das Beherrschen der Sache in ihrer Totalität angegeben. Nach diesem Punkte, bei dem auch die schon erwähnte Stammler'sche Widerlegung einzusetzen versucht, weicht Kisch am stärksten von Mayer ab; denn in der Vorstellung Mayers ist das öffentliche Eigentum eine ganz andere Kategorie von Recht, das mit dem Eigentum im privat-

[200]) Nicht ganz übereinstimmend Mayer II. S. 72 und 92.

[201]) a.a.O. S. 381.

[202]) II. S. 137.

[203]) Nach der Theorie Eisele (siehe oben), die in diesem Punkte manches für sich hat, sind öffentliches Eigentum und Gemeingebrauch unzertrennlich verbunden. Man kann unbedenklich annehmen, daß Gemeingebrauch nur an öffentlichen Sachen bestehen kann, ohne natürlich zugeben zu müssen, daß jede öffentliche Sache im Gemeingebrauch stehen müsse.

[204]) a.a.O. S. 381.

rechtlichen Sinn wenig mehr gemeinsam hat, als den Namen. Es ist aber durchaus zuzugeben, daß die Theorie von Kisch von den gewählten Voraussetzungen aus — insbes. der Konstruktion der öffentlichen Sache als Rechtsobjekt aus — durchaus folgerichtig und überzeugend ist. Wird allerdings, wie hier geschehen, das Wesen der öffentlichen Sache im Rechtssinn nicht in der Eigenschaft als Objekt gesehen, sondern in jenem Verhältnis von Rechtspersonen zur Rechtsordnung, das man Rechtsverhältnis nennt, so entfällt auch das Problem, ob das Wesen des öffentlichen Eigentums wirklich in einem Herrschen über Sachen und die Natur der öffentlichen Sache in einem Beherrschtsein in öffentlichrechtlicher Hinsicht besteht, und ob demgemäß zwischen öffentlichrechtlichem und privatrechtlichem Eigentum ein gemeinsames rechtliches Band „Beherrschen einer Sache in ihrer Totalität" besteht.

4. Für die Entstehung der öffentlichen Sache werden zwei Voraussetzungen gefordert[205]): die Verwirklichung der öffentlichen Zweckbestimmung und die Begründung der öffentlichen Herrschaft.[206]) Die Verwirklichung der öffentlichen Zweckbestimmung könne entweder ohne weiteres in der Natur des Gegenstandes liegen — vielleicht der bedenklichste Punkt der ganzen Theorie, weil hier ein rechtlicher Zustand ohne Rechtsnorm durch die „Natur" begründet werden soll[207]) — oder in dem bisherigen tatsächlichen Gebrauch wurzeln — ebenfalls nicht ohne Bedenken, weil dieser tatsächliche Gebrauch rechtlich ganz anders zu qualifizieren ist als die Nutzung der öffentlichen Sache —, oder durch staatliche Handlungen erst geschaffen werden. Auch die öffentlichrechtliche Herrschaft läßt Kisch „ohne ausdrückliche gesetzliche Anerkennung" bestehen (Beispiel: Küstengewässer) oder er läßt sie — zutreffend — durch Gesetz oder staatlichen Einzelakt begründen. Aus dem Verhältnis der beiden Tatbestandsvoraussetzungen in der Kischschen Theorie zueinander ist hervorzuheben, daß mit der Endigung der öffentlichen Zweckbestimmung nicht notwendig die Beherrschung der Sache durch ihren bisherigen Träger aufhören müsse. „Dauert diese weiter, so verwandelt sich in derselben Hand das öffentliche in privates Eigentum, d. h. es tritt der entsprechende Wechsel in der rechtlichen Behandlung

---

[205]) a.a.O. S. 383.

[206]) Interessanterweise vermeidet Kisch hier den Ausdruck „Widmung", vielleicht aus dem richtigen Bewußtsein heraus, daß seine Theorie verschieden ist von der Theorie der „Eignungserklärung" (Kormann); er bringt den Ausdruck erst bei der Endigung des öffentlichen Eigentums, die eintrete, „weil die Widmung der Sache zu dem öffentlichen Zweck aufhört". Allein wenn auch die „Eignung" durch einen „Widmung" genannten Verwaltungsakt ausgesprochen wird, so wird man dem gut verwendbaren Ausdruck „Widmung" doch auch einen anderen Sinn unterlegen dürfen, wie dies denn auch später in der vorliegenden Abhandlung geschehen ist.

[207]) Ebenso übrigens auch Mayer II S. 111: „Natürliche öffentliche Sachen" und Jèze „Natürliches öffentliches Eigentum", a.a.O. S. 245.

ein."[208]) Die Eigenschaft als öffentliche Sache geht also trotzdem verloren. Dagegen braucht damit noch nicht ohne weiteres die Verkehrsentzogenheit[209]) verloren zu gehen.[210]) Die Verkehrsentzogenheit gilt aber nur für das Privatrecht, nicht für das öffentliche Recht.[210])

5. Als Beispiele der öffentlichen Sachen werden von Kisch[211]) neben den Straßen und Wasserläufen nebst Kanälen und Häfen sowie den dem öffentlichen Gottesdienste gewidmeten Gebäuden einschließlich der Kirchhöfe, den Toren, Mauern, Gräben und Wällen der Festungen, insbes. auch die Schienenwege der Eisenbahnen gerechnet, auch der konzessionierten Privatbahnen. Bei diesem stehe das öffentliche Eigentum dem Staate zu, „welcher sein Recht lediglich der Ausübung nach auf den beliehenen Unternehmer" übertrage.[212]) Darin kommt die folgerichtige Durchführung der Zugehörigkeit des öffentlichen Gutes an einen Träger öffentlicher Verwaltung zum Ausdruck. Was Oswald[213]) hiergegen vorbringt, erscheint nicht stichhaltig.

6. Der Gemeingebrauch (auch in dem engeren Sinn einer Nutzung der öffentlichen Sache) ist nach Kisch nicht Inhalt eines subjektiven Privatrechts, sondern „ein rechtlich geschützter Vorteil".[214]) „Seine Verletzung gewährt also dem Beeinträchtigten nicht eine spezielle Klage auf Unterlassung, sondern nur einen Anspruch auf Schadenersatz nach Maßgabe der allgemeinen Vorschriften über unerlaubte Handlungen."[215]) Auch der über den Gemeingebrauch hinausgehende sog. „gewährte Gebrauch"[216]) (Beispiel: Schiffsmühlen, Fähren) ist noch kein Recht; erst der aus einer behördlichen Genehmigung hervorgehenden rechtlichen Situation, der sog.

---

[208]) Ähnlich Mayer II S. 131, der aber von seinem Standpunkt aus diesen Rechtswechsel nicht so treffend erklären kann wie Kisch, dessen öffentliches Eigentum ja dem gemeinsamen Oberbegriff „Eigentum schlechthin" untersteht.

[209]) Gegen die Verkehrsentzogenheit Mayer II S. 115.

[210]) Vergl. a.a.O. S. 383 Fußnote 8: „Eine interessante Erscheinung ist die, daß zwar die öffentliche Zweckbestimmung und damit das öffentliche Eigentum aufhört, daß aber trotzdem aus besonderen Gründen die Verkehrsfähigkeit der Sache beschränkt bleiben soll. Dies ist beispielsweise der Fall für Kirchhöfe, die erst zehn Jahre nach dem letzten Gebrauch zum Zwecke von Beerdigungen dem Verkehr zurückgegeben sind; vergl. Gesetz vom 23 praerial XII Art. 9 Abs. 2.

[211]) a.a.O. 387.

[212]) Über diese Konstruktion vergl. auch Mayer II, S. 94 Fußn. 30.

[213]) Joseph Oßwald, Die Rechsverhältnisse an öffentlichen Sachen, 1909, S. 22—26. Die Darstellung der Theorie von Kisch leitet er mit den Worten ein: Man geht „in der Verzweiflung" sogar so weit zu sagen ... Dabei sagt aber Oßwald selbst an anderer Stelle (S. 58), ohne den Widerstand zu fühlen, als Träger des Rechts des usus, „des Hoheitsrechtes über die öffentlichen Sachen", komme nur der Staat in Betracht; er könne jedoch die Ausübung desselben juristischen Personen des öffentlichen und Privatrechts übertragen.

[214]) a.a.O. S. 679.

[215]) a.a.O. S. 679.

[216]) a.a.O. S. 680.

Verleihung eines besonderen Nutzungsrechts, wird der Charakter eines Rechts (Rechtsanspruchs) zuerkannt. Kisch steht mit seiner Konstruktion des Gemeingebrauchs etwa in der Mitte zwischen Eisele einerseits, der den Gemeingebrauch — richtiger die Befugnis auf die Ausübung des Gemeingebrauchs — als ein Recht (ein „publizistisches Recht") ansieht, und Mayer anderseits, der unter Ablehnung des Rechtscharakters in ihm nur etwas rein „Tatsächliches" sieht. Auch hier liegt also keine bloße Übernahme der Mayer'schen Lehre vor.

Zur Konstruktion des rechtlich geschützten Vorteils sind folgende Erwägungen anzustellen. Wird der Begriff des „rechtlich Geschützten" auf seine Beziehung zur Rechtsordnung geprüft, so tritt zutage, daß zum mindesten irgend eine Rechtspflicht eines Rechtssubjekts gegenüber der Rechtsordnung feststellbar sein muß; denn jeder rechtliche Schutz erfolgt in der Weise, daß eine Rechtspflicht auferlegt wird. Tritt aber der Begriff „Vorteil" hinzu, so ergibt sich klar, daß die Auferlegung der Rechtspflicht einem anderen Rechtssubjekt „zugute" kommt. Es erheben sich daher die Fragen: Ist die Rechtsstellung des durch die Rechtspflicht begünstigten Rechtssubjekts so entwickelt, daß man von einem Rechtsanspruch sprechen kann? Oder besteht die Rechtsstellung in jenem schwächeren Stadium, worunter man die sog. „Rechtsreflexe" oder „Reflexrechte" und die noch des näheren zu behandelnden Anwartschaften rechnen kann? Dies ist meines Erachtens die allein mögliche Alternative. Die Möglichkeit einer anderen Deutung des „rechtlich geschützten Vorteils" ist nicht ersichtlich. Mithin ist die Aufstellung des Begriffs „rechtlich geschützter Vorteil" erst die Aufrollung, nicht die Lösung des Problems. Sie kann den Ausgangspunkt bilden für eine Einführung der Figur der öffentlichrechtlichen Anwartschaft, die später einen Bestandteil der Konstruktion der öffentlichen Sachen ausmachen wird. Sie ist aber erst der Anfang, nicht das Ergebnis der Konstruktion.

7. Die Theorie von Kisch bietet außer den aufgeführten Sätzen eine Menge wertvoller Gedanken, auf die in anderem Zusammenhang zurückzukommen sein wird, etwa die Lehre von den öffentlichen Grunddienstbarkeiten[217]), von dem umstrittenen Institut der Polizei der öffentlichen Sache[218]) u. a. Sie gehört zu den bedeutendsten der im ersten Jahrzehnt des Jahrhunderts mit größerer Freudigkeit als heute vertretenen mayerfreundlichen Werken der Rechtswissenschaft, die Mayer mit sichtlicher Befriedigung zusammen mit den seiner Auffassungen vom öffentlichen Eigentum günstigen höchstrichterlichen Urteilen aufzählt.[219])

---

[217]) a.a.O. S. 502.

[218]) a.a.O. S. 384.

[219]) Mayer II S. 84, Fußnote 19.

In der späteren Zeit ist es — besonders im Privatrecht — um die Lehre vom öffentlichen Eigentum wieder still geworden. Man darf aber heute wohl die Ansicht vertreten, daß, wenn die zivilistische Theorie auf der nach anfänglich wenig brauchbaren Versuchen später erfolgreich beschrittenen Bahn folgerichtig weiter geschritten wäre, sowohl das Privatrecht wie das Verwaltungsrecht längst über Mayer hinaus einen befriedigenden Abschluß des ganzen Kapitels gefunden hätten und W. Jellinek nicht noch im Jahre 1929 hätte schreiben können und müssen[220]), es seien erst „Bausteine" für eine umfassende Kritik der Lehre vom öffentlichen Eigentum vorhanden.

§ 15. Die Theorie von Stammler.

Längere Zeit hat sich die Zivilrechtswissenschaft mit der Lehre von den öffentlichen Sachen nicht mehr eingehender beschäftigt.[221]) Die Scheu, hier ein vielleicht gar nicht zum Zivilrecht gehöriges Gebiet zu betreten, mag sie davon abgehalten haben. Die jüngste beachtlichere zivilrechtliche Theorie dürfte die von Stammler[222]) sein, dem hierfür sowohl aus dem Zivilrecht wie aus dem Verwaltungsrecht ein reiches Gedankenmaterial zur Verfügung stand und dessen Gedankenformungen in mancher Hinsicht als ein Niederschlag der Ergebnisse vorangegangener Lehren betrachtet werden können. Sie stellen die gegenwärtige geläuterte zivilrechtliche Theorie der öffentlichen Sache dar.

1. In den Mittelpunkt der Lehre von den öffentlichen Sachen stellt Stammler den öffentlichen Gebrauch (im Rechtssinn)[223]), den er in Gegensatz zu Kisch der öffentlichen Sache als ausschließlich zugehörig zuschreibt. Er fragt, worin die bestimmende Eigenart der Rechtseinrichtung „öffentlicher Gebrauch" eigentlich liege. Dem Fehlen des Grundbuchzwangs spricht er mit Recht die entscheidende Bedeutung ab. Die Behauptung, daß öffentliche Sachen nicht enteignet werden könnten, bestreitet er mit guten Gründen. Der Verkehrsentzogenheit allein kann er die Kraft einer Widmung für den öffentlichen Gebrauch nicht zuerkennen, wie umgekehrt die Widmung zum öffentlichen Gebrauch auch nicht schlechthin Verkehrsentzogenheit bedeute. Durch solche „zersplitterte Einzelfolgen" komme man nicht zu einem Rechtsbegriff der öffentlichen Sachen. Dazu sei ein einheitlich bedingendes Merkmal nötig, das in gleicher Weise eingreife und sich fest und bleibend erweise. Dieses Merkmal sieht Stammler in der Widmung zum öffentlichen Gebrauch. Da die Verwaltung nicht Selbstzweck, sondern

[220]) Jellinek, Verwaltungsrecht, S. 490.

[221]) Vergl. z. B. Stammler 1928 S. 134: „Die Rechtslage der öffentlichen Straßen ist in der neueren Jurisprudenz seit längerem nicht mehr eingehend behandelt worden."

[222]) Stammler, Das Recht des Gebrauchs öffentlicher Straßen, Beiträge zur Erläuterung des deutschen Rechts, 1928. S. 129.

[223]) a.a.O. S. 136.

nur „bedingtes Mittel im Dienste der Rechtsangehörigen“ sei, so komme es auf das Subjekt des öffentlichen Gebrauchs an.

Damit lenkt Stammler in sicherer Fahrt in den Hafen jener Lehre ein, die bislang schon den Rechtskern des öffentlichen Gebrauchs oder Gemeingebrauchs in der rechtlichen Stellung jener Personen suche, die den Gebrauch ausüben, nicht jener, die ihn darbieten. Da es sich bei jenen um einen Kreis handelt, dessen Angehörige ständig wechseln, versucht Stammler die rechtliche Fixierung der Träger des Gemeingebrauchs mit der Wendung, daß das Recht j e d e m zustehe, „der in der Lage ist, die betreffende Sache als Mittel zu seinen Zwecken zu verwenden“. An der Inhaltsarmut dieser Bestimmung ändert auch die Formel „ein Recht mit beliebigem Inhaber“[224]) nichts, ebensowenig wie die Einteilung dieser beliebigen Inhaber in „vorübergehende Benutzer“ („oft in des Wortes verwegenster Bedeutung“, wie Stammler meint) einerseits und in „Anlieger“ in einem besonderen Sinn anderseits größere Faßbarkeit in den aufgestellten Begriff zu bringen vermag.

2. Wie Kisch, so unterscheidet auch Stammler die öffentlichen Sachen von den sog. herrenlosen Sachen und den res omnium communes; denn „sie stehen als Objekte bestimmter Rechtsverhältnisse bereits unter dem Spruche besonderer Ordnung, sie sind Gegenstände, über die eine rechtliche Regelung schon entscheidend ergangen ist und die ominöse Meinung von subjektlosen Rechten spielt bei ihnen keine Rolle“.

Im Zusammenhang damit lehnt er die (Jhering'sche) Theorie, daß die öffentlichen Sachen n u r der Staatshoheit unterliegen, entschieden ab.[225]) „Der Gedanke der Rechtshoheit begleitet, als Gegenstück zu der Kategorie der Rechtsunterstelltheit, jede Vorstellung von rechtlichem Wollen. Er ist ein Grundbegriff, der in dem juristischen Denken unvermeidlich seine bestimmende Verwendung findet, da ohne ihn der fragliche Gedanke keine rechtliche Vorstellung sein würde. Aber über die stofflich bedingte Besonderheit, die er für einheitliches Denken formal zu meistern hilft, sagt die Bezugnahme auf die Gedankenrichtung rechtlicher Hoheit noch gar nichts aus; und die begriffliche Erfassung gerade dieser Besonderheit wird durch ihre Kennzeichnung mit dem bestimmenden Gedanken rechtshohen Wollens in ihrer Eigenart gar nicht gefördert.“ Ist auch Stammlers Ausdrucksweise gewunden, so ist doch, was er sagen will, ersichtlich, und die Ablehnung der Jhering'schen Theorie zutreffend.

3. Einen erfreulichen Fortschritt gegenüber Mayer bedeutet es, daß Stammler jeden, der in der tatsächlichen Möglichkeit geeigneten Gebrauchs sich befindet, „als Person in deutlich erkennbarem R e c h t s v e r h ä l t n i s“

[224]) a.a.O. S. 138.
[225]) a.a.O. S. 133/134.

bezeichnet.[226]) „Die gelegentlich auftretende Auffassung, daß es sich nur um tatsächliche Beziehungen handele, ist nicht ausreichend." Und mit deutlicher Spitze gegen Mayer fährt er unter den Hinweis darauf, daß eine tatsächliche Betrachtung bloß der Naturwissenschaft entnommen werden könnte, fort: „Aber Zahlung von Gebühren, Duldung eines Eingriffs in das Eigentum, Bestreiten der Befugnis dazu und so fort, das alles kann nicht mit tatsächlicher Beschaffenheit der fraglichen Verhältnisse genügend bezeichnet werden, vielmehr steht überall die rechtliche Beschaffenheit des Verhältnisses der in Verbindung stehenden Personen zur Verfügung." Bei dem Rechtsverhältnis des öffentlichen Gebrauchs stehe auf der einen Seite ein beliebiger Inhaber als Rechtssubjekt in jeweils veränderlicher Art, auf der anderen Seite der belastete Empfänger der dem öffentlichen Gebrauche gewidmeten Sache.

4. Für die später hier vorzunehmende Konstruktion von Interesse ist der — leider nur angedeutete — Gedanke von Stammler[227]), daß das Rechtsverhältnis der öffentlichen Sache dadurch entstehe, „daß jemand von der möglichen Verwendung ... zu seinen Zwecken den richtigen Gebrauch bereits gemacht hat". Es liegt also nach Auffassung Stammlers bei dem Rechtsverhältnis der öffentlichen Sache ein dem Realkontrakt ähnliches Rechtsverhältnis vor, das sorgfältig zu trennen ist von der rechtlichen Situation vor Eingehung des Rechtsverhältnisses mittels Gebrauchmachens. Im Zusammenhang mit der hier besonders bemerkenswerten Zitierung von Kisch („rechtliche Handlungsmöglichkeit gegenüber schon begründeten subjektiven Rechten") und von Seckel („Gestaltungsrechte") ist der Anklang an die konstruktive Seite der vorliegenden Abhandlung am stärksten von allen anderen aufgeführten Theorien. Die Tatsache, daß der Anklang gerade bei der neuesten Theorie unverkennbar ist, darf vielleicht so gedeutet werden, daß die aufzustellende Konstruktion auch entwicklungsgeschichtlich dem Stand des gegenwärtigen Denkens im öffentlichen Sachenrecht entsprechen dürfte.

5. Mit der These[228]), das allgemeine Recht des Gebrauchs einer öffentlichen Sache stehe in der Mitte zwischen einem vorzugsweisen Nutzungsrechte an jenem Gegenstande und der Nutzung irgend einer fremden Sache wegen mangelnden Interesses des Eigentümers, sucht Stammler den Versuch zu stützen, unter Identifizierung des Trägers der öffentlichen Sache mit dem Eigentümer die Stellung des Eigentümers im Rechtsverhältnis des öffentlichen Gebrauchs zu erläutern: „wenn eine besondere Sache mit der Bestimmung des öffentlichen Gebrauchs belastet ist, so geht ...

[226]) a.a.O. S. 138.
[227]) a.a.O. S. 139.
[228]) a.a.O. S. 139.

der praktisch mögliche Gebrauch, den abzuwehren der Eigentümer an und für sich ein berechtigtes Interesse haben könnte, nunmehr dem Eigentümer vor. Es finden dann nicht mehr bloß die allgemeinen Sätze über das Eigentum Anwendung, sondern hier hat der öffentliche Gebrauch vor der eingreifenden wie der verbietenden Verfügung des Eigentümers den Vorrang." Hier fehlt nur mehr der ergänzende Gedanke, daß die Rechtspflichten, die der Träger der öffentlichen Sache durch Eingehen des Rechtsverhältnisses der öffentlichen Sache auf sich nimmt, eine so starke rechtliche Basis haben müssen, daß die ihnen entsprechenden Rechtsansprüche des Benützers der öffentlichen Sache den aus dem Eigentum hervorgehenden Ansprüchen vorgehen können. Diese Basis muß, wenn nicht der Träger der öffentlichen Sache selbst Eigentümer ist, ein das Eigentum beschränkendes, dem Träger der öffentlichen Sache zustehendes Recht sein.

Mit dieser Einschränkung ist es zu verstehen, wenn Stammler — mit Recht — die Meinung entschieden ablehnt, als ob der Eigentümer den öffentlichen Gebrauch „kraft seines Eigentums" gestatten könnte.[229]) „Vielmehr hat jedes Rechtssubjekt eines auf öffentlichem Gebrauch ruhenden Rechtsverhältnisses eine selbständige Befugnis, die nicht im einzelnen auf einer Verleihung beruht." Auf welchem Rechtsgrund diese Befugnis in Wahrheit beruht, wird seltsamerweise von Stammler nicht angegeben: sie beruht auf der Hoheit, Verwaltungsakte erlassen zu können, kommt also nur dem Träger öffentlicher Verwaltung zu. „Erst hinter dem öffentlichen Gebrauche tritt das Eigentum an der zu allgemeiner Benutzung bestimmten Straße hervor, und zwischen der besonderen Möglichkeit eines öffentlichen Gebrauches und zwischen der in letzter Linie befindlichen Verfügungsgewalt des Eigentümers steht noch einmal die Betrachtung, ob nicht wegen Fehlens sinnvollen Interesses ein Einwirkungsverbot dem Eigentümer zu versagen ist."

6. Mit dieser letzten Wendung befaßt sich Stammler beachtlicherweise auch als einer der wenigen im zivilrechtlichen Schrifttum mit dem Sinnproblem der öffentlichen Sache. Er stellt zutreffenderweise das Interesse des Eigentümers des Substrats der öffentlichen Sache, mit dem er — fälschlicherweise — das Interesse des Trägers der öffentlichen Sache identifiziert, dem Interesse des Benutzers der öffentlichen Sache gegenüber und wertet die beiden Interessenlagen gegeneinander ab. Würde er das Interesse der öffentlichen Verwaltung sondern von dem Interesse des Substrateigentümers, so läge die Betrachtung des Problems: „Ringen von Eigentum und staatlicher Verwaltung" greifbar nahe. Es ist bedauerlich, daß Stammler nicht diesen letzten Schritt gewagt hat. Seine Erkenntnis der Normen-

229) a.a.O. S. 140.

armut des öffentlichen Sachenrechts hätte ihn dabei zweifellos zu einer fruchtbaren Verwertung des Sinnproblems und seiner Lösung durch normenausfüllende Ideen veranlaßt.

7. Damit kann die beispielsweise Vorführung zivilistischer Theorien abgeschlossen werden. Hatte ursprünglich das Zivilrecht viel vom Verwaltungsrecht der öffentlichen Sache zu lernen, bis es die typisch verwaltungsrechtlichen Rechtsinstitute des öffentlichen Eigentums, der öffentlichrechtlichen Dienstbarkeit, des Gemeingebrauchs und der Nutzungsrechtsverleihung u. a. auf seine Brauchbarkeit geprüft hatte, so dürfte nunmehr hinwiederum, nach der Durchdringung der beiderseitigen Gedankengänge das Zivilrecht, das, wie die Abhandlung von Stammler zeigt, nicht nur wertvolle konstruktive Bausteine für ein System des öffentlichen Sachenrechts beizutragen vermag, sondern auch, wie die Ideen Müller-Erzbachs u. a. erweisen, für die Ideologik (des Rechts überhaupt und damit) des öffentlichen Sachenrechts von hoher Bedeutung ist, bei näherer Ausarbeitung dem Verwaltungsrecht erhebliche Förderung gewähren können.

B. Publizistische Theorien über die öffentliche Sache.

§ 16. Die publizistischen Theorien im allgemeinen.

I.

1. Der Jugend der Verwaltungsrechtswissenschaft entsprechend liegt der Entstehungszeitpunkt der publizistischen Theorien bei weitem nicht so lange Zeit zurück wie der der zivilistischen Theorien. Sie beginnen vielmehr ernstlich erst gegen die Jahrhundertwende, nachdem auf zivilistischem Boden bereits heftige Kämpfe um die Lehre von der öffentlichen Sache ausgefochten waren. Das hat einen gewissen Vorteil. Man brauchte nicht bei den ersten Anfangsfehlern wieder von vorne zu beginnen. Die Tastversuche des zivilrechtlichen Schrifttums waren den Verwaltungsrechtlern bekannt. Seine Ergebnisse konnten verwertet, seine Irrtümer vermieden werden. So machen die Theorien des Verwaltungsrechts einen viel durchdachteren und geschlosseneren Eindruck, wozu freilich auch der hohe Stand der rechtswissenschaftlichen Forschung in der späteren Zeit im allgemeinen wesentlich beigetragen haben mochte. Endlich kommt dazu, daß zu den ersten publizistischen Theorien die grundlegende Theorie von Otto Mayer gehört, die durch Herausbildung neuer verwaltungsrechtlicher Rechtsinstitute bahnbrechend gewesen ist, von deren Gedankenreichtum viele folgende zehren konnten und zu deren Thesen für das öffentliche Sachenrecht alle späteren

zustimmend oder ablehnend Stellung nehmen mußten. Aus dem letzten Grunde zeigen die meisten publizistischen Theorien in den Grundzügen eine gewisse Übereinstimmung oder lassen sich doch auf einige gegensätzliche Theorien zurückführen, so daß es sich empfiehlt, der Erörterung einiger charakteristischen Theorien ein Systemschema voranzustellen, wodurch die Einzelerörterung vereinfacht werden kann.

2. Die Betrachtung der publizistischen Theorien von der öffentlichen Sache geht zweckmäßig aus von der Rechtslehre vom Staatsvermögen.

Das Vermögen des Staates wie das anderer Träger öffentlicher Verwaltung pflegt man vom verwaltungsrechtlichen Standpunkt aus herkömmlicherweise zu gliedern nach den Zwecken, denen es zu dienen bestimmt ist, und zwar in Finanzvermögen, Verwaltungsvermögen und öffentliche Sachen.[230]) Der Inhalt der drei Begriffe und die Grenzziehung zueinander bereiten nicht nur erhebliche praktische Schwierigkeiten.[231]) Auch über die Theorie der Differenzierung selbst besteht weder Einigkeit noch Klarheit. Es ist bemerkenswert, mit welcher Zähigkeit heute noch, selbst bei einer verwaltungsrechtlichen Betrachtung, die ursprüngliche staatswissenschaftliche Einteilung[232]) des vom Staate gehandhabten Vermögens festgehalten wird, nämlich in Finanzvermögen, soweit es mit dem Vermögenswert und mit der Fähigkeit, Vermögenswerte privatwirtschaftlich zu erzeugen, in Betracht kommt, und in Verwaltungsvermögen, soweit es mit seiner Körperlichkeit in der öffentlichen Verwaltung für deren Zwecke verwendet werden soll.

Die öffentlichen Sachen werden bei Mayer einmal dem Verwaltungsvermögen als Untergruppe zugerechnet, ein anderes Mal ihm an die Seite gestellt.[233]) Das Wesen der öffentlichen Sache besteht nach ihm darin, daß sie mit ihrer Körperlichkeit einem bestimmten Zweck des Gemeinwesens zur Erfüllung dient. In den Grundzügen übereinstimmend, jedoch insoferne weitergefaßt, als es bloß auf das Dienen durch ihren Bestand, nicht gerade mit ihrer Körperlichkeit ankommt, das Vorhandensein eines körperlichen Gegenstandes also wohl nicht als wesensnotwendig für den Begriff der öffentlichen Sache erachtet wird, bestimmt Nawiasky die öffentlichen Sachen als Eigentumsstücke, die durch ihren Bestand unmittelbar einem öffentlichen Zwecke dienen. Allerdings schränkt er diesen über Mayer hinaus gesetzten Schritt insoferne etwas ein, als er beifügt: „zumeist unbeweglicher Art oder wenigstens mit solchen zusammenhängend". Die Bedeu-

[230]) Vergl. z. B. Nawiasky, Verfassungsrecht R. S. 471 ff, Fleiner, S. 351 ff; Jellinek S. 487 ff; Hatschek, Deutsches und preuß. Verwaltungsrecht, S. 484 ff. Herrnritt, Grundlehren, S. 377 ff.

[231]) So Nawiasky, a.a.O. S. 471.

[232]) Vergl. O. Mayer II. S. 99, insbes. Fußnote 35.

[233]) a.a.O. II. S. 99, einerseits und Fußnote 35 dazu andererseits.

tung der Begriffsbestimmung gegenüber O. Mayer wird indessen dadurch wohl kaum beeinträchtigt; denn durch Vermeidung einer Abstellung auf die Körperlichkeit ist die Möglichkeit zum mindesten offen gelassen, daß die öffentliche Sache kein körperlicher Gegenstand sei.

Bei Nawiasky sind die öffentlichen Sachen scharf getrennt vom Verwaltungsvermögen, wenn schon seine zweite Art, nämlich diejenigen, die ohne Zugänglichkeit für die Einzelnen eine öffentliche Aufgabe erfüllen, z. B. Eisenbahnanlagen, als Zwischenbegriff gegenüber dem Verwaltungsvermögen aufgefaßt werden. Hatschek[234]) dagegen rechnet zu den öffentlichen Sachen sowohl die Sachen des Gemeingebrauchs wie auch des Verwaltungsvermögens. Die scharfe Scheidung gegenüber dem Verwaltungsvermögen ist also hier gefallen. Der eine Begriff als der weitere faßt den anderen als den engeren in sich. Auch sonst sind die Grenzen bei Hatschek verschoben. So werden Festungswerke, die Mayer und Nawiasky zu den öffentlichen Sachen je in ihrem Sinne rechnen, von Hatschek zum Verwaltungsvermögen gerechnet.

Noch weiter geht Fleiner[235]). Er bezeichnet alle Sachen, deren sich der Staat oder ein anderer öffentlicher Verband zur Erfüllung seiner Aufgaben bedient, als öffentliche Sachen im weiteren Sinn, und schließt nicht nur das Verwaltungsvermögen, sondern auch das Finanzvermögen in diesen Begriff ein.[236]) Nach dieser Ausscheidung des Finanzvermögens nennt er wie Hatschek öffentliche Sachen im engeren Sinn diejenigen Objekte, die entweder im Gemeingebrauch stehen oder die Verwaltungsvermögen darstellen. In beiden Begriffsbestimmungen hat er die positivrechtliche (landesrechtliche) Regelung, insbesondere dahin, ob das Verwaltungsvermögen im einzelnen Rechtskreis nach öffentlichrechtlichen oder bürgerlichrechtlichen Normen behandelt wird, außer Auge gelassen.

W. Jellinek[237]) nähert sich wieder Mayer, wenn er die öffentlichen Sachen als Klasse des staatlichen Vermögens neben Finanzvermögen, Verwaltungsvermögen und Allmenden stellt, und sie bezeichnet als der öffentlichen Einwirkung dauernd unterworfene Sachen, an denen zwischen Verwaltung und den einzelnen Rechtsbeziehungen öffentlichrechtlicher Art bestehen.[238])

---

[234]) a.a.O. S. 484.

[235]) a.a.O. S. 351.

[236]) Ähnlich weitgehend der Begriff bei Herrnrit, Grundlehren, S. 377 ff.

[237]) a.a.O. S. 487.

[238]) Die Zugehörigkeit der Allmenden zum öffentlichen oder privaten Vermögen ist übrigens nach den verschiedenen Länderrechten verschieden zu beurteilen. Für das bayer. Recht zum mindesten ist die Auffassung von Jellinek nicht zutreffend; für die übrigen Rechtssysteme ist die Rechtslage unter Verwertung der rechtshistorischen Entwicklung sorgfältig durch Auslegung zu ermitteln. Soweit die Rechtslage in Bayern überblickt werden kann, sind die Allmenden in Bayern Privatvermögen von Gemeinden,

Die zuletzt berührte Unterscheidung (nach Abzug der 4. Klasse „Allmenden") darf als die im gegenwärtigen Verwaltungsrecht herrschende Lehre bezeichnet werden. Hiernach wäre Finanzvermögen das vom Staate und sonstigen Trägern öffentlicher Verwaltung privatwirtschaftlich verwaltete Vermögen, Verwaltungsvermögen dagegen die diesen gehörigen Sachen, soweit sie für den inneren Dienstbetrieb verwendet werden, während die Begriffsbestimmung der öffentlichen Sachen die eben erwähnte ist. Man kann hiernach die herrschende Meinung folgendermaßen zusammenfassen: Öffentliche Sachen (im weiteren Sinn) sind Sachen, die nicht im reinen Privateigentum, sondern in einem öffentlichrechtlich modifizierten Privateigentum stehen, weil und solange sie einem wesentlichen Zweig der öffentlichen Sache derart gewidmet sind, daß die Sache selbst in diesem Verwaltungszweig eine hervorstehende Bedeutung hat, so daß ihre Haltung selbst öffentliche Verwaltung darstellt.[238a]) Im engeren Sinn wären öffentliche Sachen nur solche, die dem Gemeingebrauch dienen. Das Verwaltungsvermögen wird unmittelbar mit seinem Gebrauchswert als Mittel öffentlicher Verwaltung verwendet, ohne öffentliche Sache zu sein. Das Finanzvermögen dient als Geld oder Geldeswert oder durch seinen Ertrag zur Bestreitung des Aufwands der öffentlichen Verwaltung.

II.

Das Problem für das Verwaltungsrecht liegt weniger in den Klassifizierungen der möglichen Erscheinungen als vielmehr in der Konstruktion der Stellung der öffentlichen Sachen zwischen dem öffentlichen und dem privaten Recht. Man kann hierzu im deutschen Verwaltungsrecht der Gegenwart drei Typen von Lösungen dieses Problems unterscheiden:[239]) Das System der zweckgebundenen dinglichen Privatrechte, das System der zweckgebundenen (privaten oder öffentlichen) Rechte schlechthin, und das System der reinen öffentlichen Rechte.

1. Das System der zweckgebundenen dinglichen Privatrechte, das insbesondere auf dem Gebiete des Wegerechts vertreten wird (es ist auch

---

Ortschaften oder Zweckvermögen, an denen einzelne oder eine Mehrheit z. B. alle mit Grundeigentum ausgestatteten Gemeindeeinwohner oder alle Gebietsangehörigen, oder eine aus solchen Personen bestehende Genossenschaft öffentlichrechtliche oder privatrechtliche dingliche Nutzungsrechte haben. Öffentliche Sachen sind dies offensichtlich nicht.

[238a]) Übereinstimmend Dyroff in seiner Vorlesung über Verwaltungsrecht.

[239]) Vor einem Vierteljahrhundert konnte eine ganz andere Dreiteilung aufgestellt werden, nämlich in die Theorie des Hoheitrechts, die Theorie des modifizierten Privateigentums und die Theorie eines einheitlichen öffentlichen Rechts. (Schelcher in Fischers Zeitschrift, Bd. 31 Seite 16 ff). Die Theorie des Hoheitrechts darf heute als überwunden angesehen werden.

die traditionelle Wegerechtstheorie des bayerischen BGH), enthält folgende Hauptgrundsätze.

a) Der Trägerschaft der (oder der Herrschaft über die) öffentlichen Sachen muß stets Privateigentum an dem körperlichen Substrat zugrunde liegen, das in seiner Wesensart auch durch die öffentliche Zweckbestimmung nicht verändert wird.

b) Der Träger der öffentlichen Sache muß entweder selbst Privateigentümer dieses Substrats sein oder doch ein vom Privateigentümer abgeleitetes Recht eingeräumt erhalten, das ihm die Ausübung der Sachträgerschaft ermöglicht (man sagt auch ungenau: das ihn zur Widmung berechtigt).

c) Ist der Träger der öffentlichen Sache nicht selbst Eigentümer des Substrats, so muß ihm vom Eigentümer ein dingliches Privatrecht eingeräumt werden, dessen Zweckbestimmung es ist, die Verfügungsbefugnis (die Widmungsberechtigung) zu vermitteln.

2. Das System der zweckgebundenen (privaten oder öffentlichen) Rechte schlechthin.

Auch hier muß der Trägerschaft der öffentlichen Sache (der Herrschaft über die öffentliche Sache) Privateigentum am körperlichen Substrat zugrunde liegen. Ebenso muß der Träger (Herr) entweder selbst Privateigentümer dieses Substrats sein oder ein vom Privateigentum abgeleitetes Recht vom Eigentümer eingeräumt erhalten. In den Grundsätzen a) und b) unterscheidet sich dieses System also nicht von dem System 1. Das Unterscheidungsmerkmal liegt im Grundsatz c). Er lautet bei System 2 folgendermaßen: Ist der Träger (Herr) der öffentlichen Sache nicht Privateigentümer des körperlichen Substrats, so kann seine Verfügungsbefugnis auf dinglicher oder persönlicher, auf privatrechtlicher oder öffentlichrechtlicher Grundlage beruhen. Zweckbestimmung dieses Rechts ist auch hier die Vermittlung der Verfügungsbefugnis. Rechtssubjekt der vermittelnden Rechte kann jede Rechtsperson sein. Die Einteilung der Rechtssubjekte in solche des öffentlichen und in solche des Privatrechts oder in solche mit und ohne hoheitliche Gewalt ist dabei ohne Belang. Aber die Innehabung der vermittelnden Rechte allein ist noch nicht die Trägerschaft der öffentlichen Sache selbst. Sie ist nur die Brücke zur Sachträgerschaft. Die Sachträgerschaft selbst beruht (wenn nicht unmittelbar auf dem Gesetz, so doch) auf einem öffentlich-rechtlichen Rechtsgeschäft, das weder ein Ausfluß des Eigentums noch des aus ihm abgeleiteten beschränkten Rechts ist, sondern Ausfluß der Hoheitsgewalt der Träger öffentlicher Verwaltung.

3. Das System der reinen öffentlichen Rechte. Von den Systemen 1 und 2 unterscheidet sich das dritte System bereits in den Grundsätzen a) und b). Wesentlich sind ihm folgende Grundsätze:

a) Die Herrschaft über die öffentliche Sache beruht auf rein öffentlich-rechtlicher Grundlage, dem sog. öffentlichen Eigentum.

b) Das öffentliche Eigentum ist eine gedankliche Addition von Privateigentum und öffentlicher Verwaltung für das besondere, von der Eigentumsordnung des bürgerlichen Rechts abweichende Vorschriften des öffentlichen Rechts gelten.

c) Dem öffentlichen Eigentum gegenüber versagt die Berufung auf entgegenstehende Privatrechte.

4. Die aufgeführten Grundsätze der drei im Verwaltungsrecht hauptsächlich festzustellenden Typen enthalten die Unterscheidungsmerkmale der Theorien nur im Verhältnis zueinander. Dagegen geben sie allein noch nicht die für den Begriff der öffentlichen Sache wesentlichen Merkmale erschöpfend an. Es bedarf hier vielmehr, zur Ergänzung der allgemeinen Gesichtspunkte, eines kritischen Eingehens auf einzelne Lehren.

Vorangestellt wird hierbei die Theorie von Otto Mayer, die für das System 3 — Theorie des öffentlichen Eigentums — typisch ist. Ihr wird eine von anderen Voraussetzungen ausgehende, aber ebenfalls in mancher Hinsicht typische Theorie von Thoma an die Seite gestellt. Sodann werden aus einzelnen deutschen Rechtskreisen charakteristische Theorien dargestellt und zwar aus dem preußischen Recht (Almsick, der die neueste Zusammenfassung der von Hatschek, Germershausen, Lassar u. a. wesentlich geförderten preußischen Lehre, nämlich der Lehre von der Fortwirkung der Fiskustheorie im öffentlichen Sachenrecht bringt), aus dem sächsischen Recht (Kormann und Schelcher) und aus dem bayerischen Recht (Kahr, Seydel und Dyroff). Auch im österreichischen Verwaltungsrecht spielt die Theorie der öffentlichen Sache eine gewisse Rolle. Bedauerlicherweise ist aber weder die Lehre noch die Praxis auf die Ideen O. Mayers näher eingegangen, was vielleicht, wie etwa im sächsischen Recht, der erste Schritt zu einer Neugestaltung dieses Rechtsstoffgebietes hätte werden können. Der Fingerzeig Nawiaskys,[240]) der wohl in diesem Sinne zu deuten sein wird, wurde nicht beachtet. Die an sich interessanten Abhandlungen von Hawelka, Studien zum österreichischen Friedhofsrecht,[241]) und die Rechte an öffentlichen Wegen,[242]) die die Mayer'sche Theorie mit nicht immer stichhaltigen Gründen ablehnen, enthalten nicht so typische, von den anderen Lehren abweichende Gedanken, daß ihre besondere Aufführung im einzelnen gerechtfertigt wäre.[243]) Dies zeigt sich auch aus der zusammen-

[240]) Nawiasky, Zur Theorie und Praxis des österreichischen Wegerechts, Allgem. österr. Gerichtszeitung, 1905, S. 205 ff.

[241]) Wiener staatswissenschaftliche Studien 1904.

[242]) Wiener staatswissenschaftliche Studien 1910.

[243]) Zum österreichischen öffentlichen Sachenrecht können außerdem noch herangezogen werden: Pfersche, österreichisches Sachenrecht 1893 (privatrechtlich) Peyrer, das

fassenden Darstellung des neueren österreichischen öffentlichen Sachenrechts von Herrnritt[244]), von der eine gesamte Darstellung daher hier unterbleiben kann; einzelne Auffassungen von Herrnritt werden an den besonderen Stellen erwähnt werden. Das Schweizer Recht leidet bedauerlicherweise an einer gewissen kantonalen Zersplitterung[245]), sodaß es schon deshalb in diesem Rahmen nicht vorgeführt werden kann. Fleiner's Theorie selbst will nicht eine solche der Schweizer, sondern des reichsdeutschen Rechts sein.[246]) Schließlich soll ein kurzer Ausblick einerseits in die Theorie der Reflexrechte (Reflexwirkungen objektiven Rechts), soweit sie für das öffentliche Sachenrecht von Bedeutung sein kann, anderseits in die Lehre vom domaine public des französischen Verwaltungsrechts, angefügt werden.

§ 17. Die Theorie von Otto Mayer.

I.

1. An die Spitze der Einzelaufführung publizistischer Theorien über die öffentliche Sache gehört die Theorie von Otto Mayer. Die Bedeutung Mayers für das öffentliche Sachenrecht ist überragend. Seine — in der zweiten Auflage des berühmten „Deutschen Verwaltungsrechts" besonders ausführliche — Darstellung des öffentlichen Sachenrechts, die einen originellen Grundgedanken bis ins einzelne verfolgt und ein reiches Schrifttum einschließlich einer Fülle von meist bekämpften höchstrichterlichen Urteilen verwertet, darf zu den grundlegendsten Werken gerechnet werden, die das Verwaltungsrecht über das öffentliche Sachenrecht überhaupt aufweist. Mag auch immerhin sein Erfolg für die praktische Rechtshandhabung im großen und ganzen ausgeblieben sein; die Bereicherung der Wissenschaft war umso nachhaltiger. Darstellung und Kritik können sich im vorliegenden Rahmen nur auf die wichtigsten Gedankengänge beschränken, die in ähnlicher oder entgegengesetzter Weise auch in den anderen vorgeführten Theorien auftauchen und die außerdem auch für die eigene Konstruktion und die eigene Auslegung von Bedeutung sein können.

österreichische Wasserrecht 1898, insbes. S. 110 ff; Randa, Beiträge zum österreichischen Wasserrechte 1877; Adamowich, österreichisches Verwaltungsrecht, 1924; Herrnritt, österreichisches Verwaltungsrecht 1925, S. 55 ff.

[244]) Außer in dem eben genannten Werk insbes. in seinen „Grundlehren des Verwaltungsrechts" 1921, S. 377 ff. Er vertritt darin im wesentlichen eine besonders schattierte Zweckverwendungstheorie.

[245]) Vergl. die Literaturangaben bei Fleiner Institutionen, S. 351, Fußnote 1 am Ende; ferner auch Huber, die Wasserrechte nach dem Entwurf des Zivilgesetzbuchs, Zürcher Beiträge zur Rechtswissenschaft, 1906; sowie sein Rechtsgutachten über die Gebietshoheit an längsgeteilten Grenzflüssen, 1905. Geiser-Abbühl, Einführung und Kommentar zum Bundesgesetz über die Nutzbarmachung der Wasserkräfte 1919.

[246]) Seine Behandlung der öffentlichen Sachen im schweizerischen Bundesstaatsrecht, S. 569 ff. ist mehr gesetzkundlicher, als systematisch-konstruktiver Art.

Mayer ist einer der wenigen, die einen Begriff eines „öffentlichen Sachenrechts“ in ihr System aufgenommen haben (s. o.!). Er kennt eine „Idee des öffentlichen Sachenrechts“[247]), eine „Idee der öffentlichen Sache“[248]), eine „Idee der sachenrechtlichen Herrschaft“[249]), eine „Idee des öffentlichen Eigentums“[250]). Die Idee des öffentlichen Eigentums verlegt er in den Sinn, den die Rechtswissenschaft einigen dürftigen Normen beigelegt hat.[251]) So spielen, vielleicht zum ersten Mal in der Verwaltungsrechtswissenschaft deutlich ausgesprochen, Idee und Sinn für die Norm eine hervorstechende Rolle, wenn auch ihr Verhältnis bei Mayer methodisch nicht klargelegt ist. Er sieht deutlich den Zusammenhang zwischen der Staatsauffassung und der Idee des öffentlichen Sachenrechts[252]) und er hebt die hohe Bedeutung hervor, die dem öffentlichen Sachenrecht für die ganze Verwaltungsrechtswissenschaft zukommt.[253])

2. Gleich zu Beginn einer Besprechung seiner Theorie müssen freilich gewisse Bedenken geäußert werden, die aber dem ausgesprochenen Werturteil keinen Eintrag tun sollen. Nach Mayer sind öffentliche Sachen solche Sachen, die mit ihrer Körperlichkeit einem bestimmten Zweck des Gemeinwesens unmittelbar zur Erfüllung zu dienen bestimmt sind.[254])

An dieser Begriffsbestimmung fällt ein zweifaches auf. Einmal, daß nur der Begriff „öffentlich“ definiert wird, nicht auch der Begriff „Sache“, der vielmehr auf beiden Seiten der Gleichung unverändert erscheint. Sodann, daß die Körperlichkeit, das Substanzhafte, ausdrücklich als Wesensmerkmal der öffentlichen Sache angesehen wird. Damit führt Mayer bereits den ersten Hieb auf den Ast aus, auf dem er selbst sitzt; denn wenn er später nachzuweisen sucht, daß die öffentliche Sache etwas rechtlich durchaus anderes sei als die Sache des bürgerlichen Rechts, so wird der erste Einwand schon daraus entnommen werden können, daß beide Arten von Sachen (im Sinne seiner Lehre), jedenfalls substratmäßig (und darin sieht er ein Wesensmerkmal), identisch sind.

Auch die beiden Merkmale, in denen nach Mayer die Bestimmtheit der öffentlichen Sachen für den öffentlichen Zweck zum Ausdruck kommen soll, nämlich die äußere Beschaffenheit der Sache, wonach sie zur Erfüllung dieses Zwecks geeignet sind, und die Zugehörigkeit an ein Subjekt öffent-

[247]) a.a.O. II. S. 73.
[248]) a.a.O. II. S. 78.
[249]) a.a.O. II. S. 73.
[250]) a.a.O. II. S. 73.
[251]) a.a.O. II. S. 84, Fußnote 19, für das französische Recht.
[252]) vergl. insbes. „historische“ Darstellung II. S. 76 ff.
[253]) a.a.O. II. S. 72, Fußnote 1: „Zur Zeit wird noch die letzte Schlacht geschlagen auf dem Boden der Frage des öffentlichen Eigentums; solange diese Stellung nicht auch noch genommen ist, ist die deutsche Verwaltungsrechtswissenschaft nicht fertig.“
[254]) a.a.O. II. S. 71.

licher Verwaltung, das sie für diesen Zweck bereit hält und verwaltet,[255]) scheinen nicht ganz folgerichtig durchgeführt zu sein; sie können trotz des scheinbar entgegenstehenden Wortlauts z. B. auch bei Mayer[256]) vorliegen, ohne daß die Sache dadurch allein schon zu einer öffentlichen würde.[257]) Mayer fügt nun freilich bei, die Bedeutung der Sache für den öffentlichen Zweck müsse eine unmittelbare sein. Aber selbst dies reicht nicht aus: Die Zugehörigkeit der Sache an einen Träger öffentlicher Verwaltung einerseits und ein unmittelbares Dienstbarwerden für den öffentlichen Zweck anderseits[258]) vermögen auch Mayers eigener an anderer Stelle klar ausgesprochenen Auffassung die Wesensänderung der Sache nicht herbeizuführen.[259]) Vielmehr muß notwendigerweise, um das einschlägige öffentliche Rechtsverhältnis herzustellen, ein entsprechender Verwaltungsakt des Trägers öffentlicher Verwaltung hinzutreten.

Diese mangelnde Geschlossenheit bei Mayer mag vielleicht damit zusammenhängen, daß er der Widmung nur einen untergeordneten rechtlichen Charakter beilegen will, wenn auch anderseits die Wirkung der Widmung von ihm außerordentlich weit gezogen wird.[260]) Ihrer Rechtsnatur nach sei die Widmung „kein obrigkeitlicher Akt, kein Urteil, kein Verwaltungsakt". „Sie enthält keinen bindenden Ausspruch dessen, was rechtens sein soll"[261]). Die Verkennung der Rechtsnatur des Akts steht dadurch in seltsamem Verhältnis zur Wirkung, die sie haben soll. Sie soll nämlich den „großen Umschlag" bewirken: „Die Widmung macht aus dem Privateigentum öffentliches, aus der privatrechtlichen Wegedienstbarkeit eine öffentlichrechtliche und gibt ebenso auch dem bloßen Besitz jene öffentlich-rechtliche Natur." Sie erzeugt also die weittragendsten rechtlichen Folgen, angeblich ohne selbst rechtlicher Natur zu sein; sie soll einen rein tatsächlichen Vorgang darstellen. Das Mißverhältnis verstärkt sich, wenn Mayer von den „natürlichen öffentlichen Sachen" handelt;[262]) denn wo soll hier jener Akt sein, der den „großen Umschlag" bewirkt?

Letzten Endes geht aber der Zwiespalt in Mayers Theorie viel weiter zurück. Er hängt mit einer nicht zutreffenden Auffassung der „Macht" des Staates zusammen, der — auch bei rechtlicher Beachtung — als Herrscher über Personen und Sachen erscheint. Die Erklärung der Widmung als ein

255) a.a.O. II. S. 72.
256) Vergl. II. S. 137, Ziff. 2.
257) Beispiel: Auch eine noch so vorzüglich hergestellte einer Gemeinde gehörige Straße ist durch diese beiden Eigenschaften allein nicht zu einer öffentlichen Straße geworden.
258) a.a.O. S. 92.
259) a.a.O. II. S. 109.
260) a.a.O. II. S. 108.
261) a.a.O. II. S. 109.
262) a.a.O. II. S. 111.

in der Gewalt der übergeordneten staatlichen Verwaltung liegender rein tatsächlicher Vorgang, die Vorstellung der öffentlichen Sache als eines körperlichen Gegenstandes und die Auffassung der Herrschaft des Staates über diese körperlichen Gegenstände sind nur bestimmte Seiten dieses Grundgedankens.[262a] Es ist zuzugeben, daß bei der Mayer'schen Auffassung des Staates die Konstruktion eines Rechtsverhältnisses zwischen dem Träger der öffentlichen Sache (noch dazu als Pflichtsubjekt in diesem Rechtsverhältnis) und ihren Benützern ungleich größere Schwierigkeiten bereiten muß als bei rechtlicher Gleichordnung von Staat und Untertan. Die Ablehnung des Gemeingebrauchs als eines subjektiven öffentlichen Rechts und die Behauptung, daß zwischen dem den Gemeingebrauch Ausübenden und dem Träger der öffentlichen Sache kein Rechtsverhältnis, sondern wiederum nur ein rein tatsächliches Verhältnis bestehe, ist die notwendige Folge dieser Staatsidee. Den Zwiespalt hat später Thoma zu überbrücken versucht mit der Idee des Anstaltsgewaltverhältnisses (s. u.).

So ist schon die Berührung der begrifflichen Grundlagen der Mayer'schen Theorie ein Anzeichen dafür, daß die Theorie der öffentlichen Sache in letzter Linie in der Staatsauffassung wurzelt und daß das Sinnproblem der öffentlichen Sache in dem Problem Individualrecht und Kollektivrecht gipfelt.

3. Der Höhepunkt von Mayers Sachenrechtstheorie ist die *Idee des öffentlichen Eigentums*. Die Rechtsordnung des öffentlichen Eigentums ist ihm der Kern des öffentlichen Sachenrechts. Der Inhalt dieser Idee ist in großen Zügen folgender:[263])

a) Der Staat und die ihm eingeordneten öffentlichen Körperschaften können Sachen zu Privateigentum oder zu öffentlichem Eigentum haben. Haben sie Privateigentum, so stehen sie in der formalen Art der Sachbeherrschung grundsätzlich einem Privateigentümer gleich, wenn auch einige Modifikationen zuzugeben sind und wenn ferner auch die inhaltliche Art der Beherrschung eine andere sein mag. Haben sie dagegen öffentliches Eigentum, so ist ihre Rechtsstellung eine vom Privateigentümer grundsätzlich verschiedene. *Es verbindet* sich hier *Privateigentum mit öffentlicher Gewalt* zu einem öffentlichrechtlichen Rechtsinstitut. Was beim Privateigentum das Wesen erschöpft, ist beim öffentlichen Eigentum nur ein — und nicht einmal das entscheidende — Tatbestandmerkmal. Die Verbindung von Privateigentum und öffentlicher Verwaltung (die Be-

[262a]) Auf diesen fundamentalen Fehler hat schon seinerzeit Nawiasky in seinem Deutschen und Österreichischen Postrecht aufmerksam gemacht und dagegen Stellung genommen.

[263]) Vgl. zum folgenden auch die knappe und klare Darstellung der Mayer'schen Grundideen bei Nawiasky, Zur Theorie und Praxis des österr. Wegerechts, a.a.O. S. 205.

griffe „öffentliche Verwaltung" und „öffentliche Gewalt" werden bedauerlicher Weise bei Mayer nicht immer klar voneinander gesondert) ist aber so innig, daß nicht etwa nur das Privateigentum oder die Ausübung der in ihm eingeschlossenen Rechte zurückgedrängt wird zugunsten eines überragenden Zweckes, der seinen Ausdruck in einer rechtlichen Zweckbindung findet. Vielmehr ist das Privateigentum überhaupt nicht mehr vorhanden. Es ist auch nicht eigentlich eine Klasse der gemeinsamen Kategorie „Eigentum schlechthin" mit einer bestimmten besonderen Charakterisierung, bei deren Wegfall wieder das Privateigentum allein erscheinen würde. Es wird vielmehr in vollem Umfange verdrängt bezw. bei den natürlichen öffentlichen Sachen ersetzt durch eine vollkommen neue Rechtsfigur.[264])

Diese von Mayer vorgestellte Figur gehört vollständig dem öffentlichen Rechte an, ungeachtet dessen, daß ein Tatbestandsmerkmal vor dieser Verschmelzung dem Privatrecht angehörte. Die Formen des Privatrechts sind für Belastung und Beschränkung des öffentlichen Eigentums nicht anwendbar, insbesondere nicht die Rechtsinstitute Ersitzung, Vertrag, sowie bürgerlichrechtliche gesetzliche Dienstbarkeiten und gesetzliche Eigentumsbeschränkungen; nur bereits begründete Privatrechte können mit einigen Maßgaben bestehen bleiben.[265]) Die Sache und das Recht an der Sache müssen von nun an in ihrer Totalität umgedacht werden ins öffentliche Recht. Die Folge dieser Umdenkung ist es, daß die Gesamtheit der rechtlichen Beziehungen des Rechtsträgers zu anderen Personen nicht auf dem Boden der Rechtsgleichheit, sondern der Rechtsungleichheit liegt, daß der Rechtsträger als Inhaber der öffentlichen Gewalt im Verhältnis zu den anderen Beteiligten übergeordnet und mit herrschaftlicher Macht auftritt. Rechtsträger des öffentlichen Eigentums ist derjenige, dem die öffentliche Verwaltung zusteht oder der mit der Ausübung öffentlicher Gewalt in zulässiger Weise betraut ist, nicht etwa das Publikum, die Allgemeinheit, die Vielheit der Sachbenützer.

Erste Voraussetzung des öffentlichen Eigentums ist die Zugehörigkeit an einen Inhaber öffentlicher Gewalt, zweite Voraussetzung ist die Zuge-

---

[264]) Scheinbar dem widersprechend ist der Satz bei Mayer II. S. 111: „Wer öffentliches Recht für kein Eigentum ansieht, muß die Widmung als einen Fall des Eigentumsverlustes ansehen, was allerdings sehr schief gedacht wäre." Allein dem Wort „Eigentum" ist hier ein ganz anderer, von der gewöhnlichen Bedeutung durchaus abweichender Sinn untergelegt, wie sich aus der Darstellung des Eigentumsbegriffs (unter II) ergeben wird.

[265]) Vgl. Mayer II. S. 122: Eine bürgerliche Dienstbarkeit erlischt nicht dem Rechte nach; die Tatsache der öffentlichen Sache wird nur die Ausübung beschränken oder ausschließen. Das Privatrecht wirkt bei Mayer also nur als Überbleibsel aus der Zeit nach, in der die Sache zivilrechtlichen Charakter besaß, eine eigenartige, aber wohl unumgängliche Folge der Identifizierung von privatrechtlicher und öffentlicher Sache als körperlichem Substrat. Vergl. auch Nawiasky in der eben genannten Abhandlung.

hörigkeit zum öffentlichen Dienst. Beide Voraussetzungen sind mit der Existenz des öffentlichen Eigentums untrennbar verbunden. In dem Zeitpunkt, in dem beide Zugehörigkeiten, im Grunde also das Eigentum und die öffentliche Verwaltung, gleichzeitig in Bezug auf die gleiche Sache erfüllt sind, ist das öffentliche Eigentum entstanden. Die Geburt des öffentlichen Eigentums kann sich durch zeitlich aufeinanderfolgendes Eintreten der beiden Bestandteile in der Weise vollziehen, daß der Inhaber der öffentlichen Gewalt das Eigentum an einer Sache nach den Grundsätzen des Privatrechts erwirkt und hierauf die Sache dem öffentlichen Dienst überstellt.

Schlechthin notwendig ist diese Art der Geburt nach Mayer indessen nicht. Neben den auf gewöhnliche Weise entstandenen Sachen im öffentlichen Eigentum soll es nämlich, wie bereits oben unter Ziffer 2 ausgeführt, auch noch solche geben, die in „natürlichem" öffentlichem Eigentum stehen. Bei ihnen *schafft* der Inhaber der öffentlichen Verwaltung nicht die Rechtsform des öffentlichen Eigentums, sondern er findet sie vor. „Der Erwerb des Eigentums, der sonst die Einleitung bildet, ist hier der Schluß: der Staat erwirbt die Sache sofort als eine öffentliche."[266])

Mit dieser Vorstellung wird die an sich verfehlte Konstruktion — von Natur aus kann ja nichts und auch keine Sache einen bestimmten *Rechts*charakter haben! — auch noch durch ein schiefes Bild abgeschlossen; denn von einem in den gewöhnlichen rechtlichen Formen sich vollziehenden Erwerb eines Privateigentums, etwa Auflassung und Eintragung im Sinne des bürgerlichen Gesetzbuches durch den Staat, kann bei den sog. natürlichen öffentlichen Sachen keine Rede sein.

b) Die öffentliche Sache ist nicht etwa verkehrsunfähig. Der Träger der öffentlichen Sache (und damit des öffentlichen Eigentums) kann über sie verfügen, allerdings nur in den Formen oder „auf dem Boden" des öffentlichen Rechts. Voraussetzung ist, daß der Empfänger ebenso befähigt ist, öffentliche Verwaltung zu betreiben wie der Verfügende. Es gibt zwar auch eine zulässige Verfügung über das öffentliche Eigentum, bei der diese Voraussetzung in der Person des anderen Teils nicht erfüllt ist. Allein dann ist die Verfügung eine Zweckentfremdung der im Eigentum stehenden Sache, eine Einziehung, die den Untergang dieser ihrer rechtlichen Eigenschaft zur Folge hat. Öffentliches Eigentum schließt an sich die Begründung von Individualrechten, von Rechten Privater — im Gegensatz zu privatrechtlichen Rechten — nicht aus und zwar insoweit nicht, als nicht die Erfüllung des öffentlichen Zwecks durch die Begründung ausgeschlossen ist. Die Rechte der Privaten können nicht Hypotheken, Reallasten usw., überhaupt nicht Privatrechte, sondern nur öffentliche Rechte, wie Gebrauchs-

[266]) a.a.O. II. S. 111.

rechte, Nutzungsrechte, öffentlichrechtliche Dienstbarkeiten usw. sein. Die öffentliche Sache genießt keinen privatrechtlichen, sondern nur einen öffentlichrechtlichen (polizeilichen) Schutz. An die Stelle der Rechtsinstitute des Zivilrechts tritt eine neue Stufenfolge öffentlicher Rechte mit eigenen Voraussetzungen, eigenem Inhalt und eigenem Rechtsschutz.[267])

Daneben finden auf das öffentliche Eigentum aber auch die nur für Private bestimmten Normen des öffentlichen Rechts keine Anwendung, z. B. nicht die Enteignung, ferner gewisse, wenn auch öffentlichrechtliche Eigentumsbeschränkungen usw.

Nawiasky im „Österreichischen Wegerecht" faßt die Theorie Mayers in diesem Punkte und damit überhaupt in ihrem Wesen treffend zusammen in die zwei Gesichtspunkte:

1) An öffentlichen Sachen des Staates und der ihm eingeordneten öffentlichrechtlichen Verbände können neue Privatrechte und privatrechtliche Beschränkungen nicht entstehen.

2) Bestehende Privatrechte können nicht geltend gemacht werden, um den staatlichen Besitzstand und den bestimmungsgemäßen Dienst der öffentlichen Sache auf gerichtlichem Wege zu beseitigen.

c) Das gleiche Subjekt kann sich nach Mayer nicht in Herrscher und Untertan spalten, also nicht in Bezug auf die gleiche Sache Privateigentümer und öffentlichrechtlicher Verwalter sein. In der Hand des Herrschers verwandelt sich das Untertaneneigentum (Privateigentum) in Herrschaftseigentum (öffentliches Eigentum). Liegt aber der Sachbeherrschung nicht Eigentum zugrunde, sondern nur ein dingliches Nutzungsrecht, eine Dienstbarkeit, oder nur eine tatsächliche Gewalt, ein Besitzverhältnis, so sind auch diese Rechtsbeziehungen aus dem Privatrecht ins öffentliche Recht umzudenken und es entsteht eine sog. öffentliche Dienstbarkeit oder ein sog. öffentlicher Besitz. In einem solchen Fall ist Träger des Privateigentums eine dritte Person. Inbezug auf die gleiche Sache besteht also doch — auch nach Mayer — gleichzeitig Privateigentum einerseits und öffentlicher Besitz oder öffentliche Dienstbarkeit anderseits, verkörpert freilich nicht im gleichen, sondern in verschiedenen Rechtsträgern.

---

[267]) Mayer sucht auch diese Konstruktion aus der „Ungleichwertigkeit" der beteiligten Rechtspersonen zu begründen: Werden die Verhältnisse, in welche der Herr der öffentlichen Sache als solcher zu anderen Rechtssubjekten tritt, zivilrechtlich geregelt, so nennen wir das Eigentum selbst ein zivilrechtliches; finden dagegen die Verhältnisse ihre Regelung durch das öffentliche Recht, so muß das Eigentum ein öffentlichrechtliches heißen. Das letztere wird da zutreffen, wo alle durch das gleichstellende Privatrecht geordneten Erwerbe und Einwirkungen Dritter dem Herrn der öffentlichen Sache gegenüber ausgeschlossen und dafür seine einseitigen Verfügungen, Verleihungen, Gewährungen allein maßgebend sind, der Rechtsschutz aber von ihm gehandhabt wird, einseitig durch seine Selbsthilfe. Vergl. II. S. 73 ff.

Die Lehre vom öffentlichen Besitz ist wohl der schwächste Punkt, übrigens auch die unentwickeltste Seite[268]) an der Mayer'schen Theorie des öffentlichen Eigentums. Öffentlicher Besitz soll nach Mayer stets zur öffentlichen Sache gehören, da das Dienen für den öffentlichen Zweck und für Führung der öffentlichen Verwaltung durch sie „den Besitz des Subjekts dieser Verwaltung" bedeute. Wenn Mayer nur diese äußere Seite des tatsächlichen Dienens und der tatsächlichen Führung mit dem Ausdruck „öffentlicher Besitz" bezeichnen würde und wollte, könnte man darüber streiten, ob für eine rechtliche Betrachtung noch diese besondere Schale vorgezeigt und mit einem eigenen Ausdruck belegt zu werden braucht. Allein Mayer will hier viel weiter gehen. Er will aus der Bezeichnung weittragende rechtliche Folgerungen ableiten, insbesondere die rechtliche Kraft des Besitzschutzes, auch dem erwiesenen Eigentum gegenüber. Hier soll „die selbständige Kraft des Besitzes der öffentlichen Sache"[269]) zum Ausdruck kommen, die der Verwaltung die „Möglichkeit" geben soll, „den Rechtspunkt in aller Ruhe und ohne Störung des Gemeinwohls auf irgend einem Wege in Ordnung zu bringen. „Bei einer eingehenderen Kritik des ganzen Mayer'schen Systems wäre es erforderlich, nachzuprüfen, ob hinter der Bezeichnung ein rechtlicher Kern steckt, ob dieser Kern nicht vielleicht identisch ist mit dem, was bereits mit der anderen Bezeichnung „öffentliches Eigentum" bedacht worden ist, oder auch, ob sich nicht vielleicht die ganze Lehre vom öffentlichen Eigentum auflösen läßt in die Lehre vom öffentlichen Besitz. Vor einigen kritischen Bemerkungen zur Lehre vom öffentlichen Eigentum (siehe unten II!) soll zunächst die Darstellung der Mayer'schen Theorie im ganzen zum Abschluß gebracht werden durch eine kurze Erörterung der Nutzungsformen der öffentlichen Sache, deren Theorie wie schon erwähnt, ebenfalls in der Mayer'schen Staatsauffassung wurzelt.

a) Mayer betrachtet den Gemeingebrauch „nicht als ein Wesensmerkmal der öffentlichen Sache"[270]). Zwar hält er jede im Gemeingebrauch stehende Sache für eine öffentliche[271]), aber nicht jede öffentliche Sache für dem Gemeingebrauch unterliegend[272]). Den Gemeingebrauch will er nicht als ein subjektives Recht auffassen, auch nicht als subjektives öffentliches Recht, sondern „als in die Freiheit des einzelnen gestellte bestimmungsgemäße Benutzung der solchem Dienste gewidmeten öffentlichen Sachen".[273])

[268]) a.a.O. II. S. 98.

[269]) a.a.O. II. S. 98.

[270]) a.a.O. II. S. 137: „Gewisse öffentliche Sachen, bei weitem nicht alle, sind dem Rechte des Gemeingebrauchs unterworfen."

[271]) a.a.O. II. S. 103.

[272]) z. B. nicht Schienenwege, Schleusentreppen usw.

[273]) a.a.O. S. 143.

Damit verzichtet er freilich schlechthin auf eine rechtliche Qualifizierung der inbezug auf den Gemeingebrauch bestehenden Beziehungen. Bei einer juristischen Untersuchung kann es aber nur auf die rechtliche Qualifizierung ankommen. Rechtlich gesehen kann eine Beziehung zwischen Personen nur ein Rechtsverhältnis sein. Andernfalls liegt eben keine rechtlich zu qualifizierende Beziehung vor. Mit einer resignierten Kapitulation, es liege nur ein rein tatsächlicher Vorgang vor, ist der rechtlichen Erkenntnis nichts gedient.

Richtig ist zwar, daß es für eine natürliche (außerrechtliche) Betrachtung gewisse Ausflüsse der persönlichen (menschlichen, nicht rechtspersönlichen) Handlungsfähigkeit gibt, etwa die Lebensbetätigungen der Ernährung und des Schlafes, die weder subjektive Rechte, noch Rechtspflichten darstellen.[274]) Damit läßt sich aber die Benutzung einer öffentlichen Sache in gar keiner Weise vergleichen; denn einmal sollen die einschlägigen Fälle hier gerade als Rechtsvorgänge gewertet werden, und außerdem handelt es sich nicht um die Qualifizierung der Lebenshandlungen, wie Gehen und Schlafen, sondern um die dadurch entstehenden rechtlichen Zustände, eben die Rechtsverhältnisse, für deren Entstehen jene Handlungen, rechtlich gesehen, nur ein Tatbestandsmerkmal bilden. Es gibt übrigens Fälle, in denen auch Essen die Erfüllung einer Rechtspflicht bedeuten kann, etwa wenn es durch eine Gefängnisordnung vorgeschrieben ist; dann kann gegen die Ausübung des Hungerstreiks auch mit rechtlichen Mitteln (Disziplinarstrafen) vorgegangen werden.

b) Auf Mayer geht die grundlegende und für die spätere Rechtsentwicklung des Verwaltungsrechts bedeutsame Dreiteilung der Nutzungen der öffentlichen Sache in Gemeingebrauch, Gebrauchserlaubnis und Verleihung besonderer Nutzungen zurück. Gebrauchserlaubnis liegt nach ihm vor, wenn eine über den Gemeingebrauch hinaus bestehende Nutzung der öffentlichen Sache zurückzuführen ist auf eine Gewährung und Einräumung durch die Verwaltung. Eine Verleihung einer besonderen Nutzung dagegen liegt vor, wenn zugunsten des einzelnen ein Verwaltungsakt erlassen wird, der einen ausschließlichen Besitz und eine rechtliche Herrschaft an einem bestimmten Stücke der öffentlichen Sache für ihn begründet, ein „subjektives öffentliches Recht"[275]). Die Formen der Nutzung einer öffentlichen Sache sucht er unter Vorführung von Beispielen tunlichst scharf gegeneinander abzugrenzen.

5. Endlich behandelt er im öffentlichen Sachenrecht nicht nur das, was den einem Träger der öffentlichen Sachen gegenüberstehenden Rechtsper-

[274]) Vergl. Kisch, Deutsches Zivilprozeßrecht, S. 11 ff. Thur, Bürgerliches Recht, Allgemeiner Teil 1923, S. 8, M. E. Mayer, Rechtsphilosophie, S. 8.

[275]) II S. 180, 181.

sonen Vorteile gewährt, sondern auch, was sie im Interesse der öffentlichen Sache in Anspruch nimmt oder belastet oder beschränkt. Er überschreibt diese Darlegungen nach dem Überwiegenden mit: „Auferlegte öffentlichrechtliche Dienstbarkeiten" und „öffentlichrechtliche Eigentumsbeschränkung". Mit diesen Gesichtspunkten eröffnet er dem öffentlichen Sachenrecht neue, im zivilistischen Schrifttum der öffentlichen Sache vor ihm nicht behandelte Rechtsfiguren und Rechtsgebiete.

II.

1. Eine Kritik der Theorie des öffentlichen Eigentums[276]) kann ausgehen von der Frage: Was ist Eigentum?

Der Begriff des Eigentums ist ein Rechtsbegriff. Außerhalb des Rechts gibt es zwar die „natürlichen Grundlagen" des Eigentums[277]) in Gestalt von körperlichen Gegenständen wie Grundstücken, Häusern, Fahrzeugen. Aber diese Grundlagen sind nicht das Eigentum. Eigentum daran entsteht nur durch eine Rechtsnorm. In dem Satz: „A. hat Eigentum" kommt die Zurechnung eines konkreten Normeninhalts zu einer Rechtsperson zum Ausdruck.[278]) Unter Eigentum im Rechtssinn versteht man ein subjektives

[276]) Die Darstellung unter I schließt jeden Zweifel darüber aus, in welchem Sinn der Begriff des öffentlichen Eigentums verstanden ist. Andernfalls müßte eine Klärung dieser Frage vorangehen; denn unter „öffentlichem Eigentum" kann man u. a. verstehen und wird verstanden: 1. Eigentum im Sinne öffentlichrechtlicher Rechtssätze, z. B. Eigentum im Sinne des Art. 153 R. V. oder des § 80 RAO. Vergl. Friedrichs, ArchöR. Bd. 40, S. 284/285; und über das Grundsätzliche Nawiasky, Bayer. Verf. R. S. 242; Maunz, Stellung des Staates, S. 379; 2. Eigentum öffentlichrechtlicher Körperschaften. Vergl. Guba, Die öffentlichrechtlichen Grundlagen des Wegerechts, S. 22 ff: „Steht der öffentliche Weg im Eigentum einer Person des öffentlichen Rechts, also des Staates, der Provinz, der Gemeinde, des selbständigen Gutsbezirks, des öffentlichen Verbands, so liegt öffentlichrechtliches Eigentum vor." 3. Herrenlosigkeit unter öffentlichrechtlichem Rechtsschutz. 4. Ein durch einen öffentlichen Zweck gebundenes Eigentum. 5. Ein öffentlichrechtliches Rechtsinstitut im Mayer'schen Sinn.

Außer Mayer haben eine Theorie des öffentlichen Eigentums (Ziff. 5) vertreten: Nawiasky, Zur Theorie und Praxis des österr. Wegerechts, allgem. österr. Gerichtszeitung, S. 205 ff.; dann die bei Friedrichs a.a.O. S. 307 Aufgeführten, insbes. Layer, Prinzipien des Enteignungsrechts, S. 613 ff; Apelt, in Fisch. Zeitschrift Bd. 30, S. 98; in Verw. A. Bd. 27, S. 287 ff; Guba, Grundlagen des Wegerechts, 1917; vergl. auch die unten genannten bayerischen Anhänger Rösch, Eymann und Steinbach, sowie Schelcher, Zur Lehre vom öffentlichen Eigentum, Fisch. Zeitschrift Bd. 48, S. 345 ff.

[277]) Mit Recht widmet daher Eymann, Kommentar zum bayer. Wassergesetz ein Kapitel den „natürlichen Grundlagen" des Eigentums an den Gewässern.

[278]) Verfehlt ist daher, wenn Schloßmann in Jhering's Jahrbüchern, Bd. 45, S. 289 ff. hier S. 291 das Eigentum sondern will vom Eigentumsrecht. Ihm zufolge bedeutet Eigentum einmal eine rein tatsächliche, von der Einwirkung des Rechts unabhängige Erscheinung. „Eigentum, besser Eigentumsrecht genannt, bezeichnet zweitens einen reinen Rechtsbegriff, einen Komplex dem Rechte allein angehöriger Erscheinungen. Eigentum im ersten und zweiten Sinn können aber drittens eine Verbindung miteinander eingehen, deren Produkt eine besondere Erscheinungsform des Eigentums im ersten Sinn darstellt." Das Eigentum im ersten und dritten Sinn wird von Schloßmann zur National-

Recht, das sich seinem Inhalt nach als ein sog. Vollrecht an einer Sache darstellt. Eigentum ist hiernach die rechtliche Herrschaft einer Person inbezug auf eine Sache, in der Gesamtheit (Totalität) ihrer Beziehungen. Es ist nicht eine Summe von einzelnen Befugnissen. Nimmt man dem Eigentümer alle erdenklichen Einzelbefugnisse, so verliert er dadurch allein ebensowenig das Eigentum, wie derjenige das Eigentum gewinnt, auf den die abgenommenen Befugnisse einzeln übertragen werden. Friedrichs[279]) hat für diese eigenartige Erscheinung den Ausdruck „Keimfähigkeit des Eigentums" geprägt, indem er das Eigentum mit einem Baum vergleicht, dem man alle Blätter abschneidet und der doch Baum bleibt und aus dessen Stamm wieder neue Blätter treiben können. Während bei allen anderen (im Privatrecht vorkommenden) Rechten die Beschränktheit in ihrem Wesen begründet ist, muß beim Eigentum jede Beschränkung durch Gesetz vorgenommen oder zugelassen sei.[280]) Cosack[281]) nennt daher die Beschränktheit bei anderen Rechten ein „Charakteristikum", beim Eigentum eine „Hemmungserscheinung", bei jenen eine „Notwendigkeit", bei diesem eine „Möglichkeit". Demgemäß vergleicht Cosack die beschränkten Rechte mit Sträuchern, denen ein starkes Wachstum von Natur aus versagt ist, während das Eigentum ein Baum sei, der durch die Schere des Gärtners niedrig gehalten wird.[282])

ökonomie und Rechtspolitik gerechnet, wobei übersehen wird, daß Nationalökonomie und Rechtspolitik, wenn sie mit dem Begriffe des Eigentums arbeiten, den Begriff zugrunde legen, den die Rechtswissenschaft geformt hat, da es sich eben um einen Rechtsbegriff handelt.

Auch Guba, Grundlagen des Wegerechts S. 48, glaubt, es gäbe ein außerrechtliches Eigentum. Er bezeichnet es als farbloses Eigentum. Dazu ist zu sagen: Man könnte das „Eigentum" allenfalls unter dem Gesichtspunkt als farblos bezeichnen, als es weder dem privaten noch dem öffentlichen Recht ausschließlich angehört. Es gehört zu den formalen Begriffen des Rechts überhaupt. Zwar gibt es Begriffe, die dem privaten, und solche, die dem öffentlichen Recht angehören; deren Summe bildet aber noch nicht die Gesamtheit der Rechtsbegriffe. Abgesehen von den Kollisionsbegriffen (Kollisionsnormen) für die beiden Gebiete gibt es insbesondere solche Begriffe, die beiden Zweigen gemeinsam angehören, nämlich die allgemeinen juristischen Denkfiguren. Zu diesen wird man das Eigentum rechnen müssen; wenn trotzdem auch in der vorliegenden Studie vielfach von einem Privateigentum die Rede ist, so nur — im Anschluß an die herrschende Terminologie —, um das Eigentum im üblichen Rechtssinn im Gegensatz zu dem besonderen rechtlichen Institut „öffentliches Eigentum" im Sinne Mayers zu bezeichnen.

[279]) Eigentum an öffentlichen Wegen, S. 469.

[280]) Anders Günther Holstein, Lehre von der öffentlich-rechtlichen Eigentumsbeschränkung, der das Eigentum als ein seinem Wesen nach beschränktes Recht ansieht; im Eigentum steckten als Schranken insbes. auch Pflichten (oder Pflichtigkeiten), etwa die Pflicht zu sozialgemäßer Rechtsausübung; das Innewohnen der Pflicht sei für die deutschrechtliche Rechtsvorstellung vom Eigentum kennzeichnend.

[281]) Lehrbuch des bürgerlichen Rechts, § 195, S. 107.

[282]) Außer der Konstruktion der „Innewohnenden Schranken" ist von den abweichenden Theorien insbes. die Konstruktion des sog. Ausschließungsrechts (im Gegensatz zum Herrschaftsrecht) zu erwähnen. Vertreter sind vor allem Schloßmann, a.a.O.

2. Demgegenüber ist das öffentliche Eigentum nach jeder Richtung etwas durchaus anderes. Es ist gerade das nicht, was das Privateigentum seinem Wesen nach ist, nämlich ein subjektives **Recht**. Das öffentliche Eigentum ist nach Mayer ein Stück der öffentlichen Verwaltung. Statt der öffentlichen Verwaltung als Mittel zu dienen wie das Privateigentum, stellt es selbst öffentliche Verwaltung dar. Die öffentliche Verwaltung ist im einen Wortsinn eine Tätigkeit (das Verwalten), im anderen ein Zustand (des Verwaltetwerdens). Eine Tätigkeit oder ein Zustand können aber kein subjektives Recht sein.

Nun behauptet freilich Mayer selbst, das öffentliche Eigentum in seinem Sinn sei ein subjektives öffentliches Recht, allerdings in dem besonderen Sinn, in dem er den Begriff des subjektiven öffentlichen Rechts versteht, nämlich als rechtliche Macht über die öffentliche Gewalt. Hiernach wäre ein bestimmtes Stück der öffentlichen Verwaltuung nichts anderes als eine rechtliche Macht über die öffentliche Gewalt. Wie kann aber eine Tätigkeit oder ein Zustand eine rechtliche Macht bedeuten und zwar gerade über das, was die Quelle dieser Tätigkeit oder dieses Zustandes ist? Es ist verständlich, wenn Schelcher diese Begriffsbestimmung dahin zu Ende denkt, der Staat könne dann überhaupt keine subjektiven öffentlichen Rechte haben; denn sonst hätte er damit stückweise jene selbe öffentliche Macht, die ihm doch in der Gesamtheit zugeschrieben werden müsse.[283]) Wenn aber Mayer seine Behauptung dahin einschränkt, subjektive öffentliche Rechte seien überhaupt keine subjektiven Rechte im echten Sinn des Begriffs, so setzt er sich dem naheliegenden Einwand aus, daß dieses Recht wohl „derart unecht sei, daß man es schlechterdings als ein subjektives öffentliches Recht nicht mehr bezeichnen kann".[284]) In Wahrheit hat Mayer das richtige gefühlt. Aber da er ständig „subjektive öffentliche Rechte" mit „Zuständigkeiten" verwechselt — die Begriffsbestimmung „rechtliche Macht über die

S. 289 ff. Guba, a.a.O. S. 49 und Layer im Enteignungsrecht. Beachtlich ist auch die Lehre von Stammler aus neuester Zeit (Beiträge zur Erläuterung des deutschen Rechts 1928, S. 135): „Hiernach kann das Merkmal des Eigentums gegenüber anderen Rechten bezüglich dieser Sache nicht in der inhaltlichen Unbeschränktheit jener Rechte liegen, denn „beschränkt" sind schließlich alle Rechte, auch das Eigentum, sondern der gesuchte Gegensatz liegt darin, daß die anderen rechtlichen Beziehungen b e s c h r ä n k e n d sind und gerade das Eigentum durch sie beschränkt sein kann. Aber es mag das Eigentum nach seiner tatsächlichen Bedeutung im besonderen Fall so zurückgedrängt werden, wie nur möglich: „Einmal kommt es doch zur Sprache". Stammler erklärt das Eigentum hiernach als das „Recht des letzten Wortes in der Verfügung über eine Sache." Daraus folgert er, daß eine allgemein gültige Zerteilung des Eigentumsbegriffs logischerweise überhaupt nicht möglich sei (a.a.O. S. 136). Der Eigentumsbegriff sei unvermeidlich ein einheitlich geschlossener Gedanke. Erst bei der Anwendung auf gegebene Besonderheiten gelange man zu verschiedenartigen Erscheinungen.

[283]) Der öffentliche Weg, S. 30.

[284]) a.a.O. S. 31.

öffentliche Gewalt“ weist deutlich auf den Begriff der Zuständigkeit hin —, kann er zu keiner klaren Vorstellung vom subjektiven öffentlichen Recht kommen und da er das öffentliche Eigentum für ein subjektives öffentliches Recht hält, auch nicht vom öffentlichen Eigentum kommen.

Verfehlt ist auch sein Bemühen, eine Tätigkeit, nämlich die öffentliche Verwaltung, und ein subjektives Recht, nämlich das Privateigentum, zu einem einheitlichen Begriff verbinden zu wollen; denn diese zwei miteinander nicht vergleichbaren und an einem gemeinsamen Oberbegriff nicht meßbaren Größen lassen sich nicht addieren. Die Vorstellung einer solchen Addition und ihres Ergebnisses sind für unser Denken unvollziehbar.

Eine Betrachtung der erwähnten charakteristischen rechtlichen Eigenschaften (Tatbestandsmerkmale) des Privateigentums zeigt, daß bereits das Privateigentum dem Staate alle erdenklichen Befugnisse inbezug auf die Sache gewährt. Es ist ja ein Vollrecht an der Sache. Soweit irgendwelche Befugnisse inbezug auf die Sache in Frage kommen, kann dem Eigentümer schlechthin nichts mehr hinzugegeben werden, was nicht bereits im Privateigentum begriffsgemäß enthalten wäre. Es ist nicht zutreffend, daß die öffentliche Verwaltung oder die öffentliche Gewalt hinzukäme; denn diese äußert sich nicht inbezug auf die Sache. Soweit die Sache in Betracht kommt, sind die Befugnisse inbezug auf diese Ausfluß des Privateigentums. Was öffentlichrechtlich daran ist, hat mit dem Vollrecht an der Sache nichts zu tun. Die Folge davon ist, daß dem Staate, gleichgültig, ob er über öffentliches Eigentum, über öffentlichen Besitz oder über eine öffentliche Grunddienstbarkeit verfügt, durchaus die gleiche öffentliche Gewalt eigen ist.[285]) Das öffentliche Eigentum ist nicht ein Plus, das ihm zum öffentlichen Besitz oder zur öffentlichen Grunddienstbarkeit hinzugegeben würde.

Mag man nun zu dem Ergebnis kommen, daß ein Begriff „öffentliches Eigentum“ in der von Mayer geprägten Bedeutung gedacht werden kann oder nicht: jedenfalls ist dieses Institut kein „öffentlichrechtlich umgedachtes“ Privateigentum. Es ist entweder überhaupt nicht vorstellbar oder etwas vollkommen anderes als das Privateigentum, ein neuartiges Rechtsinstitut des Verwaltungsrechts, das mit dem Privateigentum nichts gemeinsam hat als den Namen.

[285]) Übereinstimmend Schelcher a.a.O. S. 36. Dieser geht dabei soweit zu behaupten, das, was Mayer den öffentlichen Besitz nennt, sei in Wahrheit das einzige, was für die öffentliche Verwaltung in Frage komme, und daher allein öffentlichrechtlicher Natur. Was das Eigentum demgegenüber an Mehr enthalte, sei nicht öffentlichrechtlicher Natur. Es ist aber dann doch höchst fraglich, ob es einen Sinn hat, der öffentlichen Gewalt den Namen „öffentlichen Besitz“ zu geben, wenn sie Wirkungen auf Sachen ausüben soll. Schelcher selbst sagt übrigens zutreffend: „Die Sache wird in derselben Weise öffentlichrechtlich verwaltet und beherrscht, gleichviel ob dem Staat das Eigentum daran zusteht oder nicht, wenn sie nur öffentliche Sache ist.“

b) Auf die Schwierigkeit, daß das öffentliche Eigentum mit dem positiven deutschen Recht nicht vereinbar sei, sei nur kurz hingewiesen. Mayer selbst hat den Einwand gering geschätzt. Er hat aber dabei zu sehr die Ansicht bekämpft, als ob das öffentliche Eigentum unzweifelhafter Inhalt positiver Normen sein müßte — was im positiven deutschen Recht unbestritten nicht der Fall ist — und hat dabei zu wenig beachtet, daß eine viel größere Gefahr von jenen Normen droht, die den Eintritt und den Bestand des öffentlichen Eigentums direkt hindern. Es ist zwar von Anfang an bestritten gewesen, ob die Lehre vom öffentlichen Eigentum als die Behauptung eines geltenden Rechts oder als Darstellung einer Rechtsideologie aufzufassen sei; Schöpfung von Recht kann es jedenfalls nicht sein, da der Wissenschaft die Kraft der Rechtsnormenschöpfung fehlt. Das hat aber nicht unmittelbar mit der Frage zu tun, ob die Lehre positivrechtlich derzeit möglich ist;[286]) denn die Rechtsideologie kann sowohl Interpretationsbehelf wie gesetzgebungspolitisches Ideal sein. Bedenken positivrechtlicher Art ergeben sich vornehmlich aus der erschöpfenden Normierung der Fälle des Untergangs von Privatrecht im Bürgerlichen Gesetzbuch in Verbindung mit Art. 113 und 118 EGBGB[287]) und dem argumentum

[286]) Durch gütige Vermittlung des Herrn Universitätsprofessors Walter Jellinek in Heidelberg wurde es mir nach Fertigstellung der Druckbogen ermöglicht, eine noch unveröffentlichte Heidelberger Dissertation 1932 von Edith Satz, das öffentliche Eigentum in Hamburg, einzusehen. Die Verfasserin unternimmt einen interessanten Versuch unter zutreffender Ablehnung der Lehre vom Privateigentum an öffentlichen Sachen die Lehre vom öffentlichen Eigentum (im Otto Mayer'schen Sinn) als vereinbar mit dem geltenden Recht eines deutschen Gliedstaates, nämlich Hamburg, zu erweisen, wobei das öffentliche Eigentum als Weiterentwicklung zum Hoheitsrecht angesehen wird. Die Konstruktion scheint nirgends in offenem Widerspruch mit dem Sinn des positiven Rechts zu sein, nicht einmal an dem vielleicht auffallendsten Punkt, nämlich dort, wo trotz des Wortlauts von § 51 des hamburgischen AGBGB („an Deichen . . . besteht nur ein Eigentum beschränkten Inhalts") das Deicheigentum als ein „Sondernutzungsrecht an einer öffentlichen Sache" angesehen wird (§ 6 der Arbeit: Das Deichrecht, Abschn. B), das aber als „kein Hindernis" „für die Annahme einer öffentlichen Herrschaftsform des Staates an Deichen" aufgefaßt wird. Die Vorzüge der Theorie vom öffentlichen Eigentum gegenüber den Theorien des Privateigentums und des Hoheitsrechts werden zutreffend herausgehoben. Daß aber Rechtsprechung und Verwaltungspraxis bei Auslegung des geltenden hamburgischen Rechts bisher diesen beiden letzteren Theorien gefolgt sind — und wohl voraussichtlich auch weiterhin folgen werden, mag auch die Annahme jener ersteren positivrechtlich nicht ausgeschlossen sein —, wird von der Verfasserin nicht verkannt.

[287]) Art. 113 EGBGB gibt nur eine Ermächtigung für die Anordnung gewisser Ziele, nicht aber für die rechtlichen Mittel hierzu, also die Form, in der die Ziele erreicht werden sollen. Eine Ermächtigung für das Landesrecht, die Normierung der Eigentumsendigungsfälle zu durchbrechen oder zu ergänzen, ist darin nicht enthalten. Nach Art. 181 Abs. I EGBGB finden auf das zur Zeit des Inkrafttretens des BGB bestehende Eigentum von dieser Zeit an die Vorschriften des BGB Anwendung. Es ist hierbei kein Unterschied zwischen verschiedenen Arten von Eigentum gemacht, etwa solchem, das eine Verbindung mit der öffentlichen Verwaltung eingegangen hat, und anderem. Entweder steckt daher im öffentlichen Eigentum kein Eigentum mehr — es muß schon vor

e contrario hieraus, ferner aus dem formellen Grundstücksrecht des Reichs (Grundbuchordnung).[288])

c) Das Entscheidenste aber, was gegen die Lehre vom öffentlichen Eigentum eingewendet werden kann, scheint mir die Unvereinbarkeit der hinter den beiden Additionsposten „öffentliche Verwaltung" und „Privateigentum" stehenden Ideen zu sein. So verdienstvoll es war, daß Mayer die im öffentlichen Sachenrecht miteinander ringenden Ideen klar erkannt hat, so wenig kann ihm darin beigepflichtet werden, daß diese Ideen sich so vereinen lassen, daß ihre beiden typischen Äußerungen in der juristischen Begriffswelt miteinander addiert werden können. Man kann und muß zwar bei einer einzelnen juristischen Fallentscheidung einen Mittelweg suchen zwischen dem Individualinteresse und dem Kollektivinteresse. Aber man kann nicht die beiden Ideen in einem abstrakten Begriff verbinden. Das müßte Mayer aber tun, wenn er öffentliche Verwaltung und Privateigentum addieren will. Wie die Addierung dieser beiden Institute für unser Denken unvollziehbar ist, so ist auch die Vereinigung der ihnen zugrunde liegenden Ideen zu einem abstrakten Begriff (im Gegensatz zur Lösung eines konkreten Rechtsfalls) unmöglich.

§ 18. Die Theorie von Thoma.

I.

Seit Mayer sind es wenige, die zum Begriff und zur rechtlichen Behandlung der öffentlichen Sache neuartige Gedanken entwickelt haben. Im wesentlichen erschöpft sich das verwaltungsrechtliche Schrifttum hierüber nach Mayer in Zustimmungen oder Ablehnungen seiner Theorie oder in Zusammenfassungstheorien unter Verwertung von Für- und Widergründen.

---

der Verbindung untergegangen sein — oder dieses Eigentum unterliegt dem BGB. Zwischen diesen beiden Möglichkeiten müßten die Anhänger des öffentlichen Eigentums wählen. Beide sind aber schwer überwindbare Schranken positivrechtlicher Art für die Vorstellung des öffentlichen Eigentums.

[288]) Eigentum kann nur an einem Grundstück bestehen, d. i. an einem mit einer ausgeschiedenen Plannummer versehenen Teil der Erdoberfläche. Nun gibt es eine Menge öffentlicher Wege, die keine von der umliegenden Grundfläche ausgeschiedene Plannummer haben. Die Wegegrundfläche ist hier nur ein Teil eines Grundstücks im Rechtssinn. Es liegt dann zwar eine öffentliche Sache vor; aber Eigentum am Wegegrundstück kann positivrechtlich nicht bestehen. Es kann daher inbezug auf diesen Weg auch keine Verbindung mit der öffentlichen Verwaltung eingehen und es kann daraus nach den gewählten Voraussetzungen kein öffentliches Eigentum entstehen. Friedrichs, Eigentum an öffentlichen Wegen, S. 474, weist an einem Beispiel einer Brücke, deren Rampen mit dem Einschnitt ein einziges Grundstück im Sinne des deutschen formellen Grundstückrechts bildet, nach, daß nach Mayer ein und dasselbe Grundstück unten im privaten und oben im öffentlichen Eigentum stehen müßte, — ein positivrechtliches und konstruktives Unding.

Einer der wenigen, die darüber hinaus das öffentliche Sachenrecht mit neuen Gedanken zu bereichern suchten, ist Thoma mit seinem „Polizeibefehl im badischen Recht“[289]), der sich darin mit dem Problem der öffentlichen Sache eingehend befaßt. Schon sein Ausgangspunkt ist beachtlich. In das Rechtsgebiet der öffentlichen Sache gelangt er durch die Erwägung, daß im öffentlichen Sachenrecht eine höchst eigenartige Verquickung von polizeilichen und nichtpolizeilichen Befehlen stattzufinden pflegt. Das Bestreben, diese beiden Arten von Befehlen auseinanderzuhalten, ist die Brücke für seinen Gedankenweg vom Polizeirecht ins öffentliche Sachenrecht. Damit steuert er in eine Ideologie vom Befehlen und von der Herrschaft des Trägers der öffentlichen Sache hinein, die seiner ganzen Theorie den charakteristischen Stempel aufdrückt.

Thoma rechnet die öffentlichen Sachen zu den öffentlichen Anstalten im Sinne des allgemeinen Verwaltungsrechts.[290]) Zwar haben auch schon andere vor ihm gelegentlich von einer öffentlichen Anstalt statt von einer öffentlichen Sache gesprochen[291]), jedoch ohne daß sie hieraus besondere rechtliche Folgerungen abgeleitet hätten. Bei Thoma jedoch macht die Lehre von der öffentlichen Anstalt einen wesentlichen Teil seiner Konstruktion aus. Öffentliche Anstalt — und damit auch öffentliche Sache — ist ihm ein einem bestimmten Verwaltungszweck gewidmeter Bestand an Verwaltungsmitteln. „Einer jeden Anstalt (im weitesten Sinn) entspricht eine doppelte Gewaltausübung; die eine knüpft an ihren sachlichen, die andere knüpft an ihren persönlichen Bestand.“ Thoma hält jene für das Ausschließungsrecht des Sachbesitzers gegenüber unberechtigten Handlungen und Ansprüchen. In ihr trete keine Eigentümlichkeit der öffentlichen Anstalt hervor.[292]) Die Meinung Thomas, daß es sich hierbei um die privatrechtliche Seite, um die Richtung gegen Eigentumsstörer oder — im Fall der Trennung von Anstaltsherrschaft und Eigentum auch gegen den Eigentümer handelt, ist indessen von ihm selbst nicht folgerichtig durchgeführt. „Bei der öffentlichen Anstalt trifft es sich nun aber, daß die Untertanen, denen gegenüber das Ausschließungsrecht und Hausrecht, allgemeiner ausgedrückt, die sachenrechtliche Verfügungsgewalt, in Anwendung kommen kann, zu den sachlichen Verwaltungsmitteln einer öffentlichen Anstalt in Beziehung treten müssen, sei es unter dem Drucke eines ausdrücklichen Befehls, sei es unter dem Drucke psychologischer Notwendig-

[289]) Thoma, Der Polizeibefehl im badischen Recht 1906.

[290]) Thoma a.a.O. S. 356.

[291]) So Mayer II S. 171, derselbe, Eisenbahn und Wegerecht, Arch ö R Bd. 16 S. 38—87; 203—243. S. 78/79: „Die Eisenbahn ist eine öffentliche Sache und eine öffentliche Anstalt“. Dortselbst auch ein Versuch, den Unterschied herauszuarbeiten, S. 69 ff.

[292]) Thoma a.a.O. S. 357.

keit, weil ihnen zur Befriedigung notwendiger Lebens- und Kulturbedürfnisse andere Möglichkeiten verschlossen sind." Hier scheint die sachenrechtliche Verfügungsgewalt sich auch auf rein öffentliche Beziehungen zu erstrecken, nämlich auf das Verhältnis von Anstaltsherrn und Anstaltsbenützern. Im gleichen Maße gilt dies bei der neben den Sachbesitz tretenden Tätigkeit der die Anstaltsverwaltung besorgenden Personen, deren Verhältnis zum Anstaltsherrn nur mehr schwache, wenn schon von Thoma selbst berührte, privatrechtliche Ausgangspunkte aufweist.

Trotzdem die Gleichsetzung der sachenrechtlichen mit der bürgerlichrechtlichen, der personenrechtlichen mit der öffentlichrechtlichen Seite im Anstaltsrecht, wie erwähnt, von Thoma nicht folgerichtig durchgeführt ist, hat doch Thoma auf ihr die Konstruktion auch der öffentlichen Sache aufgebaut. Als das rechtliche Wesen der öffentlichen Sache sieht er nämlich eine doppelte Herrschaft an, einmal die sachenrechtliche, die bürgerlichrechtlicher Natur sei, und sodann die personenrechtliche, die öffentlichrechtlicher Art sei. Der Gedanke des Herrschaftlichen, die Vorstellung von den Befehlsbefugnissen des Anstaltsherrn ist dabei in den Vordergrund gerückt.

Auf das Verfehlte der Verweisung der sachenrechtlichen Seite in das bürgerliche Recht braucht hier nicht mehr näher eingegangen zu werden. Sie beruht offensichtlich auf dem in anderem Zusammenhang eingehend behandelten Irrtum, im „Sachenrechtlichen" eine besondere Art des Verhältnisses zu Sachen zu sehen, und alle Rechtsbeziehungen zu Rechtspersonen — obschon es doch keine anderen Rechtsbeziehungen geben kann als solche (zur Rechtsordnung und damit) zwischen Rechtspersonen, —, als etwas „Personenrechtliches" anzusehen.

Dagegen muß auf die Thoma'sche Konstruktion und Ideologie der Anstaltsherrschaft eingegangen werden.

II.

Man mag sich bei der Klassifizierung des öffentlichen Zwecken dienenden Staats- und Gemeindevermögens der einen oder der anderen der oben berührten Lehren anschließen, in jedem Fall bereitet die Abgrenzung dieser verschiedenen Arten und des im öffentlichen Vermögensrecht ebenfalls eine bedeutende Rolle spielenden Begriffs der öffentlichen Anstalt erhebliche Schwierigkeiten. Da die Figuren auf der gleichen Denkebene liegen, kann und muß geprüft werden, ob sie sich auf gegensätzliche, sich ausschließende oder auf ganz oder teilweise identische Begriffe beziehen.

1. Das verwaltungsrechtliche Schrifttum läßt kaum erkennen, daß bisher über den Unterschied der öffentlichen Sachen von den öffentlichen An-

stalten schärfer nachgedacht wurde[293]), trotzdem ein solches Nachdenken, wie zu zeigen sein wird, auch für die praktische Rechtshandhabung von Bedeutung hätte werden können.

Fleiner[294]) teilt das Kapitel „Der Verwaltungsapparat und seine Leistungen", in dem er das staatliche Vermögensrecht behandelt, in zwei Abschnitte ein, deren einer die Überschrift trägt „Die öffentlichen Anstalten", während der andere „Die öffentlichen Sachen" betitelt ist. Aus dieser Systematik mag geschlossen werden, daß für Fleiner die beiden Institute als nebeneinanderstehend betrachtet werden. Hatschek[295]) überschreibt den VIII. Abschnitt „Die öffentlichen Sachen und Anstalten", was ebenfalls den Gedanken einer wenn auch nur teilweisen Identität ausschließen dürfte. Mitunter bricht zwar eine andere Erkenntnis bei Hatschek durch, etwa in dem Satz: „Die fertige Straße hingegen wird wohl als öffentliche Anstalt anzusehen sein, wenngleich dieser Charakter hinter dem als öffentlicher Sache zurücktritt." Daß dieser Satz nicht zu einer größeren Klarheit des Verhältnisses der beiden Institute beizutragen vermag, ist offensichtlich. W. Jellinek[296]) stellt wohl die beiden Begriffe als unabhängig nebeneinanderstehend dar, wenn er schreibt: „Das Hauptgebiet, in dem sich der Staat als Geber zeigt, fehlt noch. Er tut es durch Gewährung von Nutzungen an öffentlichen Sachen und Anstalten." Kisch trennt — in Übereinstimmung mit der herrschenden Auffassung — die räumliche Behandlung so weit, daß zwischen den „öffentlichen Anstalten"[297]) und den „öffentlichen Sachen"[298]) ein Zusammenhang nicht mehr ersichtlich ist. Ebenso behandelt Herrnritt[299]) die Anstalten im Abschnitt „Träger der Verwaltung" (und zwar auch die sog. „unselbständigen" Anstalten), während er an ganz anderer Stelle[300]) von den öffentlichen Sachen handelt. Unter Anstalt im verwaltungsrechtlichen Sinn versteht er „einen auf sachlicher Grundlage beruhenden, von einem Willensträger beherrschten Komplex von technischen Einrichtungen, der einem konkreten Zwecke der öffentlichen Verwaltung dauernd zu dienen bestimmt ist".[301]) Dagegen sind ihm öffentliche Sachen (im weiteren Sinne) „jene Sachen, die für Zwecke der öffentlichen Verwaltung in irgend einer Form dauernd zu dienen bestimmt sind". Trotzdem der Gleichklang der Begriffsbestim-

---

293) Vergl. jedoch Mayer, Eisenbahn und Wegerecht a.a.O. S. 69 ff.
294) Institutionen S. 321 ff.
295) Lehrbuch S. 433 ff.
296) Verwaltungsrecht S. 487.
297) Elsaß-lothringisches Landesprivatrecht, S. 146 ff.
298) ebda S. 379 ff.
299) Verw. R. S. 229 ff.
300) Verw. R. S. 377 ff.
301) a.a.O. S. 229, dortselbst Fußnote 1 eine Verteidigung dieser Definition.

mungen zu einem Vergleich herausfordert, scheint eine solche Erörterung bei Herrnritt zu fehlen.

2. In der herrschenden Lehre wird der Begriff der öffentlichen Anstalt teils als enger teils als weiter aufgefaßt als der der öffentlichen Sache; als enger insofern, als Sachen im Gemeingebrauch aus dem Anstaltsbegriff ausscheiden, als weiter in Hinblick darauf, daß gewisse Anstalten z. B. die Einrichtung eines Fleischbeschauers, die ihrem Bestande nach mit Sachen im bürgerlichrechtlichen Sinne nichts zu tun haben — entsprechend der ideologischen Identifizierung von Sachen im bürgerlichrechtlichen Sinn mit öffentlichen Sachen — auch nicht als öffentliche Sachen betrachtet werden.[302])

Man versteht unter „öffentlicher Anstalt" im verwaltungsrechtlichen Sinn heute meist (der Begriff ist allerdings mehrdeutig) sachliche und persönliche Mittel in der Hand eines Subjekts der öffentlichen Verwaltung zur dauernden Erfüllung eines öffentlichen Zwecks. Darin kann man drei Tatbestandselemente erkennen: Einmal den Bestand von Mitteln, sodann das Vorhandensein eines Subjekts der öffentlichen Verwaltung und endlich das dauernde Bestimmtsein für einen öffentlichen Zweck. Vergleicht man diese Tatbestandsmerkmale mit denen der öffentlichen Sache nach herrschender Auffassung, wie sie etwa bei Mayer zutage tritt, so ist ebensowenig wie bei den unter Ziff. 1 angegebenen Meinungen des verwaltungsrechtlichen Schrifttums im geringsten ersichtlich, worin sich Anstalt und Sache in rechtlicher Hinsicht unterscheiden sollen. Durch die Zerlegung in die Tatbestandsmerkmale muß im Gegenteil der Eindruck verstärkt werden, daß damit etwas im wesentlichen Identisches bezeichnet werden soll. Denn auch bei der öffentlichen Sache im Sinne der herrschenden Theorie ist das eine Tatbestandsmerkmal die Zugehörigkeit an ein Subjekt öffentlicher Verwaltung[303]). Auch bei ihr müssen ferner Verwaltungsmittel vorhanden sein. Und über die Notwendigkeit eines (subjektiv) dauernden Dienens für einen öffentlichen Zweck kann ebenfalls kaum ein Zweifel bestehen.

Man kann im Sinne der herrschenden Lehre auch nicht mit Erfolg einwenden, daß die drei genannten Merkmale zwar das Wesen der Anstalt, nicht aber das Wesen der öffentlichen Sache erschöpfen. Es müsse bei dieser hinzukommen die unmittelbare Bedeutung der Sache für den öffentlichen

---

[302]) Im neuen bayerischen Gemeinderecht ist der scharfe Begriff der öffentlichen Anstalt, zu dem bereits eine verwaltungsgerichtliche Rechtssprechung entstanden war, (vergl. vom Schrifttum hierzu besonders Stumpf, Begriff der Gemeindeanstalt im Bl f a Pr Bd. 57, S. 47), dadurch abgeschwächt worden, daß neben ihn die Begriffe „Unternehmung" und „Einrichtung" gestellt werden. Vergl. Art. 44 GO v. 1927. Vergl. dazu die treffenden Ausführungen von Laforet, GO Art. 44; zum Begriff „Unternehmung" auch Mayer II, S. 12.

[303]) Mayer II S. 72.

Zweck nach der Vorstellung Mayers: Sie ist kein Mittel wie ein anderes, dessen sich das Gemeinwesen bei seiner Tätigkeit zur Verfolgung dieses Zwecks bedient, sondern stellt selbst mit ihrer Körperlichkeit den verwirklichten Zweck vor, das öffentliche Unternehmen als ein Stück öffentlicher Verwaltung[304]). Allein auch dieser Einwand wäre nicht entscheidend. Der unmittelbare Dienst für den öffentlichen Zweck durch das Dasein, die Verkörperung eines Stücks öffentlicher Verwaltung ist auch der Anstalt als Rechtsbegriff eigen. Der Satz Mayer's: „Das Gemeinwesen übt öffentliche Verwaltung dadurch allein schon aus, daß es sie besitzt und ihrem Zweck erhält"[305]), paßt nicht nur für die öffentliche Sache, sondern auch für die öffentliche Anstalt. Bliebe allenfalls noch der Einwand, daß zu einer öffentlichen Sache eben stets eine „Sache" in bürgerlichrechtlichem oder außerrechtlichem Sinn gehört, eine körperliche Substanz. Allein abgesehen davon, daß dann nicht der Begriff „öffentliche Sache" definiert ist, sondern nur der Begriff „öffentlich", träfe der Einwand auch deshalb ins Leere, weil man ja weder durch eine logische, noch durch eine rechtliche Notwendigkeit behindert ist, im Gegenteil konstruktiv gut daran tut, das Substanzielle aus der Vorstellung der öffentlichen Sache auszumerzen und durch die Konstruktion der öffentlichen Sache als eines Rechtsverhältnisses zu ersetzen.

Zu welch eigenartigen Ergebnissen letzten Endes der völlige Mangel eines klaren Verhältnisses zwischen den Instituten der öffentlichen Sache und der öffentlichen Anstalt nach der herrschenden Lehre führen kann, dafür ist der weitverbreitete Satz ein Beweis: „Die Gebrauchserlaubnis bei öffentlichen Sachen ist eine besonders geartete Art der öffentlichrechtlichen Anstaltsnutzung".[306]) Liegt eine Anstaltsnutzung vor, so muß auch eine Anstalt vorhanden sein. Die öffentliche Sache wäre also dann schlechthin eine öffentliche Anstalt. Sie wäre dies aber nur dann oder nur insoweit, als sie der besonderen Gebrauchsform unterliegt, die durch Erteilung der Gebrauchserlaubnis begründet wird. Da aber sehr viele öffentliche Sachen verschiedenartigen Gebrauchsformen unterliegen, würde ihr rechtlicher Charakter mit dem wechselnden Gebrauch ständig wechseln oder sogar gleichzeitig, je nach der Art gleichzeitig stattfindender Benützung, der einen und der anderen Kategorie angehören. Es liegt auf der Hand, daß dies eine konstruktive Unmöglichkeit darstellt.

3. Wäre der Begriff der öffentlichen Sache mit dem der öffentlichen Anstalt ganz oder auch nur teilweise identisch, so wäre es unrationell, da-

---

304) ebda.

305) Mayer II, S. 72.

306) Er findet sich auch bei Mayer II S. 477.

für zwei verschiedene, ihren gegenseitigen Zusammenhang in keiner Weise andeutende Bezeichnungen zu verwenden.

Praktisch wäre die Klärung des Verhältnisses insoferne von großer Bedeutung, als dadurch die Frage eine Lösung fände, ob die Rechtsgrundsätze der öffentlichen Anstalt Anwendung finden können im öffentlichen Sachenrecht. Es ist kein leerer Streit im Worte, wenn aus der Vielheit der Begriffe, die im staatlichen Vermögensrecht eine Rolle spielen, der Sachen- und der Anstaltsbegriff herausgeschält werden und die Systematisierung der Erscheinungen unter den einen oder den anderen Begriff erörtert wird; denn der Lehre von der öffentlichen Anstalt gelang in der bisherigen Verwaltungsrechtsentwicklung die Ausbildung einiger wichtiger Rechtsgrundsätze, die für die praktische Handhabung (Anwendung) des Rechts von nicht unerheblicher Bedeutung sind. Wenn auch positive Gesetze, die den allgemeinen Teil des Anstaltrechts regeln würden, kaum vorhanden sind, so können doch aus dem Zusammenhalt der Regelungen in Spezialgesetzen gewisse allgemeine Sätze als zweifellos normenmäßiger Wille der Gesetzgebung entnommen werden. Zu diesen als Rechtsnormen anzusehenden Sätzen kommt speziell im Anstaltsrecht ein gewisser Bestand von ideologischen Vorstellungen, über die in der Verwaltungsrechtswissenschaft verhältnismäßig Einigkeit besteht und mit denen bei der Behandlung des Anstaltsrechts gerechnet werden muß.

Hierzu gehören insbesondere die Vorstellungen der Anstaltsgewalt und der Anstaltspolizei. Die Anstaltsgewalt wird zum Inhalt des öffentlichrechtlichen Rechtsverhältnisses zwischen dem Anstaltsherrn und dem Anstaltsbesitzer gerechnet. Meist wird als zu ihr gehörig die Befugnis des Anstaltsherrn gerechnet, den Inhalt des Anstaltsrechtsverhältnisses einseitig festzulegen. Der Anstaltsbesitzer soll auf ihre Gestaltung keinen Einfluß haben, er soll sich nur der Gewalt unterwerfen können, womit er in das Rechtsverhältnis der Anstaltsnutzung eintrete, oder die Unterwerfung ablehnen können, wodurch das Zustandekommen dieses Rechtsverhältnisses verhindert werde. Die Befehlsinhalte selbst können dabei entweder unmittelbar auf Gesetz beruhen, oder vom Anstaltsherrn ausgehen, sei es hier vom gleichen Organ, dem auch die Ausübung der Anstaltsgewalt zukommt, oder von einem anderen Organ des gleichen Subjekts[307]), oder sie können endlich von einem ganz anderen Subjekt ausgehen.[308]) Es ist bezeichnend, daß die Idee der Anstaltsgewalt so selbstverständlich als Grundsatz des Verwaltungsrechts angesehen wurde, daß sich ein Meinungsstreit darüber erheben konnte, ob die Anstaltsgewalt überhaupt einer gesetzlichen

[307]) Beispiel: Stiftungsverwaltung und Gemeinderat bei einer gemeindlichen Stiftung.

[308]) Beispiel: Gemeinde und Staat bei einem Fleischbeschauer.

Grundlage bedürfe oder auch ohne eine solche vom Anstaltsherrn ausgeübt werden könne.[309])

In dem Bestand an Rechtsnormen und ideologischen Inhalten, über den das Anstaltsrecht gegenüber dem auf diesen Gebieten verhältnismäßig ärmeren öffentlichen Sachenrecht verfügt, würde die praktische Bedeutung einer Identifizierung der öffentlichen Sache mit der öffentlichen Anstalt oder einer systematischen Unterordnung der einen Rechtsfigur unter die andere beruhen. Die bisherige Systematik hat nun allerdings eine Klarheit des begrifflichen Verhältnisses nicht herzustellen vermocht. Es dürfte wohl auch nicht möglich sein, mit den Mitteln der formalen Begriffsbildung eine scharfe Abgrenzung vorzunehmen. Denn im wesentlichen werden dabei gleiche Lebensvorgänge von einem ideenmäßig verschiedenen Blickpunkt aus betrachtet. Der richtige Weg zu einer Lösung des Problems wird daher darin gesehen, nach den die beiden Rechtsfiguren beherrschenden Ideologien zu forschen. Die Idee, daß der Kern des Anstaltsrechtsverhältnisses die Anstaltsgewalt sei, wird dabei einen Fingerzeig geben können.

4. a) Das Verhältnis der öffentlichen Verwaltung zum Untertanen wird, wie die Subjektionstheorie gezeigt hat, auch heute in der Verwaltungsrechtswissenschaft noch vielfach als das Verhältnis des machtvollen Herrschers zu dem zum Gehorsam verpflichteten Untertanen aufgefaßt. Wenn aus dieser Vorstellung auch eine in gewisser Hinsicht zur Klärung beitragende Differenzierung der privatrechtlichen von der öffentlichrechtlichen Sphäre entspringen konnte — Fleiner[310]) hat dies die Emanzipation des öffentlichen Rechts vom Zivilrecht genannt —, so ist doch anderseits daraus eine große Schwierigkeit erwachsen, die darin besteht, mit juristisch-formalen Mitteln, ohne Vermengung mit außerjuristischen (soziologischen) Auffassungen Rechtsverhältnisse zwischen den Trägern öffentlicher Verwaltung und den Untertanen zu konstruieren. Immerhin, der Versuch dazu wurde gemacht. Es wurde darzutun versucht, daß trotz der Ungleichwertigkeit der Rechtssubjekte nach dem Gesichtspunkt der Über- und Unterordnung doch eine „zweiseitige Bindung" konstruierbar sei.

Zu dem Versuch einer Vereinigung des Über- und Unterordnungsverhältnisses mit einer zweiseitigen rechtlichen Bindung gehört auch die Theorie des Anstaltsgewaltsverhältnisses. Eine solche Vereinigung ist beim Anstaltsrecht keineswegs unausweislich, jedenfalls nicht notwendiger als etwa beim Steuerschuldverhältnis oder beim familienrechtlichen Gewaltsverhältnis.

Nawiasky[311]) hatte vom Anstaltsgewaltverhältnis eine ganz andere

[309]) Vergl. Nawiasky, Deutsches und österr. Postrecht, S. 14.
[310]) Fleiner, Umbildung zivilrechtlicher Begriffe durch das öffentliche Recht, S. 9.
[311]) Nawiasky, Postrecht, S. 19/20.

Vorstellung, wenn er schreibt: „Ist es richtig, daß der moderne Wohlfahrtsstaat sich nicht nur auf eine Reglementierung des wirtschaftlich sozialen Lebens zu beschränken, sondern durch positive Tätigkeit an demselben aktiv teilzunehmen hat ..., so ist die Rechtsform dafür in der öffentlichen Anstalt gegeben." Hier schwebt nicht die Vorstellung des Staates als Befehlserteilers, sondern, wie W. Jellinek[312]) sagt, als des „großen Gebers" vor, wobei es durchaus unnötig ist, daß die Austeilung der Gaben, wenn auch nur der Form nach, durch Austeilung von Befehlen erfolgt.

Schon Mayer konnte sich den „Anstaltsherrn" nicht anders vorstellen als gewaltausübend. Und bei Thoma, dessen ganzer Sachenrechtstheorie die Idee des „Polizeibefehls" vorschwebt, fand die Auffassung der öffentlichen Verwaltung als übermächtiger Herrscherin auch im Anstaltsgewaltverhältnis die stärkste Ausprägung, so daß heute die an sich nicht unbedingte Vorstellung herrschend ist, mit dem Anstaltsbegriff sei der Begriff der Gewaltausübung notwendig verbunden. Bei der Konstruktion der öffentlichen Sache als öffentlicher Anstalt, wie sie Thoma vornimmt, drückte sich die Staatsauffassung Thomas auch im Bereiche des öffentlichen Sachenrechts aus, während bei der vorangegangenen Konstruktion der öffentlichen Sache als eines bloßen Rechtsobjekts auf das Dienen der öffentlichen Verwaltung Gewicht gelegt ist.

In der Idee des Herrschens oder des Dienens offenbart sich die Ideologie vom Staate. Die Theorie der öffentlichen Sache steht im Mittelpunkt dieser Ideologie. Aus der Ideologie heraus wird von Thoma die Konstruktion vorgenommen und werden die auftauchenden Probleme des öffentlichen Sachenrechts gelöst und ausgefüllt. Für das Verhältnis der Ideologie zur Norm ist die Thoma'sche Theorie ein besonders interessantes Beispiel.

b) Die Erkenntnis des ideologischen Hintergrundes der Thoma'schen Theorie, der zwar in ähnlicher Färbung auch bei anderen bestanden hat, aber doch nicht in solcher Klarheit und Folgerichtigkeit seinen Ausdruck in der Konstruktion der öffentlichen Sache gefunden hat wie bei Thoma, veranlaßt zu der Überlegung, inwieweit der Thoma'schen Theorie beigetreten werden kann.

Die Ideologie ist bei Thoma eine völlig andere als sie der vorliegenden Abhandlung vorschwebt. In den Vordergrund der Rechtskonstruktion soll hier die Pflichtsubjektivität der Träger öffentlicher Verwaltung gestellt werden. Dies kann nur geschehen bei Annahme eines Rechtsverhältnisses zwischen dem Träger der öffentlichen Verwaltung und dem Benützer der öffentlichen Sache, das auf dem Boden der völligen Gleichberechtigung

[312]) Verw. R. S. 487.

aufgebaut ist. Nur ein äußeres Anzeichen dieser beherrschenden Idee ist es, daß die Bezeichnung: „Herr der öffentlichen Sache", die an sich durchaus möglich wäre und auch vielfach, besonders im Wegerecht, gebräuchlich ist (Wegeherr), zugunsten der Bezeichnung „Träger der öffentlichen Sache" vermieden wird. Mit der Ablehnung der Thoma'schen Ideologie entfällt aber auch die Verwertbarkeit seiner Konstruktion und seiner Versuche, mit ihr Probleme des öffentlichen Sachenrechts zu lösen und Lücken auszufüllen.

So beachtlich daher unter ideologischem Gesichtspunkt die Identifizierung der öffentlichen Anstalt mit der öffentlichen Sache oder richtiger die Subsumierung gewisser Rechtserscheinungen, die herkömmlicherweise als öffentliche Sachen bezeichnet werden, unter den Begriff der Anstalt sein mag, so kann sie doch nur als bemerkenswerter Versuch registriert, aber nicht der eigenen Konstruktion zugrunde gelegt werden.

III.

Auf dem Hintergrund der Thoma'schen Ideologie der öffentlichen Anstalt gewinnen seine weiteren Ausführungen über das Recht der öffentlichen Sache und deren Nutzungsformen an Klarheit.

1. Dabei ist es beachtlich, daß Thoma selbst zwischen den zu den öffentlichen Sachen gehörigen öffentlichen Verkehrswegen und den öffentlichen Anstalten einen gewissen Unterschied darin sehen will, daß jene kraft öffentlichen Rechts einem Gemeingebrauch durch jedermann gewidmet seien, der sich von der auf reglementierter Zulassung beruhenden Anstaltsnutzung grundsätzlich unterscheide; bedauerlich ist, daß Thoma das rechtliche Unterscheidungsmerkmal nicht klar herausarbeitet, wie er ja auch nicht des näheren darlegt, warum die die öffentliche Sache benutzenden Personen nicht in den Bannkreis einer Anstaltsgewalt eintreten sollen.[313])

Die öffentliche Sache „legitimiert" sich nach Thoma[314]) durch den Gemeingebrauch. „Dieser Gemeingebrauch duldet auf alle Fälle nur obrigkeitliche, nicht privatrechtliche Beschränkungen." Vermutlich will Thoma damit ausdrücken, daß die Beschränkungen, die dem Benützer der öffentlichen Sache vom Träger der öffentlichen Sache vermeintlich auferlegt werden können, keine privatrechtlichen Beschränkungen sind. Daran ist aber unrichtig, daß die Beschränkungen einseitig auferlegt werden könnten. Ihr rechtlicher Geltungsgrund ist vielmehr neben der Norm die Willensübereinstimmung. Will Thoma hingegen behaupten, daß die Benützung der öffentlichen Sache nicht durch privatrechtliche Rechte — deren rechtsgültigen Bestand vorausgesetzt — verhindert oder eingeengt werden könne,

[313]) Thoma a.a.O. S. 373.
[314]) a.a.O. S. 366.

so wäre diese Auffassung offensichtlich unzutreffend. Das privatrechtliche Recht kann z. B. schon Reichweite und Rechtsgültigkeit der Widmung insofern beeinflussen, als die Widmung nicht größere Bindungen eingehen kann, als sie das zugrunde liegende, möglicherweise privatrechtliche Recht zuläßt. Die Widmung hat nicht die Kraft, etwaige den einzugehenden Bindungen entgegenstehende Privatrechte zu beseitigen oder einzuschränken. Wohl aber haben Privatrechte ihrerseits in diesem Falle die Kraft, eine im Widerspruch zu ihnen versuchte Widmung nicht zur Entstehung kommen zu lassen.

2. Die Frage, ob der Gemeingebrauch ein subjektives Recht darstellt, oder ob er nur ein Reflex objektiven Rechts ist, kraft dessen der Träger der öffentlichen Sache gehindert ist, den freien Gebrauch zu beschränken, führt Thoma zu einer wichtigen Unterscheidung. Er unterscheidet einerseits das Verhältnis zwischen Publikum und „Eigentümer", anderseits das Verhältnis zwischen den einzelnen Gliedern des Publikums. „Daß der einzelne eine unbefugte Störung im Gemeingebrauch durch einen anderen nicht zu dulden braucht, in diesem Sinn also ein Recht auf Gemeingebrauch hat, steht außer Zweifel, so verschiedenartiger Auffassung im einzelnen dieses Recht auch begegnet." So ganz außer Zweifel steht allerdings die „Rechtsqualität" nicht. Immerhin ist ihre starke Betonung bei Thoma zweifellos ein Fortschritt.

Dagegen vermag sich Thoma bei der Betrachtung des Verhältnisses zwischen dem einzelnen Benützer der öffentlichen Sache einerseits und dem Träger der öffentlichen Sache anderseits über die herkömmliche Theorie der Ausübung der „natürlichen Handlungsfreiheit" nicht zu erheben. Dazu setzt er den Träger der öffentlichen Sache stets mit dem Eigentümer gleich. Er trennt dabei allerdings einerseits die nur eine Reflexwirkung der rechtlichen Gebundenheit des Eigentümers gegenüber der öffentlichen Verwaltung aufzufassende allgemeine Position des Benützers, anderseits den besonderen öffentlichrechtlichen Rechtsanspruch des Benützers auf Unterlassung unrechtmäßiger Beschränkungen im Gemeingebrauch. Von diesem sagt er: „Falsch wäre es, dieses Recht ein Recht auf den Gemeingebrauch zu nennen; denn es ist durchaus nichts anderes, als eine Erscheinungsform des allgemeinen Rechts auf Freiheit von ungesetzlichem Zwang, welches seinerseits wieder eine Anerkennung des Satzes ist, daß die allgemeine Gehorsamspflicht nur dem rechtmäßigen Befehl gegenüber begründet ist." Die Wendung, daß dieser „Rechtsanspruch" kein „Recht" sei, ist überraschend. Ob nicht auch das Recht auf Freiheit ein wirkliches subjektives Recht sei, mag dahingestellt bleiben. Jedenfalls müßte an Hand der festgestellten Merkmale des subjektiven Rechts untersucht werden, welche Art die fragliche Lage, rechtlich gesehen, ist. Diese vor der Ablehnung der

Rechtsqualität unerläßliche Prüfung wird indessen von Thoma nicht unternommen.

Liegt sonach die Thoma'sche Begriffsbestimmung des Gemeingebrauchs, er sei eine, durch das Vorhandensein einer öffentlichen Sache ermöglichte Betätigung der natürlichen Handlungs- und Bewegungsfreiheit[315]), auf der bisherigen Linie, so ist doch anderseits die scharfe Differenzierung der beiden möglichen Arten der Beschränkungen des Gemeingebrauchs für die Ausbildung des öffentlichen Sachenrechts wertvoll. Thoma unterscheidet nämlich die „immanenten Beschränkungen" und die „polizeilichen Beschränkungen".[316]) Zu jenen rechnet er die im Ausschließungsrecht der Grundeigentümer und im Inhalt der Widmung liegenden Beschränkungen. Diese Differenzierung, die er zutreffenderweise für erschöpfend hält, ist, wie manches andere Gedankengut von Thoma, wenn schon nicht mit den von ihm gewählten Bezeichnungen und auch dem Umfang nach nicht vollkommen übereinstimmend, von der herrschenden Lehre, besonders auf wegerechtlichem Gebiete, gebilligt und anerkannt worden.

§ 19. Die Theorie von Almsick.

Die publizistischen Theorien über die öffentliche Sache lassen in viel stärkerem Maße das Ringen um die Ideenprobleme der öffentlichen Sache ersehen, als die zivilistischen Theorien. Nicht positiv-rechtliche Aufzählungen oder begriffliche Systematisierungen pflegen bei jenen der Hauptinhalt zu sein wie bei diesen, sondern im Mittelpunkt steht jetzt eine leitende Idee, der die Konstruktionen und Interpretationen unter- und eingeordnet werden. Wie bei O. Mayer die Idee des öffentlichen Eigentums und bei Thoma die Idee der öffentlichen Anstalt, so steht bei der von Almsick wiedergegebenen Theorie, die freilich an Überzeugungskraft und Gedankentiefe nicht entfernt mit denen von Mayer und Thoma verglichen werden kann, die Idee des Privateigentums im Vordergrund. Um die Idee des Privateigentums gruppiert Almsick die Probleme und aus ihr sucht er die Lösungen zu gewinnen. Um dieser den beiden vorangehenden Theorien konträren Idee willen, der, weil sie im wesentlichen der herrschenden preußisch-rechtlichen Lehre entspricht, auch „in tatsächlicher Hinsicht eine nicht unerhebliche Bedeutung zukommt, soll sie hier unmittelbar an Mayer und Thoma angereiht werden, mag sie sich auch mit ihnen gedanklich nicht messen können. Bei Mayer und Thoma wohnte die große geistige Schwungkraft, Almsick bedeutet dagegen die fleißige Zusammenfassung gewisser auf einem erheblichen Rechtsgebiet tatsächlich bestehender und schon aus dem Grunde nicht zu übersehender Vorstellungen.

---

[315]) a.a.O. S. 368.
[316]) a.a.O. S. 377.

1. Schon das Thema deutet auf die Tendenz von Almsick hin. „Die Rechtsstellung des Privateigentümers von Sachen des Gemeingebrauchs" will Almsick prüfen, wobei er ersichtlich voraussetzt, daß dieses Privateigentum an Sachen des Gemeingebrauchs auch wirklich bestehen kann. Die Voraussetzungen näher zu begründen, hütet er sich freilich ebenso wie davor, Theorien widerlegen zu versuchen, die von anderen Voraussetzungen ausgehen.[317]) Dies ist eine bedauerliche Schwäche der Almsick'schen Abhandlung. Eine Schwäche ist es auch, daß seine eigene Ideologie von ihm selbst nicht erkannt wird. Er begnügt sich im wesentlichen damit festzustellen, daß seine Auffassung dem positivrechtlichen Regelfall entspreche.[318])

Nicht uninteressant vom Standpunkt der ideologischen Kritik ist es, daß er trotz seiner Annahme der Eigentumsfähigkeit der öffentlichen Sache doch auch die Ansicht vertritt, daß dem Eigentumsrecht an der öffentlichen Sache der allumfassende Charakter der Verfügungsgewalt des Eigentümers wegen des Bestands des Gemeingebrauchs fehlt. Die Idee des Gegenspiels zur Idee des Privateigentums, nämlich der öffentlichen Verwaltung, und der durch sie bedingten Beschränkungen der Privatrechtssphäre, wird hier von Almsick wenigstens gefühlt.

Almsick behandelt die „Sachen des Gemeingebrauchs" nicht nur, insoweit sie wirklich dem Gemeingebrauch, sondern auch, insoweit sie einer Sondernutzung unterliegen[319]). Aus den Sachen des Gemeingebrauchs scheidet er aber die res omnium communes aus[320]). Die Sachen des Gemeingebrauchs und des Verwaltungsvermögens faßt er unter den Begriff „öffentliche Sachen im engeren Sinn" zusammen. Bei Hinzunahme des Finanzvermögens erhält er die „öffentlichen Sachen im weiteren Sinn".[321]) Den Unterschied der Sachen im Gemeingebrauch gegenüber dem Verwaltungsvermögen sieht er in der Unmittelbarkeit der Sachnutzung[322]), wobei er unter Verzicht auf die Prägung eines eigenen öffentlichrechtlichen Rechtsbegriffs der öffentlichen Sache den Begriff der Sache im Sinn der Verbindung „Sachnutzung" als etwas Außerrechtliches oder Bürgerlichrechtliches voraussetzt. In der Substanzialität seines Sachenbegriffs geht er soweit, daß er einen Unterschied des Gemeingebrauchs und der Gebrauchs-

317) Vergl. a.a.O. S. 4: „Es kann nicht Aufgabe dieser Arbeit sein, eine systematische Würdigung und Widerlegung der Theorie vom öffentlichen Eigentum zu geben. Wir können uns hier mit der Feststellung begnügen, daß es ihr nicht gelungen ist, sich durchzusetzen." Eine mehr als ärmliche Stellungnahme zu Mayer! Almsick scheint auch nur jenen Ideen eine Bedeutung zuerkennen zu wollen, die sich durchsetzen. Welch ein Irrtum!

318) a.a.O. S. 3.

319) a.a.O. S. 76 ff.

320) a.a.O. S. 1.

321) a.a.O. S. 2.

322) a.a.O. S. 2.

erlaubnis „rein äußerlich gesehen" [323]) in dem mehr oder minder großen Eingriff „in die Substanz der öffentlichen Sache" sieht[324]). Unter Gemeingebrauch versteht er (unter Berufung auf die Rechtssprechung des österreichischen Verwaltungsgerichtshofs) einen Gebrauch, der „der Bestimmung" des Rechts entspricht und den gleichen Gebrauch seitens aller anderen Beteiligten nicht hindert[325]).

2. Wichtiger als die Systematik der Nutzungsformen ist die Konstruktion des Verhältnisses des Eigentümers innerhalb des Nutzungsverhältnisses. Es ist bei Almsick nicht etwa so, als ob für die Nutzungsverhältnisse nur die Rechtspersonen des Nutzgebers (Trägers der öffentlichen Sachen) und des Nutzziehers in Betracht kämen, sondern in unklarer Vermengung dieses Rechtsverhältnisses mit jenem anderen, das zwischen dem Nutzgeber und dem Eigentümer des Sachensubstrats besteht und die Verfügungsgewalt über das Substrat zum Gegenstand hat, erscheint auch wieder der Eigentümer als rechtsbeteiligt in jenem ersten Rechtsverhältnis. Das ideologische Dominieren des Privateigentumbegriffs kommt auch hierin zum Ausdruck.

Dem Einwand, der Nutzgeber und der Eigentümer seien vielfach personengleich, ist leicht zu begegnen. Auch im Sachenrecht des Bürgerlichen Gesetzbuchs sind Grundstückseigentümer und persönlicher Schuldner der Hypothek vielfach personengleich. Und doch ist eine reinliche Scheidung der dinglichen und der persönlichen Rechtsbeziehungen nicht anders vorstellbar als durch begriffliche Trennung der beiden Rechtspersonen. Sie ist die Voraussetzung einer klaren Konstruktion im Hypothekenrecht.

Im einzelnen führt das Almsick'sche Vordrängen des Privateigentümers in das öffentlichrechtliche Nutzungsverhältnis zwischen dem Träger der öffentlichen Sache und dem Nutzzieher zu folgenden Ergebnissen:[326])

Der Polizei ist die Sorge für den Gemeingebrauch, sein Schutz und seine Regelung anvertraut. Ohne Beteiligung der Polizei kann keine Verfügung des Eigentümers ergehen, welche den zweckbestimmten Gebrauch der Sache berührt. Soweit aber dieser Gebrauch nicht in Betracht kommt, ergreift das Eigentum die Sache wieder in jeder Beziehung. Die Entscheidung darüber, ob das Eingreifen des Eigentümers sich in den erforderlichen Grenzen bewegt, soll seltsamerweise allein den Verwaltungsbehörden zustehen, obschon hierbei offensichtlich die Bestimmung der Grenzen eines rein privatrechtlichen Rechtsverhältnisses zwischen Eigentümer und Träger (nicht Nutzzieher) der öffentlichen Sache in Frage steht. Der Eigentümer

[323]) a.a.O. S. 9.
[324]) a.a.O. S. 9.
[325]) Almsick a.a.O. S. 7.
[326]) Zum folgenden siehe a.a.O. S. 76 ff.

soll hier, auch wenn es sich z. B. um die Festlegung des Inhalts einer beschränkten persönlichen Dienstbarkeit im Sinne des Bürgerlichen Gesetzbuchs handelt, darauf beschränkt sein, die polizeiliche Anordnung, durch die er sich beschwert fühlt, im verwaltungsrechtlichen Verfahren anzufechten. Die Begründung sieht Almsick darin, daß es sich bei der Frage über die Existenz und den Umfang des Gemeingebrauchs nicht um eine bürgerlich-rechtliche Streitigkeit handelt, sondern um eine öffentlich-rechtliche Frage, bei der der Staat nicht als gleichgeordnete Partei, sondern als Hoheitsperson dem Bürger gegenübersteht.[327]) Diese Beschränkung des Eigentümers mag angesichts der festgestellten privateigentümerfreundlichen Ideologie auf den ersten Blick wunder nehmen. Im Grunde ist sie nur eine folgerichtige Weiterführung der Vermengung der beiden Rechtsverhältnisse und des Vordrängens des Eigentümers in das Rechtsverhältnis Nutzgeber — Nutzzieher.

Dies zeigt sich auch bei dem gleich folgenden Gedanken: Die Polizei darf in Ausübung des Schutzes des Gemeingebrauchs nicht in die Rechtssphäre des Privateigentümers eingreifen.[328]) So zutreffend noch der veranlassende Gedanke zu dieser These ist („die Widmung ruht auf der Einwilligung des Eigentümers"), so unglücklich ist die These selbst formuliert, eben wegen der Vermengung der beiden Rechtsverhältnisse; sie hätte allenfalls lauten können: Der Träger der öffentlichen Sache darf sich in dem Rechtsverhältnis mit dem Nutzzieher nur insoweit verpflichten, als die Verpflichtung durch das dem Träger der öffentlichen Sache gegenüber dem Substrateigentümer zustehende Recht gedeckt ist. Richtig ist der Nachsatz von Almsick: „Wenn sie — (gemeint ist die Polizei[329]) — die Sache einem Gebrauch übergibt, welcher sich nicht innerhalb der durch den Inhalt der Eigentümerzustimmung gezogenen Grenzen hält, dann verletzt sie das Recht des Eigentümers." Dies gelte besonders bei der sog. „Widmungsnovation".

3. In merkwürdigem Gegensatz zu dieser Konstruktion steht die Auffassung von Almsick[330]), daß zum Unterschied von der Widmung die Polizeierlaubnis auch ohne die Zustimmungserklärung des Privateigentümers gültig sei, da sie nicht selbst in das Eigentumsrecht eingreife, sondern dem Bewerber nur die polizeiliche Befugnis zu einer Benutzung des Objekts gebe, die an sich wegen der Beeinträchtigung des Gemeingebrauchs unzulässig wäre. In Wahrheit ist doch die Schranke, die sowohl Gemeinge-

[327]) a.a.O. S. 76/77.

[328]) a.a.O. S. 77.

[329]) Über die verfehlte preußisch-rechtliche Identifizierung von Trägerschaft der öffentlichen Sache und Polizei siehe unten in der Lehre von der Widmung!

[330]) a.a.O. S. 78: Polizeierlaubnis und Gebrauchserlaubnis bringt Almsick hier wie sonst ständig durcheinander; siehe unten!

brauch wie Sondernutzung am Recht des Eigentümers finden, in beiden Fällen die gleiche: die Verpflichtung darf nicht weiter gehen, als das Recht des sich Verpflichtenden, ein Satz, der im Grunde nichts anderes ist, als die Rechtswahrheit: niemand kann mehr Rechte einräumen, als er selbst besitzt. Das Rechtsgeschäft, das zum „Selbstbesitz" führt, ist aber ein ganz anderes, als jenes, durch das die „Einräumung an andere" ausgesprochen wird! Die verfehlte Konstruktion eines Unterschiedes kann auch nicht dadurch gerettet werden, daß mit Almsick[331]) behauptet wird, zwar könne die Erteilung der Polizeierlaubnis das Recht des Eigentümers nicht berühren, wohl aber sei die Ausübung der polizeilichen Befugnis abhängig von der zivilrechtlichen Verfügungsgewalt. Mit dem gleichen Rechte könnte man das gleiche von der Widmung sagen oder umgekehrt: ebenso wie bei der Widmung den Bestand der entsprechenden Verfügungsgewalt zu einer rechtlichen Voraussetzung der Erteilungsbefugnis stempeln. In der Tat führt Almsick den Gedanken nach der Richtung weiter, daß er — wie unten bei der Widmung (siehe § 30 ff.) — die Erteilung der Polizeierlaubnis (mindestens „in ihrer praktischen Auswirkung"!) solange als „schwebend unwirksam" betrachtet, „bis ihr durch Vertrag mit dem Eigentümer oder durch ein Enteignungsverfahren die notwendige Grundlage geschaffen ist."[332])

Nicht uninteressant — freilich nur positiv-preußischrechtlich zu verstehen —, ist es, wenn Almsick im Wegerecht dem polizeilichen Akt die primäre Stellung gegenüber dem Eigentum zugestehen will, während er umgekehrt für das Wasserrecht dem Eigentum „den prinzipalen Charakter" vor der Polizeigewalt einräumen und die Erlaubnis des Eigentümers als „das prävalierende Element" bei der Gewährung von Sondernutzungen an öffentlichen Wasserläufen gelten lassen will.[333])

4. Schließlich offenbart sich die Vermengung der beiden Rechtsverhält-

---

[331]) ebda.

[332]) Gleichzeitig ist in diesem Satz eine irrige Vermengung der Polizeierlaubnis und der Gebrauchserlaubnis enthalten. An anderer Stelle — a.a.O. S. 81 — faßt er seine Konstruktion erfreulich deutlich in folgende Sätze zusammen: „Ganz allgemein können wir also sagen, daß grundsätzlich für jede über den Allgemeingebrauch hinausgehende Benutzung einer öffentlichen Sache die Genehmigung des Privateigentümers erforderlich ist, wenn diese Benutzung sich nicht auf einen Eigentumsakt oder auf eine gesetzliche Eigentumsbeschränkung gründet. Soweit die Widmung sich über den Gemeingebrauch hinaus noch auf andere Nutzungsarten erstreckt . . . , liegt in der Zustimmung des Eigentümers zum Widmungsakt von vorneherein zugleich die generelle Zustimmung zu allen darunter fallenden Sondernutzungsakten. In allen anderen Fällen der Sondernutzung ist es für die Stellung des Privateigentümers ganz gleichgültig, ob dem Bewerber von der Polizei eine prekaristische Gebrauchserlaubnis oder durch Verleihung ein Nutzungsrecht eingeräumt worden ist; denn das berührt nur die polizei-rechtliche Seite des Verhältnisses."

[333]) a.a.O. S. 80.

nisse Nutzzieher — Nutzgeber und Träger der öffentlichen Sache — Eigentümer noch einmal in aller Deutlichkeit bei der Prüfung des rechtlichen Charakters der Gebühr[334]) für die Gestattung der Sondernutzung. Da Almsick annimmt, daß bei Personengleichheit des Trägers der öffentlichen Sache mit dem Eigentümer das Entgelt für Einräumung der Sondernutzung dieser einen Rechtsperson in ihrer Eigenschaft als Eigentümer zukomme und den Charakter einer privatrechtlichen Leistung habe, glaubt er, eine Gemeinde dürfe keine Gebührenordnung für solche Benützungsarten erlassen. „Eine solche wäre ungültig." Er erkennt der Gemeinde nur das Recht zu, wenn eine freie Vereinbarung nicht zustandekomme, vor dem ordentlichen Richter auf Zahlung einer Vergütung oder Beseitigung der Anlage zu klagen. In Wahrheit kommt der privatrechtliche Streit über die Beschränkung des Eigentums nur zwischen dem Eigentümer und dem Träger der öffentlichen Sache zum Austrag, gegebenenfalls also nur im Schoße der Gemeindeverwaltung, während das durch die Erteilung der Gebrauchserlaubnis begründete Rechtsverhältnis zwischen dem Träger der öffentlichen Sache und dem Nutzzieher und damit auch die dafür erhobene Gebühr rein öffentlich-rechtlich sind.

5. Nach Almsicks eigenem Geständnis[335]) unterscheidet sich seine Lehre in diesem entscheidenden Punkte, d. h. also, soweit sie die fortgesetzte Vermengung von öffentlichrechtlichen und privatrechtlichen Rechtsverhältnissen betrifft, nur wenig von der Lehre von Hatschek und zwar im wesentlichen dadurch, daß Hatschek die beiden Akte des öffentlichen und des Privatrechts koordiniert, während Almsick der Polizei noch einen gewissen Vortritt lassen will. In ihrem Wesen laufen beide Konstruktionen auf die gleiche Ideologie hinaus. Es ist dabei kein Zufall, daß gerade Hatschek, der entschiedenste Verteidiger der Fiskustheorie[336]), dieser Lehre und vielfach auch der preußischen Verwaltungspraxis Pate gestanden hat; denn im Grunde ist diese Lehre nichts anderes als die Auswirkung der verfehlten Fiskustheorie, der Theorie der Koordinierung der privatrechtlichen und öffentlichrechtlichen „Seite" des Staates und der einzelnen staatlichen Rechtsinstitute.[337]) Und es ist auch kein Zufall, daß gerade Otto Mayer, der scharfe Gegner der Fiskustheorie[338]), sich so angelegentlich um die vollständige Heraushebung des Instituts der öffentlichen Sache in das Gebiet

[334]) a.a.O. S. 82, Fußnote 235 und S. 84.

[335]) a.a.O. S. 86.

[336]) Vergl. Hatschek, Die rechtliche Stellung des Fiskus, Verw. Arch. Bd. 7, 1899. — Art. Fiskus, Wörterbuch des deutschen Staats- und Verwaltungsrechts — Lehrbuch des deutschen und preuß. Verwaltungsrechts. Hierzu Kapitel „Der Fiskus" bei Maunz, Stellung des Staats, S. 378.

[337]) Ebenso Lassar, Grundbegriffe des preußischen Wegerechts, 1914, S. 44 ff.

[338]) a.a.O. S. 50 ff.

des Verwaltungsrechts bemüht hat, wenn schon nach einer Richtung, in der ihm nur wenige gefolgt sind. Mit der Überwindung der Fiskustheorie muß auch diese bisher vielfach übersehene Auswirkung überwunden werden und mit der fortschreitenden Ausbildung des Verwaltungsrechts muß die zielbewußte Loslösung der verwaltungsrechtlichen Institute vom Privatrecht auch auf dem hier zu behandelnden Gebiete Hand in Hand gehen.[339]) Erst dann kann in Wahrheit von einem verwaltungsrechtlichen Institute der öffentlichen Sache gesprochen werden.[340])

§ 20. Die Theorien von Kormann und Schelcher.

Das sächsische Wegerecht ist in den letzten drei Jahrzehnten nach der konstruktiv-systematischen Seite durch verschiedene verdienstliche Arbeiten gefördert worden. Drei Abhandlungen über die Grundfragen des sächsischen öffentlichen Wegerechts und auch des öffentlichen Sachenrechts überhaupt verdienen vor allem genannt zu werden: Kormann, Grundzüge des sächsischen Wegerechts,[341]) Schmidt-Grimma, Die Grundbegriffe des Wegerechts[342]) — eine beachtliche Ergänzung zu Kormann — und Schelcher, Der öffentliche Weg und seine Bedeutung für das öffentliche und das Privatrecht,[343]) — eine Studie über den allgemeinen Teil des deutschen Verwaltungsrechts überhaupt.

I.

1. In bemerkenswerter Weise stellt Kormann an die Spitze seiner Abhandlung den Gedanken, daß sich der Forscher auf dem Gebiete des öffentlichen Sachenrechts vielfach „überhaupt auf gesetzesfreiem Gebiet" bewegt, auf dem nach seiner vom Standpunkt der Rechtsquellentheorie aus bedenklichen Meinung „die Verwaltungspraxis innerhalb der Grenzen und nach den Richtlinien, die ihr von der Verwaltungsrechtswissenschaft bestimmt werden, frei und selbstschöpferisch das Recht des öffentlichen Weges gestalten kann".[344]) Nicht weniger bedenklich ist seine Folgerung, die er für die Konstruktion des Sondergebrauchs

---

[339]) Vergl. Fleiner, Umbildung zivilrechtlicher Institute durch das öffentliche Recht.

[340]) Nicht weiter zu verfolgen ist der gänzlich verfehlte Gedanke Almsicks, den er nach seiner Angabe einem Hinweis von Luckas verdankt (S. 11, Fußnote 37), die öffentlichen Sachen darnach zu unterscheiden, ob sie vom Benützer (!) lediglich zu Gewinnzwecken gebraucht werden oder ob durch ihre Benutzung ein öffentlicher Verwaltungszweck erfüllt wird. Den Gedanken empfindet übrigens Almsick offensichtlich für das von ihm behandelte Rechtsgebiet als so fremd, daß er von einer intensiveren Einarbeitung des Gedankens in sein System ganz abgesehen hat.

[341]) Fischers Zeitschrift, Bd. 43, S. 1 ff.

[342]) Fischers Zeitschrift, Bd. 47, S. 1.

[343]) Fischers Zeitschrift, Bd. 31, S. 1 ff.

[344]) a.a.O. S. 3.

aus der vorausgesetzten Gesetzesfreiheit des Rechtsgebiets ziehen will. „Wir müssen uns daran erinnern, daß wir uns namentlich in diesen Fragen auf gesetzesfreiem Gebiet bewegen, daß daher die Verwaltungspraxis in der Ausgestaltung, die sie dem Sondergebrauche geben will, grundsätzlich frei ist und daß darum die Frage, mit welchen Rechtsformen wir es im einzelnen Falle zu tun haben, in erster Linie nicht aus allgemeinen Deduktionen und vorgefaßten Meinungen über das Vorwiegen privat- oder öffentlich-rechtlicher Regelung des Sondergebrauchs zu beantworten ist, sondern aus der Absicht dessen, der den Sondergebrauch begründet hat.“[345])

Dieser Gedanke ist charakteristisch für Kormanns Bemühen, die Erscheinungen und Vorgänge, die sich um die öffentliche Sache gruppieren, einzubauen in eine Fülle von alten und neuen verwaltungsrechtlichen Begriffen. Wie Kormann seinerzeit von der Vorstellung der Gesetzesfreiheit gewisser Rechtsgebiete zu seinem System der rechtsgeschäftlichen Staatsakte und den Grundzügen zu einem allgemeinen Teil des öffentlichen Rechts gekommen ist, so sucht er auch hier wieder durch eine bis ins einzelne gehende Zergliederung der Vorgänge und Systematisierung der Begriffe ein öffentlichsachenrechtliches System aufzustellen. Typisch für diese zweifellos interessante und auch förderliche Art Kormanns ist z. B. das Kapitel „die Wegebau- und Unterhaltspflicht“.[346]) Da werden die ordentlichen von den außerordentlichen, die primären von den sekundären Pflichten oder Ausgleichspflichten, und hier wieder die gesetzlichen und ortsstatutarischen von den bewilligten Ausgleichspflichten, dann die Wegebau- von den Wegeunterhaltungs- und Wegesicherungspflichten, die historischen von den neuen Sonderverbindlichkeiten, die Beitragsrechte von den Beitragspflichten, die Enteignungspflichten von den enteignungsähnlichen Abtretungspflichten[347]) usw. unterschieden und die Verbindungen (Konkurrenzen) der verschiedenen Rechte und Pflichten, z. B. der außerordentlichen Wegebaupflicht mit der Wegeunterhaltungsausgleichspflicht,[348]) geprüft. Ähnlich verhält es sich bei der Herausarbeitung der Unterschiede auf dem Gebiete der Polizei mit den neuen Obergliederungen in Wegebaupolizei, Wegeschutzpolizei und Wegeverkehrspolizei.[349]) Auf diese Weise erstehen bei Kormann in den einzelnen Abschnitten des Systems eine Fülle fein zu unterscheidender neuer verwaltungsrechtlicher Begriffe, die logisch meist unangreifbar, wenn auch praktisch nicht immer von entscheidender Bedeutung sind, und die sorgfältig gegeneinander abgegrenzt und zu Oberbegriffen zusammengefaßt sind. Es ist zweifellos mit Kormanns Verdienst, daß das

[345]) a.a.O. S. 90.
[346]) a.a.O. S. 15—46.
[347]) a.a.O. S. 81.
[348]) a.a.O. S. 39.
[349]) a.a.O. S. 46 ff.

sächsische Wegerecht reich ist an Formen und Figuren, die in anderen deutschen Ländern noch nicht bewußt geprägt sind.

Kormanns Stärke auf diesem Gebiete ist freilich auch seine Schwäche. Im Grunde fehlte seiner Theorie die leitende Idee. Die Theorie weist zwar eine reiche Systematik, aber keine eigentliche Problemstellung und Problemlösung auf. Nach der ideologischen Seite hat Kormann den Stoff wohl nicht bewältigt. So notwendig zweifellos gerade auf dem als unfertig erkannten Rechtsgebiet des öffentlichen Sachenrechts die Prägung von Begriffen und die Generalisierung von Erscheinungen ist, so kann darin allein doch nicht das letzte Ziel der Erforschung des Gebiets gesehen werden.

2. Die Einzelheiten des Kormann'schen Systems, von denen übrigens manche in verschiedener Hinsicht bemängelt werden könnten,[350]) treten demgemäß im Rahmen einer Darstellung der Hauptprobleme an Bedeutung zurück. Nur einzelne Gesichtspunkte, die in der Ideengeschichte der öffentlichen Sache sonst eine Rolle spielen oder gespielt haben, seien kurz skizziert.

a) Über die Auffassung, daß der öffentliche Weg unter der Doppelherrschaft von öffentlichem und privatem Recht steht, und daß daher die Rechtsverhältnisse teils dem öffentlichen teils dem privaten Recht angehören, ist Kormann nicht hinausgekommen.[351]) Er tritt der Theorie der Zwischenstellung oder Mittelstellung der öffentlichen Sache zwischen den beiden Rechtszweigen bei, ohne sie jedoch weiter zu fördern. In gewissem Sinn lenkt er sogar in das preußisch-rechtliche Fahrwasser ein, wenn er behauptet, an der Widmung beteiligt seien der Eigentümer, der Wegeherr, der Wegebaupflichtige und die Wegebaupolizei.[352]) Der Fortschritt besteht hier nur in der Unterscheidung des Wegeherrn von der Wegebaupolizeibehörde. Aber auch dieser wird in der Hauptsache dadurch wettgemacht, daß er die Begriffe Wegeherr und Wegebaupflichtige im wesentlichen gleichgesetzt.[353]) Dadurch wird freilich die Konstruktion des Trägers der öffentlichen Sache von vorneherein in eine schiefe Bahn gelenkt. Gerade der rechtliche Kern der Sachträgerschaft bleibt dabei unberücksichtigt und eine keineswegs notwendig damit verbundene Seite wird in den Mittelpunkt gerückt. Dies ist umso überraschender, als die Begriffsbestimmung des Sachträgers nahe an das Richtige trifft, wenn er aufgefaßt wird als „der Inhaber jener eigenartigen öffentlichrechtlichen Verfügungsmacht", die vom privatrechtlichen Eigentum „wegen ihres rein öffentlichrechtlichen Charakters völlig verschieden ist".[354])

[350]) z. B. die durch die „Wegepolizeibehörde" „erzwungene Widmung"; S. 75.

[351]) a.a.O. S. 10.

[352]) a.a.O. S. 73.

[353]) a.a.O. 12 und 50.

[354]) a.a.O. S. 12. Daran ändert auch die Tatsache nichts, daß Kormann an anderer Stelle die Wegeherrschaft insoferne mit dem Privateigentum vergleicht, als die darin

b) Widmung ist ihm dasjenige öffentlichrechtliche nicht empfangsbedürftige Rechtsgeschäft, durch das eine Wegeanlage für den Zweck des öffentlichen Verkehrs bestimmt wird.[355]) Kormann vertritt damit die — auch außerhalb des sächsischen Rechts — weit verbreitete Theorie der Eignungserklärung oder der Verleihung einer Eigenschaft. Da diese nur von den Grundvorstellungen über das Wesen der öffentlichen Sache aus widerlegt werden kann, wird auf sie in anderem Zusammenhang eingegangen. Ebenso wird an anderer Stelle gewürdigt werden die — übrigens vielfach bekämpfte — Theorie des Ersatzes der Widmung durch unvordenkliche Verjährung, die Kormann mit großer Wärme vertritt.

c) Der scharfen Ablehnung einer Anwendung der bürgerlichrechtlichen Vorschriften über die Schadenersatzansprüche wegen Mängel des öffentlichen Weges ist eine besondere Bedeutung für die Rechtsnatur des Sachnutzungsverhältnisses insoferne nicht beizumessen, als damit nur mit Recht die privatrechtliche Natur des Verhältnisses in Abrede gestellt werden wollte.

Die Konstruktion eines öffentlichrechtlichen Vertragsverhältnisses der Nutzung steht übrigens Kormann durchaus ferne. Er glaubt nämlich, der Gemeingebrauch sei völlig unabhängig von dem Willen des Wegeherrn und nur polizeilichen Regeln unterworfen. „Der Wegeherr als solcher kann wohl durch die Art der Wegeanlage die Art des Gemeingebrauchs bestimmen; nachdem aber der Weg einmal fertig da ist, regelt sich der Gemeingebrauch lediglich nach objektiven Regeln unabhängig von dem subjektiven Willen des Wegeherrn." Auch dieser Satz kann nur aus seinen Voraussetzungen heraus widerlegt werden und bedarf einer eingehenderen Prüfung.

II.

Schelchers Abhandlung über die Bedeutung des öffentlichen Weges für das öffentliche und das Privatrecht geht in ganz anderer Weise als Kormanns System des öffentlichen Wegerechts unter Beiseiteschiebung aller Einzelheiten der Rechtshandhabung auf das Grundsätzliche des Problems. Dadurch ergänzen sich die beiden Theorien in gewissem Sinn. Denn ein System ohne grundsätzliche Orientierung ist ein Gebäude ohne Fundament, und eine Erörterung der grundsätzlichen Seite allein ohne Fingerzeige für die Anwendung auf das positive Recht und für die Lösung praktischer Rechtsfälle ist eine Halbheit.

Schelcher sieht das Kernproblem der öffentlichen Sache in der Herstellung eines Zusammenhangs mit der Idee des Staates und einer bis in die

enthaltenen Befugnisse nicht positiv durch Aufzählung, sondern nur negativ durch Bezeichnung der Schranken charakterisiert werden können. (S. 46).

[355]) a.a.O. S. 73.

letzten Konsequenzen durchgeführten Scheidung des öffentlichen vom privaten Recht.[356]) So erfreulich die Betonung jenes Zusammenhangs ist, so wenig kann Schelcher auf der zweiten Bahn gefolgt werden. Der Ausgangspunkt ist insoferne irregewählt, als einer historischen Zufälligkeit die Bedeutung einer Grundfrage des Rechts überhaupt beigelegt wird. Immerhin soll der Lehre, die zweifellos den Ausgangsgedanken mit großer Zähigkeit in die Einzelheiten fortführt, zur Betrachtung ihres Ergebnisses gefolgt werden.

Der Staat ist nach Schelcher[357]) sowohl öffentliche, wie auch private juristische Person, „und das immer zu gleicher Zeit". Mit Schärfe wendet sich Schelcher gegen die Theorie der Zweiteilung des Staates in zwei voneinander verschiedene Wesen (Fiskustheorie) und stellt ihr seine eigene Theorie als vermeintlichen Gegensatz gegenüber, wonach die Betätigung des Staates im öffentlichen und im privaten Recht nichts anders sei, als die Ausführung einer Handlung durch die rechte oder die linke Hand beim physischen Menschen.[358]) Er drückt dies — ziemlich unglücklich an die Theorie der „realen Verbandspersönlichkeit" anklingend — auch so aus, daß der Staat ein „Wesen" sei, „das mit einem einheitlichen Willen begabt, aber mit zweierlei Rechtspersönlichkeiten ausgestattet" sei. Die Einheit des Staatssubjekts bedingt nicht auch die Einheitlichkeit des rechtlichen Charakters seiner Betätigung.[359])

Was die Art der Betätigung anlangt, so ist für die von Schelcher angenommene Verschiedenartigkeit bezeichnend seine Theorie von der „absoluten Überordnung" des öffentlichen über das private Recht, die nach ihm soweit geht, daß er behauptet, ein Widerstreit zwischen dem öffentlichen und dem privaten Recht könne nicht vorhanden sein; denn „beide Rechtsarten sind zu verschieden, als daß sie durch ihre Lebensäußerungen einander verletzen, einander überhaupt feindlich gegenüberstehen könnten".[360]) „Sie verhalten sich wie Öl und Wasser zueinander."

Das doppelt qualifizierte Wesen des Staates habe eine gewisse Analogie in der öffentlichen Sache, da sich auch bei dieser die Möglichkeit wieder finde, sowohl dem öffentlichen wie dem privaten Rechte anzugehören. Sie besitze eine doppelte „passive Rechtsfähigkeit". Die öffentliche Sache sei nicht ausschließlich dem öffentlichen Recht unterstellt, sondern werde von diesem nur bis zu einem gewissen Grade ergriffen und gehöre

---

356) Vergl. insbes. a.a.O. S. 39/40 ff.

357) a.a.O. S. 40 ff.

358) a.a.O. S. 41. Den Gedanken, daß es auf die Zugehörigkeit der Rechtsnorm, die durch Schaffung von Rechtsansprüchen und Rechtspflichten Rechtspersonen erzeugt, zum einen oder anderen Gebiet ankommt, hat Schelcher dabei offensichtlich nicht.

359) a.a.O. S. 42.

360) a.a.O. S. 47.

im übrigen ins Privatrecht. Die Zugehörigkeit zu dem einen oder anderen Rechtsgebiete sei, der begrifflichen Gegensätzlichkeit dieser entsprechend, überall eine ausschließliche. Jedes der beiden ziehe die Sache in seinen unumschränkten Herrschaftsbereich hinein.[361]) Durch die Zweiteilung der öffentlichen Sache nach der öffentlichrechtlichen und nach der zivilrechtlichen Seite werde aber — wie beim Staate — „nicht die Einheit ihres Wesens aufgehoben".[362]) Dieser Gedanke der „Zweiteilung" einerseits, aber der „Einheit des Wesens" anderseits kehrt bei Schelcher ständig in neuer Beleuchtung und Formulierung wieder. Sofern die Sache als öffentliche in Betracht komme, sei jedes private Recht, „auch das unschuldigste", an ihr begrifflich unmöglich, darüber hinaus jedes Privatrecht denkbar. Am öffentlichen Wege als solchem könne schlechterdings kein privates Recht einzelner begründet werden, sondern nur ein öffentliches. Wenn aber der Grund und Boden in Frage komme, unterstehe er dem Privatrecht wie jede andere Sache.[363])

Eine eigenartige, aber beachtliche Vorstellung hat Schelcher vom Rechtsbegriff der Sache. Sie bedeutet ihm „nicht die physische Existenz eines körperlichen Dinges", sondern ein „Etwas", „welches Gegenstand von Rechten sein könne". Die Gesamtheit der Rechtsbeziehungen eines Dinges begreife man unter dem Namen „Sache".[364]) Die „Zweiteilung" besteht für ihn nicht der körperlichen Substanz, sondern der Idee nach.[365]) Der öffentliche Weg ist ihm „ein Rechtsverhältnis";[366]) allerdings bedeutet diese Bezeichnung für ihn nur ein einmaliges Aufblitzen eines neuen Gedankens, der aber nicht näher ausgeführt und nicht tiefer verfolgt wird. Ein Widerspruch liegt außerdem darin, daß er den Weg zuerst als Gegenstand von Rechten, also als Rechtsobjekt bezeichnet hat. Der öffentliche Weg ist ihm das typische Beispiel für die öffentliche Sache überhaupt.[367]) Und die „öffentliche Wegeverwaltung" möchte er „eher als eine Summe von Pflichten als von Befugnissen" auffassen.[368])

Eine gewisse Unklarheit über die Existenz dieser Pflichten besteht allerdings nach einer doppelten Richtung: Einmal, weil er sie zu wenig auf die Nutzung der öffentlichen Sache und zu sehr auf den Bau und die Instandhaltung abstellt; sodann weil er Pflichten inbezug auf die Nutzung erst sieht, wenn der Gebrauch schon eingetreten ist, wie ihm ja auch

[361]) a.a.O. S. 50.
[362]) a.a.O. S. 51.
[363]) a.a.O. S. 53, Fußnote 49.
[364]) a.a.O. S. 51.
[365]) a.a.O. S. 63.
[366]) a.a.O. S. 59: „Rechtsverhältnis des öffentlichen Weges".
[367]) a.a.O. S. 59.
[368]) a.a.O. S. 60.

„der Herr des Weges selbst durch das Vorhandensein des Gemeingebrauchs bedingt zu sein scheint".[369])

Den Gemeingebrauch selbst faßt er recht schief auf. Die Gemeinde schaffe nicht den Gemeingebrauch. Es liege gar nicht in ihrem Willen, der Allgemeinheit eine besondere Erlaubnis zu erteilen; sie biete vielmehr nur die Voraussetzung, „die tatsächliche Möglichkeit" dafür, daß der Gemeingebrauch ausgeübt werde. Auf einen Verwaltungsakt gründe sich deshalb der Gemeingebrauch nicht.[370]) Es empfehle sich, „das Wesen des Gemeingebrauchs von dem Boden der Rechtsordnung soviel als möglich loszulösen".[371]) Er beruhe nicht auf dem Gesetze, sondern bestehe schon vorher „ohne alle Gesetzesbestimmungen".[372]) Schelcher erblickt in seiner Ausübung nämlich eine Lebensäußerung wie im „Atmen" oder „Sprechen". Das „Recht" auf den Gemeingebrauch sei nur die Ausschließungsmöglichkeit, von anderen in dieser Lebensäußerung nicht gehindert werden zu dürfen.[373]) Er sei im Grunde kein Recht, aber seine Antastung sei Unrecht. „Der einzelne ist in der Ausübung des Gemeingebrauchs rechtlich nicht geschützt, noch hat er einen Anspruch auf Rechtsschutz, er nimmt nur teil an dem Schutze eines von den Normen des Rechts gewährleisteten Zustandes."[374]) Im wesentlichen läuft also seine Theorie darauf hinaus, daß der Gemeingebrauch etwas rein Tatsächliches und sein Schutz ein Reflex objektiven Rechts sei. Daran dürfte auch die Tatsache nichts ändern, daß er selbst die Gg. Jellinek'sche Lehre der Reflexwirkungen auf den Gemeingebrauch der öffentlichen Sache nicht angewendet wissen will, weil gerade jene Rechtssätze fehlten, die den staatlichen Organen ein bestimmtes Tun oder Unterlassen geböten und die die Reflexwirkung auslösen sollten. Man muß ja auch sonst zuweilen feststellen, daß Schelcher eine Lehre mit aller Leidenschaft bekämpft, z. B. Fiskustheorie, daß aber die von ihm an die Stelle der bekämpften Lehre gesetzte Meinung im Grunde wieder auf das gleiche hinausläuft.

Es liegt auf der Hand, daß bei der Wahl eines unhaltbaren Ausgangspunktes auch das Ergebnis und die Einzelheiten der Theorie nicht haltbar sein können. Trotzdem ist Schelchers Theorie in vielem beachtlich. Einmal läßt sie mehr als andere Theorien die Bedeutung des Ideenmäßigen, den Zusammenhang der Konstruktion der öffentlichen Sache im ganzen mit der Staatsauffassung und mit der Erkenntnis des Sinnes der öffentlichen Verwaltung erkennen. Sodann bringt sie aber auch für wichtige Ein-

[369]) a.a.O. S. 73/73.
[370]) a.a.O. S. 73.
[371]) a.a.O. S. 83.
[372]) a.a.O. S. 83.
[373]) a.a.O. S. 84.
[374]) a.a.O. S. 88.

zelheiten interessante Fingerzeige, etwa für die Konstruktion der öffentlichen Sache als eines Rechtsverhältnisses und die Loslösung des Rechtsbegriffs vom körperlichen Substrat oder die Verlegung sämtlicher Rechtsbeziehungen inbezug auf die öffentliche Sache ins öffentliche Recht. Die Abhandlung, so wenig Beachtung sie außerhalb Sachsens bisher gefunden haben mag, ist daher keineswegs umsonst geschrieben. Sie ist auch ein bezeichnendes Beispiel dafür, mit wie ganz anderen Problemen sich die publizistischen Theorien über die öffentliche Sache beschäftigen als die zivilistischen Theorien.

§ 21. Die Theorien von Kahr, Seydel und Dyroff.

I.

Im bayerischen Recht besteht große Einmütigkeit über eine Theorie, die zwar positivrechtlich nirgends fixiert ist, der aber der bayerische Verwaltungsgerichtshof und ihm folgend die gesamte bayerische Verwaltungspraxis seit Jahrzehnten unveränderlich bis in die Gegenwart anhängen. Entwicklungsgeschichtlich müßte man bei ihrer Darstellung wohl mit Luthard[375]) beginnen und der anschließenden verwaltungsgerichtlichen Rechtsprechung im wesentlichen den jetzigen Stand der Theorie zuschreiben. Kahr[376]) hat im Rahmen seiner „Gemeindeordnung", Seydel[377]) im Rahmen seines „Bayerischen Staatsrechts" systematisch darin gearbeitet. Dyroff hat die Theorie nach der verwaltungsprozessualen Seite ausgebaut.[378]) Eine Durcharbeitung der Probleme hat nur auf dem Gebiete des Wegerechts stattgefunden. Das Anwendungsgebiet der hierzu entwickelten Lehre reicht aber aus dem Grunde über das Wegerecht hinaus, weil der Begriff der Zubehörungen und Bestandteile weit gezogen wird (Brücken, Gräben, Kanäle, Viadukte usw.) und auf diese die gleichen Grundsätze angewandt werden.[379]) Im Wasserrecht ist hauptsächlich die Eigentumsfrage erörtert worden.[380]) Im wasserrechtlichen Schrifttum sind in neuester Zeit Versuche gemacht worden, in das gegnerische Lager (Theorie des öffentlichen Eigentums) abzuschwenken; sie konnten aber bisher auf die Rechtsprechung keinen Einfluß ausüben.

375) Luthard, Über öffentliche Wege, Bl. f. a. Pr. Bd. XX, S. 321, seitdem eine reiche Rechtsprechung und Literatur, von der hier nur die Grundgedanken aufgezeichnet werden können.

376) Kahr, Die öffentlichen Wege, Anhang zu Art. 38 des Kommentars zur Gemeindeordnung.

377) Seydel, Bayer. Staatsrecht, 5, 2, 4, Abschnitt; §1; dann Seydel-Graßmann, § 255.

378) Dyroff, Kommentar zum VGG, 5. Auflage, S. 357 ff.

379) Siehe Kahr, a.a.O. II. 6; Dyroff a.a.O., Art. 8, Ziff. 34, Anmerk 3.

380) Siehe Seydel, a.a.O. 5, 2, 2. Abschnitt und Eymann, Kommentar zum Wassergesetz 1928.

1. Die Théorie gehört zu der eingangs genannten „Kategorie 1": Theorie der „zweckgebundenen dinglichen Privatrechte".

Ein öffentlicher Weg kann hiernach nur durch Widmung entstehen. Die Widmung ist ein Verwaltungsakt staatlicher oder gemeindlicher Organe, durch den der Weg dem allgemeinen Gebrauch übergeben wird. Maßgebend für den Bestand des öffentlichen Weges ist lediglich der „Formalakt" der Widmung[381]).

Es besteht nach dieser Rechtsauffassung kein Rechtsanspruch darauf, daß die Widmung vorgenommen werde. Wohl aber kann eine Verpflichtung einer Gemeinde oder eines Gemeindeverbands gegenüber der Staatsaufsichtsbehörde bestehen, die Widmung vorzunehmen. Man hat dies auch in folgende Norm gekleidet: Daß die Darbietung öffentlicher Wege tatsächlich erfolge, sei nicht „Befriedigung eines Rechtsanspruchs", sondern „Erfüllung einer Verwaltungsaufgabe"[382]). Die Verpflichtungen (Art. 28 GO; Art. 2 Bez.O) beziehen sich nicht etwa nur auf die bauliche Herstellung, sondern auch auf die Vornahme des Verwaltungsakts. Im Weigerungsfall kann die Staatsaufsichtsbehörde im Wege der Ersatzvornahme die Widmungserklärung abgeben.

2. Der Verwaltungsakt kann nur erlassen werden, wenn der Staat, die Gemeinde oder der Gemeindeverband privatrechtlich über das Substrat zu verfügen befugt sind, entweder kraft Eigentums oder kraft einer öffentlichen Wegeservitut[383]). Der Ausdruck „öffentliche Wegedienstbarkeit" wird von Kahr[384]) als nicht zutreffend bezeichnet, weil er die Meinung erwecken könnte, als ob es sich um eine dem öffentliche Rechte angehörige Servitut handle, während die Servituten in Wahrheit privatrechtlicher Natur seien und nur deshalb „öffentliche" genannt würden, weil sie nicht einzelnen berechtigten Personen zugute kämen, sondern der Gesamtheit. Fehlt die hiernach notwendige bürgerlichrechtliche Verfügungsmacht, so ist der trotzdem ergehende Verwaltungsakt nichtig.[385])

3. Kahr[386]) unterscheidet verkehrsunfähige Sachen, wie Meer und Luft, von den verkehrsentzogenen Sachen, d. h. dem Privatrechtsverkehr entzogenen Sachen. Die öffentlichen Wege sind dem (Privatrechts-) Verkehr nicht schlechthin entzogen, aber doch, „solange sie ihrer Eigenschaft als öffentliche Sachen nicht in gesetzmäßiger Weise entkleidet sind", und wenig-

---

[381]) Vergl. Wörner, Kommentar zur GO, Anhang zu Art. 28 und 29 (S. 194 ff.) und die dortige Rechtsprechung samt Schrifttum.

[382]) Vergl. Seydel, a.a.O.

[383]) Vergl. Kahr a.a.O. II. 2. Seydel a.a.O.; Dyroff siehe unten Ziff. 4., dann weiteres Schrifttum bei Wörner, a.a.O. und dazu aus neuester Zeit VGH Bd. 49 S. 73.

[384]) a.a.O. Fußnote 19.

[385]) Siehe Seydel, a.a.O.

[386]) a.a.O. Fußnote 47.

stens insoweit, als die fragliche Verfügung mit der „Zweckbestimmung der öffentlichen Sache" „im Widerstreit steht".[387]) Die öffentlichen Wege stehen stets im „Privateigentum", sei es des Staates oder Selbstverwaltungskörpers selbst, sei es eines Privaten. Das Privateigentum zeigt sich insbesondere in zweifacher Hinsicht, einmal bei Endigung der öffentlichen Sache, wobei die Grundfläche wieder in freiem Privatrechtsverkehr steht, sodann beim Bestand von Rechten, die mit der Zweckbestimmung des öffentlichen Weges vereinbar sind.[388])

4. Die Zwischenstellung der öffentlichen Sache zwischen dem bürgerlichen und dem öffentlichen Rechte führt insbesondere auf prozessualem Gebiete zu verwickelten Rechtsverhältnissen. Nach Dyroff[389]) ist die „notwendige Voraussetzung zur Begründung eines öffentlichen Weges" „die im Zweifel durch die bürgerlichen Gerichte festzustellende bürgerlich-rechtliche Verfügungsmacht über die Wegfläche, sei es in der Form des unbeschränkten Eigentums, sei es in der eines ... dinglichen Rechts auf seiten des den Weg dem Gemeingebrauche widmenden öffentlich-rechtlichen Verbandes (Staat, Distrikt, Gemeinde)" (siehe darüber oben Ziff. 2). „Die Verwaltungsbehörden sind nicht zuständig, die Öffentlichkeit eines Weges gegen den aus Gründen des bürgerlichen Rechts erhobenen Widerspruch des Eigentümers einer Wegfläche auszusprechen; die Entscheidung über einen solchen Einspruch ist Sache der bürgerlichen Gerichte." „Die verwaltungsrechtliche Feststellung einer allgemeinen Gebrauchsberechtigung an einem öffentlichen Weg setzt voraus, daß Inhalt und Umfang der Wegdienstbarkeit unbestritten ist." Die Zuständigkeit der bürgerlichen Gerichte nach dieser Trennung bezieht sich nicht nur auf den Bestand des Rechts, sondern auch auf den sogenannten „Besitzstand" oder die „administrativen Provisorien".[390])

Die klare Scheidung der Rechtsstellung des Trägers der öffentlichen Sache, die er durch die „öffentliche Dienstbarkeit" erlangt, von der durch den Verwaltungsakt der W i d m u n g begründeten Rechtsstellung wird hier in prozessualer Hinsicht folgerichtig beibehalten. Die Verwaltungspraxis kann bestätigen, daß mit Hilfe dieser Konstruktion auch die schwierigsten Fälle entwirrt und gelöst werden können. Die Theorie erfüllt also

[387]) a.a.O. II. 5.

[388]) Kahr, a.a.O. II. 5.

[389]) Kommentar z. VGG. Art. 8. Ziff. 34, Anmerk. 4 im engen Anschluß an die dort zitierte verwaltungsgerichtliche Rechtssprechung, ebenso Seydel, a.a.O. und Seydel-Graßmann, a.a.O. Rohmer in Henle, Handbuch der inneren Verwaltung, 1925, S. 1215. Auf das auch in prozessualer Hinsicht in der Zeit vor 1900 interessante Besonderheiten aufweisende pfälzische Recht siehe Dyroff (a.a.O.) S. 359 und dazu materialrechtlich Seydel, a.a.O. § 2.

[390]) Seydel a.a.O. (1. Auflage) und dazu Dyroff a.a.O. S. 359, letzterer auch über die abweichenden Meinungen.

den ersten Zweck des Rechts, angewendet werden zu können und dabei zu logisch befriedigenden und brauchbaren Ergebnissen zu führen. Darüber hinaus spiegelt aber gerade die eigenartige Trennung der zivilgerichtlichen von der verwaltungsgerichtlichen Zuständigkeit in interessanter Weise das Ringen wieder um das Problem „Eigentum" und „öffentliche Gewalt".

4. Berechtigtes Rechtssubjekt, d. h. „Träger derjenigen rechtlichen Verhältnisse, welche mit der Öffentlichkeit eines Weges gegeben sind", „sind nicht die einzelnen Personen, welche auf dem Wege verkehren", sondern der Staat oder der Gemeindeverband, in deren Bezirk der Weg gelegen ist." „Die einzelnen, welche den öffentlichen Weg benützen, besitzen kein selbständiges Wegerecht. Ihre Benutzungsbefugnis ist eine abgeleitete und gründet sich auf Überlassung seitens des Wegeberechtigten — des Staates, des Distrikts, der Gemeinde —, in dessen Namen sie das Wegerecht ausüben."[391])

Die Konstruktion, daß der Träger der öffentlichen Sache nicht zur Nutzgewährung verpflichtet, sondern zur Nutzziehung berechtigt sein soll, ist überraschend. Staat und Gemeinde wollen doch nicht die öffentliche Sache benützen, sondern darbieten. Aber auch diese Auffassung entspringt aus der schon mehrfach erwähnten Scheidung der öffentlichrechtlichen und privatrechtlichen Sphäre. Dabei wird bei der Beurteilung der Verteilung von Recht und Pflicht abgestellt auf die privatrechtliche Sphäre, in der in der Tat der Eigentümer als das (zur Duldung) verpflichtete Rechtssubjekt, der Träger der öffentlichen Sache aber als das (zur Inanspruchnahme der Pflicht) berechtigte Rechtssubjekt erscheint. Es ist wieder durchaus folgerichtig, wenn dann das Recht des einzelnen auf Benützung nicht als ein selbständiges, sondern als ein aus der Rechtsstellung des Sachträgers abgeleitetes Recht aufgefaßt.

Nur eine Folgerung, die der bayer. Verwaltungsgerichtshof in voller Schärfe erst in neuester Zeit aus dieser Theorie gezogen hat, scheint mir nicht mehr ganz in den Rahmen der ursprünglichen Vorstellung zu passen, oder doch an der Grenze zu einer andere Theorie zu stehen, so erfreulich sie an sich für die später vorzunehmende Konstruktion des Nutzungsrechtsverhältnisses an der öffentlichen Sache sein mag.[392]) Der VGH glaubt hier[393]), bei Streitigkeiten über die öffentliche Eigenschaft eines Weges könne die verwaltungsgerichtliche Zuständigkeit nicht auf die Feststellung dieser Eigenschaft beschränkt bleiben. Vielmehr unterständen dieser Zuständigkeit auch alle Streitigkeiten über rechtliche Ansprüche und

[391]) Vergl. Kahr a.a.O. II. 4.

[392]) Entsch. Sammlung Bd. 48 Seite 50 (Urteil vom 20. IV. 1927). Nicht ganz übereinstimmend Bd. 49, S. 25 ff.

[393]) Vergl. hierzu Dyroff, a.a.O. Anmerkung 6.

Verbindlichkeiten, die aus der öffentlichen Eigenschaft eines Weges unmittelbar abgeleitet würden. Da die öffentlichen Wege dem Gemeingebrauch zu dienen bestimmt seien, könne jeder, der an der Benützung eines öffentlichen Weges durch den Inhaber des Wegerechts gehindert werde, unter Berufung auf den Gemeingebrauch sein Recht auf die Benützung des Weges geltend machen und verwaltungsgerichtliche Entscheidung über die Art und das Maß des ihm zustehenden Benutzungsrechts verlangen. Der Verwaltungsstreit könne sich hiernach auf die Frage beschränken, ob das in Anspruch genommene Recht der Benützung seinen Grund in der öffentlichen Eigenschaft habe und zu den Gebrauchsbefugnissen gehört, die an den öffentlichen Wegen beständen.

An diesen Ausführungen, die der VGH, nach seinen Zitaten zu schließen, auf Kahr und Dyroff stützen möchte, ist ein zweifaches beachtlich: Einmal, daß ganz unverhüllt von einem „Recht auf Benützung" des Weges gesprochen ist und daß der Streit über dieses Recht zu den bestrittenen öffentlichrechtlichen Ansprüchen und Verbindlichkeiten im Sinn des Art. 8 VGG (Eingangsworte) gerechnet wird. Es handelt sich also offenkundig um ein selbständiges, subjektives Recht.[394]) Sodann, daß dieses subjektive öffentliche Recht sich gegen den „Inhaber des Wegerechts" richtet, der also dann wohl der Verpflichtete sein muß, mit anderen Worten, daß das Recht des Benützers sich nicht mehr (als ein aus dem Recht des Sachträgers abgeleitetes Recht) gegen den Eigentümer richtet, sondern das „Ableitungsrechtsverhältnis" selbst betrifft. Es ist nichts anderes als ein oberstrichterliches Anerkenntnis des Bestands eines Nutzungsrechtsverhältnisses zwischen Sachträger und Sachbenützer mit öffentlichrechtlichen Rechten und Pflichten.[395])

Richtig ist, daß bereits Seydel[396]) unterschieden hat zwischen dem Recht auf den Bestand und die Beschaffenheit des öffentlichen Weges einerseits und dem Recht, von dem bestehenden öffentlichen Weg nicht ausgeschlossen zu werden, anderseits. Nur im zweiten Fall hat er ein Recht bejaht.[397]) Allein die erwähnte Rechtsauffassung des VGH scheint schlechthin den

---

[394]) Anders in erster Linie für das gemeine und das bayer. Landrecht, Kahr, a.a.O. Fußnote 32, über das subjektive Privatrecht des einzelnen auf Benützung.

[395]) Die Neuauflage von Dyroff, Kommentar zum VGG, wird wohl dazu Stellung nehmen, ob der VGH bei dieser konstruktiven Wendung befugt war, sich auf die Theorie von Kahr und Dyroff zu berufen.

[396]) Vergl. zu diesem Problem auch Kahr, a.a.O. Fußnote 34, der eine ähnlich auffallende Entscheidung des VGH aus früherer Zeit einschränkend auslegt.

[397]) Wenn Seydel übrigens aus der Verneinung eines Rechts im ersten Fall den Schluß zieht, falls jemand infolge der Beschaffenheit des Weges Schaden erleide, so sei das ein „Unfall", keine „Rechtsverletzung", so setzt er sich damit in Widerspruch mit der Rechtsprechung des Reichsgerichts über die „Verkehrssicherungspflicht"; darüber siehe unten!

Umfang des Gemeingebrauchs und der aus dem Gemeingebrauch entspringenden Befugnisse des Sachbenutzers gegen den Sachträger der verwaltungsgerichtlichen Nachprüfung unterstellen zu wollen.

5. Öffentliche Sache und Gemeingebrauch fallen nach dieser Theorie stets zusammen. Die Dreiteilung der Benützungsarten — neben Gemeingebrauch noch Gebrauchserlaubnis und Nutzungsverleihung — wurde in dieser Theorie nicht weiter ausgebildet. Im wesentlichen scheint die Vorstellung dahin zu gehen, daß der Gemeingebrauch die einzige öffentlichrechtliche Nutzungsform sei und daß die übrigen Nutzungsformen privatrechtlicher Natur seien. Eine Bestätigung erfährt diese Annahme auch durch ein Urteil des Bayer. Oberst. LGStr, das eine Sondernutzung für privatrechtlich[398]) hält. Den Gemeingebrauch an öffentlichen Gewässern lassen manche nur durch polizeiliche Anordnungen beschränken.[399])

Hinsichtlich des Inhalts des Gemeingebrauchs wird es nicht als wesentlich betrachtet, daß der öffentliche Weg schlechthin für die Benützung jeder Art offenstehe. Es werden vielmehr sowohl objektive wie subjektive Beschränkungen des Gemeingebrauchs für zulässig erachtet[400]); ebenso werden neben den sachenrechtlichen auch polizeiliche Beschränkungen für möglich erklärt.[401]) Art und Umfang des Gemeingebrauchs sollen sich im übrigen nach der Zweckbestimmung bemessen, wobei aus dem Zwecke regelmäßig die eine Beschränkung abgeleitet zu werden pflegt, daß niemand den Weg in einer den Mitgebrauch anderer ausschließenden Weise gebrauchen darf.[402]) Soweit diese negative Seite bei einem Rechtssubjekt positiv erscheint, nämlich als Recht, zu verlangen, daß keine Hinderung des Gemeingebrauchs eintritt, ist sie schon deshalb etwas anderes, als der oben besprochene Anspruch auf den Gemeingebrauch, weil das Recht sich nicht wie dieser gegen den Sachträger, den „Inhaber des Wegerechtes" nach der Terminologie der besprochenen Theorie, sondern gegen die übrigen Benützer richtet.

6. In Einzelheiten ist die aufgeführte Theorie schwer angreifbar; sie ist logisch in sich geschlossen. Der Unterschied gegenüber der hier vorzunehmen-

[398]) Urteil vom 13. XI. 28 — Bay Verw Bl 1929, S. 27 — noch dazu mit der verfehlten Begründung, daß die Ansprüche „vermögensrechtlicher Natur" seien; daß die Sonderrechte sich gegen den Eigentümer richten sollen, wird noch besonders betont.

[399]) Siehe Seydel-Graßmann, a.a.O. § 241.

[400]) Näheres bei Kahr, a.a.O. Fußnote 13.

[401]) Vergl. Kahr a.a.O. II. 5. Seydel 5, 2, 2. Abschnitt, § 2.

[402]) Nahezu unverständlich — schon in der Terminologie — ist die Entscheidung des bayerischen Gerichtshofs für Kompetenzkonflikte (Z f Rpfl 1931 S. 55): „Der Gerichtshof erklärt den Rechtsweg für unzulässig für Klagen, durch die auf Grund Gemeingebrauchs das Recht bestritten wird, an öffentlichen Straßen ein Sondernutzungsrecht in Anspruch zu nehmen und auf dieser Grundlage für an sich aus dem Gemeingebrauch sich ergebende Handlungen Gebühren zu erheben." Vergl. dazu Thoma, Ein zu Unrecht erhobener Kompetenzkonflikt, Bay Verw Bl, 1931, S. 308.

den Konstruktion beruht schon in den Voraussetzungen: in der Auffassung des Wesens der öffentlichen Sache, in der Rechtsstellung der an ihr beteiligten Personen und in der Zuteilung der einschlägigen Rechtsbeziehungen zum öffentlichen oder privaten Recht. Es kommt daher weniger auf eine Widerlegung der Theorie im einzelnen, als auf eine klare Herausarbeitung der von anderen Voraussetzungen ausgehenden eigenen Theorie an.

II.

1. Im Gegensatz zu der herrschenden bayerischen Theorie hat Steinbach[403]) in eingehenden Darlegungen versucht, die „öffentliche Wegeservitut" wirklich ins öffentliche Recht zu verlegen. Er hält sie — vielleicht, wenn auch unbewußt, beeinflußt von Günther Holstein — für eine öffentliche Eigentumsbeschränkung oder eine öffentlich-dingliche Last. Dadurch wird das Problem der Grenzabscheidung des öffentlichen vom Privatrecht ungleich schwieriger. Es ist nun vor allem die Frage zu lösen, welchen Inhalt die Rechtsstellung der Träger öffentlicher Verwaltung hat, die durch ein freiwilliges oder erzwungenes Unterwerfungsverhältnis öffentlicher Art seitens der Substrateigentümer entsteht, und ferner, wie mangels jeder Rechtsnorm über die Reichweite der öffentlichen Gewalt in einem solchen Fall die ideologische Konstruktion normativ gerechtfertigt werden soll. Diese Schwierigkeit hat Steinbach nicht zu lösen vermocht. Ebensowenig hat er sich von der Vorstellung befreien können, das verwaltungsrechtlich Wesentliche sei die Untersuchung des Verhältnisses zum Grundflächeneigentümer.

2. Auch Wörner[404]) weicht insoferne von der herrschenden Lehre ab, als er zur Begründung der Verfügungsgewalt nicht ein „dingliches" Privatrecht (Eigentum oder Wegeservitut) verlangt, sondern die formlose Zustimmung des Eigentümers für hinreichend erklärt, die ein Rechtsakt nicht des bürgerlichen, sondern des öffentlichen Rechts sei. Er glaubt, schon durch eine solche Zustimmung werde eine „öffentlichrechtliche" Dienstbarkeit begründet, die ihrer Natur nach dem öffentlichen Rechte angehöre, nicht etwa bloß öffentlichen Zwecken diene, und die daher wie öffentliche Rechte überhaupt der Eintragung im Grundbuch weder bedürftig noch fähig sei. Inhalt der öffentlichrechtlichen Wegdienstbarkeit sei die Verpflichtung eines

[403]) Auf das vielverschlungene Detail der Steinbach'schen Theorie, dessen Widerlegung allein eine Abhandlung ausmachen würde, kann hier nicht eingegangen werden. Vergl. seine Aufsätze, Die öffentlichen Wegservituten Bay Verw Bl 1926 S. 353: Über die öffentlichen Wegservituten, Bay Verw Bl 1927, S. 261 und dazu Neff, Öffentliche Wege Bay Verw Bl 1926, S. 420. Dittmann, Nochmals die öffentlichen Wegservituten, Bay Verw Bl 1927, S. 49 und 1929, S. 343. Ferner Steinbach Neue Studien über das Wegerecht, Bay Verw Bl 1931 S. 189.

[404]) Kommentar zur GO, S. 199.

Eigentümers, die Herstellung, Unterhaltung und Bereitstellung eines öffentlichen Weges zur allgemeinen Benutzung zu dulden. Sie verpflichte den jeweiligen Grundstückseigentümer und schaffe nur Rechtsbeziehungen zwischen diesem und dem Inhaber des Wegerechts, nicht auch den Wegebenützern.

Von Wörners Theorie in diesem Punkte ist das gleiche zu sagen wie von der Steinbachs[405]). Doch ist sie, was das Verhältnis des Sachträgers zum Substrateigentümer anlangt, klarer als diese; das Rechtsverhältnis zwischen Sachträger und Sachbenützer dagegen bleibt wie bei Steinbach ungeklärt.

3. Sind die Meinungen von Steinbach und Wörner in sich geschlossen, so fehlt die logische Geschlossenheit einer ebenfalls hier einschlägigen Theorie, nämlich der von Eymann über das öffentliche Eigentum im Wasserrecht.[406]) Er schreibt das öffentliche Eigentum an allen nutzbaren Gewässern dem Staate zu und zwar auch z. B. an den Gemeindeflüssen, überhaupt an allen Gewässern, bei denen der Staat nicht Sachträger ist. Er versteht unter dem Begriff des „öffentlichen Eigentums" drei verschiedene Bedeutungen, die miteinander absolut unvereinbar sind, nämlich einmal das öffentliche Eigentum im Sinne von Otto Mayer, auf dessen Lehre er sich auch ausdrücklich beruft. Sodann öffentliches Eigentum in dem Sinne, daß der Staat das Eigentum nicht zum Privatvorteil ausnutzen darf, sondern „im Interesse der Allgemeinheit" verwenden muß. Schließlich versteht er aber unter dem öffentlichen Eigentum des Staates die Tatsache, daß dem Staate „die Regelung und Beaufsichtigung der Wasserausnützung zugunsten der Allgemeinheit obliegt". Im Anschluß an Du Chesne arbeitet er auch noch mit dem Begriff des „dynamischen" im Gegensatz zum „statischen" Eigentumsbegriff.

Es liegt auf der Hand, daß diese einzelnen Begriffsbestimmungen sich selbst gegenseitig aufheben. Angesichts dieser bedenklichen Wendung im bayerischen Schrifttum ist es durchaus verständlich, daß die herrschende Lehre, Rechtssprechung und Praxis an der über einen ungleich wertvolleren Bestand ideologisch tiefer und zugleich praktisch brauchbarer Gedanken verfügenden Theorie von Kahr, Seydel und Dyroff festgehalten hat.[407])

§ 22. Die Theorie des Reflexes objektiven Rechts.

Während die eben skizzierte Theorie alle auftauchenden Einzelfälle des Rechts der öffentlichen Sache aus einer geschlossenen Idee heraus zu lösen

[405]) Beide gehen aus von den Gedanken von Rösch, Bayr. Gem. O. 1923, S. 74 ff. und suchen deren Fehler — freilich vergeblich — zu vermeiden. Beide suchen das Wesentliche des Wegerechts irrtümlich im Verhältnis zum Substratseigentümer.

[406]) Eymann, Kommentar zum bayr. Wassergesetz, 1928, II, S. 528 ff.

[407]) So insbes. die ausführliche Entscheidung des VGH Bd. 49 S. 25 ff.

sucht, bezieht sich die Theorie des „Reflexes objektiven Rechts" oder „des Reflexrechts" nur auf die konstruktive Erklärung des Gemeingebrauchs und die Anwendung dieser Konstruktion auf den Sachverhalt. Als typisch für diese Theorie werden die Auffassungen von Gg. Jellinek und von Fleiner gewählt.[408]) Die Theorie ist im übrigen außerordentlich weit verbreitet und in verschiedenen der schon behandelten Typen — als Lösung einer Nebenfrage — mit erhalten.

I.

1. Jellinek unterscheidet zwischen Rechtssätzen, die nur staatlichen Zwecken dienen, und solchen, die daneben auch individuellen Zwecken dienen.[409]) Indem die Rechtssätze des öffentlichen Rechtes im Gemeininteresse den staatlichen Organen ein bestimmtes Tun oder Unterlassen geböten, könne das Resultat dieser Aktion oder Nichtaktion bestimmten Individuen zugute kommen, ohne daß die Rechtsordnung beabsichtige, die Rechtssphäre gerade dieser Personen zu erweitern. In einem solchen Falle liege eine „Reflexwirkung des objektiven Rechts" vor. Der Unterschied der Norm, die Individualrechte begründe, von der anderen Norm, die nur objektives Recht konstituiere, liege formell darin, daß im letzten Fall der Rechtsschutz versagt werde, materiell darin, daß im ersten Fall ein von der Rechtsordnung ausdrücklich oder implicite anerkanntes Individualinteresse vorliege. Das formal-juristische Kriterium, ob aufgrund des positiven Rechts eine Norm bloß dem Gemeininteresse oder auch dem individuellen Interesse zu dienen bestimmt sei, liege darin, ob dem Individuum die Fähigkeit gegeben sei, Normen des öffentlichen Rechts in seinem Interesse in Bewegung zu setzen oder nicht.[410]) Wie weit der Gesetzgeber bei Abgrenzung des materiellen Gemeininteresses vom materiellen Einzelinteresse gehe, sei in vielen Fällen Sache seines Ermessens. „Nur läßt sich ein großer geschichtlicher Zug in allen modernen Staaten konstatieren, den Kreis der formellen Rechte fortwährend zu erweitern."[411])

2. Unter den verschiedenen Beispielen für Reflexwirkungen objektiven Rechts führt Jellinek die „Rechte" auf den Gemeingebrauch öffentlicher Sachen auf.[412]) Jellinek unterscheidet, indem er das eine Mal die objek-

---

[408]) Georg Jellinek, System der subjektiven öffentlichen Rechte, 2. Auflage, 1905, hier insbes. S. 67 ff. Fleiner, Institutionen des deutschen Verwaltungsrechts, 8. Aufl. S. 172 ff. Laue, Rechtscharakter des Gemeingebrauchs, Verw Arch Bd. 34, S. 297 ff, hier S. 452; dortselbst auch Übersicht über Vertreter und Gegner.

[409]) a.a.O. S. 69.

[410]) a.a.O. S. 79.

[411]) a.a.O. S. 71.

[412]) a.a.O. S. 74.

tive, das andere Mal die subjektive Beziehung zur Norm auffaßt, zwei Arten der „Öffentlichkeit". Im einen Sinn bestehe sie „in den Rechtssätzen, welche die Zulassung des Publikums zu ihrem Gebrauche darbieten".[413]) Im anderen Sinn[414]) bestehe sie „in der Verpflichtung, mit jedermann unter bestimmten Bedingungen ihrem Inhalte nach im vornhinein fixierte Rechtsgeschäfte abzuschließen". Aus diesen Rechtsgeschäften läßt er aber „individuale Rechte" „streng privatrechtlichen Charakters" entstehen.[415]) Der Kontrahierungszwang sei eine öffentlichrechtliche Pflicht, der aber kein öffentlichrechtlicher Rechtsanspruch gegenüberstehe, sondern in der Person des Benützers nur eine Reflexwirkung objektiven Rechts. Ein „individueller publizistischer Anspruch auf Benutzung" liege nur vor, „wenn der Staat individualisierende Bedingungen hierfür festsetzt".[416])

3. Aus diesen Konstruktionen will Jellinek überraschenderweise die „Unhaltbarkeit der Idee eines öffentlichen Sachenrechts" folgern,[417]) obwohl doch gerade diese Konstruktionen die Rechtspflichtstellung des Trägers der öffentlichen Sache herausarbeiten und die öffentliche Sache — Jellinek spricht selbst immer von der „Öffentlichkeit" — als ein Rechtsverhältnis erkennen lassen, die Gesamtheit dieser Rechtsverhältnisse aber eben das öffentliche Sachenrecht im objektiven Sinn bildet.

4. Ein entschiedener Anhänger der Reflextheorie in neuerer Zeit ist Fleiner. Seine Unterscheidung des Reflexes vom subjektiven Recht ist aber, wie er wohl selbst empfunden haben mag,[418]) unbefriedigend. Er trennt die Realisierung der staatlichen Leistungen an den Bürger, die in der Form des allgemeinen Anspruchs der Bürger auf Vollziehung der Gesetze vor sich geht, von jener Form, wonach jedem einzelnen genau abgegrenzte Ansprüche zugebilligt werden, so daß der einzelne der verpflichteten Behörde gegenübertritt wie ein Gläubiger dem Schuldner. Im ersten Fall sollen Normen bloß objektiven Rechts vorliegen, im zweiten Fall dagegen subjktive öffentliche Rechte auf bestimmte staatliche Leistungen. Er hält diese Unterscheidung für eine rechtsstaatliche Erfindung, insoferne als durch die Erhebung des Anspruchs des einzelnen zum subjektiven Recht eine wesentliche Verstärkung seiner Rechtsposition eintritt. Er glaubt, wenn die Behörden bei der Gewährung von Leistungen nach freiem Ermessen handeln dürften, könnten subjektive öffentliche Rechte

[413]) a.a.O. S. 74.

[414]) Dies jedoch nur bei den öffentlichen Sachen, die „durch Statuierung eines Kontrahierungszwangs jedermann zugänglich sind." (S. 75).

[415]) a.a.O. S. 75.

[416]) a.a.O. S. 76.

[417]) a.a.O. S. 76.

[418]) Vergl. a.a.O. S. 176: „Subjektives Recht und Reflex objektiven Rechts unterscheiden sich durch kein äußeres Merkmal. Darin liegt die formale Schwäche des Gegensatzes."

nicht vorliegen; denn hier muß die Behörde die Möglichkeit behalten, die den einzelnen zugesicherten Vorteile zu mindern, zu entziehen oder sie nur einem beschränkten Personenkreis zukommen zu lassen, ohne dabei auf iura quaesita zu stoßen". Unter diesem Gesichtspunkt rechnet er die „Ansprüche der einzelnen auf Benützung der öffentlichen Straßen", vorbehaltlich positiver Normen, nicht zu den „Individualrechten". Trotzdem er selbst betont, daß beide Formen sich durch kein äußeres Merkmal unterscheiden, glaubt er doch, es müßte „auf Grund sorgfältiger Gesetzesauslegung für jedes Institut" besonders festgestellt werden, ob die eine oder die andere Form gewollt sei.

II.

1. Aus der Theorie des Reflexes objektiven Rechts kann trotz der ausdrücklichen Ablehnung der Idee des öffentlichen Sachenrechts durch Jellinek als Baustein für die hier vorzunehmende Konstruktion mehr entnommen werden, als aus mancher anderen der vorgeführten Theorien. Verfehlt ist zwar Jellineks Grenzscheidung des öffentlichen vom privaten Recht und seine Meinung, aus der Verpflichtung des Trägers der öffentlichen Sache zum Eingehen von Nutzungsrechtsverhältnissen entsprängen subjektive Privatrechte. Die Auffassung der Öffentlichkeit als einer Verpflichtung dagegen ist nicht weniger bemerkenswert, als der Versuch, mit der Vorstellung des Rechtsreflexes die eigentümliche Stellung des Benützers vom Träger der öffentlichen Sache zu erklären. Der Versuch dürfte allerdings insoferne als nicht gelungen anzusehen sein, als die materielle Scheidung des Rechtsreflexes vom subjektiven Recht an der Unbestimmtheit des Interessenbegriffs scheitert, und als die formale Scheidung nach Jellineks eigener — übrigens auch zutreffender — Auffassung nur einen Teil der Fälle deckt. Das folgerichtige Weiterdenken des Jellinekschen Versuchs einer rechtlichen Qualifizierung der Nutzzieher- und der Benützerstellung muß zum Anwartschaftsbegriff führen, der imstande ist, das rechtliche Verhältnis der beteiligten Rechtssubjekte zur Rechtsnorm logisch geschlossen zu erklären.

2. Was aber die Fleiner'sche Auffassung anlangt, so ist sie in konstruktiver Hinsicht schwächer als die von Gg. Jellinek. Schon die Begriffsbildung ist unglücklich. Der Ausdruck „Interessenvollziehungsanspruch", den Fleiner für den Reflex des objektiven Rechts vom Blickpunkt des Begünstigten aus gesehen, geprägt hat, könnte ebensogut die wirklichen subjektiven öffentlichen Rechte bezeichnen. Wenn sich die beiden Formen durch kein äußeres (formelles) Merkmal unterscheiden — gemeint ist als Gegensatz wohl das innere (materielle) Gewicht des in Frage stehenden Interesses —, wie soll dann durch sorgfältige Auslegung des Gesetzes

ermittelt werden können, ob die eine oder die andere Form gewählt werden wollte, wie soll erkannt werden, ob eine „Erhebung" zum subjektiven öffentlichen Recht stattgefunden hat? Verfehlt ist die Verknüpfung des „Reflexes" objektiven Rechts mit den Fällen des „freien Ermessens". Rechtsansprüche können auch dort vorliegen, wo der Verpflichtete innerhalb eines Ermessensspielraumes handeln darf. Das Ermessen betrifft nicht die Existenz des Rechtsanspruchs, sondern seinen Inhalt. Die Beschränkung des Ermessensspielraums braucht mit der Stärke der Rechtsposition des Benützers nicht Hand in Hand zu gehen. Es gilt nicht der Satz: Je größer die Beschränkung (Bindung, Verpflichtung) des Trägers öffentlicher Verwaltung, desto stärker die Rechtsposition des Benützers. Die Bindung dahin, ob Vorteile gewährt, gemindert oder entzogen werden können und müssen, kann ja auch gegenüber anderen Personen erfolgen, als gegenüber den Benützern.

Das Wertvolle an der Reflextheorie — gerade das kommt allerdings bei Fleiner in Gegensatz zu Gg. Jellinek nicht genügend deutlich zum Ausdruck — ist die Erkenntnis, daß neben die materiellen Stufen vom Interesse bis zum Rechtsanspruch auch noch formale Stufen treten müssen, um alle Fälle vom Nichtrecht bis zum Recht begrifflich erfassen zu können. Eine formale Unterscheidung muß aber fußen auf der Relation zur Rechtsnorm. Eine materielle Unterscheidung kann sich daneben beschäftigen mit der Abwägung des Interesses. Beide Wege führen zu der hier später vorzunehmenden Konstruktion. Dadurch, daß die Theorie des Reflexes die formale Unterscheidung außer acht läßt, wie bei Fleiner, oder in einem unrichtigen Punkt sucht, wie bei Jellinek (im prozessualen Rechtsschutz), muß sie letzten Endes scheitern.

§ 23. Die Theorie des domaine public.[419])

In der deutschen Verwaltungsrechtswissenschaft besteht vielfach die Auffassung, daß die Lehre vom öffentlichen Eigentum, wie sie Otto Mayer entwickelt hat, dem französischen Verwaltungsrecht entnommen sei. Eine solche Auffassung kann indessen schon im Hinblick auf den Inhalt der französischen Lehre nicht zutreffend sein.

1. Zu beachten ist zunächst, daß auch die französische ebenso wie die in Deutschland entwickelte Lehre vom öffentlichen Eigentum nicht klarer In-

[419]) Im Rahmen von Hauptproblemen des deutschen öffentlichen Sachenrechts kann nicht eine eigene dogmengeschichtliche Untersuchung über den domaine public gegeben werden. Für die Zeit vor 1902 hat Layer, Prinzipien des Enteignungsrechts, 1902, S. 623 ff. eine knappe, aber lehrreiche Übersicht gegeben. Auch für die Gegenwart wäre eine Dogmen- und Ideologienkritik des domaine public von Wert. Hier können indessen nur einige Hinweise zur Frage des Zusammenhangs der Lehre mit deutschen Theorien gegeben werden.

halt von Rechtsnormen, sondern ideologischer Natur ist, wenn auch selbstverständlich jeder Vertreter einer Theorie seine Ideologie für den richtigen Inhalt der Rechtsnormen hält.[420]) Nur über verhältnismäßig wenige grundlegende Punkte ist übrigens unter den verschiedenen Meinungen im französischen Verwaltungsrecht Einigkeit hergestellt, während wichtige Punkte bestritten sind.[421])

2. Bezeichnend ist weiter, daß gerade die herrschende Auffassung in Frankreich unter domaine public etwas ganz anderes versteht, als das deutsche Verwaltungsrecht unter dem Begriff „Öffentliches Eigentum".[422]) Es empfiehlt sich, um eine Verwirrung schon durch die Benennung tunlichst zu vermeiden, den Begriff domaine public wiederzugeben mit „Öffentliches Gut", die Bezeichnung „Öffentliches Eigentum" dagegen vorzubehalten für den Begriff „propriété publique". Die deutsche Auffassung ist tiefschürfender; sie stellt auf das Recht, nicht auf das außerrechtliche Substrat ab.

Als rechtlich wesentliches Merkmal des „Öffentlichen Gutes" bezeichnet die von Berthélemy repräsentierte herrschende Auffassung die Unverfügbarkeit, bestehend in der inaliénabilité, der imprescriptibilité, der insaisissabilité und der impossibilité d'expropriation.[423]) Ob man diese Rechtslage als „Öffentliches Eigentum" bezeichnen will, scheint Berthélemy ein Streit um Worte zu sein,[424]) allerdings zu Unrecht; denn was er

---

[420]) Vergl. Layer, a.a.O. S. 630, wonach die Theorie von domaine public nicht ein besonderes Recht, sondern eine besondere Rechtsanschauung sei. Dazu auch Haurion, Précis de Droit Administratif et de Droit Public, 9. Aufl., S. 742, Fußnote 1: „La division du domaine national en un domaine public et un domaine privé, telle que nous l'entendons aujourd'hui, est le résultat d'un travail de jurisprudence et de doctrine qui s'est opéré sur les textes, elle est' l'oeuvre des premiers commentateurs et particulièrement de Proudhon; elle constitue une interpretation liée au texte qu'il serait aujourd'hui impossible «d'en séparer». Vergl. auch Jèze im Öff.R.Geg. S. 239: „Dieses Fehlen einer allgemeinen, genauen Gesetzesbestimmung erklärt die Erscheinung, daß die Theorie über das Eigentum — (gemeint ist von Jèze das öffentliche Eigentum) — bisher etwas unklar geblieben ist. Es sind noch viele Punkte, in denen keine Übereinstimmung erzielt worden ist."

[421]) Siehe vorhergehende Fußnote am Schluß, ferner Hauriou a.a.O. S. 715; Berthélemy, Traite Elémentaire de Droit Administratif,

[422]) Vergl. Berthélemy, a.a.O. S. 428/429 und dazu die abweichende Meinung von Jèze, a.a.O. S. 238, Fußnote 1. Wenn Jèze (S. 238) sagt, die Existenz eines öffentlichen Eigentums sei allgemein anerkannt, so meint er die Existenz des domaine public. Über den Bedeutungswandel des Begriffs siehe auch Layer, a.a.O. S. 624, Fußnote 1.

[423]) Siehe Berthélemy, a.a.O. S. 431. Übereinstimmend Hauriou, a.a.O. S. 714 und 715.

[424]) Siehe Berthélemy, a.a.O. S. 428: „Et c'est une restriction inintelligible que celle qui consiste à dire: c'est ici de propriété publique qu'il s'agit. Si par l'expression «propriété publique» on entend un droit sui generis qui n'est pas la propriété selon le droit civil; il ne s'agit plus que d'une querelle de mots; mais si la prétendue propriété publique reste la propriété, nous ne voyens pas en quoi l'adjectif qui en indique l'affectation en peut changer le caractère".

selbst darunter versteht, ist zweifellos kein „Öffentliches Eigentum" im Sinne eines besonderen Rechtssystems, sondern scheint auf nichts anderes als die „Theorie der Herrenlosigkeit" des öffentliches Gutes hinauszulaufen. Den Gesetzestexten, die die Bezeichnung propriété gebrauchen, legt er keine entscheidende Bedeutung zu, da sie zu dem erst in der neueren Zeit entstandenen verwaltungsrechtlichen Problem des öffentlichen Eigentums keine Stellung nehmen wollten.[425])

3. Schwieriger als Berthélemy's ist Hauriou's Lehre zu verstehen. Er schreibt den Verwaltungsbehörden offenbar ein treuhänderisches Eigentum am domaine public in der Weise zu, daß die Verwaltungsbehörden das Gut für die Allgemeinheit verwalten, da diese selbst kein Rechtssubjekt sei.[426]) Die Theorien der Herrenlosigkeit, die er für eine frühere Epoche für gerechtfertigt hält, verwirft er für die Gegenwart.[427]) Im übrigen erkennt er der Widmung (affectation) eine so grundlegende Bedeutung zu, daß man fast geneigt ist, ihn zu jener Gruppe zu rechnen, die die Theorie der zweckgebundenen Privatrechte (Zweckbindung durch Widmung) vertreten.[428])

4. Beinahe noch größeren Eifer als auf die Theorien über das Wesen des öffentlichen Eigentums und des domaine public scheint das französische Verwaltungsrecht auf die Frage zu verwenden, was zum domaine public gehört;[429]) dabei wird Gewicht auf die Frage gelegt, ob auch bewegliche Sachen Bestandteile des domaine public sein können, was von den einen bejaht, von den anderen verneint wird.[430]) Hauriou begründet sein Bestreben, den Kreis der Sachen des domaine public möglichst weit zu ziehen, mit der (rechtspolitischen) Notwendigkeit, möglichst viele Substrate dem öffentlichen Schutz zu unterstellen: es ist die Ideologie des Polizeistaates.[431])

---

[425]) Berthélemy, a.a.O. S. 429.

[426]) Die entscheidenden Sätze dürften sein bei Hauriou, a.a.O. S. 716: «Le droit ne pouvait manquer de traduire en une theorie ces faits nouveaux; il a alors élaboré conception d'un domaine public devenu la propriété fiduciaire des services administratifs, c'est-à-dire des administrations publiques, pour le compte du public.» Und S. 714, Fußnote 1: «Le public, n'ayant en fait aucune individualité juridique, ne saurait être considéré comme propriétaire du domaine public, les administrations publiques en sont propriétaires à sa place et pour son compte.»

[427]) a.a.O. S. 715/716.

[428]) a.a.O. S. 716. Eher dafür als dagegen spricht die Tatsache, daß er sich bemüht, auch exegetisch nachzuweisen, daß der domaine public wirklich in einem propriété (Privateigentum) genannten Rechtsverhältnis stehe (siehe S. 729). Dazu die Ablehnung bei Berthélemy S. 429.

[429]) Der Streit ist im französischen Verwaltungsrecht alt, siehe Layer, a.a.O. S. 625. Über die neuere Kontroverse siehe Jèze, a.a.O. S. 241.

[430]) Siehe einerseits Berthélemy, a.a.O. S. 423 ff.; anderseits Hauriou, a.a.O. S. 738 ff.

[431]) a.a.O. S. 741.

5. Hinsichtlich der Rechtsbeziehungen zwischen den Benützern des domaine public und den Trägern der öffentlichen Verwaltung besteht ebenfalls die wünschenswerte Klarheit und Einheitlichkeit nicht. Wiederholt ist zwar von einem „droit de circulation", „droit de stationnement", „droit de place" die Rede.[432]) Ob damit allerdings gesagt sein soll, daß ein (subjektives öffentliches) Recht auf den Gebrauch anzunehmen ist, ist dadurch nicht hinreichend deutlich zum Ausdruck gekommen. Ein so genauer Kenner des französischen Verwaltungsrechts, wie Otto Mayer, verneint diese Frage.[433]) Ähnlich steht es mit der Bezeichnung police du domaine public, z. B. police de la voirie, wodurch allein noch nicht gesagt sein kann, daß es eine Polizei des öffentlichen Gutes im Sinne von Polizei der öffentlichen Sache gibt.

6. Schon wenige Proben zeigen, daß die Lehre vom domaine public im französischen Verwaltungsrecht durchaus nicht identisch ist mit der Lehre vom öffentlichen Eigentum im deutschen Verwaltungsrecht, wie ja überdies der Begriff der öffentlichen Sache wieder von den beiden anderen Begriffen abweicht. Am nächsten der deutschen Theorie Mayers scheinen die aufschlußreichen Darlegungen von Jèze[434]) aus dem Grunde zu kommen, weil dieser sich selbst bemüht, Mayers Lehre für das französische Verwaltungsrecht fruchtbar zu machen. Seine Tendenz geht dahin, die Bestandteile des domaine public als eine „besondere Kategorie der Güter"[435]) infolge des verstärkten öffentlichrechtlichen Schutzes anzusprechen. Die Ausnahmestellung, die das „öffentliche Eigentum" d. h. der domaine public im Gegensatz zu den Gütern des Privatrechts einnehme, beruhe in den „im Verhältnis zum gewöhnlichen Eigentum schwereren Lasten". Wie Mayer, so spricht auch Jèze von einer besonderen „Rechtsordnung" des öffentlichen Eigentums. Unklar ist auch bei ihm die Rechtsnatur der Gebrauchsausübung und das Wesen der Beziehung zwischen Benützer des domaine public und Träger der öffentlichen Verwaltung; es soll nicht ein Recht vorliegen, wie ein Forderungsrecht, sondern (!) „eine gesetzliche oder verordnungsmäßige Befugnis"[436]). Bei aller Hinneigung zu Mayer kann doch auch Jèze eine völlig veränderte Terminologie, damit aber auch infolge des manchen Begriffen üblicherweise beigelegten selbstverständlichen Inhalts auch eine veränderte Bedeutung, in seiner Theorie nicht vermeiden. Wie den Franzosen nach Mayers eigenem Geständnis seine Theorie des französischen Verwaltungsrechts einen höchst deutschen

[432]) Vergl. z. B. Hauriou, a.a.O. S. 786.

[433]) a.a.O. II. S. 141, Fußnote 9 am Ende.

[434]) a.a.O. S. 238 bis S. 271.

[435]) a.a.O. S. 243.

[436]) a.a.O. S. 257. Ähnlich die bei Mayer, a.a.O. II, S. 142, Fußnote 11, Aufgeführten.

Eindruck gemacht hat[437]), so macht auch die Jèze'sche Lehre vom öffentlichen Eigentum nicht den eines Anhängers von Mayer, der er ja sein will, sondern den einer nach durchaus französischen Ideologien umgestalteten Mayer'schen Theorie.

Jedenfalls ist die französische Lehre des domaine public nicht eine Summe von Rechtsnormen, sondern eine ideologische Interpretation gewisser inhaltsschwacher Normen (insbesondere code civile 530—541), die eine umfassende Inhaltskapazität aufweisen.[438]) Die Interpretation ist ihrerseits nicht ein festgefügtes und bestimmtes System, sondern eine selbst in den Grundlinien auseinandergehende Theorie. Neben der Theorie der Herrenlosigkeit, die wohl die herrschende ist, wird die Theorie des treuhänderischen Privateigentums und neben diesen[439]) die Theorien des reinen Privateigentums und des Hoheits- oder Souveränitätsrechts, und endlich — aber keineswegs im Vordergrund stehend — auch eine französischrechtlich modifizierte Lehre vom öffentlichen Eigentum (propriété publique zum Unterschied von domaine public) vertreten, von der aber der Verdacht nicht ganz unterdrückt werden kann, daß Otto Mayer selbst — hauptsächlich mit seiner „Theorie des französischen Verwaltungsrechts"[440]) — der geistige Urheber ist. Wenn auch die mannigfach schillernde französische Lehre dem deutschen öffentlichen Sachenrecht einige Anregungen geben kann, so kann doch auch kein Zweifel darüber bestehen, daß das französische Verwaltungsrecht manches von den ungleich problemhafteren und mehr auf den Zusammenhang mit den Grundfragen des Rechts überhaupt gehenden deutschen Theorien zu lernen hat.

3. Die positivrechtlichen Grundlagen.

§ 24. Die positivrechtliche Regelung im allgemeinen.

I.

1. Zu den Grundlagen für die Konstruktion und für die Dogmatik des öffentlichen Sachenrechts gehören neben den allgemeinen Begriffen und neben den bestehenden Theorien vor allem die positiven Normen. Es ist kein Zufall, daß die Darstellung der Ideengeschichte der Aufführung des

---

437) Vorwort für 2. Auflage seines „Deutschen Verwaltungsrechts".

438) Bemerkenswert ist, daß das belgische Verwaltungsrecht trotz der gleichen gesetzlichen Grundlagen vielfach zu ganz anderen ideologischen Ergebnissen gelangt ist; siehe Layer, a.a.O. S. 630.

439) Wie Layer, a.a.O. S. 627 ff. nachgewiesen hat.

440) Otto Mayer, Theorie des französischen Verwaltungsrechts 1886. Wie im Text: Erich Kaufmann, „Otto Mayer", im Verw.Arch. Bd. 30 S. 384.

positiven Rechts der öffentlichen Sache vorangestellt ist; denn wenn auch, hier wie sonst, die Normen den Kern der rechtswissenschaftlichen Untersuchung bilden müssen, so sind sie doch gerade im Gebiete des öffentlichen Sachenrechts einerseits der Zahl nach im Verhältnis zur Größe des Stoffgebietes so spärlich und anderseits ihrem über die geregelte Einzelheit hinaus bedeutsamen Gehalt nach häufig so dürftig, daß den Ideen und Theorien gerade hier eine ganz besondere Bedeutung zukommt.

Das Schrifttum und sogar das „positive Recht" der öffentlichen Sache ist übrigens mitunter seinem Inhalt nach „Verwaltungslehre". Es beschäftigt sich z. B. mit technischen Dingen oder Finanzierungsproblemen, etwa mit der zweckmäßigsten Bauart der Straßen. Man spricht vielfach nicht von „Straßenrecht", sondern von „Straßenwesen". Im „Wasserrecht" ist häufig von ganz abseits der juristischen Kernprobleme liegenden Dingen die Rede, wie der Verhütung von Überschwemmungen, der Gründung von Wassergenossenschaften, der hygienisch empfehlenswertesten Art der Abwässerbeseitigung u. a. All das kann selbstverständlich im vorliegenden Zusammenhang nicht in Betracht gezogen werden.

2. Bei der Untersuchung des positiven Rechts wäre es unzweckmäßig, sämtliche einschlägigen Normen des Reichs und aller deutschen Länder, etwa nach den einzelnen Staaten geordnet, vorzuführen. Ein bloßes Nebeneinanderreihen einer Fülle von Normen, die oft für das Gesamtbild nur geringeren Wert haben, oder bei denen sich das juristisch Wichtige ständig wiederholt, wäre die notwendige Folge. Eine solche Sammlung zu einer Art statistischer Übersicht kann nicht Aufgabe einer rechtswissenschaftlichen Untersuchung bilden.

Wenig zweckmäßiger ist die Aufführung all dieser Normen, gegliedert nach einzelnen Rechtsstoffgebieten, also etwa dem Gebiete des Wasserrechts, des Wegerechts, des Friedhofsrechts usw. der einzelnen Staaten; denn einmal ist unter dem Sammelbegriff „Wasserrecht" usw., oder auch in einem bestimmten „Wassergesetz" eine ihrer Bedeutung für das Recht nach unterschiedliche Masse der verschiedenartigsten Rechtssätze vereinigt, für die man oft vergeblich ein juristisch erhebliches gemeinsames Merkmal sucht; sodann tritt aber bei dieser Gliederung gerade das nicht deutlich in Erscheinung, auf was es für die Konstruktion und Dogmatik ankommt, nämlich die Stellung der öffentlichen Gewalt im öffentlichen Sachenrecht. Zweckmäßigerweise wird aber schon das Material in Hinblick auf diesen grundlegenden Gesichtspunkt gesammelt und gesichtet.

3. Förderlich ist hiernach eine Behandlung des positiven Rechts in der Weise, daß eine Klassifizierung der Erscheinungen unter dem Gesichtspunkt stattfindet, inwieweit die Träger der öffentlichen Verwaltung an dem in

Frage kommenden Rechtsverhältnis beteiligt sind, wobei dann die daraus entwickelten Typen mit einigen Beispielen belegt werden können.

Auf eine erschöpfende Aufzählung kommt es nicht an, um das Wesentliche zu zeigen. Welche Substrate für öffentliche Sachen im allgemeinen in Betracht kommen, ist kein juristisches Problem. Einer Katalogisierung solcher Substrate, wie sie das französische Verwaltungsrecht und die älteren zivilistischen Theorien ausführlich enthalten, bedarf es daher nicht. Sie kann der Verwaltungslehre überlassen bleiben. Aus den an den verschiedenen Stellen aufgeführten Beispielen wird übrigens genügend klar hervorgehen, welche Substrate nach der hier vertretenen Auffassung darunter fallen. Wesentlich ist nicht der Kreis der Erscheinungen, sondern der konstruktive Kern.

II.

1. Um jene verschiedenen Substrate, die für die öffentlichen Sachen in Betracht kommen, pflegt eine Reihe von Rechten und Pflichten zwischen Rechtspersonen gedanklich gruppiert zu werden. Diese Rechte und Pflichten in ihrer Gesamtheit stehen nicht derart in enger Beziehung zueinander, daß es berechtigt wäre, von einem einheitlichen öffentlichen Sachenrechtsverhältnis zu sprechen. Das Wort „eines" in dem Satz von Lassar: „Der öffentliche Weg ist Gegenstand eines Verwaltungsrechtsverhältnisses"[441]) ist daher nicht unbedenklich. Zwar ist es gebräuchlich, auch eine Summe von Rechtsbeziehungen gleicher Art und zwischen den gleichen Personen als Rechtsverhältnis zu bezeichnen, aus dem dann verschiedene Einzelansprüche und Einzelverbindlichkeiten entspringen können. Allein die irgendwie mit der öffentlichen Sache zusammenhängenden Rechtsbeziehungen in ihrer Gesamtheit eignen sich nicht für eine solche Zusammenfassung. Sie sind von der unterschiedlichsten Natur, bestehen zwischen den verschiedensten Personen oder sind in der gleichen Person einmal Rechtsanspruch, ein andermal Rechtspflicht.

2. Man kann die rechtliche Beteiligung von Personen an solchen Rechtsverhältnissen zurückführen auf sechs Grundformen, nämlich die Stellung als Herr oder Träger der öffentlichen Sache, als Benützer der öffentlichen Sache, als Eigentümer des Sachensubstrats, als Polizei der öffentlichen Sache, als Bau- und Unterhaltspflichtiger und endlich als Anlieger. Nicht bei allen öffentlichen Sachen liegt eine Rechtsbeteiligung in allen sechs Grundformen vor.

Innerhalb mancher Grundformen kann eine weitere Gliederung in verschiedene Personen eintreten. So verhält es sich z. B. dann, wenn für eine polizeiliche Regelung mehrere Behörden, mitunter fakultativ, mitunter

[441]) Lassar, Grundbegriffe des preußischen Wegerechts, 1919, S. 6.

kumulativ, berufen sind, z. B. nach § 30 Kraftfahrzeugverordnung, dann im bayerischen Recht das bayerische Staatsministerium des Innern (siehe z. B. Straßenverkehrsordnung vom 8. 5. 1926), die Regierungen, K. d. J., die Bezirks- und Ortspolizeibehörden (vergl. Art. 2 und 5, und hinsichtlich der Konkurrenz der erlassenen Anordnungen Art. 10 des Polizeistrafgesetzbuchs, dann Art. 54 Gemeindeordnung), wobei die Stellung der Bezirkspolizeibehörde auch hinsichtlich der Ausübung der polizeilichen Befugnisse inbezug auf die gleiche Sache im einzelnen wieder geteilt sein kann, z. B. zwischen staatlicher Polizeidirektion als Verkehrspolizeibehörde und städtischer Lokalbaukommission als Baupolizeibehörde, von welch beiden polizeilichen Geschäftskreisen die Trägerschaft der öffentlichen Sache hier besonders sorgfältig zu trennen ist.

3. Anderseits erfolgt zuweilen eine Zusammenfassung mehrerer Grundformen in der gleichen Rechtsperson. So ist es im preußischen Wegerecht, in dem Wegepolizeibehörde und Wegeherr (Wegeträger), oder im sächsischen Wegerecht, in dem Wegeherr und Wegeunterhaltspflichtiger grundsätzlich zusammenfallen[442]); letzteres ist auch der Fall im Staatsvertrag vom 31. 3. 1921, § 1, über den Übergang der Wasserstraßen auf das Reich, und zwar hinsichtlich derjenigen Brücken und Fähren an künstlichen Wasserstraßen, die durch Herstellung der Wasserstraßen notwendig waren.

Es kann als ein verhältnismäßig seltener Fall bezeichnet werden, daß alle sechs Grundformen in sechs verschiedenen Rechtsträgern verwirklicht sind; dagegen ist es nicht so, als ob manche Grundformen immer zusammenfallen müßten; so ist z. B. eine Trennung der Wegeherrschaft (Wegeträgerschaft) und der Wegebaulast in Bayern durchgeführt bei den Feld- und Waldwegen nach Art. 29 GO (Gemeindeweg, trotzdem Anlieger unterhaltspflichtig), oder in den Fällen des Art. 28 Abs. II GO (Gemeindeweg, jedoch ein Dritter kraft öffentlichrechtlichen Titels baupflichtig). In allen Fällen der Zusammenfassung ist für die juristische Begriffsbildung eine scharfe Trennung unerläßlich.

4. Endlich ist nach manchen Gesetzen die eine oder die andere der Grundformen überhaupt nicht möglich. So ist z. B. nach dem württembergischen Wassergesetz vom 1. 12. 1900 ein Eigentum und ein Eigentümer bei öffentlichen Flüssen ausgeschlossen.

5. Das Bündel von Rechtsverhältnissen, das sich um die öffentliche Sache gruppieren läßt, kann man unter Zugrundelegung der sechs Grundformen in einzelne Gruppen zerlegen. An dem folgenden Beispiel aus dem bayerischen Wegerecht wird dies veranschaulicht.

---

[442]) Vergl. für Preußen § 57 des Zuständigkeitsgesetzes und für Sachsen Mandat den Straßenbau betreffend vom 28. 4. 1781 und Gesetz über die Wegebaupflicht vom 12. 1. 1870.

a) Das Rechtsverhältnis zwischen dem Grundstückseigentümer und dem Wegeherrn betrifft die öffentlichrechtliche Frage der Verfügungsbefugnis, die, wie noch zu zeigen sein wird, die Voraussetzung des Inhalts der Selbstverpflichtung des Wegeherrn darstellt.

Zur Wegepolizeibehörde tritt der Grundstückseigentümer selten in unmittelbare Rechtsbeziehungen; es käme allenfalls die polizeiliche Verhütung von strafbaren Handlungen (§ 321 R Str. G B) in Frage.

Soweit Rechtsbeziehungen zwischen dem Grundstückseigentümer und dem Wegebaupflichtigen bestehen, pflegen sie bürgerlichrechtlicher Natur zu sein (vergl. §§ 812 ff., 946 ff., § 911 BGB); ausnahmsweise kommen öffentlichrechtliche Beziehungen in Betracht (§ 28 R Gew O, § 17 des Reichspostgesetzes vom 28. 10. 1871).

Auch die Rechtsbeziehungen des Grundstückeigentümers und des Anliegers sind meist bürgerlichrechtlicher und zwar nachbarrechtlicher Art (§§ 903 ff. BGB).

b) Das Rechtsverhältnis des Wegeherrn zur Wegepolizeibehörde ist vielgestaltiger Natur; es handelt sich um die allgemeinen Fälle der Einwirkung der Polizei auf Grund des polizeilichen Unterordnungsverhältnisses.

Das Rechtsverhältnis des Wegeherrn zum Wegebaupflichtigen betrifft die Herstellung und Instandhaltung des öffentlichen Weges. Der Wegeherr ist hierbei sorgfältig zu trennen von der Staatsaufsichtsbehörde des Selbstverwaltungskörpers, sei es, daß dieser im besonderen Fall hinsichtlich der Wegeherrschaft oder hinsichtlich der Wegebaupflicht unter Staatsaufsicht steht.

Das Rechtsverhältnis des Wegeherrn zu den Anliegern enthält entweder Ansprüche des Wegeherrn gegenüber dem Anlieger und bezieht sich dann auf das Problem der sogenannten öffentlichrechtlichen Vorteilsausgleichung, oder auf Ansprüche der Anlieger gegenüber dem Wegeherrn und betrifft dann die sogenannte Anlieger-Entschädigung.

c) Das Rechtsverhältnis der Wegepolizeibehörde zum Wegebaupflichtigen bezieht sich auf den Fall der Instandhaltung aus polizeilichen Gründen. Auch hier darf der polizeiliche Zwang zur Wegeinstandhaltung nicht verwechselt werden mit dem Eingreifen der Staatsaufsichtsbehörde zur Erzwingung der Wegeinstandhaltung durch Selbstverwaltungskörper. Selbst wenn in einem solchen Fall die unmittelbare Instandhaltungspflicht auf Grund öffentlichrechtlicher Rechtspflicht nicht den Selbstverwaltungskörper betrifft, sondern den Dritten, besteht doch ein Rechtsverhältnis nur zwischen der Staatsaufsichtsbehörde und dem Selbstverwaltungskörper, und kann daher staatsaufsichtlicher Zwang nur gegen diesen, nicht gegen den

Wegebaupflichtigen gerichtet werden, während polizeilicher Zwang auch gegen den Wegebaupflichtigen möglich ist.

Das Rechtsverhältnis der Wegepolizeibehörde zu den Anliegern bezieht sich auf den ordnungsgemäßen Gebrauch der für den Verkehr bestimmten Straße.

d) Zwischen den Wegebaupflichtigen und den Anliegern bestehen nach bayerischem Recht, soweit ersichtlich, keine rechtlichen Beziehungen; möglich ist, daß beide Figuren hinsichtlich bestimmter Aufgaben in einer Rechtsperson zusammenfallen (vergl. Sandstreupflicht).

e) Der Wegebenützer tritt zum Grundstückseigentümer nur inbezug auf die Beeinträchtigung der etwa diesem zufallenden Nebennutzungen. Die Rechtsbeziehungen zwischen dem Wegebenützer und dem Wegebaupflichtigen führen zu dem Problem der sogenannten „Verkehrssicherungspflicht".

f) Einen Hauptgegenstand des Wegerechts endlich bildet das Rechtsverhältnis zwischen dem Wegebenützer und dem Wegeherrn. Hierher gehört in weiterer Folge auch das Problem des Wesens des öffentlichen Weges, seines Ursprungs, seines Bestands und seiner Endigung.

g) Endlich kommt zu den sechs Grundformen noch die Rechtsstellung der bereits mehrfach erwähnten Staatsaufsichtsbehörde, die ihre Tätigkeit vorzugsweise gegenüber dem Wegeherrn und dem Wegeunterhaltspflichtigen äußert.

III.

Da in dem erwähnten Bündel von Rechtsverhältnissen vor allem die Stellung der öffentlichen Gewalt geprüft werden soll, schält man zweckmäßigerweise diejenigen Typen heraus, in denen in irgend einer Rechtsbeteiligtenform der Staat auftritt, wobei man sich bewußt bleiben mag, daß auch ein unterstaatliches Rechtssubjekt Träger der öffentlichen Gewalt sein kann. Hiernach kommen als Typen in Betracht:

a) Der Staat als Träger oder Herr der öffentlichen Sache;

b) Der Staat als Eigentümer des Sachsubstrats;

c) Der Staat als Polizeibehörde der öffentlichen Sache.

Neben diesen Typen spielen die des Staates als Benützer, als Unterhaltspflichtiger und als Anlieger zwar ebenfalls eine gewisse Rolle, treten aber positivrechtlich an Bedeutung zurück. Dagegen ist die Regelung der Benützung durch den Staat bedeutungsvoll; aus rein systematischen Gründen werden die damit zusammenhängenden Fragen beim Typ Polizei behandelt.

Faßt man alle überhaupt möglichen Fälle unter dem Gesichtspunkt ins Auge, inwieweit der Staat daran beteiligt ist, so ergeben sich ca. 30 mögliche Fälle, z. B. Verbindung von Träger und Eigentümer, von Träger, Eigentümer und Polizei, von Träger, Eigentümer und Unterhaltspflichtiger usw., von deren Aufstellung im einzelnen jedoch hier abgesehen werden kann. Dagegen werden die erwähnten drei Haupttypen in ihrer reinen — d. h. nicht mit anderen Typen in der gleichen Person zusammenfallenden — Form im folgenden näher ins Auge gefaßt.

§ 25. Die drei reinen Typen und die Regelung der Benützung.

I.

Die praktisch wichtigsten Fälle von der Art, daß der Staat Träger der öffentlichen Sache ist, liegen vor bei den überaus zahlreichen Staatsstraßen und Staatsbrücken[443]), den Staatsflüssen und Staatsseen, den staatlichen Dämmen und dem Meeresstrand[444]), dann den Telegraphen-

[443]) Über das preußische Staatsstraßenrecht vergl. preußisches Gesetz vom 8. 7. 1875, sowie Gesetze vom 30. 4. 1873 und vom 19. 3. 1877 (sog. Dotationsgesetzgebung), dann die Wegeordnungen für einzelne Provinzen und Teile von ihnen, zusammengestellt bei Germershausen, Wegerecht und Wegeverwaltung in Preußen, 4. Aufl. 1931. — Für das bayerische Staatsstraßenrecht siehe außer den Formationsverordnungen (vom 9. 12. 1825, § 81; vom 17. 12. 1825, § 65 II; vom 1. 12. 1871 § 2 Ziff. 2 e) die Verordnung vom 7. 1. 1920, §§ 2 und 33; Verordnung vom 6. 5. 1923; dann auch die Verordnung über die Organisation des Staatsbauwesens vom 23. 1. 1872. — Für Württemberg vergl. Wegeordnung vom 23. 10. 1808, sowie Gesetz über Baulast und Brücken, die Teile einer Staatsstraße bilden, vom 11. 12. 1833. — Für Sachsen vergl. Mandat, den Straßenbau betreffend, vom 24. 4. 1781 (das Wegebaupflichtgesetz vom 12. 1. 1870 bezieht sich auf nichtstaatliche Wege). — Für Baden vergl. Straßengesetz vom 14. 6. 1884 sowie Vollz.-Verordnung hierzu vom 17. 1. 1885, für Hessen Gesetz über das Straßenwesen vom 15. 7. 1926; für Thüringen vergl. Gesetz vom 24. 7. 1928 (wohl das neueste deutsche Straßengesetz mit zum Teil interessanten konstruktiven Auffassungen).

Das internationale Recht ist dargestellt bei Neumeyer, Internationales Verwaltungsrecht, 3. Band, 1. Abt. 1926, S. 1 ff. (Straßenrecht), S. 23 ff. (Eisenbahnrecht), S. 85 ff. (Schiffahrtsrecht), S. 234 ff. (Luftfahrtsrecht); dann 2. Band, 1928 S. 1 ff. (Wasserrecht).

[444]) Preußen: siehe preußisches Wassergesetz vom 7. 4. 1913, im besonderen bezüglich der „Wasserläufe" (alle sog. „Wasserläufe erster Ordnung" sind in Preußen Staatsflüsse) vergl. §§ 1—195 des Gesetzes. — Bayern: Wassergesetz vom 23. 3. 1907, für öffentliche Staatsflüsse insbesondere Art. 2 einschlägig. — Für Sachsen: Wassergesetz vom 12. 3. 1909. — Für Baden: Wassergesetz vom 12. 4. 1913. — Aus neuester Zeit das Wassergesetz von Mecklenburg-Schwerin vom 9. 7. 1928; es ist in mancher Hinsicht dem preußischen Wassergesetz von 1913 nachgebildet, hat sich insbesondere der formalen Einteilung in Wasserläufe erster, zweiter und dritter Ordnung angeschlossen und die Sachträgerschaft an Wasserläufen erster Ordnung grundsätzlich dem Staate zugesprochen. Auch das „Eigentum" am Ostseestrand ist dem Staate zugesprochen. Über den Meeresstrand siehe ferner Laue Pr.Verw.Bl., Bd. 48, S. 377 ff. — Beachtlich sind auch die Hafengesetze (Hafenordnungen) der Hansastädte, das neueste (Bremen) vom 15. 4. 1928.— Über Dämme ist z. B. zu vergleichen das hessische Gesetz über das Dammbauwesen vom 14. 6. 1887 in Verbindung mit Art. 281 des hess. A.G. z. BGB. Darin wird das

wegen[445]) und den Festungswerken.[446]) Doch handelt es sich bei ihnen regelmäßig nicht um einen sogenannten reinen Typ, sondern um Zusammenfassungen mehrerer Grundformen.

Gerade die Herausschälung des reinen Typs in einigen, wenn auch selteneren Fällen beleuchtet aber das Grundsätzliche der Scheidung.

Ohne Eigentümer der Grundfläche und ohne unterhaltspflichtig zu sein, ist der Staat Träger des öffentlichen Weges bei Staatsstraßen des bayerischen Rechts in dem besonderen Fall der sogenannten Ortstraversen, das ist der innerhalb von zusammenhängend gebauten Siedlungen vorhandenen Straßenzüge, die Teile einer Staatsstraße sind[447]), falls eine auf einem besonderen Rechtstitel beruhende Pflicht der Gemeinde oder Ortschaft[448]) zur Unterhaltung begründet war und die Straßenstrecke nicht erst nach Inkrafttreten der bayerischen Gemeindeordnung von 1927 als Ortstraverse entstanden ist. In diesem Fall ist die Sachträgerschaft des Staates vom Eigentum und von der Unterhaltspflicht vollkommen getrennt.

Hierher zu rechnen ist auch der Fall, daß eine öffentliche Reichsstraße über bayerischen Staatsstraßengrund führt. Zwar ist die Existenz öffentlicher Reichsstraßen in Bayern bisher vom bayerischen Verwaltungsgerichtshof nicht ausdrücklich anerkannt worden. Sie könnte aber wohl ernstlich kaum bestritten werden, etwa in dem Fall, daß im Bereich des Areals eines Finanzamts, dessen Gebäude, wie üblich, im Eigentum des bayerischen Staates geblieben ist, das Reich die Verfügungsbefugnis besitzt und Träger des zum Gebäude führenden öffentlichen Weges ist. Hier ist ebenso wie das Eigentum auch die Polizei der öffentlichen Sache vom Sachträger getrennt. Polizeibehörden sind hier wie sonst im bayerischen Wegerecht die zuständigen Behörden der G e m e i n d e und des S t a a t e s.

„Eigentum" an den nach dem Inkrafttreten des Gesetzes errichteten Dämmen dem Staate zugesprochen (vergl. Art. 32 ff.). Über das (preußische) Deichrecht siehe die (auch historisch) interessante Abhandlung von Bochalli, Verw. Arch. 30. Band (1923), S. 432, mit Aufführung der positivrechtlichen Quellenstellen. Eine wertvolle Übersicht über die zum Problem „Trägerschaft" oder „Eigentum" an Wasserläufen einschlägigen positiven Normen des Landesrechts siehe bei Hofacker, Das Eigentum von Wasserläufen, Verw.Arch. 30. Bd. (1923), S. 161.

[445]) Vergl. Reichsgesetz über das Telegraphenwesen vom 6. 4. 1892 mit späteren Änderungen, seit 1. 1. 1928: Gesetz über Fernmeldeanlagen vom 14. 1. 1928, und vor allem Telegraphenwegegesetz vom 18. 12. 1899 mit späteren Änderungen.

[446]) Vergl. Reichsrayongesetz vom 21. 12. 1871, ferner Reichsgesetz vom 25. 8. 1924 über das Eingehen deutscher Festungen, das allerdings das grundsätzliche Problem nicht berührt. Vergl. über die zum dienstlichen Gebrauch einer Reichsverwaltung bestimmten Gegenstände überhaupt das Reichsgesetz vom 25. 5. 73 (Abänderungen, die aber nicht das Grundsätzliche berühren, durch RG vom 15. 4. 11 und 31. 12. 22).

[447]) Vergl. Art. 163 bayer. GO sowie für den früheren Rechtszustand Ver. vom 16. 8. 1805, jetzt aufgehoben durch Art. 169, Ziff. 11 GO.

[448]) Vergl. Art. 163 Satz 2 in Verbindung mit Art. 62 Abs. II bayer. GO.

Das preußische Wegerecht kennt zwar nicht die Bezeichnung Staatsstraße, wohl aber die Sache selbst.[449]) Die „Übertragung" der Staatsstraßen auf die Provinzen bedeutet keineswegs, daß der preußische Staat bei keiner Straße mehr Träger der öffentlichen Sache wäre; vielmehr sollte dadurch nur ausgesprochen werden, daß der preußische Staat grundsätzlich — von einigen Ausnahmen abgesehen[450]) — bei diesen Straßen nicht mehr unmittelbar unterhaltspflichtig sein, sondern, falls ihn überhaupt bezüglich der Unterhaltung noch eine Pflicht treffen sollte, diese nur darin bestehen sollte, daß an den unmittelbar unterhaltspflichtigen Provinzialverband Zuschüsse geleistet werden. Über die Trägerschaft der öffentlichen Sache ist damit nichts gesagt. Daß diese nicht bei den Provinzialverbänden zu suchen ist, zeigt sich z. B. darin, daß die Entwidmung nicht diesen, sondern Staatsbehörden zukommt.[451])

Im bayerischen Wasserrecht liegt der reine Typ der Sachträgerschaft des Staates in folgendem Falle vor: Öffentliche Flüsse stehen grundsätzlich auch im Eigentum des Staates[452]). Eine Ausnahme hiervon sieht Art. 207 WG vor, wonach die beim Inkrafttreten des Gesetzes bestehenden, auf Privatrechtstiteln beruhenden Eigentums-, Nutzungs- und sonstigen Rechte an den Gewässern aufrecht erhalten bleiben. Ist nun auch[453]) die positive Seite über den Bestand des Eigentums unklar, so ist doch die negative insoferne unmißverständlich, als beim Vorliegen eines bestimmten vorbehaltenen Rechtsverhältnisses weder öffentliches noch auch privates staatliches Eigentum bestehen kann. So gibt es in Bayern in der Tat öffentliche Flüsse, an denen die Sachträgerschaft des Staates kaum zweifelhaft ist, die aber doch streckenweise im Eigentum eines anderen Rechtssubjekts als des Staates stehen, z. B. die Isar im Stadtgebiet von München.[454]) Daß das Eigentum der Stadt hier, wie in anderen Fällen, auf einem Pri-

[449]) Vergl. preuß. Gesetz vom 8. 7. 1875, § 18, wodurch die Staatsstraßen den Provinzialverbänden übertragen wurden.

[450]) Vergl. die Wege im Sinne des § 1 II 15 ALR und Germershausen, Wegerecht und Wegeverwaltung in Preußen I, 2, S. 291.

[451]) Vergl. § 57 des preußischen Gesetzes über die Zuständigkeit der Verwaltungs- und Verwaltungsgerichtsbehörden vom 1. 8. 1883. Daß dabei Wegeträgerschaft und Wegepolizeibehörde gleichgesetzt wird, ist in anderem Zusammenhang zu behandeln. Jedenfalls ist die Trennung zur Unterhaltungspflicht klar und auch die Scheidung zu Sachträgerschaft und Eigentum ist übrigens bei Eymann zu vermissen; siehe a.a.O. Art. 1, § 36 des badischen Straßengesetzes vom 14. 6. 1884.

[452]) Vergl. Art. 2 des Ges. v. 23. 3. 1907. Über die Art dieses Eigentums siehe Eymann, Kommentar zum Wassergesetz, 1928, Art. 2, Anm. 2 a.

[453]) Wie Eymann, a.a.O. des näheren ausgeführt hat. Eine klare Trennung zwischen Sachträgerschaft und Eigentum ist übrigens bei Eymann zu vermissen; siehe a.a.O. Art. 1, Anm. 1 b, S. 516, Z. 6 von oben.

[454]) Jedoch ohne ihre Stadtbäche, bei denen abweichend vom rechtlichen Regelfall, obwohl sie Nebenarm eines öffentlichen Flusses sind, doch öffentliche Sachen nicht angenommen werden können. Vergl. Eymann, Art. 9, Anmerkung 9.

vatrechtstitel beruht, ändert selbstverständlich nichts an der Trennung des Eigentums am öffentlichen Fluß von der Sachträgerschaft („Herrschaft" über den öffentlichen Fluß) und ebensowenig daran etwas, daß diese sowohl beim Reich (Reichswasserstraßen) wie auch beim Land liegen kann. Auch wenn das Eigentum hiernach bei einer Stadt liegt, sind die Obliegenheiten des Sachträgers vom Staat auszuüben.[455])

Ein weiterer Fall des bayerischen Rechts besteht darin, daß eine Hochwassermulde nur zeitweise Nebenarm eines öffentlichen Flusses wird. Solange kein Wasser läuft, kann die Mulde in irgend jemands Eigentum stehen. An den „Eigentums"-Verhältnissen ändert sich auch dann nichts, wenn die Mulde während des Hochwassers Nebenarm wird. Der Nebenarm ist aber während dieser Zeit Bestandteil des öffentlichen Flusses. Er ist öffentliche Sache, Sachträger ist der Staat. Ähnlich dürfte der, soweit ersichtlich, noch nicht geklärte Fall zu beurteilen sein, daß ein an einer oder an beiden Abzweigungsstellen mit dem öffentlichen Fluß nicht mehr in Verbindung stehender Nebenarm, ein sogenanntes Altwasser, zwar Bestandteil eines öffentlichen Flusses bleibt, aber doch durch Erwerb den Eigentümer wechselt. Endlich ist in diesem Zusammenhang zu erwähnen, daß die Hafenanlage an einem öffentlichen Fluß im Eigentum einer Stadt steht; auch hier sind Sachträgerschaft und Eigentum getrennt und dem Staate kommt nur jene zu.

Im preußischen Wasserrecht ist grundsätzlich die Sachträgerschaft mit dem Eigentum verbunden und zwar bei Wasserläufen erster Ordnung in der Hand des Staates[456]), sei es des Landes oder des Reichs[457]). Der allgemeine Grundsatz der Zusammenfassung der beiden Funktionen ist indessen in folgenden Fällen durchbrochen: einmal bei altrechtlichen Verhältnissen[458]); sodann bei Veränderung der Klassenzugehörigkeit des Wasserlaufs, wenn nämlich ein Fluß zweiter oder dritter Ordnung zu einem Fluß erster Ordnung erhoben wird.[459]) In beiden Fällen kann jedoch der

[455]) Hierher gehören die Einlegung einer Vorrichtung zum Schiffahrtsbetrieb in den Fluß (Art. 29, Abs. 3 WG), die Erlaubniserteilungen beim sog. „erlaubnispflichtigen Gemeingebrauch" (siehe §§ 58—67 der Vollz.Vorschr. zum WG vom 3. 12. 07). Auch den Erlaß von Schiffahrts-, Floß- und Kanalordnungen (Art. 29, Abs. 1 WG und § 68 Vollz.Vorschr) wird man in diesem Zusammenhang nennen dürfen, trotzdem in dieser Vorschrift auf Art. 7 bayer. P.Str.GB verwiesen, also eine Vermengung der Sachträgerschaft und Ausübung der Polizei nicht vermieden ist.

[456]) Vergl. § 7 des Gesetzes vom 7. 4. 1913.

[457]) Vergl. Reichsgesetz vom 29. 7. 1921. Auch die Wasserläufe zweiter und dritter Ordnung im Sinne des preuß. Rechts wird man grundsätzlich — sofern nicht besondere lokale Verhältnisse vorliegen — zu den öffentlichen Sachen rechnen dürfen. In diesem Sinn wird wohl auch W. Jellinek, Verwaltungsrecht, S. 488 ff. zu verstehen sein. Unzweifelhaft ist die Rechtslage allerdings nicht.

[459]) § 11 Satz des Gesetzes.

[458]) Vergl. § 9 Satz 1 des preuß. Wassergesetzes.

Staat unter gewissen Voraussetzungen auch das Eigentum in Anspruch nehmen[460]); tut er es nicht, so ist er zwar Sachträger, aber nicht Eigentümer.[461])

Für Brücken gilt im bayerischen Recht nichts anderes als für Wege. Die Brücken sind Bestandteile der Wege, die über sie führen, und unterliegen den gleichen Rechtsverhältnissen wie diese[462]); daß nach Art. 78 des Wassergesetzes zur Errichtung nichtstaatlicher Brücken noch eine besondere Erlaubnis erforderlich ist, ändert daran nichts, da es sich hierbei lediglich um eine Vorbeugungsmaßregel aus dem Gesichtspunkt der Instandsetzung handelt.

Anders nach preußischem Recht. Hier können die Brücken selbständig Substrate öffentlicher Sachen darstellen.[463]) Das Verhältnis der Brücke zu dem über sie führenden Weg, das bereits das preußische ALR[464]) zu komplizierten Konstruktionen veranlaßt hat, ist zweifellos schwierig zu klären, dürfte aber verhältnismäßig dann am klarsten erscheinen, wenn der hier vertretenen Auffassung der öffentlichen Sache als eines Rechtsverhältnisses beigetreten wird.[465]) Da dem § 53 des preußischen Wassergesetzes, soweit die Unterhaltspflicht des Staates an den dort aufgeführten Brücken in Betracht kommt, nur subsidiäre Bedeutung zukommt[466]), ist es nötig, daß der Staat Träger der öffentlichen Sache ist, ohne Eigentümer und ohne unterhaltspflichtig zu sein. Will ein anderes Rechtssubjekt als der Staat eine „öffentliche Brücke" bauen, so bedarf er der Erlaubnis nach § 22 WG. Ob die Erlaubniserteilung kraft polizeilicher oder kraft sachen-

---

[460]) § 10 Abs I Satz 1 und § 11 Satz 2 des Gesetzes.

[461]) Auf einem anderen Gebiete liegt die begriffliche Vermengung der Sachträgerschaft mit den Polizeibefugnissen, die in Preußen nicht nur auf dem Gebiet des Wegerechts, sondern auch des Wasserrechts besteht. In § 342 des Gesetzes werden die Eigentumsbefugnisse mit den sachpolizeilichen Befugnissen schlechthin gleichgesetzt. Hierauf ist bei der Lehre von der Widmung näher einzugehen.

[462]) Vergl. Kahr, Gemeindeordnung, Band 1, S. 264 und 376. Eymann, Wassergesetz, II, S. 1123.

[463]) Vergl. Germershausen, Wegerecht usw. I, 2, S. 297, ferner die a.a.O. Fußnote 5 angegebene Rechtsprechung des preuß. Oberverwaltungsgerichts. Im allgemeinen wird man davon ausgehen können, daß im früheren Geltungsgebiete der gemeinrechtlichen und französisch-rechtlichen Normen Zubehöreigenschaft vorliegt, im früheren Geltungsgebiete des Allgemeinen Landrechts dagegen nur die Brücken über die nicht schiffbaren Flüsse Zubehör sind, während die anderen selbständige öffentliche Sachen darstellen; im Gegensatz zum bayr. Recht kommt es also hier auf die Rechtsnatur des Flusses, nicht des Weges an. Die Einzelheiten sind vielfach recht kompliziert.

[464]) § 38 II 15.

[465]) Die alte Regalientheorie des preuß. ALR wird auch heutzutage noch vertreten. Vergl. Germershausen, a.a.O. I, 2, S. 297: „Das Recht, Brücken über öffentliche Flüsse zu halten, ist ein auf der Finanzhoheit des Staates beruhendes Hoheitsrecht und gehört zu den niederen Regalien des Staates." Eine nähere Bestimmung dieses Hoheitsrechts scheint heute wie seinerzeit zu fehlen.

[466]) Über zulässige Ausnahme siehe Germershausen, a.a.O. I, 2, S. 298.

herrschaftlicher Befugnis erfolgt, ist auch hier durchaus ungeklärt, ja, positiv-rechtlich sogar widersprechend geregelt; denn einerseits darf die Erlaubnis aus polizeilichen Gründen versagt werden, anderseits stellt sie sich wesensmäßig dar als die Übertragung des „staatlichen Nutzungsrechts an den Dritten“[467]) (gemeint ist wohl die sogenannte öffentlichrechtliche Rechtsverleihung im Otto Mayer'schen Sinn), ein Zeichen, wie unausgedacht die Konstruktion dieser Erlaubniserteilung im preußischen Recht ist.

Die öffentlichen Fähren können nach bayerischem Recht Zubehörungen öffentlicher Wege sein, sie müssen es aber nicht sein. Zubehörungen des öffentlichen Wasserlaufs, den sie durchqueren, sind sie nicht. Sie teilen das rechtliche Wesen und Schicksal der Hauptsache. Hiernach kann die öffentliche Sache selbst vom Staate getragen werden, auch wenn ihm das Eigentum an den Kähnen, Seilen, Ketten, Rampen, Brücken und Treppen nicht zusteht und auch der Fluß selbst nicht im Staatseigentum steht.[468]) Der Begriff der Fähre als einer (selbständigen) öffentlichen Sache ist im preußischen Recht klarer ausgebildet; hiernach kommt es für das Vorliegen einer öffentlichen Sache darauf an, ob sie allgemein zum Übersetzen gegen Entgelt, insbesondere aufgrund eines Heberechts dient (Gemeingebrauch gegen Entgelt). Beachtlich ist hierbei auch, daß nicht die Substrate, sondern die von allen substanziellen Bestandteilen befreite „Gerechtigkeit“ (Gerechtsame) als öffentliche Sache aufgefaßt wird, — ein erster Schritt zur Konstruktion der öffentlichen Sache als eines Rechtsverhältnisses.

Man könnte geneigt sein, die öffentlichen Denkmale und Kunstwerke, die der Reichsverordnung vom 8. 5. 1920 unterliegen, hierherzurechnen, unter dem Gesichtspunkt, daß das Verfügungsrecht (Veräußerung, Verpfändung, wesentliche Veränderung, Ausfuhr aus dem Reichsgebiete, siehe hierzu § 1, Abs. 1 der VerO) der Landeszentralbehörde oder der von ihr bezeichneten Behörde zusteht, während das Eigentum Körperschaften, Anstalten und Stiftungen des öffentlichen Rechts usw. zukommt. Richtiger wird es aber sein, die letzteren Personen auch als Sachträger anzusehen und gerade die Haltungspflicht als das Rechtsverhältnis der öffentlichen Sache anzusehen. Dafür spricht auch, daß das Verfügungsrecht in Wahrheit grundsätzlich diesen Körperschaften zusteht und der Staat nur ein Genehmigungsrecht hat. Nicht gegen diese Auffassung spricht die Vorschrift (§ 1 Abs. 3), daß die Landeszentralbehörde „Sammlungen und Büchereien im Eigentume von Privatpersonen, die schon seit längerer Zeit im Gemeingebrauche gewesen sind“, bezeichnen kann, auf die die gleiche Beschränkung

[467]) Vergl. Germershausen, a.a.O. I, 2, S. 301 und 302.

[468]) Vergl. Art. 78 Abs. I bayer. WG, ferner bezüglich der staatlichen Fährbetriebe an den auf das Reich übergegangenen Wasserstraßen Staatsvertrag vom 31. 3., 16. 8. 1921 (siehe unten!).

„entsprechende Anwendung finden" soll. Denn hier wird nur eine Rechtslage, die für öffentliche Sachen gilt, „entsprechend" angewandt, d. h. über den eigentlichen Geltungsbereich hinaus, ausgedehnt.

Dagegen ist hier ein nicht uninteressanter Fall aus dem Reichsgesetz über die Erhaltung der Kriegergräber aus dem Weltkrieg vom 29. 12. 1922 einschlägig. Hiernach besteht an Grundstücken, die nicht im Eigentum des Reichs oder der Länder stehen, für die darin liegenden Kriegergräber zugunsten des Landes das dauernde Ruherecht. (§ 3 Abs. 1 des Gesetzes). Werden Grundstücke, die im Eigentum des Reichs oder der Länder stehen, veräußert, so entsteht das dauernde Ruherecht mit der Veräußerung. Eigentümer und Sachträger sind also vollkommen getrennt, ja die Sachträgerschaft entsteht überhaupt erst mit der Trennung vom Eigentum. Der Fall ist übrigens auch deshalb interessant, weil er das Wesen der Sachträgerschaft positivrechtlich beleuchtet. Das dauernde Ruherecht ist „nämlich eine öffentliche Last" (§ 3 Abs. 2 des Gesetzes), „die allen öffentlichen und privaten Rechten im Rang vorgeht und die Eintragung ins Grundbuch nicht bedarf." Was hier als öffentliche Last bezeichnet ist, betrifft das Rechtsverhältnis zwischen Eigentum und Sachträger, das in diesem besonderen Fall kraft ausdrücklicher Rechtsvorschrift stets öffentlichrechtlich ist. Neben dieser Duldungspflicht des jeweiligen Eigentümers besteht aber die öffentlichrechtliche Haltepflicht (§ 1 des Gesetzes) des Staates und in dieser letzteren besteht die öffentliche Sache.

Auch das Reichsgesetz über die Rechtsverhältnisse der zum dienstlichen Gebrauch einer Reichsverwaltung bestimmten Gegenstände vom 25. 5. 73 schließt außerstaatliches Eigentum nicht aus. § 1 Abs. I spricht zwar den Übergang des Eigentums kraft Gesetzes auf das Reich aus, aber nur soweit, als vorher ein „Bundesstaat" (gemeint ist ein Gliedstaat) Eigentümer war; andernfalls bleibt das Eigentum Dritter unberührt, auch soweit das Reich Sachträger ist.

II.

Der zweite Typ besteht darin, daß der Staat Eigentümer des Substrats ist. In voller Reinheit kann dieser Typ aus dem Grunde nicht vorliegen, weil der Staat stets in irgend einer Weise als Polizei beteiligt ist. Immerhin können Fälle der vollkommenen Trennung der Sachträgerschäft vom Eigentümer vorkommen, z. B. wenn ein öffentlicher Gemeinde- oder Bezirksweg des bayerischen Rechts über Staatsgrund, oder wenn eine öffentliche Staats-, Gemeinde- oder Bezirksstraße des bayerischen Rechts über Reichsgrund führt, oder wenn bei einem schienengleichen Übergang über den Reichsbahnkörper der Grund im Staatseigentum steht (§ 39 Reichsbahngesetzes vom 30. VIII. 1924), oder wenn bei einem Telegraphenweg der Verkehrsweg im Sinne des § 1 des Telegraphengesetzes vom 18. XII. 1899 ein im Eigentum des Staates stehender Weg ist. Sachträger ist hier das Reich. Ähnlich wie im bayerischen Recht verhält es sich auch in dem Wegerecht anderer deutscher Länder; eine ausdrücklich positivrechtliche Regelung hat dieser Typ, soweit ersichtlich, nicht erfahren.

Ein besonders wichtiger Fall dieser Art findet sich im Deutschen Eisenbahnrecht, nämlich die Trennung der Sachträgerschaft vom Eigentum nach § 5 des Reichsbahngesetzes vom 30. VIII. 1924; Substrateigentümer ist das Reich. Eine häufige Trennung von Sachträger und Substratseigentümer liegt bei der Haltung männlicher Zuchttiere nach Art. 1 und 2 des bayerischen Körgesetzes vom 26. V. 1930 vor. Sachträger ist stets die Gemeinde. Die Haltung der Tiere ist eine gemeindliche Pflichtaufgabe. Die Gemeinde braucht aber nicht Eigentümer der Tiere zu sein, und ist es — mit staatsaufsichtlicher Genehmigung — vielfach nicht. Um einen hier einschlägigen Fall handelt es sich hier allerdings nur in dem Ausnahmefall, daß das Tier im staatlichen Eigentum steht.

Im bayerischen Wasserrecht ist es kein seltener Fall, daß der Staat Eigentümer ist, daß aber keine öffentliche Sache vorliegt (Staatsprivatfluß); es hat dann noch keine Widmung stattgefunden.[469]) Seltener ist der hier zu behandelnde Fall, daß Staatseigentum beim Bestehen einer öffentlichen Sache vorliegt. Der Staat ist z. B. Eigentümer von Grundstücken, die zu einer auf das Reich übergegangenen Wasserstraße gehören, aber vom Übergang auf das Reich ausgenommen sind.[470]) Ebenso kommt es zuweilen vor, daß bei einem gemeindlichen öffentlichen Friedhof die Gemeinde nicht Eigentümerin des Friedhofgrundstückes ist.[471]) Dieses kann z. B. im Eigentum des Staates stehen, wie es ja auch öffentliche Kirchen gibt, bei denen das Gebäudeeigentum dem Staate zusteht.

III.

1. Die Regelung der polizeilichen Verhältnisse der öffentlichen Sache hat wiederum im Wasser- und Wegerecht eine ausgedehnte positivrechtliche Behandlung erfahren. Aber auch bei anderen Sachsubstraten pflegt gerade die polizeiliche Seite verhältnismäßig am eingehendsten ausgebildet und geregelt zu sein, z. B. bei Überschwemmungsdämmen, Abzugs-

---

469) Vergl. Art. 4 bayer. WG und Eymann a.a.O. I, S. 518, 522.

470) Vergl. Staatsvertrag vom 16. 3., 16. 8. 1921 betr. den Übergang der Wasserstraßen auf das Reich, I § 1, § 4 Ziff. 1, 2 und 4. Hierbei ist auch der seltsame Fall vorgesehen, daß das Land (als Eigentümer!) dem Reich durch Kündigung das Recht entziehen kann, auf dem die Sachträgerschaft beruht. Über die Ausscheidung der polizeilichen Befugnisse zwischen Reich und Land siehe Eymann, a.a.O. I, S. 275.

471) Vergl. Brunner, sächs. Friedhofs- und Begräbnisrecht. Fisch. Zeitschr. Bd. 60 (1927) S. 330, hier S. 364.

kanälen und Abwässeranlagen, Grünflächen, öffentlichen Sitzbänken, Schuttabladeplätzen, Brunnen, Flughäfen, Denkmälern, Museen und Sammlungen, Toren und ähnlichen öffentlichen Bauwerken, Friedhöfen, Feuerbestattungsanlagen und dergleichen.[472]) Der Staat im reinen Typ nur als Polizei der öffentlichen Sache (nicht Sachträger, nicht Eigentümer und nicht Unterhaltspflichtiger) ist ein häufiger Fall; er liegt regelmäßig bei der unendlichen Zahl der nichtstaatlichen öffentlichen Wege und Gewässer vor. Die „Polizeihoheit" kommt dem Staate auch dort zu und er übt sie nach Maßgabe der Gesetze (Polizeigesetze, Wegegesetze, Verkehrsordnungen, Wassergesetze usw. der einzelnen Länder) auch dort aus, wo er nicht selbst Träger der öffentlichen Sache ist. (Hauptbeispiel: Öffentliche Gemeindewege und dazu Reichskraftfahrzeuggesetz vom 21. VII. 1923 und Kraftfahrzeugverordnung vom 15. 7. 1930), dann preußische Verordnung vom 28. VII. 1926, bayerische Verordnung vom 8. Mai 1926 (sog. bayer. Straßenverkehrsordnung), thüring. Verordnung vom 13. XII. 1926, im wesentlichen übereinstimmend mit der Regelung in den anderen Ländern, weil auf Grund einer Ländervereinbarung erlassen.

Im preußischen Deichrecht ist der staatliche Tätigkeitsbereich soweit eingeschränkt, daß (außer der Staatsaufsicht über die Deichverbände) nicht einmal das gesamte Deichpolizeirecht, sondern nur das Polizeiverordnungsrecht inbezug auf die Deiche dem Staate vorbehalten ist (§ 302, 306 preuß. WG), während das eigentliche Deichpolizeirecht ebenso wie die Deichträgerschaft Selbstverwaltungsangelegenheit ist. Eine interessante Mitwirkung des Staates als Polizeibehörde findet bei der Errichtung von Feuerbestattungsanlagen nach bayerischem Recht statt (Oberpolizeiliche Vorschriften vom 11. III. 1920). Während einerseits Feuerbestattungsanlagen nur von „politischen Gemeinden" betrieben werden dürfen (§ 1), darf andererseits der Betrieb erst begonnen werden, wenn die Staatsbehörde vom p o l i z e i l i c h e n Standpunkt aus eine Unbedenklichkeitserklärung (§ 3) abgegeben hat. Weniger klar ist das preußische Gesetz, betreffend die Feuerbestattung vom 14. IX. 1911, wonach zwar der Träger der Anlagen ebenfalls nur Gemeinden (und einige andere Körperschaften des öffentlichen Rechts) sein können, die Anlage aber schlechthin „landespolizeilich" genehmigt sein muß (§ 1 und 2); daß auch die „Gebrauchsordnung" selbst der staatsaufsichtlichen Genehmigung bedarf (§ 4), liegt dagegen außerhalb der polizeilichen Sphäre.

---

[472]) Ob alle hier genannten Substrate wirklich solche von öffentlichen Sachen bilden, ist bestritten. Über einen interessanten Streitfall, vergl. Brunner, Sächs. Friedhof- und Begräbnisrecht S. 352, wonach die öffentliche Sacheigenschaft von Friedhöfen bejaht wird vom Sächsischen Verwaltungsgericht, dagegen verneint wird vom Reichsgericht. Nach Brunners Ansicht (S. 353) steht der Friedhof nach sächs. Recht im Gemeingebrauch, auf dessen Gewährung ein öffentlichrechtlicher Anspruch besteht.

2. Bei der Regelung der Benützung der öffentlichen Sachen durch das positive Recht hat in ganz erstaunlichem Maße eine Vermengung der Befugnisse des Trägers der öffentlichen Sache Platz gegriffen; das allein schon rechtfertigt die Behandlung der Benützungsregelung beim Typ „Polizei der öffentlichen Sache".

In Art. 26 bayer. Wassergesetz z. B. wird zuerst (Abs. 1, Satz 1) der (öffentlichrechtliche) Inhalt des Gemeingebrauches durch Gesetz festgelegt. Es besteht kein Streit darüber, daß in den dort aufgeführten Befugnissen, z. B. Schöpfen, Tränken, Schwemmen usw. nichts Polizeiliches enthalten ist. Nur die Ausübung dieses Gebrauchs soll durch polizeiliche Vorschriften geregelt oder beschränkt werden können (Absatz I Satz 2). Es ist also geschieden zwischen der Zulassung und der Beschränkung der Ausübung. Nun kann aber schon im Maße der Zulassung eine Beschränkung und Regelung liegen, so daß nach der grundsätzlichen Richtung nicht recht einzusehen ist, warum sonstige Beschränkungen und Regelungen nicht in der gleichen Weise vorgenommen werden und zwar vom Sachträger ausgehen können. Allein sicher ist, daß dies in Bayern durch den Wortlaut des Gesetzes ausgeschlossen ist. Es ist dann eben der Gemeingebrauch, soweit der Sachträger auf seine Gestaltung Einfluß haben kann, durch Gesetz erschöpfend geregelt. Vermutlich — die Materialien geben darüber keinen Aufschluß — ist dem Gesetzgeber die Idee der gewerberechtlichen „Zulassung" und „Beschränkung der Ausübung" vorgeschwebt. Der dort gebräuchliche Satz aber, daß zwar die Zulassung zum Gewerbebetrieb frei sei (Gewerbefreiheit), die Ausübung aber polizeilich beschränkbar sei, hat im Gewerberecht eine ganz andere rechtliche Basis. Es steht hier gar keine Nutzung einer öffentlichen Sache in Frage, sondern eine schlechthin freie Betätigung (als was manche fälschlich auch den Gemeingebrauch auffassen wollen), die begrifflich nicht anders beschränkt werden kann, als durch polizeiliche Mittel; denn es steht dem Gewerbetreibenden gar kein anderes Subjekt in der Weise gegenüber, daß durch öffentlichrechtliche Verträge mit diesen Beschränkungen auferlegt werden könnten oder müßten.

Klarer ist die Regelung im preußischen Recht. Auch hier ist der Inhalt des Gemeingebrauchs durch Gesetz erschöpfend geregelt (§ 19 und § 25 WG). Die Befugnis der Wasserpolizeibehörde, die Benutzung eines Wasserlaufs zu beschränken oder zu untersagen, erstreckt sich aber nur soweit, als nicht ein Recht zu der Benutzung besteht oder die Benutzung aufgrund des Gemeingebrauchs gestattet ist (§ 21 WG).

Es ist also sorgfältig unterschieden zwischen dem Gemeingebrauch einerseits und der polizeilichen Regelung der Benützung anderseits. Im wesentlichen läuft die preußische Vorstellung auf die Identifizierung der Gebrauchserlaubnis mit der Polizeierlaubnis hinaus. Dies kommt in verschiedenen Rechtssätzen zum Ausdruck, z. B. bei der Regelung der Wassereinleitung im § 23 Abs. 1 WG, wonach die Einleitung flüssiger Stoffe über den Gemeingebrauch hinaus „der Wasserpolizeibehörde" anzeigepflichtig ist. In einem anderen Fall dagegen (§ 26 Abs. 3 WG) entscheidet über die Aufrechterhaltung des Gemeingebrauchs selbst nicht die Wasserpolizeibehörde, sondern der Regierungspräsident. Neben Gemeingebrauch und Gebrauchserlaubnis (im Sinne des preußischen Rechts „Polizeierlaubnis") kennt das preußische Wasserrecht auch die dritte Art öffentlichrechtlicher Nutzung, wie sie O. Mayer (siehe oben) unterschieden hat, nämlich die Verleihung (§§ 46 ff. WG). Aber selbst bei dieser Regelung der Benutzung wirkt die „Wasserpolizeibehörde" in der Weise mit, daß sie die Verleihung durch den Sachträger, die hier sogenannte „Verleihungsbehörde" im Sinne des preußischen Rechts (§ 64 WG), erschweren oder verhindern kann (§ 49 Abs. 3 und 4 WG). Das Verhältnis der „Verleihungsbehörde" und der „Wasserpolizeibehörde" ist (in § 69 WG) dahin klargestellt, daß die führende und entscheidende Behörde die Verleihungsbehörde, d. i. der Bezirksausschuß (§ 64 WG) ist, während die Wasserpolizeibehörde, also bei Wasserläufen erster Ordnung (Staatswasserläufen) der Regierungspräsident, im übrigen der Landrat oder die Ortspolizeibehörde (§ 342 WG), lediglich zu hören sind.

Im badischen Wegerecht hingegen fällt, ähnlich wie im bayerischen Wasserrecht, das Gebiet des Gemeingebrauchs mit der „polizeilichen" Regelung der Benützung zusammen. Die Ausübung wird hier wieder durch polizeiliche Vorschriften geordnet, nämlich durch die Straßenverkehrsordnung vom 6. 7. 1926 oder durch bezirks- und ortspolizeiliche Vorschriften (§ 34 des Straßengesetzes vom 14. 6. 1884). Anderseits enthält das badische Wegerecht eine klare Trennung der Wegepolizeibehörde von der Wegeaufsichtsbehörde (§§ 34, 35 StrG).

Das hessische Wegerecht enthält eine deutlich erkennbare Scheidung der Wegeträgerschaft, der Wegepolizei und der Staatsaufsicht in Wegesachen (Art. 25, 26 und 27 des hessischen Gesetzes über das Straßenwesen vom 15. VII. 1926).

Auch das nicht nur der Entstehungszeit, sondern auch dem Gehalt nach modernste deutsche Wegegesetz, nämlich des Freistaates Thüringen, vom 24. VII. 1928, unterscheidet grundsätzlich die Wegepolizei von der Wegeträgerschaft, nicht dagegen letztere vom Wegeeigentum. Trotzdem vermeidet es nicht die preußischrechtliche Vermengung der Gebrauchserlaubnis und der Polizeierlaubnis (vergl. § 10 des Gesetzes: Die Wegepolizeibehörde kann die Erlaubnis zum Sondergebrauch unter bestimmten Voraussetzungen zurücknehmen). Die Wegepolizei trennt es in Wegepolizei im engeren Sinn und in Verkehrspolizei. Unter Wegepolizei im engeren Sinn versteht es die Abwehr der Gefahren und Nachteile, die dem Bau, der Unterhaltung, dem Bestand und der Sauberkeit der öffentlichen Wege einschließlich des Zubehörs drohen, die Anordnung von Wegesperren und Verkehrsbeschränkungen für Bau- und Unterhaltungsarbeiten usw. Die eigentliche Benützungsregelung erfolgt durch die Verkehrspolizei, d. h. die Fürsorge für die Sicherheit, Ordnung und Leichtigkeit des Verkehrs auf den Wegen (§ 2). Die Wegepolizei im weiteren Sinn regelt sowohl Gemeingebrauch wie Sondergebrauch. Auf einem anderen Gebiete liegt es, daß Eigentümer und Unterhaltungspflichtiger identisch sein sollen (§ 31) und daß die Staatsaufsicht in Wegesachen von den übrigen hier genannten Funktionen getrennt sind.

Im sächsischen Wegerecht scheint für die über den Gemeingebrauch hinausgehende Sondernutzung (Erteilung der Gebrauchserlaubnis, Begründung eines Sondergebrauchsrechts) in erster Linie der Wegeherr zuständig zu sein, während — offenbar daneben — auch die Wegepolizeibehörde um die Erlaubnis anzugehen ist.[473])

Im sächsischen Wasserrecht (§ 23 WG vom 12. III. 1909) ist es offen gelassen, ob die besonderen Nutzungen durch Polizeierlaubnis oder durch Gebrauchserlaubnis gestattet werden, und im hessischen Wasserrecht (Art. 54 des DG vom 14. VI. 1887) ist es offen gelassen, ob der Gemeingebrauch durch den Sachträger oder durch die Polizei geregelt wird; in diesen beiden Fällen ist der Gesetzeswortlaut so unbestimmt, daß beide Auffassungen durch ihn gedeckt sind.

Im preußischen Deichrecht besteht noch die Besonderheit, daß trotz der Anerkennung der Deichverbände als Sachträger die Befugnis einer Benutzung, die die Widerstandskraft der Deiche schwächen kann, z. B. Beweiden oder Bepflanzen, zu beschränken oder zu untersagen, dem Bezirksausschuß vorbehalten ist (§ 307 WG). Der Deichpolizei steht diese Befugnis zur Benützungsbeschränkung[474]) aus dem Grunde nicht zu, „da es sich um eine nach dem gemeinen Deichrecht erlaubte Benützung handelt" (Gemeingebrauch). Hier ist also seltsamerweise ein Teil der Benützungsregelung sowohl von der Sachträgerschaft wie von der Sachpolizei abgetrennt und auf eine dritte (Selbstverwaltungs-) Behörde übertragen.

---

[473]) Vergl. Rechtsprechung des sächsischen Oberverwaltungsgerichts Bd. 15, S. 175. Eine gesetzliche Regelung war nicht auffindbar.

[474]) Nach der Begründung von Bochalli a.a.O. S. 449, der sich dort auf eine Entscheidung des preußischen OVG beruft.

III. Abschnitt.

Das konstruktive Gerüste.

§ 26. Die Grundformen der staatlichen Tätigkeit.

I.

1. Die Grundlage der rechtlichen Konstruktion ist das positive Recht. Zu seiner Erkenntnis und Auslegung wird konstruiert. Das positive Recht ist für die Konstruktion vorauszusetzen, nicht zu gestalten oder zu bewerten. Die Konstruktion ist einerseits — wie die wissenschaftliche Tätigkeit überhaupt — keine Rechtsquelle[1]), und andererseits, wenn auch möglicherweise Bewertungsmaßstab, so doch niemals Bewertungsvorgang. Der Bestand des positiven Rechts ist für die Konstruktion etwas absolut Notwendiges. Dagegen ist die Konstruktion selbst weder an sich noch in einer bestimmten Art etwas Notwendiges. Der Bestand des objektiven Rechts kann durch die Art der Konstruktion nicht berührt werden. Die für die Konstruktion verwendeten Begriffe, wennschon sie die gesetzlichen Begriffe nicht außer acht lassen dürfen, können doch vielfach willkürlich gewählt sein. Sie sind nicht apriorisch. Die Betonung ihrer in gewissen Grenzen bestehenden Willkürlichkeit wie auch ihrer Veränderlichkeit ist eine der Voraussetzungen für eine fruchtbare Konstruktion. Man kann nicht sagen, daß eine Konstruktion „richtig", sondern nur, daß sie klar und zweckmäßig sei. Nicht e i n e Konstruktion ist die richtige, sondern die klarste Konstruktion ist die beste. Da es lediglich auf die Klarheit der Konstruktion ankommen kann, so liegt es im Wesen der Sache, auf verschiedenartigem Wege zu

[1]) Anders, aber irrig Schelcher, Der öffentliche Weg, siehe S. 154! Ferner die bei Dyroff, Rechtssatzung und Gesetz, S. 823, Fußn. 4 Angeführten samt dem Zitat von Thöl: „Die Wissenschaft ist eine Rechtsquelle. Sie stellt Rechtssätze heraus, welche bis dahin fehlten, erzeugt also Recht." Gefährlich auch die These von Alf Roß, Theorie der Rechtsquellen, der S. 309 das wissenschaftliche System als die letzte Rechtsquelle ansieht.

versuchen, den Zustand der größtmöglichen Klarheit für die rechtliche Vorstellung zu erreichen. Bevor nicht eine Konstruktion inbezug auf einen bestimmten Ausschnitt aus dem positiven Recht durchgedacht und auf die Erfüllung ihrer Zweckbestimmung erprobt ist, hat sie den gleichen Geltungsanspruch wie eine mit anderen Begriffen arbeitende und von anderen Voraussetzungen aus entwickelte Konstruktion. Es ist daher mitunter sogar notwendig oder doch mindestens förderlich, auf entgegengesetzten begrifflichen Grundlagen aufzubauen, um die beste Konstruktion zu finden. Zum mindesten ist es förderlich, zwei entgegengesetzt gerichtete Konstruktionen einander gegenüberzustellen, um für die Bewertung ein Vergleichsobjekt zu gewinnen. Aus dieser Relativität aller Konstruktionen kann indessen nicht ein Schluß auf den Wert des Ausgangspunktes gezogen werden, der letzten Endes ideologisch ist. Es darf, um mit Kelsen[2]) zu sprechen, nicht die Gewißheit in Zweifel gezogen werden, daß „die Gegensätze juristischer Theorien letzten Endes Weltanschauungsgegensätze" sind. So zeichnen sich auch hier wieder die Silhouetten und zwar hier der Konstruktion am Hintergrund der Ideologie ab. Die Unzweckmäßigkeit einer auf einen bestimmten positivrechtlichen Ausschnitt abgestellten Konstruktion wirft ihren Schatten insofern auf den ideologischen Ausgang zurück, als sie ein Baustein unter vielen für die Gewinnung eines anderen Ausgangspunktes sein kann. Im vorliegenden Zusammenhang soll zunächst nicht von jenem ideologischen Ausgangspunkt die Rede sein, sondern nur von dem für das positive Recht zu gewinnenden Folgerungen aus der Ideologie, nicht von der Lichtquelle selbst, sondern von dem davon ausstrahlenden Lichtkegel. Wie aber ein Lichtkegel nur von einer Lichtquelle ausstrahlen kann und wie alle dem gleichen Rechtssystem angehörenden Normen nur auf die gleiche Autorität zurückgeführt werden können, so haben auch alle auf eine juristische Konstruktion zu verwendenden Vorstellungen, sollen sie einheitlich und in sich ohne Widerspruch sein, den gleichen ideologischen Beziehungspunkt. Dieser Beziehungspunkt liegt aller Konstruktion zu Grunde, mag auch von ihm zunächst hier nicht die Rede sein.

2. Es gilt, das Kernverhältnis des öffentlichen Sachenrechts — das Rechtsverhältnis zwischen den Hauptbeteiligten — auf eine folgerichtig durchgeführte ideologische Grundlage zu stellen und damit mit Sinn zu erfüllen. Über den besonderen Gehalt des Sinns wird später eine Verständigung hergestellt werden müssen. Zunächst muß das konstruktive Gerüste hierfür gewonnen werden. Ist es auch neuartig, so wird dies doch nicht davon abhalten, seine Brauchbarkeit auf Gewinnung klarer Rechtsvorstellungen zu prüfen. Getreu den entwickelten Grundsätzen über das Wesen der konstruktiven Gebilde erhebt die Konstruktion, wie sie hier

[2]) Kelsen in der Vorrede zu den „Hauptproblemen der Staatsrechtslehre", S. XII.

vorgenommen wird, nicht einen Alleingeltungsanspruch. Sie glaubt aber, beitragen zu können zu einer Klärung der Vorstellungen über die öffentliche Sache. Das öffentliche Sachenrecht in der oben gewonnenen Bedeutung umfaßt mannigfache Rechtsnormen und dementsprechend die verschiedenartigsten Rechtsverhältnisse. Nach der Gliederung der Normen, wie sie die herrschende Lehre vornimmt, gehören sie verwaltungsrechtlichen und außerverwaltungsrechtlichen Disziplinen, und innerhalb des Verwaltungsrechtes unterschiedlichen Teilgebieten an. Im Grund ergäben erst die Beziehungen in ihrer Gesamtheit ein vollständiges Bild und die Normen in ihrer Gesamtheit den vollständigen Komplex des öffentlichen Sachenrechts. Eine Behandlung der Hauptprobleme des öffentlichen Sachenrechts bedarf aber nicht des konstruktiven Eingehens auf die ungezählten Einzelerscheinungen, sondern kann sich darauf beschränken, den Kern des öffentlichen Sachenrechts aus der Buntheit der Schichten herauszuschälen. Im dogmatischen Teil wird eine zur Abrundung des Gesamtbildes notwendige Ergänzung aus anderen Rechtsverhältnissen vorgenommen werden.

3. Als Mittelpunkt des öffentlichen Sachenrechts wurde das Rechtsverhältnis zwischen dem Träger der öffentlichen Sache und dem Benützer der öffentlichen Sache erkannt. Diese Beziehung muß für die Konstruktion in den Mittelpunkt der Untersuchung gerückt werden. Auf die Betonung dieser Beziehung als des Fundaments des öffentlichen Sachenrechts und auf die konstruktive Erfassung des Rechtsverhältnisses zwischen den beiden Personen in seinen einzelnen Entwicklungsstufen wird in der vorliegenden Untersuchung das Hauptgewicht gelegt. Um dieses Grundverhältnis gruppieren sich eine Reihe anderer Beziehungen, die hier insoweit behandelt werden, als durch sie jenes Grundverhältnis beleuchtet und beeinflußt wird, insoweit sie also das Wesen der öffentlichen Sachträgerschaft berühren. Sie alle, mit anderen Worten das ganze bei der Sammlung des positivrechtlichen Materials zu gewinnende Ergebnis an Erscheinungen des Rechtslebens, müssen entweder auf jenes Grundverhältnis zurückgeführt oder mit ihm in Beziehung gesetzt werden.

II.

1. Für die klare Erfassung dieses Grundverhältnisses, das die Rechtsvorgänge unter einen gemeinsamen Konstruktionsbegriff abstrahiert, ist ein Zurückgehen auf die Grundformen der staatlichen Tätigkeit nicht nur zweckmäßig, sondern, wie sich bei Kenntnis der auf dem Gebiete des öffentlichen Sachenrechts derzeitig bestehenden Rechtsauffassungen sagen läßt, zur Vermeidung von Irrtümern sogar unerläßlich. Gerade durch das Zurückführen alltäglicher Rechtsvorgänge auf die letzten Vorstellungen vom Wesen des Staates und des Rechts und vom staatlichen

Handeln wird die Erkenntnis der Vorgänge vertieft und gefestigt. Das Zurückführen ist umso wichtiger, wenn der Staat oder ein sonstiger Träger öffentlicher Verwaltung selbst in dem Rahmen eines Rechtsverhältnisses eingeschlossen wird, wenn also Rechtsbeziehungen von Personen zu den Trägern öffentlicher Verwaltung den Gegenstand der Konstruktion bilden.

2. Von einer bestimmten Lehre wird das Recht im Staat eingeteilt in staatlich geschaffenes und in staatlich zugelassenes Recht.[3]) Beim staatlich geschaffenen Recht geht die Vorstellung dahin, daß der Staat Schöpfer des Rechts ist, beim staatlich zugelassenen, daß das Recht zwar aus einer anderen Entstehungsquelle stammt als vom Staate, aber in seiner Geltung in gewisser Hinsicht durch einen staatlichen Willen bedingt sei. Es ist hier nicht die Stelle nachzuweisen, daß die Normen der zweitgenannten Art, soweit sie den Namen „Rechtsnormen" im Sinn der staatlichen Rechtsordnung verdienen, weder nach ihrer Entstehungsursache noch nach ihrer Geltungskraft sich von jenen der erstgenannten Art unterscheiden. Nach beiden Theorien ist eben doch der Staat das unerläßliche und daher ausschlaggebende Moment bei der Rechtsbildung. Die Vorstellung vom Staat als Schöpfer des Rechts ist für die Gliederung der staatlichen Tätigkeit in Grund- und Urformen von ausschlaggebender Bedeutung. Sie ist entscheidend sowohl für die zuerst genannte (inbezug auf die Herkunft des Rechts dualistische) Theorie wie auch für ihren konstruktiven Gegenpol, demzufolge alles Recht, soll es dem gleichen Rechtssystem zugerechnet werden können, notwendig von dem gleichen Schöpfer stammen muß. In dem vorliegenden Zusammenhang kommt weniger das Problem in Frage, ob nur der Staat Schöpfer des staatlichen Rechts ist, sondern das andere Problem, ob der Staat nur Schöpfer des staatlichen Rechts ist.[4]) Da die Rechtsordnung die Summe der Rechtsnormen darstellt, jede Rechtsperson aber ihre Existenz aus der Rechtsnorm ableitet, und da ferner der Staat, wenn er als in ein Rechtsverhältnis gestellt und in Rechtsbeziehungen stehend gedacht wird, dabei nur in der Eigenschaft als Rechtsperson vorstellbar ist, so besteht bei der Konstruktion des Staates als des Schöpfers des Rechts die Gefahr, zu dem logisch und rechtlich unmöglichen Ergebnis zu gelangen, der Staat schaffe als Rechtsordnung sich selbst als Rechtsperson, während doch die Ursache nicht identisch sein kann mit der Wirkung. Die Gefahr liegt nahe, daß die Doppelrolle des Staates als

[3]) Vergl. Gg. Jellinek, Allgemeine Staatslehre, 2. Aufl. S. 356. Eine andere Zweiteilung, die allerdings mit jener gewisse Berührungspunkte hat, geht dahin, nach der Art der Rechtsbildung geschaffenes Recht von gesproßtem oder gewachsenem Recht zu sondern; siehe Dyroff, Rechtssatzung und Gesetz, S. 818 ff.

[4]) Treffende Kritik des Grundirrtums, „daß . . . . der Staat als Träger von subjektiven Rechten seiner Stellung nach identifiziert wird mit dem Staat als Träger des objektiven Rechts" siehe bei Nawiasky, Steuerrechtliche Grundfragen, 1926, S. 22.

Rechtsschöpfer und als Rechtsperson nicht in voller Schärfe und mit allen Konsequenzen auseinandergehalten wird. Aus der Vermengung der Rollen entstand die Theorie von der Überordnung des Staates über die Untertanen und die darauf aufgebaute Zweiteilung des öffentlichen und des privaten Rechts nach dem Gesichtspunkt der Überordnung oder Gleichordnung. (Subjektionstheorie, siehe S. 59![5])). Es bedurfte einer so großangelegten Untersuchung wie die der „Hauptprobleme der Staatsrechtslehre" von Kelsen, um diesen Irrtum offen zu legen und die Erkenntnis des Richtigen vorzubereiten. Die Folgerungen aus dieser Erkenntnis wurden von Kelsen vielleicht noch klarer als in den Hauptproblemen in der Lehre vom öffentlichen Rechtsgeschäft[6]) formuliert. Auch heute ist sie, obwohl doch grundlegender Natur, noch so wenig verbreitet, daß selbst bei voller Kenntnis der Kelsen'schen Theorie von einem, der nach seinem Bekenntnis der methodischen Einstellung Kelsens viel verdankt, ein Rückfall in die Vermengung offensichtlich nicht voll vermieden wurde.[7]) Dieser Gefahr kann in zweifacher Weise ausgewichen werden: entweder man personifiziert die Rechtsordnung und faßt die Rechtsperson als Rechtsordnung auf; dies ist freilich ein Abweg nicht nur der Formulierung[8]), sondern der Konstruktion selbst, — oder man versteht den Ausdruck Schöpfer des Rechts nur bildhaft in der Weise, daß dadurch das Beruhen des Rechts auf dem Willen des Staates klargelegt wird, nicht aber die Verkettung von Staat und Recht in Verkettung von Ursache und Wirkung. Da indessen im Hinblick auf Identität von Norm und Wille auch das „Beruhen" der Normen auf dem Willen des Staates wie noch stärker das „Hervorgehen" der Normen aus dem staatlichen Willen selbst wieder nur ein Bild sein kann und sprachlich nicht einmal ein sehr treffendes, so ist anzustreben, die Bezeichnung „Schöpfer des Rechts" tunlichst zu vermeiden und durch die weniger irreführende Bezeichnung „Träger des Rechts",

[5]) Wird die Zweiteilung nach der Nawiasky'schen Form der Interessentheorie vorgenommen (vgl. Nawiasky, Steuerrechtliche Grundfragen, S. 21), dann wird jede Rollenvermengung vermieden.

[6]) Kelsen, Zur Lehre vom öffentlichrechtlichen Rechtsgeschäft, Arch.ö.R. 31, S. 190 ff. „Es ist von allergrößter Bedeutung . . . . den Staat als Subjekt von Rechten und Pflichten, als Person, vom Staat als Träger der Rechtsordnung, als Rechtsautorität, formal zu scheiden" (S. 191). „Die Qualität der Überordnung, die der Rechtsordnung den Subjekten gegenüber gebührt, ist gar keine juristische, sondern eine außer- oder überjuristische Qualität; denn es ist keine Qualität, welche die Rechtsordnung verleiht, sondern welche der Rechtsordnung zukommt, damit sie irgend eine rechtliche Qualität verleihen kann." (S. 192) Später, insbes. im „Soziologischen und juristischen Staatsbegriff" hat freilich Kelsen diese scharfe Scheidung bedauerlicherweise nicht aufrecht erhalten. Vergl. Maunz, Stellung des Staates, S. 398.

[7]) Vergl. Lutz Richter, Das subjektive öffentliche Recht, Arch.ö.R. 47, S. 25—27 (Rechtsverhältnis zu den Rechtsquellen!)

[8]) Als solchen kann man ihn noch auffassen bei Kelsen im „Soziologischen und juristischen Staatsbegriff".

oder um daneben keinen Zweifel über die objektive Eigenschaft des Rechts in diese Zusammensetzung zu lassen, durch die Bezeichnung „Träger der Rechtsordnung" zu ersetzen. Wie der Staat als der rechtlich bestimmende Wille wollen kann, daß Rechtspersonen als Subjektivierungen der Rechtsnormen bestehen, so kann er auch wollen, daß er selbst Rechtsperson ist. Auch seine eigene Rechtspersönlichkeit beruht auf seinem Willen, nämlich der Rechtsnorm.

3. Die Doppelrolle des Staates als Träger der Rechtsordnung und als einer der unterworfenen Rechtspersonen ist der Ausgangspunkt für die Scheidung aller rechtlichen Tätigkeit in die Grundformen der Normgebung und Normvollziehung.[9]) Staatliche Tätigkeit ist jene Tätigkeit physischer Menschen, für die der Staat nach bestehenden Normen Zurechnungsendpunkt der Handlung ist. In welchen Fällen die Zurechnung stattfindet, regelt die Norm, deren Subjektivierung die Organe darstellen, die also die Rechtsverhältnisse zwischen dem Staat und den für ihn handelnden Organen betreffen. Die Zweiteilung dieser staatlichen Tätigkeit nach dem Gesichtspunkt der Beziehung zur Rechtsnorm liefert die genannten beiden Grundformen.

§ 27. Die verwaltungsrechtliche Anwartschaft und ihre Verwendung im öffentlichen Sachenrecht.

I.

1. Subjektive Rechte und Rechtspflichten entstehen durch Konkretisierung einer Rechtsnorm in einer Rechtsperson. Das objektive Recht als die Summe der Rechtsnormen kann — entgegen der berührten Auffassung von Richter — theoretisch gedacht werden ohne die sozialen Gegebenheiten, nämlich als die außer und unabhängig von diesen stehende Sollensordnung. Subjektive Rechte und Rechtspflichten sind dagegen ohne die ebenfalls begrifflich zu sondernden Lebensgegebenheiten, dem sogenannten Tatbestand im konkreten Sinn, nicht vorstellbar; denn wäre nicht der konkrete Tatbestand als tatsächliches Ereignis vorhanden, durch das sich die Rechtsnorm konkretisiert, so würde den subjektiven Rechten und Rechtspflichten voraussetzungsgemäß die Existenz ermangeln.

Der unerläßliche Zusammenhang zwischen konkretem Tatbestand und

---

[9]) Auf die Problematik dieses Gegensatzes und auf die Einwendungen gegen ihn kann hier nicht näher eingegangen werden. Vergl. u. a. hierzu Merkl, Lehre von der Rechtskraft, 1925; ders., Allgemeines Verwaltungsrecht; Nawiasky, Zeitschrift für öffentliches Recht, 1927, S. 488; Heller, Über den Begriff des Gesetzes in der Reichsverfassung, Veröffentl. d. Ver. d. d. Staatsrechtslehrer, Heft 4, S. 98 und dazu die feinsinnige Kritik von Wenzel, ebda., S. 155 ff.; Nawiasky, ebda., S. 180. Wenzel, Juristische Grundprobleme 1920.

Subjektivierung der Rechtsnorm in einer Rechtsperson äußert sich darin, daß die Rechtsnormen ihrem wirklichen Inhalt, nicht ihrer äußeren sprachlichen Form nach, zerfällt in die abstrakte Zeichnung des bedingenden Tatbestands und in die Angabe der ausgelösten Rechtsfolge. Die Rechtsfolge ist dann ausgelöst, wenn alle Elemente des abstrakten Tatbestands sich konkretisiert haben. Der Ausspruch, daß die Konkretisierung erfolgt ist, vollzieht sich regelmäßig in der Klage und im Urteil, und zwar bei jener in hypothetischer, bei dieser in autoritativer Form. Steht fest, daß abstrakter und konkreter Tatbestand übereinstimmen, so ist ein subjektives Recht oder eine Rechtspflicht existent geworden.

2. Hierzu ist ein Vorbehalt nach folgender Richtung zu machen. Es ist nicht so, daß schlechthin Rechtsfolgen inbezug auf eine Norm nur dann eintreten können, wenn der volle Tatbestand einer Norm verwirklicht ist, wenn also das abstrakte Tatbestandsbild sich mit dem konkreten Tatbestandsvorgang in allen Punkten deckt. Richtig ist nur, daß bei bloß teilweisem Zusammenfallen ein subjektives Recht oder eine Rechtspflicht wie sie für den speziellen Fall die zugrunde liegende Rechtsnorm bei Konkretisierung vorsieht, nicht entstehen können; denn Voraussetzung ihres Entstehens ist das vollständige Zusammenfallen.

Ein vollständiges Zusammenfallen in diesem Sinn liegt auch dort vor, wo eine Rechtsnorm nur einzelne Stücke eines umfassenden Tatbestands zu einem anderen Tatbestand zusammensetzt; denn wenn an dessen Verwirklichung der Ursprung von Rechtsansprüchen und Rechtspflichten geknüpft ist, so ist er im Sinn dieser Rechtsnorm der volle Tatbestand. Beispiel: Versuch und Vollendung im Strafrecht.

Es gibt aber mitunter eine Tatbestandsverwirklichung, bei der ein wirklich nur teilweises Zusammenfallen des abstrakten Tatbestandsbildes mit dem konkreten Tatbestandsvorgang stattfindet. Diese Besonderheit soll nachstehend ins Auge gefaßt werden.

3. a) Nicht jede Rechtsfolge ist die Existenz von korrespondierenden Rechtsansprüchen und Rechtspflichten. Der Begriff des Rechtsverhältnisses wurde bereits oben (§ 9) in einem doppelten Sinn verstanden, einmal als Rechtsverhältnis im engeren Sinn, als das Verhältnis einer Rechtsperson zur Rechtsordnung, und sodann als Rechtsverhältnis im weiteren Sinn, als Verhältnis von verpflichteten und berechtigten Rechtspersonen zueinander. Dabei kann ein Rechtsverhältnis im engeren Sinn gleichzeitig als Teil, nämlich als korrespondierende eine Seite, eines Rechtsverhältnisses im weiteren Sinn betrachtet werden. Insoweit besteht eine notwendige Konkurrenz, die aus dem Wesen des Rechtsverhältnisses im weiteren Sinn von selbst folgt. Auch die Schranken dieser Konkurrenz liegen im Begriff dieses Rechtsverhältnisses begründet. Jedes Rechtsver-

hältnis im weiteren Sinn besteht nämlich aus zwei Rechtsverhältnissen im engeren Sinn. Dagegen ist nicht schon jedes Rechtsverhältnis im engeren Sinn der eine Teil eines Rechtsverhältnisses im weiteren Sinn.

b) Die öffentliche Sache wurde ihrem rechtlichen Wesen nach erkannt als eine Rechtspflicht eines Trägers öffentlicher Verwaltung. Das Rechtsverhältnis, das als öffentliche Sache bezeichnet wurde, ist ein Rechtsverhältnis im engeren Sinn. Dagegen ist das Nutzungsrechtsverhältnis ein Rechtsverhältnis im weiteren Sinn, ein Korrespondieren von Rechtspflicht und Rechtsanspruch.

Wenn der Übergang (das rechtliche Zwischenglied) von der einseitigen rechtlichen Bindung des Trägers der öffentlichen Sache zu einer zweiseitigen Bindung, nämlich des Trägers der öffentlichen Sache zum Benützer (und umgekehrt), konstruktiv dargestellt werden soll, muß primär die Rechtspflicht des Trägers der öffentlichen Sache vorausgesetzt und der Blick auf das werdende Korrespondieren von Rechtsanspruch und Rechtspflicht im Nutzungsverhältnis gerichtet werden. Bei dieser Betrachtung taucht das Problem der Rechts- und Pflichtanwartschaft auf.

Während aber die Vorstellung eines werdenden Rechtsanspruchs oder einer werdenden Rechtspflicht im Sinne einer Vorwirkung des Rechtsanspruchs oder der Rechtspflicht — mindestens in vielen Fällen — nur für das Rechtsverhältnis im weiteren Sinn, also für die Rechtspflicht nur inbezug auf den Rechtsanspruch in Betracht kommen kann, mit anderen Worten nur für das Stadium zwischen dem Entstehen eines Rechtsverhältnisses im engeren Sinn und der Fortentwicklung dieses Rechtsverhältnisses bis zum Entstehen eines korrespondierenden Rechtsanspruchs, hat sie in diesen Fällen für das Stadium vor dem Entstehen eines Rechtsverhältnisses im engeren Sinn, also als Vorstadium der Rechtspflicht an sich, soweit ersichtlich, keinen konstruktiven Wert. Bevor überhaupt eine Rechtspflicht — ohne einen korrespondierenden Rechtsanspruch — entstanden ist, wird also in diesen Fällen und so auch im vorliegenden Zusammenhang das Problem der Rechts- und Pflichtanwartschaft nicht auftauchen. Auch in der vorliegenden Untersuchung soll die Figur nur für jenes zweite Stadium auf seine konstruktive Verwertbarkeit näher geprüft werden, ohne daß damit seine — hier nicht ex professo zu untersuchende — Unverwertbarkeit für das erste Stadium grundsätzlich und für alle Fälle behauptet werden will.

II.

1. a) Bei manchen Rechtsnormen ist mit der Realisierung eines Teiles von Tatbestandselementen zwar voraussetzungsgemäß nicht die Existenz

von Rechtsansprüchen und Rechtspflichten, wohl aber das Entstehen einer gewissen Rechtslage verbunden, die einer näheren rechtlichen Qualifizierung bedarf. Ist der zur Entscheidung eines Rechtsanspruchs oder einer Rechtspflicht nach einer solchen Norm erforderliche Tatbestand nur zum Teil eingetreten, während ein oder mehrere Tatbestandselemente noch ausstehen, so tritt eine rechtliche Vorwirkung ein, die man Anwartschaft nennt. Man versteht hiernach unter Anwartschaft im Rechtssinn eine Relation zu einer Rechtsnorm, die dadurch gekennzeichnet ist, daß die Norm beim Hinzutreten weiterer Tatbestandselemente auf eine Rechtsperson — im Sinne des Entstehens von Rechtsansprüchen oder Rechtspflichten Anwendung findet.[10])

b) Je nachdem, ob die Anwartschaft eine Bindung der in dem werdenden Rechtsverhältnis (im weiteren Sinn) als Pflichtsubjekt erscheinenden Rechtsperson gegenüber der als Rechtsanspruchssubjekt erscheinenden Rechtsperson hervorruft und zwar eine Bindung nach der Richtung, daß sich das künftige Pflichtsubjekt dieses Rechtsverhältnisses von dem Eintritt nicht mehr befreien kann, spricht man von einer unentziehbaren oder einer entziehbaren Anwartschaft. Mit der bereits bestehenden Rechtspflicht gegenüber der Rechtsordnung hat die Entziehbarkeit oder Unentziehbarkeit nichts zu tun. Die rechtliche Bindung, die in diesen Begriffen zum Ausdruck kommt, beruht, wie zu zeigen sein wird, auf einer anderen Rechtsnorm.

2. a) Auf der Seite desjenigen Subjekts, in dem später der Rechtsanspruch entsteht, kann man von einer Rechtsanwartschaft, auf der Seite des anderen Subjekts kann man von einer Pflichtanwartschaft sprechen. Da der Anwartschaftsbegriff hier nur für das Werden des gegenseitigen Verhältnisses von Rechtspersonen verwendet werden soll, entspricht jeder Pflichtanwartschaft eine Rechtsanwartschaft inbezug auf die gleiche Rechtsnorm und umgekehrt. Es ist also nicht so, wie im Verhältnis von Rechtsanspruch und Rechtspflicht, wo es zwar diese ohne jenen, aber

[10]) Ähnlich, wenn auch bedauerlicherweise nur auf die rechtsgewährende Norm und demgemäß nur auf die Rechtsansprüche, nicht die Rechtspflichten und ihre rechtlichen Vorstadien abgestellt, die Abhandlung von Würdinger: Die privatrechtliche Anwartschaft als Rechtsbegriff, 1928. Für das Verwaltungsrecht können manche Gesichtspunkte dieser privatrechtlichen Arbeit verwertet, wenn auch naturgemäß nicht unkritisch übertragen werden. Wissenschaftlich ist der Anwartschaftsbegriff, soweit ersichtlich, im Verwaltungsrecht im Gegensatz zum Privatrecht, das wenigstens vereinzelte Forschungen hierzu aufzuweisen hat, überhaupt noch nicht behandelt worden, obwohl doch die beachtliche gesetzgeberische Regelung in der RVO, insbes. in §§ 1280 ff. — Entstehen, Erlöschen, Wiederaufleben, Aufrechterhaltung der Anwartschaft — auch zu theoretisch konstruktiven Untersuchungen hätte Anlaß geben können. Es hätte dabei im Verwaltungsrecht über das Privatrecht hinaus dem ideologischen Hintergrund des Begriffs, etwa der Interessenabwägung, ein stärkeres Augenmerk zugewendet werden können. Ein Ansatz dazu findet sich bei Herrnritt, Grundlehren, S. 115.

nicht umgekehrt, geben kann. Dabei kann es aber durchaus zweckmäßig sein, bei der Charakterisierung einer bestimmten Rechtslage nur die eine der beiden Seiten zu betonen, wenn sich nämlich gerade an dieser etwas rechtlich Besonderes zeigt.

3. Schon diese Hinweise auf die beim Begriff der öffentlichen Sache und dem Werden des Nutzungsrechtsverhältnisses möglicherweise zu berücksichtigenden Gesichtspunkte zeigen, daß die inmitten liegenden Rechtsbeziehungen unendlich schwieriger zu behandeln sind, als es sich manche Vertreter der vorgeführten Theorien über die öffentliche Sache vorgestellt haben. Die Erkenntnis dessen vollendet sich in dem Augenblick, in dem der Begriff der öffentlichen Sache in den größeren Zusammenhang der Grundbegriffe des Rechts überhaupt gestellt wird. Mit der billigen Bemerkung, es handle sich um „rein tatsächliche" Dinge und Vorgänge, ist es nicht getan.

III.

1. Die Tatbestandselemente einer Rechtsnorm kann man in zwei Gruppen einteilen, nämlich in solche, die lediglich die Verwirklichung einer juristischen Tatsache sind, und in solche, die ihrerseits selbst wieder Ausübung eines Rechtes sind. Es besteht mit anderen Worten die Möglichkeit, daß ein Tatbestandselement selbst wieder Realisierung einer Rechtsfolge sein *kann*, aber nicht sein *muß*. Mag nun auch jener Vorgang, der zu einer Anwartschaft im Rechtssinn führt, als „Ausübung" eines Rechtes erscheinen, so ist doch das „Gebrauchmachen" von einer Anwartschaft, sofern ein solches nach der besonderen Beschaffenheit der in Frage stehenden Norm überhaupt möglich ist, doch im Sinn jener Norm, im Verhältnis zu der eine bestimmte Rechtslage als Anwartschaft qualifiziert werden kann, keine *Ausübung eines Rechts*.

a) Die Identifizierung der Anwartschaft mit Rechtsansprüchen oder Rechtspflichten läge an sich außerordentlich nahe. Man könnte z. B. gerade jene *Bindung*, in der die erwähnte *Unentziehbarkeit* der Anwartschaft beruht, zum Ausgangspunkt nehmen, um zu argumentieren, daß eben im Grunde doch stets eine Rechtspflicht vorliege und daß es keinen Sinn habe, neben die Rechtspflicht noch unter irgend welchen, die wahre und klare Sachlage nur verschleiernden anderen Bezeichnungen davon gesonderte „Bindungen" einzuführen und damit die Einheit der Konstruktion der Subjektivierung des Rechts zu zerstören. Dieser Einwand würde indessen der Anwartschaft im Rechtssinn nicht gerecht. Er würde die erwähnte Zweiteilung der Tatbestandsmerkmale einer Rechtsnorm nicht klar im Auge behalten und würde übersehen, daß etwas im Sinne der Rechtsnorm a zwar Ausübung eines Rechts sein kann, trotzdem aber im Sinne der Rechtsnorm b eine juristische Tatsache (als Tatbestandselement für den Eintritt einer anderen Rechtsfolge) ist. Gerade auf die Rechtsnorm b kommt es aber für die Erfassung des Anwartschaftsbegriffes in einem solchen Falle an.

b) Ein Beispiel wird dies veranschaulichen. Wenn eine Großstadtgemeinde einer Vorortsgemeinde das Angebot zum Abschluß eines verwaltungsrechtlichen Eingemeindungsvertrags macht, so ist schon die Stellung eines rechtswirksamen Angebots zum Abschluß eines Vertrags selbst Ausübung (Verwirklichung) eines Rechts, nämlich jenes Rechts, das man meist mit Selbstverwaltungsrecht bezeichnet (in Bayern ein in § 22 BU verfassungsmäßig garantiertes Recht), kraft dessen die Gemeinde in der Lage ist, rechtswirksam so zu handeln. Man kann nicht einwenden, die Stellung des Angebots sei lediglich Ausfluß der „natürlichen Handlungsfähigkeit" oder „Handlungsfreiheit"; denn „natürliche" (außerrechtliche) Fähigkeiten oder Freiheiten können zwar physische Personen haben, nicht aber juristische Personen. Eine juristische Person wird durch die Rechtsnorm geschaffen und nur durch Rechtsnormen zu Handlungen berechtigt. Ohne Rechtsnorm existiert die juristische Person nicht und hat auch nichts „Natürliches" an sich. Es handelt sich hier um die Ausübung eines Rechts aufgrund der Norm a. Die Stellung des Angebots ist aber auch gleichzeitig Setzung eines Tatbestandsmerkmals für den Eintritt gewisser Rechtsänderungen als Rechtsfolgen einer anderen Rechtsnorm b (die in dem gewählten Beispiel aus verschiedenen Sätzen des Art. 5 bayr. GO v. 1927 entnommen werden kann). Zum Eintritt der vollen Rechtsfolge der Norm b müssen auch noch andere Voraussetzungen erfüllt sein, z. B. die Annahme des Angebots durch die Vorortsgemeinde und die staatliche Grenzänderungsverfügung.[11])

c) Während aus der Tatsache, daß das Selbstverwaltungsrecht in einem konkreten Fall bereits ausgeübt, das Recht also verwirklicht ist, kein Schluß gezogen werden kann auf die rechtliche Natur der Lage zwischen dem Angebot und der Eingemeindung, vermag in der anderen Tatsache, daß die Rechtsfolgen aus der Eingemeindung (bezw. dem Eingemeindungsvertrag) noch nicht eingetreten sind, ein Anhaltspunkt für die rechtliche Qualifizierung dieser Lage gefunden werden. Die Lage muß nämlich nach dem Verhältnis zur Rechtsnorm b beurteilt werden. Dieses Verhältnis besteht darin, daß beim Hinzutritt weiterer Tatbestandselemente zu dieser — ebenfalls ein Tatbestandselement darstellenden — Lage jene Rechtsansprüche und Rechtspflichten entstanden sind, deren Entstehen die Norm b als Endrechtsfolge vorsieht. Dieses Verhältnis stellt sich weder

[11]) Vergl. Maunz, Der Eingemeindungsvertrag nach bayer. Recht, GVZ 1931, Seite 297.

als ein schon erloschenes noch als ein schon entstandenes Recht dar. Seine rechtliche Qualität kann nicht anders bestimmt werden als durch Betrachtung jener Endrechtsfolge, die beim Hinzutritt weiterer Elemente ausgelöst wird.

2. Der Einwand der Identität von Anwartschaft einerseits, Rechtsanspruch und Rechtspflicht anderseits wird zweckmäßigerweise auch noch unter dem Gesichtspunkt der Konkurrenz mit dem Gestaltungsrecht gewürdigt, wodurch die Entgegnung auf diesen Einwand eine neue Beleuchtung erfahren kann.

a) Mit der Anwartschaft, die auch in der Form der Rechtsanwartschaft kein subjektives Recht darstellt, kann ein wirkliches subjektives Recht konkurrieren. Dies ist vor allem zu beachten bei dem Streit, ob die Verwirklichung derjenigen Tatbestandselemente, die noch zur Anwartschaft hinzutreten müssen, um das Entstehen eines Rechtsanspruchs hervorzurufen, eine Realisierung der Anwartschaft bedeutet. Wenn auch die aufgeworfene Frage in dieser Form mit Würdinger[12]) zu verneinen ist, so ist doch weiter zu bedenken, daß gerade durch diejenige Verwirklichung von Tatbestandselementen, die die Existenz der Anwartschaft herbeiführt, gleichzeitig auch ein Rechtsanspruch entstanden sein kann. Auf diese Weise findet der Streit um die „Anwartschaft als Gestaltungsrecht" seine Klärung. Es geht zu weit, zu behaupten, daß sich Anwartschaft und Gestaltungsrecht gegenseitig ausschließen.[13]) Richtiger wird es sein, in solchen Fällen, in denen die Rechtsanwartschaft unentziehbar geworden ist, in denen es also vom Träger der Pflichtanwartschaft nicht verhindert werden kann, daß der Schlußstein des Rechtsanspruchs oder der Rechtspflicht von einem anderen Rechtssubjekt gesetzt wird, diesem schon vor der Setzung des Schlußsteins ein „Recht" auf die Vornahme zuzubilligen, das seiner Natur nach ein sogenanntes Gestaltungsrecht sein müßte.[14]) Das Gestaltungsrecht besteht darin, daß eine Rechtsnorm einer Rechtsperson (dem Inhaber des Gestaltungsrechts) in die Hand gibt, ob sie das, (von einer anderen Norm gezeichnete) Recht erwerben will oder nicht.

b) Die Verwirklichung des für die Existenz dieses zweiten Rechts noch ausstehenden Tatbestandsmerkmals ist hier die Realisierung eines anderen Rechts, eben des Gestaltungsrechts. Auch das Gestaltungsrecht muß, der dargelegten Voraussetzung über das Wesen des subjektiven Rechts ent-

---

[12]) a.a.O. S. 61.

[13]) a.a.O. S. 77.

[14]) Über diesen Begriff siehe Würdinger, a.a.O. S. 73, und das angeführte Schrifttum. Im Verwaltungsrecht ist, soweit ersichtlich, der Begriff zu Unrecht bisher nicht verwertet worden, obwohl zweifellos auch hier Gestaltungsrechte wie Anfechtungsbefugnisse, Rechte auf Auflösung von verwaltungsrechtlichen Verträgen u. a. in großer Zahl vorkommen.

sprechend, die Kehrseite einer Rechtspflicht sein. Die dem Gestaltungsrecht korrespondierende Rechtspflicht ist in jener Situation zu suchen, die mit dem Ausdruck „Unentziehbarkeit" bezeichnet wird. Unentziehbarkeit bedeutet, daß eine Handlung gewisser Art nicht vorgenommen werden kann und darf, bedeutet also eine rechtliche Bindung, eine Rechtspflicht. Es ist zu fragen, woher das Verbot stammt, eine Handlung vorzunehmen. Soll es ein Verbot in dem Sinne sein, wie sonst im Recht die Zeichnung von Unrechtsfolgen in einer Rechtsnorm Rechtsgebot und Rechtsverbot genannt werden, so muß es auf einer Norm beruhen. Diese Norm ist, wie schon betont, zu trennen von jener anderen Norm, die als Rechtsfolge jenes Recht enthält, das noch nicht bis zum Endstadium der Entwicklung gediehen ist, dessen Schlußstein vielmehr erst durch die Realisierung des Gestaltungsrechts gesetzt werden soll. Zutreffend ist demnach, daß die Anwartschaft an sich in keinem Fall eine Befugnis darstellt, die restlichen Tatbestandselemente bis zum Entstehen des Rechts zu verwirklichen. Dadurch wird aber, wie gezeigt, keineswegs ausgeschlossen, daß eine andere Rechtsnorm als die, deren Subjektivierung das letztgenannte Recht darstellt, die Unentziehbarkeit als Rechtspflicht und das dargestellte subjektive Recht als Spiegelbild dieser Rechtspflicht enthält. Dabei besteht das subjektive Recht, das das Spiegelbild der Unentziehbarkeit darstellt, darin, eine Handlung vornehmen zu können, durch deren Vornahme ein anderes Recht entsteht; es ist also ein Gestaltungsrecht. Entscheidend ist die scharfe Trennung der beiden in Betracht kommenden Rechtsnormen, einmal der Rechtsnorm, auf der das Gestaltungsrecht beruht, sodann jener anderen Rechtsnorm, deren Subjektivierung durch die Ausübung des Gestaltungsrechts bedingt ist. Verfehlt wäre es aber, daraus den Schluß ziehen zu wollen, daß sich Anwartschaft und Gestaltungsrecht gegenseitig ausschließen. In Wahrheit können beide ohne logischen oder juristischen Hinderungsgrund in einem Konkurrenzverhältnis stehen.

c) Für die Konstruktion des öffentlichrechtlichen Nutzungsrechtsverhältnisses der öffentlichen Sache wird die Figur des verwaltungsrechtlichen Gestaltungsrechts nicht benötigt. Innerhalb des fertigen Nutzungsrechtsverhältnisses kann sie ohnehin nicht verwendet werden. Aber auch auf Vornahme des Abschlusses dieses Rechtsverhältnisses besteht kein Recht. Das Problem, ob ein Recht auf den Gemeingebrauch besteht, das vielfach ohne tieferes Eindringen in die komplizierten rechtlichen Beziehungen der beteiligten Personen gelöst wird, findet also nach der Richtung seine Lösung, daß sorgfältig unterschieden werden muß zwischen dem Stadium vor dem Entstehen des Nutzungsrechtsverhältnisses einerseits und diesem Rechtsverhältnis anderseits. In letzterem gibt es nicht nur Rechtspflichten, sondern auch korrespondierende Rechtsansprüche; es ist nach jeder Richtung ein Rechtsverhältnis im weiteren Sinn. In dem Stadium vor dem Entstehen des Nutzungsrechtsverhältnisses liegt dagegen ein Recht des künftigen Benützers, das nur ein Gestaltungsrecht sein könnte auf Vornahme einer Handlung, die den Rechtserwerb herbeiführt, schon deshalb nicht vor, weil dem künftigen Benützer die Möglichkeit der Nutzung durch den Nutzgeber jederzeit entzogen werden kann. Weil der Gemeingebrauch durch den Rechtswillen des Trägers der öffentlichen Sache jederzeit entzogen werden kann, nämlich durch Aufhebung der öffentlichen Sache, kann kein (Gestaltungs-) Recht auf den Gemeingebrauch bestehen. Für die Frage, ob ein Gestaltungsrecht vorliegt, braucht gar nicht geprüft zu werden, ob der künftige Benützer Rechtsanwärter ist oder nicht; denn jedenfalls wäre die Anwartschaft, wenn sie vorläge, entziehbar. Trotzdem ist es notwendig, die Möglichkeit des Konkurrenzverhältnisses von Anwartschaft und Gestaltungsrecht offen zu legen, weil mit dem Hinweis auf das Vorliegen von Rechtsansprüchen und Rechtspflichten schon in dem hier als Anwartschaft bezeichneten Stadium Einwendungen gegen die Konstruktion der Figur einer verwaltungsrechtlichen Anwartschaft vorgebracht werden könnten. Gerade dadurch, daß gezeigt wird, daß Rechtsanspruch und Rechtspflicht, soweit sie mit der Unentziehbarkeit zusammenhängen, auf einer ganz anderen Ebene liegen als die Figur der Anwartschaft, wird der Einwand wirksam pariert, daß die Anwartschaft, falls eine Bindung überhaupt vorliegt, in Wahrheit nichts anderes sei, als ein Rechtsanspruch oder eine Rechtspflicht unter einer anderen Bezeichnung, und daß daher die Aufnahme dieser Figur in das verwaltungsrechtliche Denken nicht nur unnötig, sondern auch denkökonomisch unzweckmäßig sei.

IV.

Im Gegensatz zur Figur des Gestaltungsrechts, das für die Konstruktion der Rechtsstellung des Benützers der öffentlichen Sache vor der Benützung aus dem angegebenen Grund abzulehnen ist, kann die Figur der rechtlichen Anwartschaft bei der Konstruktion der Rechtsstellung des Trägers der öffentlichen Sache mit Erfolg verwendet werden und zwar in folgender Weise:

1. Zunächst entsteht eine Rechtspflicht eines Trägers der öffentlichen Verwaltung gegenüber der Rechtsordnung und zwar durch einen Selbstverpflichtungsakt dieses Trägers. Diesem Rechtsverhältnis, das im folgenden Paragraphen näher untersucht wird, wird die Bezeichnung öffentliche Sache gegeben, da es das juristische Wesen dessen darstellt, was im herkömmlichen Sprachgebrauch unter der Bezeichnung öffentliche Sache verstanden wird.

2. a) Es gibt zwei Gruppen von öffentlichen Sachen: solche, bei denen eine **individuelle Nutzung** durch Abschluß einzelner Nutzungsrechtsverhältnisse zwischen dem Träger der öffentlichen Sache und den Benützern stattfindet; und solche, bei denen nur eine **generelle Nutzung** in der Weise stattfindet, daß die Sache durch den Bestand den rechtlichen Erfolg verwirklicht, auf den der Träger der öffentlichen Sache mit seinem Selbstverpflichtungsakt abzielt. Die erste der beiden Gruppen ist bei weitem die praktisch wichtigere und auch für die Konstruktion die schwierige. Da Nutzungsrechtsverhältnisse nur bei der ersten Gruppe in Betracht kommen können, spielt auch die Konstruktion der Pflichtanwartschaft nur bei dieser eine Rolle. Das als öffentliche Sache bezeichnete Rechtspflichtverhältnis dagegen liegt bei beiden Gruppen vor, wenn schon naturgemäß der Selbstverpflichtungsakt in den beiden Fällen einen verschiedenen Inhalt hat. Der Unterschied der beiden Gruppen äußert sich hiernach in doppelter Weise: einmal im Entstehen oder Nichtentstehen von individuellen Nutzungsrechtsverhältnissen, sodann im Inhalt des Selbstverpflichtungsakts.

b) Die Entwicklung zu einem Korrespondieren von Rechtsanspruch und Rechtspflicht vollzieht sich durch Verwirklichung der einzelnen Tatbestandselemente des Nutzungsrechtsverhältnisses. Da mit dem Entstehen der unter 1 behandelten Rechtspflicht bei jener Gruppe von öffentlichen Sachen, an denen eine individuelle Nutzung stattfindet, gleichzeitig ein Teil der Tatbestandselemente der künftigen Nutzungsrechtsverhältnisse entsteht (s. u.), so liegt inbezug auf die künftige Pflicht des Trägers der öffentlichen Sache zur Nutzgewährung gegenüber den Nutzziehern gleichzeitig eine Pflichtanwartschaft vor. Mit dieser Konstruktion ist es gelungen, jenen richtigen Gedanken, aus dem die bisher tiefste Erfassung der Rechtslage, nämlich die Theorie des Reflexes objektiven Rechts, entsprungen ist, nach der Seite des subjektiven Rechts zu verschieben und damit auf eine neue Grundlage zu stellen. Es wäre ein Irrtum, anzunehmen, daß die Konstruktion nur passen würde für das Gebrauchmachen in der Form des Gemeingebrauchs. Allerdings wird im öffentlichen Sachenrecht der Gemeingebrauch stets im Vordergrund der Konstruktion stehen müssen, da er zu den schwierigsten Problemen des öffentlichen Sachenrechts überhaupt gehört. Aber auch die anderen Nutzungsformen, die später unter der Bezeichnung Sondernutzung zusammengefaßt werden, passen in die Konstruktion der werdenden Nutzungsrechtsverhältnisse zur Gewährung individueller Nutzung.

3. Sobald der Schlußstein in der Verwirklichung des Tatbestands eines Nutzungsrechtsverhältnisses gesetzt ist, ist ein Rechtsverhältnis im weiteren Sinn, ein Korrespondieren von Rechtsanspruch und Rechtspflicht eingetreten.

§ 28. Das verwaltungsrechtliche Mantelrechtsgeschäft und seine Verwendung im öffentlichen Sachenrecht.

I.

Für die Konstruktion der öffentlichen Sache sind zwei Entwicklungsstadien von grundlegender Bedeutung: einmal die Rechtspflicht eines Trägers öffentlicher Verwaltung gegenüber der Rechtsordnung (siehe § 27 IV 1); sodann die Vorbereitungslage inbezug auf die künftigen Nutzungsrechtsverhältnisse (s. § 27 IV 2). Während in der bisherigen Theorie des öffentlichen Sachenrechts das Hauptgewicht auf die Lage nach Abschluß des Nutzungsrechtsverhältnisses gelegt wurde, gilt es künftig die beiden anderen Lagen in den Vordergrund zu stellen. Nachdem im vorhergehenden Kapitel bereits die zweite von ihnen im Zusammenhang mit der Lehre von der verwaltungsrechtlichen Anwartschaft betrachtet wurde, ist nunmehr die erste von ihnen näher ins Auge zu fassen. Auch bei dieser ist der Blick insoferne bereits auf die Möglichkeit späterer Nutzung zu richten, als die Unterscheidung zwischen der generellen und der individuellen Nutzung von erheblicher Bedeutung ist. Bei der generellen Nutzung, die, wie betont, die praktisch minderwichtige Form ist, kann nur diese erste Lage (§ 27 IV 1) entstehen, nicht die beiden anderen (§ 27 IV 2 und 3), und auch diese erste hat hier einen anderen Rechtsinhalt. Gemeinsam ist den beiden Fällen das Entstehen durch einen Verpflichtungsakt eines Trägers öffentlicher Verwaltung. Während aber im einen Fall der Inhalt der Pflicht nur das Halten oder Bereithalten ist, ist im anderen Fall neben diesem auch und zwar in erster Linie die Bindung an einen vorweggenommenen Inhalt künftiger Nutzungsrechtsverhältnisse Pflichtinhalt. Diese Bindung an den vorweggenommenen Inhalt künftiger Nutzungsrechtsverhältnisse ist für die öffentlichen Sachen (dieser einen wichtigeren Gruppe) charakteristisch. Sie tritt durch die Widmung oder die Satzung ein, und zwar verbindet man meist mit der Bezeichnung Widmung den Gedanken an eine stillschweigende, mit der Bezeichnung Satzung dagegen den Gedanken an eine ausdrückliche Prägung dieses vorweggenommenen Inhalts. Die Rechtspflicht zum Halten (oder Bereithalten) ist in beiden Fällen vorhanden. Ist sie nicht vorhanden, so liegt auch keine öffentliche Sache vor; denn in ihr besteht die öffentliche Sache. Daher ist gerade bei jenen Substraten, bei denen das Vorliegen dieser Rechtspflicht zweifelhaft ist, auch fraglich und bestritten, ob von einer öffentlichen Sache gesprochen werden kann, z. B. bei den öffentlichen Denkmälern. An der Grenze der Existenz einer Rechtspflicht dieser Art endet auch der Begriff der öffentlichen Sache. Kein Hinderungsgrund für die Annahme der Rechtspflicht ist es, daß die Rechtspflicht vom Pflichtigen einseitig aufgehoben werden kann; dieses Schicksal teilt die Pflicht mit zahlreichen anderen Rechtspflichten, ohne daß dadurch der Rechtspflichtcharakter berührt würde. Die vom Träger öffentlicher Verwaltung übernommene Rechtspflicht des Haltens birgt rechtlich nichts Besonderes in sich. Dagegen ist die Bindung an einen vorweggenommenen Rechtsgeschäftsinhalt konstruktiv interessant. Mit diesem Problem wird sich das vorliegende Kapitel beschäftigen. Unter Anknüpfung an den hervorgehobenen scharfen Gegensatz von Normsetzung und Normvollziehung wird dabei das Wesen dieser Bindung an einen Inhalt künftiger Rechtsgeschäfte näher untersucht.

II.

1. Zu den Rechtsquellen pflegt herkömmlicherweise die „Satzung" gerechnet zu werden. Unter Satzung in dem von der herrschenden Lehre verstandenen Sinn kann man generelle Willenskundgebungen von unterstaatlichen als Träger öffentlicher Verwaltung zugelassenen Rechtspersonen zur Regelung ihrer eigenen Angelegenheiten verstehen. Unterstaatliche Träger öffentlicher Verwaltung sind auf dem Gebiete des Verwaltungsrechts vornehmlich die Gemeinden und Kommunalverbände, verschiedene öffentliche Genossenschaften, Zweckverbände und dergleichen.[15]) Bei diesen Rechtssubjekten ist die Satzung wohl zu unterscheiden von einer Verordnung, die vom gleichen Rechtsträger kraft staatlicher Delegation etwa erlassen werden kann, z. B. einer Polizeiverordnung, und zwar ist die Unterscheidung grundsätzlich nach der Richtung zu treffen, daß die Befugnis zum Erlaß einer Verordnung jederzeit frei entziehbar ist, während auf den Erlaß einer Satzung eines Selbstverwaltungskörpers ein nur durch Gesetz beschränkbares subjektives Recht besteht.[16])

2. Die Erforschung der Rechtsnatur der Satzung hat sich bisher in der Hauptsache auf zwei Probleme erstreckt, nämlich einmal darauf, ob die Satzung ursprüngliches Recht im Gegensatz zum abgeleiteten Recht schafft; dann darauf, ob die Satzung stets Rechtsvorschriften enthalten muß, (Gesetze im materiellen Sinn) oder daneben auch bloße Verwaltungsvorschriften enthalten kann.[17]) Beide Probleme sind für den vorliegenden Gedanken nicht ohne Bedeutung. Von der Frage, ob die Satzung ursprüngliches Recht schafft, ist wohl zu unterscheiden die andere Frage, ob sie objektives Recht schafft. Auch ein Setzungsakt von abgeleitetem Recht schafft objektives Recht, sonst wäre er kein Rechtssetzungsakt. Beispiel: Die

---

15) Vergleiche aber Otto Mayer I S. 87!

16) Vergleiche Nawiasky, Bayerisches Verfassungsrecht S. 340.

17) Zur letzteren Frage vergleiche O. Mayer I S. 88; Nawiasky, Bayerisches Verfassungsrecht S. 340.

Rechtsverordnung. Umgekehrt kann ursprüngliches Recht immer nur objektives Recht sein; denn wäre es subjektives Recht, so müßte es sich auf objektives Recht zurückführen lassen, wäre also nicht ursprünglich. Unter dem letztgenannten Gesichtspunkt ist auch die Beantwortung der Frage nach der Ursprünglichkeit der autonomen Rechtssetzung dafür ausschlaggebend, ob die Satzung objektives oder subjektives Recht schafft, mit anderen Worten, ob sie Normsetzungs- oder Normvollziehungsakt ist.

3. a) Nach Fleiner[18]) bildet die Satzung nicht einen Bestandteil der staatlichen Gesetzgebung wie die Verordnung, sondern steht als unabhängige Rechtsquelle neben der Gesetzgebung. Die Staatsgesetzgebung bestimme nur Bereich und Schranken der Autonomie, das Recht werde in der Autonomie erzeugt, soweit die vom Staat freigelassene Freiheitssphäre reiche.[19]) Autonomie und Verordnung seien zwar der äußerlichen Erscheinung nach verwandt, wie sich besonders daran zeige, daß es der Staatsgewalt freistehe, einerseits der Autonomie nur eine beschränkte Zahl von Selbstverwaltungsmaterien[20]) zu überlassen, anderseits die Satzungsgewalt zu erstrecken auf Angelegenheiten und Personen, die nicht zum eigenen Sachbereich und nicht zum Kreis der eigenen Mitglieder des Verbandes gehörten. Der innere Unterschied beruhe aber eben darin, daß die Satzung originäre, die Verordnung dagegen delegierte Rechtssatzung sei.

b) In Wahrheit ist als Bestandsgrund der Satzung in gleicher Weise wie der Verordnung das formelle Gesetz anzusehen. Nur soweit ein formelles Gesetz besteht, kann auch die Satzung als Rechtssetzungsakt rechtliche Wirkungen äußern. Auch die Satzung bildet daher, insoweit sie Rechtssetzungsakt ist, einen Bestandteil der Staatsgesetzgebung und sie steht, was den logischen Abstand vom und das Verhältnis zum Gesetz anlangt, auf gleicher Linie mit der Verordnung und dem Gewohnheitsrecht.[21])

4. Ist aber die Satzung nicht originäre Rechtssetzung, so ist die Bahn frei für die Prüfung der Frage, ob die Satzung stets objektives Recht enthalten muß, oder auch subjektives Recht enthalten kann, ob sie also unter allen Umständen generelle Normsetzung ist oder auch individuelles Recht enthält, ob sie Normsetzung sein muß, oder auch Normvollziehung sein kann.

Im Zusammenhang mit der Erörterung des möglichen außerrechtssatzmäßigen Inhalts der Satzung erkennt O. Mayer, daß der Selbstverwaltungskörper seiner Satzung häufig Bestimmungen beifügt, die keine

[18]) Fleiner, Institutionen S. 78 ff. und das dort Fußnote 42 angeführte Schrifttum.

[19]) a.a.O. S. 79, Fußnote 45.

[20]) a.a.O. S. 80.

[21]) Vergleiche hierzu auch Laband, Staatsrecht I S. 106; O. Mayer, I, S. 88; Nawiasky, Bayerisches Verfassungsrecht S. 340; W. Jellinek, Verwaltungsrecht, S. 118, 123.

Rechtssätze sind; er rechnet hierzu u. a. auch die Ordnungen für den Betrieb der Gemeindeanstalten, betrachtet diese allerdings als Normen, die an die Gemeindeorgane gerichtet sind oder als sogenannte „Verwaltungsvorschriften".[22]) Durch die Bezeichnung als Verwaltungsvorschriften wird nicht der Normcharakter verneint, sondern lediglich über den Adressaten der Normen etwas ausgesagt. Einen Schritt weiter geht Mayer bei der Prüfung der Satzungen der öffentlichen Genossenschaften. Die Satzung der Genossenschaften habe die gleiche Rechtsnatur wie das Vereinsstatut; sie sei teils Gründungsstatut, teils Statuierung der Mitgliedschaftspflichten. Es hat den Anschein, als ob Mayer[23]) auf der richtigen Fährte sei, wenn er ausführt, daß beide Teile des Genossenschaftsstatuts keine Rechtssätze enthielten, auch nicht die statutarischen Vorschriften, durch die die Vereinsgewalt ausgeübt werde; denn auch sie wirke nur mit der Kraft der bereits begründeten allgemeinen Mitgliedschaftspflichten. Der innere Grund dieser Rechtsauffassung beruht allerdings nicht in einer Verneinung der Normqualität mancher Satzungsbestandteile, sondern lediglich in einer zu engen Begrenzung des Normbegriffes, unter den die an die Organe gerichteten Verwaltungsvorschriften nicht fallen sollen.

5. Im Zivilrecht ist das Problem aufgetaucht, ob der Vereinssatzung als Produkt des Vereinsgründungsaktes die Natur einer objektiven Rechtsnorm als Ergebnis eines Normsetzungsaktes zukommt, oder ob sie rechtsgeschäftliche Bedeutung hat. Der sogenannte „Gesamtakt" der Vereinsgründung soll kein Rechtsgeschäft sein zwischen den Vereinsgründern, sondern ein einheitlicher Akt, zu dem die Einzelhandlungen der Gründer nur „unselbständige Momente" darstellen. Der Gesamtakt soll seiner Rechtsnatur nach kein Vertrag, sondern eine „Vereinbarung" sein. Doch wird anderseits auch die Theorie vertreten, daß die Vereinsgründung ein Rechtsgeschäft sei.[24]) Auf gleicher Linie wie das hier im Zivilrecht bei der Vereinsgründung auftretende Problem steht die Frage nach der Rechtsnatur der gewerblichen Innungserrichtung (§§ 81, 83, 84 und 100 c—e RGew.O) und gewinnt hier eine besondere Beleuchtung durch die Möglichkeit der Zwangsbeiziehung von Mitgliedern.

Die Auffassung des Gründungsaktes als eines „Gesamtaktes" hindert nicht die Erkenntnis, daß es sich dabei um einen Akt rechtsgeschäftlicher Natur handelt. Für das Wesen des Rechtsgeschäftes ist es nicht

[22]) a.a.O. I S. 88, insbesondere auch Fußnote 9.

[23]) a.a.O. I S. 89.

[24]) Vergleiche z. B. einerseits: Gierke, Die Genossenschaftstheorie und die deutsche Rechtssprechung 1887, S. 133: „diese Gründungshandlung nun aber ist kein Vertrag, sondern einseitiger Gesamtakt, der im Individualrecht keine Parallele hat". Anderseits: Cosack, Bürgerliches Recht, II, S. 483 ff.

erheblich, ob sein Einfluß auf die rechtliche Wirkung von selbständiger oder von unselbständiger Bedeutung ist.

6. Was aber den Gegensatz von Vertrag und Vereinbarung[25]) anlangt, so steht es außer Zweifel, daß seine Anhänger ihm eine Bedeutung zuschreiben, die er in der Tat nicht hat. Man mag das Kriterium darin sehen, daß beim Vertrag die Willensrichtungen der Parteien auf ein wechselseitig entgegengesetztes, bei der Vereinbarung dagegen auf das gleiche Ergebnis gerichtet sind. So logisch richtig diese Unterscheidung ist, so gering darf ihr Wert rechtsdogmatisch angeschlagen werden, weil beide Rechtsformen mangels entgegenstehender Vorschriften gleichheitlich behandelt werden müssen. Die Unterscheidung kann allenfalls rechtspolitischen Wert haben. Unter solchen Verhältnissen ist es mehr eine Frage der Systematik, ob man die Vereinbarung begrifflich dem Vertrag gegenüberstellen oder ob man nicht vielmehr die Begriffsbestimmung des Vertrages in der Weise prägen will, daß die beiden Arten darunter fallen.

7. Die Systematik, die Vertrag und Vereinbarung trennt, ist insolange für die Rechtserkenntnis ungefährlich, als beide Figuren im Verhältnis zur Rechtsnorm, die sie vollziehen, als im gleichen rechtlichen Abstand stehend aufgefaßt werden. Sie entwickelt sich aber in dem Augenblick zu einer Gefahr, als sie den Vollzug subjektiven und die Setzung objektiven Rechts in die Unterscheidung hineinverwebt. Und dieser Schritt ist tatsächlich gemacht worden.

a) Fleiner, der eine Lehre von der „rechtssetzenden Vereinbarung" aufgestellt hat, knüpft dabei an die Rechtssprechung des preußischen OVG an, das die Fähigkeit zur Rechtssetzung auch unorganisierten Gemeinschaften zuerkannt habe, vor allem, wenn eine öffentliche Last einer Mehrheit von Personen auferlegt worden sei, z. B. zum Bau und Unterhalt eines öffentlichen Weges. Die Unterverteilung der Gesamtlast auf die einzelnen am Lastenträger beteiligten Personen sei möglich durch Abschluß eines Vertrages. Ziele aber die im Vertrag enthaltene Willenserklärung nicht bloß auf die Begründung subjektiver Rechte und Pflichten zwischen den Vertragsparteien, sondern auf die Aufrichtung objektiver Normen über die Verteilung der Lasten ab und werde dem Vertrag überdies die staatliche Bestätigung zuteil, so erlange er den Charakter einer rechtssetzenden Vereinbarung. „Der Inhalt ist zum Bestandteil des objektiven Rechts geworden."[26])

b) Soweit Fleiner bei dieser Konstruktion die Erteilung der staatlichen Genehmigung als wesentlich ansieht, kann ihm nicht zugestimmt werden;

---

[25]) Siehe Fleiner S. 82, Apelt, der verwaltungsrechtliche Vertrag, S. 59 und das dort aufgeführte Schrifttum.

[26]) Fleiner a.a.O. S. 83.

denn es gibt Rechtsgeschäfte, die zu ihrer Wirksamkeit der staatlichen Genehmigung bedürfen, ohne durch deren Erteilung ihren rechtsgeschäftlichen Charakter irgendwie zu verlieren.[27]) Man könnte ihr höchstens die gekennzeichnete Rechtswirkung beilegen wollen in der Weise, daß Willenserklärungen der Parteien aus dem Grund als Normsetzungsakte erscheinen sollen, weil sie durch die staatliche Bestätigung als Normsetzungsakte anerkannt werden. Soweit dieser Auffassung — bewußt oder unbewußt — der Gedanke innewohnt, daß die Vertragsparteien allein nicht die Fähigkeit haben, objektives Recht zu schaffen, mag sie das Richtige treffen. Allein es ist darüber hinaus zu fragen, ob einer privaten Parteierklärung (oder auch mehreren übereinstimmenden Parteierklärungen) überhaupt die Fähigkeit eingeräumt werden kann, rechtssetzend zu wirken, sei es auch durch Hinzutritt bloßer Anerkennung, Bestätigung oder in anderer Weise. Diese Frage ist dahin zu beantworten, daß eine Übertragung der Gesetzgebungsbefugnisse des Staates, die sogenannte Delegation zur Rechtssetzung, immer nur in der von der Verfassung und durch Gesetze vorgesehenen Weise mit rechtlicher Wirkung vorgenommen werden kann. Soweit ersichtlich, hat aber keine im Deutschen Reich geltende Verfassung eine Delegation zur Rechtssetzung auf Privatpersonen vorgesehen, auch nicht in den von Fleiner[28]) aufgeführten Beispielen der Rezesse des preußischen Rechts, in denen sich Gemeinden, Gutsherren und Grundstückseigentümer über die Verteilung gemeinsamer Lasten verständigen. Wird aber etwa in einem Gesetz vorgesehen, daß der Inhalt einer Vereinbarung zwischen zwei bestimmten Geschäftsparteien über diese hinaus für alle Parteien mit gleichen Merkmalen Anwendung finden soll[29]), so wird das objektive Recht nicht etwa durch den Vertrag gesetzt, sondern durch die Rechtsnorm, die nur hinsichtlich des jeweiligen Inhalts des Normierten auf einen außerhalb ihrer selbst liegenden Rechtsvorgang verweist und durch die Verweisung zum Bestand der Rechtsnorm macht.[30]) Fehlt es an einer solchen Bezugnahme, so ermangelt auch der rechtliche Grund dafür, daß das Vereinbarte Rechtsnorminhalt werde. Noch viel weniger kann aber eine Vereinbarung ohne diese Bezugnahme, lediglich wegen einer staatlichen Bestätigung, rechtssetzende Wirkung haben. Ein etwa hierauf gerichteter Wille der Parteien wäre auf ein unmögliches rechtliches Ziel gerichtet

[27]) Vergl. z. B. Artikel 14, 15 des Bayerischen Selbstverwaltungsgesetzes; Art. 30 ff., 61 der Bayer. Gemeindeordnung.

[28]) a.a.O. S. 83, Fußnote 56.

[29]) So im Arbeitsrecht. Vergl. auch Roß, Theorie der Rechtsquellen, S. 424, wonach die „modernen kollektiven Verträge" Beispiele bieten sollen von „Zwischenformen" zwischen Kontrakten und Verordnungen.

[30]) So auch Kelsen, Lehre vom öffentlichen Rechtsgeschäft S. 205 im Verhältnis von Rechtsgeschäft und Rechtssetzungsakt.

Die Theorie Fleiners mündet unaufhaltsam in der Identifizierung von Rechtsgeschäft und Rechtssetzung und in der Verwischung der Grundbegriffe der staatlichen Tätigkeit ein.

In treffender Weise hat dagegen Dyroff den Gegensatz der Rechtssatzung (d. h. des Ergebnisses der Rechtssetzungsakte) vom Rechtsgeschäft formuliert.[31]) Das Rechtsgeschäft enthält nicht, wie die Rechtssatzung, ein autoritatives, an sich verpflichtendes Rechtsgebot, sondern es erzeugt Rechtspflichten nur insoweit, als solche durch ein bereits bestehendes Rechtsgebot an das Rechtsgeschäft geknüpft sind, und nur kraft dieses Rechtsgebotes.

III.

1. Eine im verwaltungsrechtlichen Schrifttum, soweit ersichtlich, bisher noch nicht klar betonte, zwar nicht notwendige, aber mögliche Eigenschaft der „Satzung" ist es, nicht Quelle des objektiven Rechts sein zu müssen, sondern Bestandteile eines erst später vorzunehmenden Rechtsgeschäftes entweder zwischen den Vertragsparteien durch Abrede bereits festzulegen, oder durch einseitige Erklärung der einen späteren Partei als deren Geschäftswille und als deren Bedingung für die Vornahme des Geschäftes auszusprechen. Der Name „Satzung", der auch die Bedeutung Rechtssetzung, Normierung haben kann, darf hierbei nicht verführen. Dem Namen allein kann keine entscheidende Bedeutung zukommen. Nicht auf die Bezeichnung, sondern auf das Wesen der Sache kommt es an. Die Vorwegnahme von Bestandteilen späterer Geschäfte, wie auch die angebotsartige Natur der einseitigen Willenserklärung in einer Satzung ist für das ganze Verwaltungsrecht von erheblicher Bedeutung. Zunächst ist noch auf eine Reihe weiterer Vergleichsvorgänge aus anderen Rechtsgebieten hinzuweisen, die das Material für die Erkenntnis dieser Vorgänge bilden müssen. Es gibt eine größere Zahl rechtlicher Produkte, bei denen schon die äußerliche Ähnlichkeit zwischen einem Rechtssatz und dem Ergebnis eines Rechtsgeschäfts zu einer Verwechslung verleiten mag. So ist es z. B. bei Versicherungsbedingungen oder bei Arbeitsordnungen. Dem äußeren Gewande nach unterscheiden sich diese Rechtsakte kaum von Gesetzen. Sie pflegen meist in Paragraphen eingeteilt zu sein und sprachlich häufig befehlende oder hypothetische Satzgefüge zu enthalten, wobei die Befehlsadressaten nicht unmittelbar aufgeführt sind, daher der Anschein einer Adresse an eine unbegrenzte Menge von Personen entstehen kann. Sie

[31]) Siehe Annalen, 1889, Rechtssatzung und Gesetz, S. 823. Dagegen ist es zweifelhaft, ob die von Dyroff, Grenzen der Unübertragbarkeit von Landtagszuständigkeiten, Festschrift f. d. VGH, 1929, S. 89 aufgeführte, von der Versicherungskammer in Ergänzung des Brandversicherungsgesetzes erlassene Satzung nicht eher Rechtsgeschäftsinhalt statt „zentrale Rechtssatzung" sei; siehe dazu das Folgende im Text!

sind aber, worauf z. B. v. Thur[32]) mit aller Schärfe hingewiesen hat, nicht Rechtsnormen, sondern „rechtsgeschäftliche Produkte, weil sie aus dem Willen von Privatpersonen hervorgehen und nur die konkreten Beziehungen der Parteien regeln, welche eine Vereinbarung dieses Inhalts treffen, oder sich ihr unterwerfen". Gerade die einseitige Willenserklärung als Grundlegung des später abzuschließenden Rechtsgeschäftes, die Formulierung der Geschäftsklauseln, deren Billigung durch die andere Geschäftspartei die Voraussetzung des Zustandekommens des Rechtsgeschäfts ist, tritt beim Beispiel der Arbeitsordnung deutlich hervor. Die Arbeitsordnung ist ihrem Wesen nach eine „einseitige Willenserklärung", durch welche der Arbeitgeber den Inhalt der bestehenden oder abzuschließenden Verträge gestaltet. Die Inhaltsgestaltung des Vertrags kann Bedeutung schon unmittelbar durch das Gesetz erhalten, wenn nämlich als weiteres Tatbestandsmerkmal die Zustimmung durch die andere Geschäftspartei nicht gesetzt ist. Sie erscheint als Formulierung der Geschäftsklauseln und Vorwegnahme des Vertragsinhalts, wenn der Eintritt der Rechtspflicht an das Merkmal dieser Zustimmung geknüpft ist. Es ist kein Zufall, daß v. Thur gerade an der Stelle, wo er Versicherungsbedingungen und Arbeitsordnungen behandelt, besonders eindringlich den scharfen Gegensatz von Rechtssatz und Rechtsgeschäft betont: „Durch Rechtsgeschäft wird subjektives Recht begründet und modifiziert, nicht objektives Recht geschaffen oder abgeändert. Wenn ein Rechtsverhältnis durch Rechtsgeschäft abweichend von einem dispositiven Rechtssatz geordnet wird, so wird dadurch der Rechtssatz nicht außer Kraft gesetzt oder ergänzt."

Bleibt man sich des Gegensatzes gerade bei jenen Konkretisierungen objektiven Rechts bewußt, deren äußeres Gewand mehr Ähnlichkeit mit der Form des „objektiven Rechts" hat, so verschlägt es nichts, auf diesem Grenzgebiet von „rechtssatzförmigen Rechtsgeschäften" zu sprechen. Diesen Rechtsgeschäften kommt nur die äußere Form, nicht das Wesen des Rechtssatzes zu. Sie sind nicht ihrer Natur nach ein Zwischending zwischen Rechtsnorm und Rechtsgeschäft — ein solches Zwischending kann es bei der begrifflichen Schärfe des Gegensatzes nicht geben —; sie sind nicht eine Stufe in einem stufenartigen Gebäude der Rechtsnormen, sondern sie liegen jenseits der Grenzen des Begriffes der Rechtsnorm und haben mit ihr nur für den nicht näher eindringenden Beobachter das Aussehen der Rechtsnorm.

2. Ein weites Anwendungsgebiet haben rechtssatzförmige Rechtsgeschäfte im Handelsrecht bei den sogenannten allgemeinen Geschäftsbedingungen. Die allgemeinen Geschäftsbedingungen bilden teils einen selbständigen gegenwärtigen Vertrag, der ohne weiteren Rechtsvorgang Rechts-

[32]) Thur, Allgemeiner Teil des BGB, S. 146.

wirksamkeit entfaltet und die Bestimmung hat, gewisse allgemeine Rechtsbeziehungen als gemeinsame Basis von konkreten Rechtsgeschäften ein für allemal zu regeln, teils bilden sie einen vorweggenommenen Vertragsinhalt (unter Umständen bloße Auslegungsregel) eines erst künftig abzuschließenden Vertrages, der bis zum Eintritt der noch fehlenden Tatbestandsmerkmale nicht die Wirksamkeit entfalten kann, die er nach seinem Wortlaut bereits jetzt zu haben scheint. Im ersten Fall sind Rechtsansprüche und Rechtspflichten schon entstanden, im zweiten ist nur das Material vorhanden, das den Gegenstand der künftig entstehenden Rechtsansprüche und Rechtspflichten bilden wird. Ob der eine oder andere Fall vorliegt, ist Aufgabe der auslegenden Ermittlungen. Die allgemeinen Geschäftsbedingungen der Banken sind vielfach vorweggenommener Inhalt eines künftigen Vertrages mit dem Kunden, z. B. wenn sie an eine Anzahl von Personen gedruckt versendet werden, um sie zum Abschluß von Rechtsgeschäften mit der Bank einzuladen, etwa zur Errichtung von Depots, zum Kauf von Wertpapieren usw. Sie sind jedoch gegenwärtiger Vertrag, wenn sie abgeschlossen werden zwischen einer Bank und einem Kunden als Grundlage für alle künftigen Einzelverträge, z. B. als Pfandrechtseinräumung für alle entstandenen und noch entstehenden Forderungen, oder als Eingehung eines Kontokorrentverhältnisses.[33]) Es ist der nächste Schritt, daß die Wissenschaft des Handelsrechts die gleiche rechtliche Beurteilung wie bei diesen Rechtsvorgängen an die allgemeinen Bedingungen (mitunter auch Satzungen, Betriebsordnungen usw. genannt) privater und öffentlicher Anstalten, wie Elektrizitätswerke, Gaswerke, Wasserversorgungsanstalten, Sparkassen, Krankenhäuser und „gewerblicher Veranstaltungen öffentlichrechtlicher Verbände“ anlegt, also auch bei diesen die rechtsgeschäftliche Natur anerkennt.[34])

3. Auch im öffentlichen Recht hat sich der rechtsgeschäftliche Charakter mancher „Satzungen“ oder Teile davon nicht verleugnen lassen. Durch den Schleier des Dogmas, daß die Satzung Normsetzung sein müsse, bricht mitunter das Licht der Erkenntnis ihrer wahren Natur. Zu welchen Komplizierungen daneben das Dogma führt, beleuchtet treffend die konstruktive Zerlegung der gemeindlichen Satzung für den Bereich innerhalb

---

[33]) Vergl. Staub, Kommentar zum HGB § 346, A 17 und 17 a und Anhang zu § 361, A 14; Littauer-Mosse, HGB § 346, A 4.

[34]) Vergl. Staub, § 346, A 17 b; ferner 17 a: „Das Vertragschließen mit öffentlichen Anstalten (Banken, Versicherungs-, Transportanstalten, welche Prospekte oder allgemeine Bedingungen versenden, seitens solcher Personen, die diese Prospekte oder Bedingungen erhalten haben), gilt als Unterwerfung unter die Bedingungen, wenn sie nachher widerspruchslos abschließen. RG 13, S. 77 ... Dasselbe gilt von gemeinnützigen Einrichtungen öffentlichrechtlicher Verbände (Krankenhäuser, Sparkassen, Kreditvereine): jeder weiß, daß sie nur unter allgemeinen Geschäftsbedingungen arbeiten dürfen.“

und außerhalb des Gemeindebezirks bei Wörner.[35]) Hiernach soll ein und dieselbe (identische) Satzung über die Benützung gemeindlicher öffentlicher Sachen und Anstalten innerhalb des Gemeindebezirks „Ausfluß des örtlichen Gesetzgebungsrechts der Gemeinde" sein. „Außerhalb des Gemeindebezirks ist der Inhalt der Gemeindesatzung" dagegen „als bürgerlichrechtliches Vertragsangebot zu erachten, das von jedem, der die Anstalt usw. außerhalb des Gemeindebezirks benützt, stillschweigend angenommen wird, sodaß der Inhalt der Satzung außerhalb des Gemeindebezirks als stillschweigend abgeschlossener bürgerlichrechtlicher Vertrag zwischen der Gemeinde, der die Anstalt gehört, und dem Benützer zu behandeln ist." Diese Auffassung ist unter mehrfachem Gesichtspunkt nicht haltbar. Schon bürgerlichrechtlich trifft es nicht zu, daß ein Vertragsangebot vorliegt; es könnte sich allenfalls um eine Aufforderung an das Publikum handeln, seinerseits Vertragsangebote zu machen. Außerdem kann auch nicht der Inhalt ein abgeschlossener Vertrag sein, sondern es kann höchstens durch den Abschluß eines Vertrags der Inhalt der Satzung Vertragsinhalt werden. Schwerer wiegt aber die konstruktive Fehlvorstellung, daß das gleiche rechtliche Erzeugnis je nach der örtlichen Lage einmal Normsetzung und ein andermal Normvollziehung, einmal Gesetzgebung und ein andermal Rechtsgeschäft sein könnte. In Wahrheit liegt in beiden Fällen nichts anderes vor, als ein durch einseitige Aufstellung vorweggenommener Inhalt später abzuschließender Rechtsgeschäfte.

4. Die rechtsgeschäftliche Natur wird keineswegs durch den Zwang zur Eingehung eines Rechtsgeschäfts beseitigt. Der Zwang zum Abschluß beruht in Wahrheit gar nicht auf einem Rechtsgeschäft; denn dieses soll erst unter dem Druck eines rechtlichen Zwangs eingegangen werden. Der Zwang beruht vielmehr unmittelbar auf dem Gesetz. Hierbei macht es keinen Unterschied, ob zu den Tatbestandsmerkmalen für die Realisierung des Zwangs noch eine Willenserklärung einer Person gehört oder nicht; denn auch wo dies der Fall ist, etwa in der Form einer Antragstellung von beteiligter Seite zur Festsetzung des Zwangs oder in der Form eines behördlichen Anspruchs, bildet dieses Rechtsgeschäft (als Tatbestandsmerkmal) nur die Rechtsbedingung für das Wirksamwerden des unter den bestimmten Voraussetzungen im Gesetze selbst bereits vorgesehenen Zwangs. Die Willenserklärung oder das Rechtsgeschäft, die den Eintritt des Zwangs zur Folge haben, sind sorgfältig zu sondern von der Willenserklärung oder dem Rechtsgeschäft, das unter diesem Zwang vorgenommen wird. Jene Handlung löst den rechtlichen Zwang aus, diese wird unter der Einwirkung des Zwangs ausgeführt. So ist der Mehrheitsbeschluß der Beteiligten nach Art. 111 Abs. II des bayerischen Wassergesetzes eine Voraussetzung des Bei-

[35]) Siehe Wörner, Kommentar zur Bayer. Gemeindeordnung, 1931, S. 341.

trittszwangs zur Genossenschaft neben anderen Voraussetzungen. Der Beitritt selbst ist das Rechtsgeschäft, das unter der Einwirkung des Zwangs vorgenommen wird. Die Rechtspflicht, etwas zu tun oder zu unterlassen und die Aussicht, daß die Rechtspflicht nötigenfalls zwangsweise durch staatliche Vollstreckungsmaßnahme verwirklicht wird, steht auch sonst nicht einer Ausführung der pflichtgemäßen Rechtshandlung aufgrund Rechtsgeschäfts im Wege. So wenig die vereinbarten Voraussetzungen über die Abtretung eines Grundstücks, mag die Vereinbarung auch unter dem Druck des aus dem Zwangsabtretungsgesetz hervorgehenden rechtlichen Zwangs abgeschlossen worden sein, Normcharakter erlangen können, sondern Vertragsrecht bleiben[36]), ebensowenig vermag der rechtliche Zwang zum Beitritt zu einer Zwangsinnung oder zu einer Wassergenossenschaft mit Beitrittszwang die rechtsgeschäftliche Natur des Beitritts unter den in der Satzung enthaltenen Geschäftsbedingungen zu verändern. Mit der Erkenntnis, daß der Zwang zum Beitritt zu einem Verband oder zur Benützung einer Anstalt nicht auf der jeweils vorliegenden Satzung beruht, sondern auf dem Gesetz, erübrigt sich auch die Frage, ob die Satzung als Äußerung des Selbstverwaltungswillens Beitritts- oder Benützungszwang aussprechen kann, oder ob nicht vielmehr als Ergänzung der Satzung in einem solchen Fall eine polizeiliche Vorschrift erlassen werden muß. Das bayer. Gemeinderecht bis zum Jahre 1927 hatte diesen Grundsatz klar und folgerichtig durchgeführt.

IV.

1. Für die Konstruktion der öffentlichen Sache interessiert die Möglichkeit der Vorwegnahme der Inhaltsbestimmung eines öffentlichrechtlichen Rechtsgeschäfts durch einheitliche Festlegung und Verkündung der Rechtsgeschäftselemente (Vertragselemente) für das Benützungsverhältnis. Aus diesem Grunde soll der Versuch gemacht werden, die charakteristischen Fälle der Vorwegnahme der Inhaltsbestimmung öffentlichrechtlicher Rechtsverhältnisse unter einen gemeinsamen Rechtsbegriff zu bringen. Die Systematisierung ist umso schwieriger, als hier die Forschung auch auf dem Gebiet des Zivilrechts noch am Anfang steht, und daher nicht, wie sonst häufig im Verwaltungsrecht, dessen im wesentlichen abgeschlossene Ergebnisse sinngemäß verwertet werden können. Aber doch gibt eine Entwicklungsrichtung des Zivilrechts aus jüngster Zeit einen Fingerzeig für die Systematisierung. Zwar ist auch dort bisher ein gemeinsamer Begriff für alle Rechtsvorgänge, bei denen die Inhaltsbestimmung dem Ursprung der Rechte und Pflichten vorangeht, noch nicht geprägt worden. Wohl aber ist

[36]) So treffend Laforet, Zwangsabtretungsgesetz, Vorbemerkung zu Art. I, Buchstabe b und d, der hierbei mit der herrschenden Lehre übereinstimmt.

im Zivilrecht für einen Teil der Fälle eine Begriffsbezeichnung und damit auch eine Vorstellung gewonnen worden, die auch für das Verwaltungsrecht nutzbar gemacht werden sollte, und zwar für solche Verträge, die im Hinblick auf andere später abzuschließende Verträge geschlossen werden und für die letzteren die Regelung gewisser Inhaltsstücke vorwegnehmen. Kisch hat für sie die Bezeichnung „Mantelschuldverträge" geprägt.[37])

2. Das Wesen des zivilrechtlichen Mantelschuldvertrages besteht darin, daß für einen für eine Reihe von Fällen einheitlich bestimmenden Vertrag die Grundlage geschaffen wird für später abzuschließende spezielle Schuldverhältnisse. Dabei weisen die in Aussicht genommenen speziellen Schuldverträge dem generellen Vertrag gegenüber rechtliche Selbständigkeit auf, haben jedoch unter sich und im Verhältnis zum einheitlichen Vertrag insofern eine Gemeinsamkeit, als ihr Zustandekommen, ihr Inhalt oder ihre wechselseitigen Beziehungen durch jenen einheitlichen Vertrag beeinflußt werden. Der einheitliche Vertrag oder „Grundvertrag" bildet gleichsam die rechtliche Hülle, die sich um die einzelnen Schuldverhältnisse legt. Von den beiden Typen der Mantelschuldverträge, die Kisch unterscheidet, nämlich den sogenannten verpflichtenden Vertrag, durch dessen Abschluß die Vertragsparteien sich nebenher zur Eingehung der speziellen Verträge verpflichten, und den sogenannten normierenden Vertrag, durch den nur ein Stück der künftigen Verträge für den Fall, daß diese wirklich zustande kommen, vorgenommen wird, sind die letzteren für das Verwaltungsrecht und im besonderen für das öffentliche Sachenrecht von ungleich größerer Bedeutung. Die „normierenden" Verträge, die man im Verwaltungsrecht vielleicht besser „gestaltende Verträge" nennt, da sie keine abstrakten „Normen" geben, sondern die „Gestalt" künftiger konkreter Rechtsverhältnisse formen, erlangen aktuelle Wirkung erst durch das Entstehen der speziellen Rechtsverhältnisse. Vorher kann man die Bindung der Parteien allenfalls eine virtuelle Wirkung nennen. Erst beim Eintritt der aktuellen Bindung ist ein Rechtsverhältnis im weiteren Sinn mit seinen beiden Entfaltungen der Rechtspflicht und dem Rechtsanspruch existent geworden.

3. Überträgt man diesen Gedanken aus dem Zivilrecht in das Verwaltungsrecht, so muß anerkannt werden, daß der erste Teil der Bezeichnung („Mantel") auch hier treffend gewählt ist. Er bedeutet — ähnlich wie in der Zusammensetzung „Mantelgesetz", „Manteltarif" — einen Rechtsakt als generellen äußeren Rahmen, der einer Ausgestaltung durch einen weiteren individuellen Rechtsakt bedarf. Hingegen ist die Bezeichnung „Schuldvertrag" für die Erfassung der verwaltungsrechtlichen Vorgänge der einschlägigen Art zu eng, weil hier, wie ja auch sonst im Verwaltungsrecht,

[37]) Vergleiche Kisch, Mantelschuldverträge, namentlich in der Versicherung, Recht 1923, S. 6.

der Schuldvertrag nicht so sehr im Mittelpunkt steht, wie im Zivilrecht. Daher würden z. B. gerade eine Reihe der wichtigsten Anwendungsfälle von Mantelrechtsakten des Verwaltungsrechts nicht unter den gewonnenen Begriff gebracht werden können, weil sie (in dem Stadium bis zum Wirksamwerden der speziellen Rechtsbeziehungen) keine Verträge und im besonderen keine Schuldverträge sind. Die Inhaltsgestaltung der künftigen Rechtsbeziehung erfolgt hier nicht in der Vertragsform, sondern durch einseitigen Rechtsakt. Dieser hat mit dem Mantelschuldvertrag des Zivilrechts gemeinsam, daß durch ihn die Grundlage geschaffen wird für den Inhalt einer Reihe noch abzuschließender spezieller Rechtsgeschäfte, ferner daß die einzelnen Rechtsgeschäfte zwar eine gewisse Selbständigkeit gegenüber dem Grundrechtsgeschäft aufweisen, ihr Zustandekommen, ihr Inhalt und ihre wechselseitigen Beziehungen dagegen durch jenes Grundgeschäft beeinflußt werden. Er unterscheidet sich hingegen dadurch von ihnen, daß die Gestaltung nicht durch eine Willenseinigung, sondern durch eine einseitige Bestimmung erfolgt. Man könnte daher im öffentlichen Sachenrecht den allgemeinen Ausdruck „Mantelrechtsakt" prägen; da aber auch die einseitige Bestimmung in der Form eines Rechtsgeschäftes erfolgt, so empfiehlt es sich, von einem verwaltungsrechtlichen Mantelrechtsgeschäft zu sprechen. Das verwaltungsrechtliche Mantelrechtsgeschäft ist ein rechtssatzförmiges Rechtsgeschäft in dem oben erläuterten Sinn, soferne es, wie häufig, das äußere Gewand (keinesfalls aber das Wesen) eines Rechtssatzes aufweist. Seinem Wesen nach ist es Rechtsgeschäft, nicht Rechtssatz.

V.

1. Das verwaltungsrechtliche Mantelrechtsgeschäft ist für das öffentliche Sachenrecht von grundlegender Bedeutung, da es den rechtlichen Rahmen ausdrückt, in der die Nutzungsgewährung der öffentlichen Sache angeboten wird. Diese Erkenntnis ist ein Eckstein für die Konstruktion der öffentlichen Sache. Die Grundlage des Rechtsverhältnisses der öffentlichen Sache, soweit die Inhaltsgestaltung des Rechtsverhältnisses zwischen dem Träger der öffentlichen Sache und dem Sachnutzer in Betracht kommt, ist die einseitige Willensbestimmung des Trägers der öffentlichen Sache, der zugleich Schöpfer der öffentlichen Sache ist und der regelmäßig mit der eben genannten einseitigen Inhaltsgestaltung der künftigen Nutzungsrechtsverhältnisse auch gleichzeitig den Schöpferakt vornimmt. Diese Funktion entfaltet das verwaltungsrechtliche Mantelrechtsgeschäft auf dem Gebiete des öffentlichen Sachenrechts in den beiden Figuren der „Satzung" als der ausdrücklichen Festsetzung und der „Widmung" als der stillschweigenden Regelung des Inhaltsrahmens für die später vorzu-

nehmenden speziellen Rechtsgeschäfte. Dabei umfaßt die Bezeichnung „Satzung" in diesem Zusammenhang sowohl die autonome Satzung im Rechtssinn, d. h. Rechtsakte öffentlichrechtlicher Körperschaften unterstaatlichen Charakters (Selbstverwaltungskörper) zur Regelung ihrer eigenen Angelegenheiten wie auch formengleiche Akte des Staates oder sonstiger Personen zur Regelung gewisser Teilausschnitte ihrer Verwaltung z. B. Wasserbenützungsordnungen, Friedhofordnungen oder -Satzungen u. a. Die Friedhofordnung ist also insoweit keine Rechtssetzungstätigkeit und kein Produkt einer Rechtssetzungstätigkeit, sondern vorweggenommene Inhaltsprägung künftiger Nutzungsrechtsverhältnisse; daß in ihr — insbesondere durch Vermengung mit polizeilichen Regelungen — Ergebnisse einer Rechtssetzung mit enthalten sein können, wird dadurch nicht ausgeschlossen (siehe unten 3!). Vom Standpunkt der herrschenden Systematisierung aus mag die Gleichsetzung der Satzung mit der Widmung zunächst befremdlich erscheinen. Allein daß auch die Widmung nichts anderes ist als eine einseitige Inhaltsgestaltung für eine große Zahl noch abzuschließender individueller Rechtsgeschäfte, wird in dem Augenblick ersichtlich, in dem der konkludente Inhalt des Widmungsaktes auf seinen wahren Inhaltskern untersucht und erkannt wird.

2. Für das verwaltungsrechtliche Mantelrechtsgeschäft ist es in seinen beiden Erscheinungsformen der Satzung und der Widmung charakteristisch, daß es als einseitiger rechtsschöpferischer und inhaltsgestaltender Willensakt bestehen bleibt, mag auch ein oder eine Mehrheit spezieller Rechtsgeschäfte auf der Basis des durch das Mantelrechtsgeschäft gebildeten Rahmens nicht nur abgeschlossen, sondern auch schon abgewickelt worden sein. Rechtstechnisch ist dieser Fortbestand schon um deswillen unentbehrlich, weil sich beim Wegfall des Mantelrechtsgeschäfts von diesem Zeitpunkt an für die Zukunft spezielle Rechtsgeschäfte nicht mehr entwickeln könnten. Konstruktiv ist der Fortbestand damit zu erklären, daß das Mantelrechtsgeschäft in seiner Existenz von den speziellen Rechtsgeschäften unabhängig ist. Seine Existenz beruht auf ganz anderen Rechtsgrundlagen als jenen, die zum besonderen Tatbestand des speziellen Rechtsgeschäfts gehören; dementsprechend sind auch für seinen Untergang Rechtsakte erforderlich, die mit dem besonderen Nutzungsrechtsverhältnis unmittelbar nichts zu tun haben. Mit der Aufhebung des Mantelrechtsgeschäfts ist nicht nur das Entstehen weiterer spezieller Rechtsgeschäfte, die die Nutzung der öffentlichen Sache zum Gegenstand haben, unterbunden, sondern es ist eine öffentliche Sache mit individueller Nutzungsmöglichkeit überhaupt nicht mehr vorhanden. Beispiel: Solange die Friedhofordnung einer Gemeinde als Inhaltsprägung für später abzuschließende Nutzungsrechtsverhältnisse besteht, liegt eine öffentliche Sache mit individueller Nutzungsmöglichkeit

vor. Nach ihrer Aufhebung kann (und muß positivrechtlich meist) die öffentliche Sache als solche ohne individuelle Nutzungsmöglichkeit weiterbestehen; es ist positivrechtlich eine Ruhefrist vorgesehen, in der die öffentliche Sache als Pflicht des Trägers (nämlich der Gemeinde) zum Halten fortbesteht, ohne daß irgendwelche Gemeindeangehörige (vorbehaltlich besonderer Rechtsverhältnisse z. B. bürgerlichrechtlicher Verträge) einen Rechtsanspruch auf das weitere Halten hätten: hier liegt ein typisches Rechtsverhältnis im engeren Sinn vor. Eine Pflichtanwartschaft liegt jedoch in diesem Stadium nicht mehr vor.

3. Im Gegensatz zur Widmung ist die Satzung nicht nur Rechtsgeschäft, sondern kann auch echte Normsetzungsakte enthalten. Dies führt zu einer Zweiteilung der unter dem Namen Satzung vereinigten Rechtsakte und ihrer Ergebnisse, wobei der eine Teil auf die Seite der Normsetzungs-, der andere auf die Seite der Normvollziehungsakte fällt. Es liegt auf der Hand, daß weder diese Zweiteilung noch diese Zusammenfassung wesensverschiedener Akte unter einer gemeinsamen Bezeichnung die Schärfe des Gegensatzes der Normsetzungs-, und der Normvollziehungsakte irgendwie zu mildern vermögen. Man kann allerdings darüber zweifeln, ob es rationell ist, für wesensverschiedene Rechtsvorgänge gleichlautende Begriffe zu prägen. Fest steht, daß der Name Satzung selbst, der mit Setzen zusammenhängt, über die Möglichkeit oder Notwendigkeit der Zweiteilung nichts aussagt.

Ist eine Satzung abstrakte Tatbestands- und Rechtsfolgensetzung, die ohne weitere Rechtshandlung für die erfaßten Personen Geltung hat, so ist sie Normsetzungsakt. Ein wichtiges Beispiel ist die gemeindliche Steuersatzung, die nicht etwa als Mantelrechtsgeschäft für noch abzuschließende Steuerschuldverhältnisse konstruiert werden kann und darf, sondern die sich anders denn als Rechtsnorm über die Steuerzahlungspflicht nicht begreifen läßt.

Ist eine Satzung dagegen Vorwegnahme des Inhalts eines öffentlichrechtlichen Anstalts- oder Sachennutzungsverhältnisses, das erst durch eine weitere Rechtshandlung des Anstalts- oder Sachnutzers Rechtsgeltung erlangt und damit ein Rechtsverhältnis zwischen der die Satzung erlassenden Person und dem Nutzer darstellt, so ist sie Rechtsgeschäft. Ein wichtiges Beispiel für diese Natur der Satzung sind die Benutzungsordnungen staatlicher und kommunaler Betriebe.

Für das Recht der öffentlichen Sache bedeutsam ist im besonderen die eine der beiden hier entwickelten Funktionen der Satzung, nämlich die rechtsgeschäftliche Funktion.

4. In anderem Zusammenhang wurde bereits dargelegt (siehe oben § 9), daß die öffentliche Sache nur dann als Rechtsverhältnis konstruiert wer-

den kann, wenn eine Rechtsperson gefunden wird, deren Beziehung zur Rechtsordnung als eine Rechtspflicht bestimmt werden kann, und wenn darin das Wesen der öffentlichen Sache gesehen werden kann. Das Schwergewicht der rechtlichen Konstruktion wird also nicht auf irgend ein außerrechtliches Substrat gelegt, sondern auf Rechtspflichten. Damit kann die öffentliche Sache von substanziellen Vorstellungen losgelöst und ausschließlich als Beziehung zur Norm aufgefaßt werden. Die dabei in Frage kommende Person ist derjenige Träger öffentlicher Verwaltung, dessen Aufgabe es ist, bestimmte Leistungen der Gemeinschaft zu vollbringen und gegebenenfalls an ein Individuum zu vermitteln; für diese Vermittlung wird die Figur des verwaltungsrechtlichen Mantelrechtsgeschäftes gewählt.

Die Befreiung der öffentlichen Sache von substanziellen Vorstellungen ist ein rein rechtskonstruktiver Vorgang. Das ideologische Moment ist aber keineswegs ausgeschaltet, ähnlich wie auch bei der Befreiung des Staatsbegriffs von substanziellen Vorstellungen[38]) ein starker ideologischer Einschlag unverkennbar ist. Das ideologische Moment ist auch für die sonstige Verwendungsmöglichkeit der Figur von Bedeutung. Die Figur kann im Verwaltungsrecht überall dort Verwendung finden, wo die öffentliche Verwaltung als Geber oder Vermittler von Leistungen auftritt, sich also „wohlfahrtsstaatlich" in diesem Sinn betätigt. In der Ausfüllung der wohlfahrtsstaatlichen Sphäre der Betätigung der öffentlichen Verwaltung mit juristischen Formen, Figuren und Begriffen anstelle der überkommenen Vorstellungen „rein tatsächlicher Akte" liegt eine notwendige Zukunftsaufgabe der Verwaltungsrechtswissenschaft.[39]) Damit weist die Konstruktion über ihr hier zu behandelndes engeres Anwendungsgebiet hinaus in das Gesamtgebiet des Verwaltungsrechts.

§ 29. Die Entwicklungsstufen des Nutzungsrechtsverhältnisses.

Die in den drei vorliegenden Kapiteln behandelten Hauptprobleme der Konstruktion gewinnen eine neue Beleuchtung, wenn die Rechtslage vom Standpunkt der Nutzung aus betrachtet wird. Durch die dadurch veranlaßte Variierung der gleichen Gedanken wird die Konstruktion in dem, was sie besagen will, noch deutlicher.

I.

Das Rechtsverhältnis der öffentlichen Sache ist nicht identisch mit dem

[38]) Siehe Kelsen, Der soziologische und der juristische Staatsbegriff, insbesondere 10. Kapitel, Der Staatsbegriff als Substanzbegriff, S. 205 ff.

[39]) Vergl. die Referate von Richter und Koettgen auf der Staatsrechtslehrertagung 1929.

Nutzungsrechtsverhältnis. Sonst müßte mit jeder neuen Nutzung eine neue öffentliche Sache entstehen und mit jeder Abwicklung eines Nutzungsrechtsverhältnisses ginge auch die öffentliche Sache selbst unter. In Wahrheit besteht die öffentliche Sache fort, mögen auch die Schicksale der einzelnen Nutzungsrechtsverhältnisse wie immer geartet sein. Der Rechtsvorgang der Nutzung erzeugt nicht erst, wie Schultzenstein (s. u.) irrtümlich angenommen hat, die öffentliche Sache und kann sie auch nicht zum Untergang bringen. Die Nutzung ist vielmehr das Gebrauchmachen von jener besonderen Lage, die durch den Schöpfungsrechtsakt der öffentlichen Sache entsteht. Die öffentliche Sache als rechtlicher Zustand ist nicht davon abhängig, ob von ihr Gebrauch gemacht wird oder nicht. Man kann sich den Vorgang veranschaulichen am Bilde des Stammes eines Baumes, der viele Zweige und Blätter trägt. Alle Zweige und Blätter gehen vom Stamme aus. Der Stamm bleibt bestehen, mag aus ihm, was auch immer hervorgehen. Er bleibt auch bestehen, wenn einzelne Zweige und Blätter abfallen und an ihrer Stelle neue hervorsprossen. Wird aber der Stamm gefällt, so können auch neue Zweige und Blätter nicht mehr entstehen.

Es ist nicht ganz korrekt, dient aber der Verdeutlichung, wenn von Entwicklungsstufen des Nutzungsrechtsverhältnisses gesprochen wird. Korrekt ist es nicht, weil rechtlich betrachtet das Nutzungsrechtsverhältnis nicht eine Entwicklung durchmacht, sondern mit einem Schlag ins Leben tritt und *vor* seinem Abschluß überhaupt nicht als existent gedacht werden kann. Der Verdeutlichung dient das Bild von den Entwicklungsstufen, weil an ihm der Ursprung der öffentlichen Sache, ihr Bestand und ihre Fortbildung zu einem anderen Rechtsverhältnis klar dargestellt werden kann.

1. Der Schöpfungsakt der öffentlichen Sache. Der erste Akt ist die Verpflichtungserklärung eines Trägers öffentlicher Verwaltung zum Halten oder Bereithalten, und zwar bei genereller Nutzungsmöglichkeit *ohne* ein Mantelrechtsgeschäft, bei individueller Nutzungsmöglichkeit *mit* einem Mantelrechtsgeschäft verbunden.

Im Mantelrechtsgeschäft erklärt die das Rechtsgeschäft vornehmende Person folgendes: Ich verpflichte mich, falls ein Nutzungsrechtsverhältnis zustande kommt, ihm den jetzt schon geprägten Inhalt zu geben.

Die Konstruktion der erwähnten Verpflichtungserklärung wird kaum auf Schwierigkeiten stoßen. Die Lehre von der Selbstverpflichtung des Staates, als deren namhafter Vertreter Gg. Jellinek[40]) zu nennen ist, hat allerdings in neuester Zeit im juristischen Schrifttum Widerspruch ge-

---

[40]) Siehe Jellinek, Allgemeine Staatslehre, S. 359 ff.; System der subjektiven öffentlichen Rechte, S. 195.

funden.[41]) Die Schwierigkeiten, auf die hier nicht eingegangen werde kann, mindern sich indessen in dem Augenblick, in dem die Doppelnatu des Staates als Träger der Rechtsordnung und als Rechtsperson schar auseinandergehalten und damit die Vorstellung beseitigt wird, als müßt sich die staatliche „Rechtsmacht" binden. Man erspart sich dann die Prüfung der Frage, ob der Selbstbindungsakt ein Versprechen, eine Zusicherung, eine Verheißung oder ein Vorsatz zu einem eigenen Tätigwerden ist Und man braucht sich nicht mit dem Gedanken zu quälen, daß die Rechtsordnung nicht an sich selbst Imperative richten kann, und braucht nich lange bei dem Problem zu verweilen, ob durch die Selbstbindung ein nu einseitig bindendes oder ein zweiseitig bindendes Rechtsverhältnis entsteht Der Staat handelt bei Begründung der Bindung eben nicht in seiner Eigenschaft als Rechtsordnung, sondern als ein der Rechtsordnung unterworfenes und allen anderen Rechtspersonen koordiniertes Rechtssubjekt. Da Verhältnis des Staates als Rechtssubjekt zur Rechtsnorm ist nicht ander zu denken, als daß, wie sonst, eine Handlung Tatbestandsmerkmal fü die Auslösung einer Rechtsfolge ist, die in der Rechtsnorm vorgezeichnet ist

2. Der Bestand der öffentlichen Sache. Der zweite Akt ist der Zustan nach dem Schöpfungsakt der öffentlichen Sache. Er ist die Fortdauer de durch den Schöpfungsakt begründeten Rechtspflicht eines Trägers de öffentlichen Sache.

Aus der Pflichtanwartschaft des Trägers der öffentlichen Sache, al was sich die Teilverwirklichung des Tatbestandes der die Rechtsansprüch und Rechtspflichten aus der Nutzung regelnden Norm darstellt, resultier allein kein Rechtsanspruch. Niemands Position ist so geartet, daß er au dem Bestand der Pflichtanwartschaft allein eine Befugnis ableiten ode eine Unrechtsfolge geltend machen könnte. Insoferne ist es zutreffend, da niemand ein Recht *auf* die Benützung der öffentlichen Sache oder *au* den Gemeingebrauch habe.

Der Pflichtanwartschaft des Trägers der öffentlichen Sache entsprich die Rechtsanwartschaft des Benützers. Da eine Pflichtanwartschaft nac der hier vertretenen Auffassung stets als werdende Pflicht im Verhältni zu einem Berechtigten, also in der Korrespondenz von Rechtspflicht un Rechtsanspruch aufgefaßt wird, ist die Verbindung von Rechtsanwartschaf und Pflichtanwartschaft eine notwendige Verbindung.

3. Die Nutzung der öffentlichen Sache. Der dritte Akt ist der Abschlu eines Nutzungsrechtsverhältnisses. Darauf folgt der Bestand, die Abwicklung und das Erlöschen dieses Rechtsverhältnisses.

---

[41]) Siehe Kelsen, Hauptprobleme, S. 395. Soziologischer und juristischer Staatsbegriff, S. 132 ff. Somlò, Juristische Grundlehre, S. 208 ff.

II.

1. Da das Nutzungsrechtsverhältnis nicht auf die Begründung einer Rechtspflicht zur Vornahme einer Handlung gerichtet ist, sondern diese Vornahme selbst darstellt, ist das Rechtsverhältnis ein dingliches in diesem besonderen Sinn. Es ist nicht am Platze, ein von dem dinglichen Rechtsgeschäft zu sonderndes Verpflichtungsgeschäft zur Gewährung der Nutzung zu unterscheiden. Dagegen ist eine Sonderung möglich und notwendig zwischen dem Nutzungsrechtsverhältnis einerseits und dem aus ihm entspringenden Rechtsansprüchen und Rechtspflichten anderseits.

Der dingliche Charakter des Nutzungsrechtsverhältnisses, den man unbedenklich als Nutzungsvertrag bezeichnen kann, ist nach zwei Richtungen für die Frage des Rechts von Bedeutung. Wird nämlich die Nutzungsgewährung verweigert, so kann nicht auf ein als Kausalgeschäft zugrunde liegendes obligatorisches Rechtsverhältnis zurückgegriffen werden, um dadurch die Gewährung rechtlich zu erzwingen. Die Nutzung ist in diesem (materiellrechtlichen) Sinn „unklagbar".

Ist dagegen der Abschluß des dinglichen Nutzungsvertrags vollzogen, so sind die aus ihm weiter „entspringenden" Rechtsansprüche und Rechtspflichten wiederum dinglicher Natur, wie auch die aus dem Eigentum entspringenden Rechtsansprüche und Rechtspflichten dinglicher Natur sind. Es liegen dann öffentlichrechtliche dingliche Ansprüche vor.

2. Mit der Annahme öffentlichrechtlicher dinglicher Ansprüche nähert sich die Konstruktion einer auf dem Boden des Zivilrechts entstandenen interessanten Theorie, nämlich der Theorie der Realobligationen[42]). Aus dem Eigentum z. B. gehen im Falle der Störung Ansprüche auf Unterlassung, auf Beseitigung, auf Herausgabe, auf Ersatzleistungen oder im Falle der Erfüllung durch Teilleistungen oder wiederkehrende Leistungen einzelne Ansprüche auf Leistungen hervor. Diese Ansprüche entspringen nicht aus einem neben dem dinglichen Recht einhergehenden Schuldverhältnis, sondern aus dem dinglichen Recht selbst.[43])

In ähnlicher Weise entstehen aus dem dinglichen Nutzungsrechtsverhältnis der öffentlichen Sache z. B. Ansprüche auf Unterlassung oder auf Beseitigung der Nutzungsverhinderung gegen einen Dritten — nicht den Träger der öffentlichen Sache—; dann Ansprüche auf Haftung wegen Schädigung infolge der Nutzung gegen den Träger der öffentlichen Sache, Ansprüche auf Leistung von Nutzungsgebühren u. a. Der Anspruch des den Gemeingebrauch ausübenden Flößers, der vom Anlieger des Flusses durch eine besondere Vorrichtung, etwa eine Schleuse, an der Ausübung

[42]) Vergl. Fuchs, Grundbegriffe des Sachenrechts S. 89 und 126. Cosack, Bürgerliches Recht, II S. 6.

[43]) Vergl. Wortlaut des § 221 BGB.

des Gemeingebrauchs gehindert wird, auf Beseitigung der Vorrichtung, ist ein solcher öffentlichrechtlicher dinglicher Anspruch.

III.

Die drei Entwicklungsstufen des Nutzungsrechtsverhältnisses, nämlich Vornahme des Mantelrechtsgeschäfts, Pflichtanwartschaft des Trägers der öffentlichen Sache und Abschluß des Nutzungsvertrags, können auch vom Standpunkt des Schöpfungsakts der öffentlichen Sache, der Widmung im weiteren Sinn, aus besehen werden. Man kann dann die drei Stufen bezeichnen als Widmungsakt, Widmungslage und Nutzungsvertrag.

Wird dabei nur ein einziger Nutzungsvertrag ins Auge gefaßt, so ergibt sich folgendes schematisches Bild:

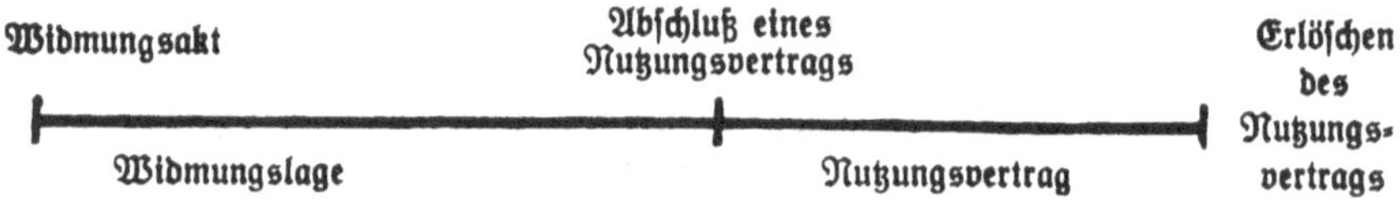

Faßt man dagegen, wie es der Wirklichkeit entspricht, eine unbestimmte Zahl von Nutzungsverträgen ins Auge, so muß die Widmungslage schematisch als ein vom Punkt Widmungsakt ins Unendliche gehender Strahl dargestellt werden; denn ob und wann die Widmungslage ein Ende findet, ist in diesem Stadium ungewiß. Von dem Strahl aus müßten begrenzte Strecken abzweigen, die die Nutzungsverträge darstellen; deren Endpunkt bedeutet das Erlöschen des einzelnen Nutzungsvertrags.

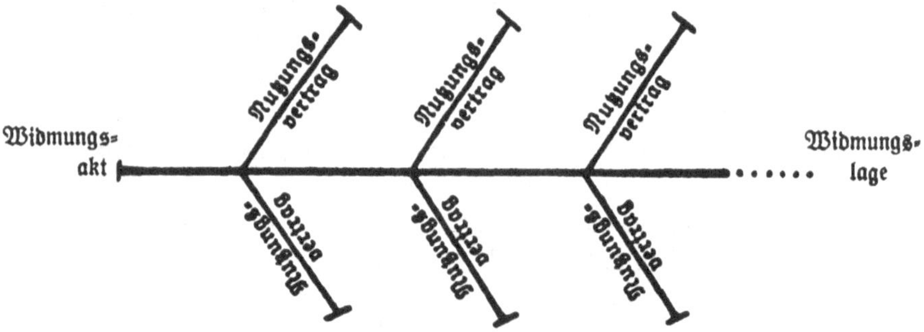

IV.

Zu den bereits angedeuteten (siehe oben § 9) Vorzügen der Konstruktion der öffentlichen Sache als eines Rechtsverhältnisses kann hier — unter Aufzeigung der Schwierigkeiten bei einer anderen Konstruktion — abschließend auf die außerordentlich wichtige Möglichkeit verwiesen werden, die um die öffentliche Sache sich gruppierenden Rechtsverhältnisse vollständig ins öffentliche Recht zu verlegen.

1. Die Grenzstellung der öffentlichen Sache zwischen öffentlichem und privatem Recht nach der herrschenden Lehre wurde unter Hinweis auf die positivrechtliche Regelung bereits betont. Welch eigenartige Ergebnisse bei der Lösung dieses Problems bereits zutage gefördert wurden, dafür ist ein anschauliches Beispiel die Kontroverse zwischen Otto Mayer und Kormann über die „Verleihung" von Nutzungen an öffentlichen Sachen.[44]) Mayer hat so konstruiert, daß die „Verleihung" der besonderen Nutzungen an öffentlichen Wegen durch die Wegepolizeibehörde erfolge, daß aber die Zustimmung des ordentlichen Vertreters des Herrn der öffentlichen Sache hinzukommen müsse, damit die Verleihung gültig und wirksam sei. Dies hält Kormann nicht für zutreffend. Das konstitutive Element unter den zwei erforderlichen Akten sei nicht die „Genehmigung" der Polizeibehörde, sondern die „Zustimmung" des Eigentümers. Dies ergebe sich daraus, daß es sich bei der Verleihung von Nutzungsrechten an öffentlichen Sachen um eine Verfügung über diese handle und daß eine solche Verfügung eine Ausübung des Eigentumsrechts sei, nicht aber zur laufenden Verwaltung der Sache gehöre, also nicht in die Zuständigkeit der Polizeibehörde falle. Freilich bedürfe es außer diesem konstitutiven, das Recht selbst schaffenden Akt des Eigentümers auch noch einer Handlung der Polizeibehörde, der sogenannten Genehmigung. Seinen inneren Grund habe dieses Erfordernis darin, daß die Polizeibehörde darüber zu wachen habe, daß nicht durch solche Verfügungen des Eigentümers die öffentliche Zweckbestimmung der Sache gefährdet werde. Daher bedürfe es zwar nicht zur Begründung, wohl aber zur Ausübung des von dem Eigentume begründeten Rechts an der Sache einer „Genehmigung" oder vielmehr einer „Erlaubnis" der Polizeibehörde, die lediglich ein Dürfen gewähre. Im Gegensatz zu Mayer sieht hiernach Kormann in der Zustimmung des Eigentümers ein privatrechtliches Rechtsgeschäft, nicht einen rechtsbegründenden Verwaltungsakt.[45])

2. Diese Kontroverse ist nur ein Beispiel für viele ähnlicher Art.[46]) Der Kreislauf um die privatrechtliche oder öffentlichrechtliche Behandlung der öffentlichen Sache, zu dem die bisherige Theorie der öffentlichen Sache bis zum Überdruß geführt hat, ist auch bei Kormann nichts anderes, als der von ihm selbst so scharf abgelehnte Versuch[47]) von Schelcher[48]), eine „Teilung der öffentlichen Sache nach ihrer zivilrechtlichen und ihrer

---

[44]) Vergl. Kormann, System der rechtsgeschäftlichen Staatsakte, S. 97 ff.

[45]) Kormann, a.a.O. S. 97/98.

[46]) Vergl. z. B. O. Mayer, II S. 187, Fußnote 12.

[47]) Kormann, a. a. O. S. 97, Fußnote 84.

[48]) Fisch Z, Bd. 31, S. 1.

öffentlichrechtlichen Seite" durchzuführen. Es wäre wie eine Befreiung für das öffentliche Sachenrecht, wenn ein konstruktiver Weg gefunden werden könnte, diesem Tanz ein Ende zu machen.

Die Verlegung der öffentlichen Sache in ihrer rechtlichen Totalität ins Verwaltungsrecht ist durch die vorgeschlagene Konstruktion möglich, da das Substrat vom Begriff vollkommen abgezogen und daher der Substratseigentümer an der öffentlichen Sache nicht mehr beteiligt ist. Der rechtliche Einfluß des Eigentümers wird damit in das Stadium *vor* der Schöpfung der öffentlichen Sache gewiesen (in die Sphäre der sogenannten Voraussetzungen des Widmungsakts) und dadurch eng begrenzt. Damit ist der große Schritt nach der Richtung getan, daß das *Eigentum* im öffentlichen Sachenrecht keine Rolle mehr spielt. Damit ist aber auch die Rechtsfigur des *öffentlichen Eigentums*, um die schon so viel Schweiß der Edlen geflossen ist, im öffentlichen Sachenrecht und daher schlechthin entbehrlich. Das öffentliche Eigentum in all seinen Formen kann bei dieser Konstruktion aus unserem verwaltungsrechtlichen Denken eliminiert werden.

3. Die Konstruktion im ganzen mag auf den ersten Blick für die vielfach recht einfachen Lebensverhältnisse kompliziert aussehen. Sie ist es aber nicht. Ist man erst einmal die wenigen neuartigen Rechtsinstitute gewohnt, die für die Konstruktion verwendet wurden, so wickelt sich jedes einschlägige Lebensverhältnis klar und nach den gleichen Typen ab. Auch die Erprobung der Konstruktion in der Verwaltungspraxis ergibt, daß das verwaltungsrechtliche Denken damit auf ein stets brauchbares Schema zurückgeführt wird. Die Konstruktion ist übrigens keineswegs schwieriger als etwa die dem Zivilrecht geläufige Vorstellung von den Rechtsfiguren, die gedacht werden müssen, wenn ein Gast sich schweigend in ein Wirtslokal setzt und das ihm vorgesetzte Glas Bier schweigend trinkt, oder wenn ein Raucher ein Zehnpfennigstück in einen Bahnhofautomaten wirft und eine herausfallende Schachtel Zigaretten in Empfang nimmt.

Wie auch auf diese so einfach erscheinenden Vorgänge gewisse grundlegende Begriffe des bürgerlichen Vertragsrechts angewandt werden können und müssen, so können und müssen auch für die hier positivrechtlich fixierten Erscheinungen gewisse allgemeine verwaltungsrechtliche Typen angewandt werden, um die verschiedenartigen Lebensvorgänge auf das juristisch Gemeinsame und Bedeutsame zurückzuführen.

IV. Abschnitt.

Der dogmatische Ausbau.

§ 30. Die Erfordernisse der Widmung im allgemeinen.

I.

Die dogmatische Untersuchung der öffentlichen Sache geht zweckmäßigerweise aus von der rechtlichen Entstehung der öffentlichen Sache, prüft dann ihre Schicksale inbezug auf die Sachbenützung, die Sachpolizei und die Sachhaftung und untersucht schließlich die rechtliche Endigung der öffentlichen Sache. Es liegt auf der Hand, daß hier nur ganz allgemeine Grundzüge der überaus umfassenden Dogmatik des öffentlichen Sachenrechts gegeben werden können.

Die öffentliche Sache als Rechtsinstitut entsteht durch die Vornahme eines Widmungsakts. Die Widmung ist ein Verwaltungsakt, der auf Schaffung einer öffentlichrechtlichen Pflichtlage zwecks Ermöglichung einer öffentlichrechtlichen Sachnutzung gerichtet ist. Der Akt muß von der zuständigen Behörde in dem vorgeschriebenen Verfahren verfügt und als Verfügung erkennbar gemacht werden.

1. Die Widmung ist ein Verwaltungsakt. Unter einem Verwaltungsakt im weiteren Sinn ist jede Tätigkeitsäußerung einer Verwaltungsbehörde zu verstehen. So umfassend diese Bedeutung ist, so ist sie doch keineswegs inhaltsleer und nichtssagend. Die Grenze so weit zu ziehen als möglich, empfiehlt sich vor allem deshalb, um die in der Theorie des Verwaltungsrechts gewonnenen und zum großen Teil anerkannten allgemeinen und bewährten Grundsätze über den Verwaltungsakt, z. B. über Widerruf, Nichtigkeit, Anfechtbarkeit, Nebenbestimmungen usw. für einen möglichst weiten Kreis von Tätigkeiten nutzbar zu machen. Von den ebenfalls engeren Begriffsbestimmungen sind besonders zwei erwähnenswert:

„Verwaltungsakt ist jede hoheitliche Willensäußerung für den Einzelfall innerhalb der Verwaltung",[1]) und „Verwaltungsakt ist ein der Verwaltung zugehöriger obrigkeitlicher Ausspruch, der dem Untertanen im Einzelfall bestimmt, was für ihn rechtens sein soll".[2]) Beide Begriffsbestimmungen leiden zunächst an der Schwierigkeit der Abgrenzung der Begriffe „obrigkeitlich" und „hoheitlich"[3]). Die Mayer'sche Theorie leidet außerdem noch daran, daß durch die Betonung des Urteilsmäßigen als eines Begriffsmerkmales des Verwaltungsakts eine große Zahl von Akten aus der Begriffsbestimmung herausfällt, auf die die allgemeinen Lehren über den Verwaltungsakt mit gleichem Recht und mit gleichem Nutzen angewandt werden können wie auf die urteilsmäßigen Akte. Nach O. Mayer fallen im wesentlichen einerseits die Akte unter den Begriff, die Eingriffe in die Sphären des Untertanen — nötigenfalls mit Befehl und Zwang — bergen, also in diesem Sinne „obrigkeitlich" sind, anderseits solche, die konkrete Rechtsgestaltungen enthalten, hier im Gegensatz zu den abstrakten auf einen allgemeinen Tatbestand abgestellten Rechtsnormierungen. Daß gerade die Widmung einer öffentlichen Sache nach O. Mayer nicht unter den Begriff des Verwaltungsaktes fallen soll, ist nur eine notwendige Folgerung aus der engen Begriffsbestimmung, gibt aber zu denken. Die weitere, praktisch unerfreuliche Folge aus der Mayer'schen Theorie besteht darin, daß für O. Mayer so gut wie keine Rechtssätze bestehen, die auf den Widmungsakt anwendbar wären. Der nicht unbeträchtliche Schatz von allgemeinen Rechtsgedanken über den Verwaltungsakt geht für diesen Teil des öffentlichen Sachenrechts daher verloren. Eine geschlossene Widmungslehre ist O. Mayer fremd.

Kehrt man zu den beiden erstgenannten Begriffen zurück, so fallen unter den Verwaltungsakt im weiteren Sinn juristische und nichtjuristische, obrigkeitliche und soziale Handlungen[4]), auf einen allgemeinen oder einen besonderen Tatbestand sich beziehende, im gemeinen Recht oder auf einem besonderen Rechtsverhältnis beruhende[5]) Handlungen. Für den engeren Begriff scheiden einmal alle nichtjuristischen Handlungen aus, ferner alle von Verwaltungsbehörden nicht mit behördlichem Charakter vorgenommenen Handlungen, insbesondere der Abschluß von Privatrechtsgeschäften. Die Widmung einer öffentlichen Sache fällt sowohl unter den weiteren wie unter

[1]) W. Jellinek, Verwaltungsrecht, S. 237.

[2]) Otto Mayer, Verw.-R., I S. 95.

[3]) Vergl. Nawiasky, Verf.-R. S. 428, wonach es sich in der obrigkeitlichen Verwaltung um Ausübung von Befehl und Zwang, um Eingreifen der Staatsorgane in den Bereich der Rechtssubjekte und Beschränkung ihrer Bewegungsfreiheit, um Wegnahme von Stücken der Freiheit und des Vermögens des einzelnen handelt.

[4]) Vergl. über den letzteren Begriff Gg. Jellinek, Staatslehre, S. 622; Nawiasky, Verf.-Recht, S. 428.

[5]) Vergl. Nawiasky, a.a.O. S. 432, sowie im folgenden Ziff. 4.

den engeren Begriff des Verwaltungsakts. Sie ist zunächst eine sog. Tätigkeitsäußerung und zwar eine Tätigkeitsäußerung einer Verwaltungsbehörde. Sie ist ferner auch eine auf einen rechtlichen Erfolg gerichtete, nämlich auf die Schaffung einer Pflichtlage des Herrn der öffentlichen Sache abzielende Tätigkeitsäußerung, und sie wird endlich mit behördlicher Autorität vorgenommen. Der rechtliche Kern der Vornahme mit behördlicher Autorität ist die Gültigkeitsvermutung, die widerlegbar ist.

Daß die Widmung ein Verwaltungsakt sei, wird vor allem von O. Mayer in Abrede gestellt, der seine Auffassung im Anschluß an die bereits gebrachte Begriffsbestimmung des Verwaltungsakts damit begründet,[6]) daß die Widmung nach seiner Meinung keinen bindenden Ausspruch dessen enthält, was rechtens sein soll. Sie sei der ins Werk gesetzte Wille des Staates, der Gemeinde usw., von nun an einen bestimmten öffentlichen Zweck durch diese Sache zu erfüllen, ihrer rechtlichen Natur nach vergleichbar mit der handelsrechtlichen Geschäftseröffnung. Angeblich habe ein M i ß v e r s t ä n d n i s der römischen publicatio dazu geführt, einen Formalakt anzunehmen, der der Sache die künftige öffentlichrechtliche Natur gibt, wobei dem Formalakt die Kraft eines der Verwaltung zustehenden schöpferischen Rechts zugeschrieben werde. Worin das Mißverständnis der publicatio bestehen soll, ist aus den Beweisführungen Mayers nicht ersichtlich. Schon auf den ersten Blick ergibt sich im übrigen aus der Mayerschen Begründung, daß sie ausschließlich auf die eigene Begriffsbestimmung des Verwaltungsakts zugeschnitten oder sogar nichts anderes ist als eine Umschreibung des gleichen Begriffs. Dabei wäre aber erst noch schärfer zu prüfen, ob der Widmungsakt nicht doch auch unter den Verwaltungsakt im Mayer'schen Sinn fällt. Die Lösung hängt nicht mehr mit der Begriffsabsteckung des Verwaltungsakts im allgemeinen, sondern mit der Konstruktion der Widmung zusammen. Der Vornahme der Konstruktion der öffentlichen Sache wurde die Auffassung vorangestellt, daß eine bestimmt geartete Konstruktion nichts Notwendiges, vielmehr eine Frage der Zweckmäßigkeit sei. In der Tat wäre es bei entsprechender Umgestaltung der Konstruktion durchaus möglich, den rechtsgeschäftlichen Charakter des Schöpfungsaktes der öffentlichen Sache zurücktreten zu lassen und das Urteilsmäßige (im Mayer'schen Sinn) in den Vordergrund zu schieben. Hiernach wäre die Widmung zweifellos die Konkretisierung einer Rechtsnorm und zwar durch einen der Verwaltung zugehörigen und nicht etwa sozialen, sondern obrigkeitlichen Ausspruch; sie wäre aber weiterhin auch die Bestimmung dessen, was für den Untertanen im Einzelfall rechtens sein soll, wenn schon nicht im rechtsfeststellenden, so doch im rechtsgestaltenden Sinn, und zwar, indem die Rechtsbeziehungen inbezug auf eine

[6]) a.a.O. II 109.

bestimmte öffentliche Sache im Verhältnis zu allen an dieser Sache beteiligten Personen abgesteckt wird. Daß die Widmung auch eine Willenserklärung darüber ist, welchen Zwecken ein Objekt (Substrat, körperlicher Gegenstand) künftig dienen soll, steht der Zurechnung der Widmung unter den Begriff des Verwaltungsakts in keiner Weise hinderlich im Wege. Diese Willenserklärung erschöpft nicht den ganzen Inhalt der Widmung. Die Widmung bestimmt nicht allein, welchen Zwecken ein Objekt künftig dienen soll, sondern begründet auch — und dies ist sogar ihr eigentlicher rechtlicher Kern — ein Rechtsverhältnis, und bestimmt damit in gewissem Umfang die Anwendbarkeit von Vorschriften über die Benützung der öffentlichen Sache, die Verwaltung und die Unterhaltung bestimmter Objekte. Diese Bestimmung der Anwendbarkeit gewisser Vorschriften ist die „Bestimmung" dessen, was rechtens sein soll „und zwar im Einzelfall" und speziell im Verhältnis zum Untertanen. Auch bei Zugrundelegung der Mayer'schen Begriffsbestimmung ist somit — im Gegensatz zu Mayer's eigener Ansicht, die Widmung als ein Anwendungsfall des Verwaltungsaktes anzusehen. Der Mayer'sche Hinweis auf die handelsrechtliche Geschäftseröffnung ist in mehrfacher Hinsicht verfehlt: Schon handelsrechtlich betrachtet wäre es irrig anzunehmen, daß der Geschäftsbeginn eine rein tatsächliche, nicht eine gewisse Rechtsfolgen hervorrufende Handlung sei; so tritt, um nur ein Beispiel zu nennen, die Wirksamkeit der Offenen Handelsgesellschaft im Verhältnis zu Dritten grundsätzlich mit dem Zeitpunkt der Eintragung der Gesellschaft in das Handelsregister ein; beginnt jedoch die Gesellschaft ihre Geschäfte schon vor der Eintragung, so tritt die Wirksamkeit der Gesellschaft mit dem Zeitpunkt des Geschäftsbeginns ein (§ 123 Abs. I und II HGB). Daneben kennt das Handelsrecht für den Geschäftsbeginn gewisse rechtliche Haftungen (vergl. § 176, 200 HGB) u. a. Der Hinweis ist aber ganz besonders verwaltungsrechtlich verfehlt. Denn, wie aufgezeigt, ist die Zweckbestimmung eines körperlichen Gegenstands für einen öffentlichen Zweck nur eine Seite der Widmung und nicht einmal die wichtigste — man könnte sogar sagen, nur eine Wirkung der Widmung —, während gerade die wesentliche Seite, nämlich die Begründung des Rechtsverhältnisses und damit die Bestimmung dessen, was im Einzelfall rechtens sein soll, von Mayer ganz außer acht gelassen ist.

2. Nicht weniger bedeutsam für die Frage der Anwendung bestimmter Rechtssätze als die Begriffsbestimmung der Widmung ist die Einteilung (Gliederung) der Verwaltungsakte, die nicht nur aus einem systematisch-logischen, sondern auch einem praktischen Bedürfnis heraus vorgenommen werden muß, sowie die Zuteilung (Subsumierung) des Widmungsakts unter eine der gewonnenen Klassen.

Bei derjenigen Gliederung allerdings, für die ein praktischer Unterschied am häufigsten behauptet zu werden pflegt, hält der aufgestellte Unterschied einer rechtlichen Nachprüfung schwer stand. Es ist die Gliederung in begünstigende und belastende Akte. Man pflegt die Rechtsauffassung zu vertreten, daß die Erfordernisse eines rein begünstigenden Verwaltungsakts weniger streng seien als die eines belastenden Verwaltungsakts, indem der Grundsatz der Gesetzmäßigkeit der Verwaltung nur für belastende Akte gelte.[7])

Hiergegen ist folgendes einzuwenden:

a) Zunächst ist die für das öffentliche Sachenrecht wichtige Einschränkung zu machen, daß die erwähnte Bedeutung jedenfalls solchen belastenden Akten nicht zukommt, die darin bestehen, daß der den Verwaltungsakt erlassende Träger öffentlicher Verwaltung sich selbst verpflichtet. Die Begriffe „begünstigend" und „belastend" sind im Sinne der erwähnten Theorie trotz des Wortlauts wohl nur inbezug auf den Untertanen, d. h. des der handelnden Behörde gegenüberstehenden gesetzesunterworfenen Rechtssubjekts, zu verstehen. Ist der Verwaltungsakt für den Untertanen weder begünstigend noch belastend, so ist er nicht unter die vorausgesetzte Einteilung zu bringen.

b) Ein Vergleichsmaßstab, ob die Anforderungen für den einen Akt strenger sind als für den anderen, ist häufig nicht aufzustellen, ein Vergleich daher nicht nötig, z. B. nicht zwischen der Beihilfe an eine vom Hochwasser heimgesuchte Gemeinde,[8]) der Widmung einer Wasserleitung oder eines Friedhofs, und der Kündigung eines Kündigungsbeamten. Auch innerhalb der Klasse der begünstigenden Verwaltungsakte einerseits und der belastenden Verwaltungsakte anderseits sind die Anforderungen nach dem Einzelfall in der sogenannten Strenge durchaus verschieden.

c) Der Grundsatz der Gesetzmäßigkeit der Verwaltung bezieht sich, richtig verstanden, nicht nur auf belastende, sondern auf alle Verwaltungsakte. Auch bei den begünstigenden Akten muß eine gesetzliche Grundlage für die Organhandlung, insbesondere für die Zurechnung dieser Handlung an einen Träger öffentlicher Verwaltung vorhanden sein, da alle über die gesetzliche Grundlage (Ermächtigung) hinausgehenden Handlungen nicht mehr als Verwaltungshandlungen fungieren können. Die Einteilung der Verwaltungsakte in rechtsändernde (rechtsgestaltende) und rechtsfeststellende sagt an sich noch nicht über bestimmte anzuwendende Normen etwas aus, sondern faßt nur die verschiedenartige Wirkung einzelner Verwaltungsakte ins Auge. Dies hindert nicht zu erkennen, daß ein Unterschied tatsächlich vorliegt. Alle Akte sind entweder auf Verwirklichung oder auf Erkenntnis des Wirklichen gerichtet. Sie sind entweder konstitu-

---

[7]) Vergl. z. B. Jellinek, Verwaltungsrecht, S. 244.

[8]) Beispiel von Jellinek, a.a.O. S. 244.

tive Akte, Willensakte, oder deklarative Akte, Entscheidungsakte. Die Widmung ist auf Verwirklichung gerichtet; sie gestaltet. Der im Verwaltungsrecht nicht selten vorgesehene urteilsmäßige Ausspruch, daß eine öffentliche Sache vorliegt, ist dagegen rechtsfeststellender Natur. Daher ist z. B. die Widmung zum öffentlichen Weg sorgfältig zu scheiden von dem auf Grund des Art. 8 Ziff. 34 des bayer. VGG zu fällenden (deklaratorischen) Erkenntnisspruch. Eine solche Erkenntniswirkung kann auch dann nicht in eine Gestaltungswirkung umgedeutet werden, wenn etwa vor der Erkenntnis eine Widmung tatsächlich niemals vorgenommen werden sollte. Praktisch hat dann allerdings der Erkenntnisspruch eine ähnliche rechtliche Wirkung, wie eine Widmung; denn der Weg ist dann als ein öffentlicher Weg zu behandeln. In Wahrheit indessen ist die Wirkung nicht nur theoretisch eine andere, sondern hat auch zum Teil andere praktische Folgen; so ist z. B. nach einem solchen Erkenntnisspruch der Weg auch für die zurückliegende Zeit als ein öffentlicher Weg zu betrachten, bei der Widmung dagegen nur für die Zukunft. Ein auch praktisch wirkender Unterschied der deklaratorischen und konstitutiven Akte könnte ferner darin gesehen werden, daß man jenen die sogenannte Rechtskraftwirkung beilegt. Allein abgesehen von dem nicht unbegründeten Zweifel, ob nicht auch konstitutiven Verwaltungsakten die Rechtskraft zukommt (dies hängt davon ab, was man unter Rechtskraft des näheren versteht), hat es, wie noch zu zeigen sein wird, mit der Rechtskraft der Verwaltungsakte im allgemeinen eine besondere Bewandtnis.

3. Der Widmungsakt ist zunächst zur Gruppe der juristischen, konkreten, einseitigen Verwaltungsakte zu rechnen. Den Gegensatz zu den juristischen Akten bilden die sogenannten rein tatsächlichen (s. o.), deren Bezeichnung im Hinblick auf die Notwendigkeit einer gesetzlichen Grundlage für alle Verwaltungsakte einem gewissen Mißtrauen begegnen muß. Den Gegensatz zu den konkreten bilden die sog. abstrakten, d. h. auf eine Vielheit von Fällen gerichtete Akte. Den Gegensatz zu den einseitigen Akten bilden in einer gewissen Abstufung die sogenannten Verwaltungsakte auf Unterwerfung, dann die zweiseitigen Verwaltungsakte, ferner die öffentlichrechtlichen Verträge und endlich die öffentlichrechtlichen Vereinbarungen (Gesamtakte). Unter den einseitigen Verwaltungsakten sind wieder zu unterscheiden die zustimmungsfreien und zustimmungsbedürftigen (oder zustimmungsbedingten). Eine Zustimmungsbedürftigkeit kann darin liegen, daß der den Widmungsakt enthaltende Beschluß eines Selbstverwaltungskörpers einer Genehmigung der Aufsichtsbehörde bedarf. Eine Zweiseitigkeit im eigentlichen Sinn liegt darin nicht; denn sie fehlt im Verhältnis zum Untertanen. Streng davon zu sondern ist die sogenannte Mehrseitigkeit der Widmung (Zusammenwirkung der Widmungssubjekte) insbeson-

dere nach preußischem öffentlichen Sachenrecht.[9]) Guba[10]) bezeichnet die Widmung als „empfangsbedürftiges" Rechtsgeschäft und als „Verwaltungsakt". Er macht aber nicht eindeutig ersichtlich, von wem der Verwaltungsakt angenommen werden müßte. An die Konstruktion einer Angebotslage nach vollendeter Widmung, die infolge der Annahme durch einen individuellen Benützer vom Benützungsrechtsverhältnis der öffentlichen Sache abgelöst wird, denkt Guba offenbar nicht. Er scheint schon die Vollendung des Widmungsakts selbst von einem „Empfang" der Erklärung abhängig machen zu wollen. Ob freilich der Widmungsakt auch bei Nichtannahme rechtsgültig werden kann — die notwendige praktische Folge würde zum Gegenteil führen —, tritt bei Guba wiederum nicht klar hervor.

Die Widmung der öffentlichen Sache ist ferner eine Art von Verfügungen im Gegensatz zu den sogenannten rechtshandlungsmäßigen Akten; denn die Rechtsordnung knüpft bei der Widmung Rechtsfolgen nur an den Erfolgswillen des handelnden Trägers öffentlicher Verwaltung. Im besonderen ist die Widmung zu den positiven, Recht schaffenden, und zwar eine Rechtslage schaffenden endgültigen Verfügungen zu rechnen. Ob die vielfach übliche Einteilung in positive und negative Verfügungen für die Rechtsanwendung besonders ertragreich ist, mag dahingestellt bleiben. Legt man sie jedoch zugrunde, so müßte die Widmung zu den positiven, die Entwidmung zu den negativen Verfügungen gehören. Beim erstmaligen Erlaß in der bestimmten Art kann man die Widmung, bzw. Umwidmung — diese auch „Verwaltungsverschiebung" genannt — zu den Recht schaffenden im Gegensatz zu den rechtsverändernden und rechtsvernichtenden Verfügungen rechnen. Es ist freilich auch eine andere Auffassung vorstellbar und vertretbar, wonach die Umwidmung zu den rechtsverändernden, die Entwidmung zu den rechtsvernichtenden Verfügungen gerechnet wird. Da der Begriff „Recht" mehrdeutig ist, ist darauf hinzuweisen, daß das Attribut „Recht schaffend" nicht etwa „Rechtsnormen schaffend", sondern „Rechtsverhältnisse schaffend" bedeutet. „Endgültig" schließlich ist der Widmungs- wie auch der Entwidmungsakt insoferne, als der Erfolgswille sofort in seinem ganzen Umfang realisiert wird. Von einer Subsumierung unter den nicht selten gebrauchten Gegensatz der personenrechtlichen und sachenrechtlichen Verfügungen muß hier abgesehen werden, da nach der gegebenen Begriffsbestimmung des öffentlichen Sachenrechts alle Verfügungen sachenrechtlicher Natur sind, d. h. auf die öffentliche Sache Bezug haben. Der Widmungsakt kann in besonderen Formen vorgenommen werden, ohne daß am Wesen der Verfügung dadurch etwas geändert würde.

---

[9]) Siehe darüber unten!

[10]) a.a.O. S. 9 und 10.

In Betracht kommt vor allem die Einkleidung der Widmung in die Gesetzesform. Die Widmung ist dann materiell Verwaltungsakt, formell Gesetzgebungsakt.

4. Von einer in der Verwaltungsrechtswissenschaft in seiner praktischen Tragweite noch nicht vollkommen erfaßten Bedeutung ist die Gliederung nach der Rechtsgrundlage des Verwaltungsakts, die der Gliederung nach der Form, nach dem Inhalt und nach dem Gegenstand an die Seite tritt. Es handelt sich hierbei darum, ob die Verwaltungstätigkeit auf der Basis des allgemeinen Untertanenverhältnisses oder eines besonderen Gewaltverhältnisses entfaltet wird. Im ersten Fall sind die Akte an die Untertanen im allgemeinen gerichtet, im zweiten dagegen nur an die Pflichtbeteiligten des besonderen Gewaltverhältnisses.[10]) Es ist naheliegend, wenn schon nicht im Wesen der Sache begründet, daß die Pflichten im ersten Fall unmittelbar auf dem Gesetz beruhen, während sie im zweiten Fall durch einen sich zwischen Gesetz und Pflicht einschaltenden besonderen Rechtsakt des Untertanen, nämlich die besondere Unterwerfung, begründet werden. In beiden Fällen muß selbstverständlich die Pflicht, um eine Rechtspflicht sein zu können, auf eine Rechtsnorm zurückgeführt werden können. Nun ist zwar richtig, daß nach der gewählten Konstruktion auch inbezug auf die öffentliche Sache ein besonderes Gewaltverhältnis besteht, das Nutzungsrechtsverhältnis, das die besonderen Rechte und Pflichten des Benützers wie des Nutzgebers einschließt. Allein mit dem Inhalt dieses besonderen Gewaltverhältnisses darf der Verwaltungsakt der Widmung nicht in Zusammenhang gebracht werden. Er steht außerhalb, nämlich vor der Begründung des Gewaltverhältnisses, und ist nur ein Tatbestandsmerkmal für dessen Begründung, zu dem noch als wesentlicher Kern die „Unterwerfung" im rechtstechnischen Sinn eines Gewaltverhältnisses, d. h. der geäußerte oder betätigte Benützungswille, hinzutreten muß. Steht somit der Widmungsakt vor der Begründung eines besonderen Gewaltverhältnisses und führt er erst in seiner Folge dieses Gewaltverhältnis herbei, so kann sich die Widmung nicht bereits auf der Basis des besonderen Gewaltverhältnisses, sondern — mangels auch eines anderen in diesem Zusammenhang ersichtlichen besonderen Gewaltverhältnisses — nur des allgemeinen Untertanenpflichtverhältnisses vollziehen. Im Stadium der Vornahme des Widmungsaktes ist noch nicht der besondere zwischen Gesetz und Pflicht eingeschaltete Rechtsakt eingetreten, der für das besondere Gewaltverhältnis charakteristisch, wenn auch nicht begriffswesentlich ist.

Unter einem anderen Gesichtspunkt steht die Tatsache, daß der Widmungsakt sich häufig nur auf einen beschränkten Kreis mit ganz be-

[11]) Vergl. Nawiasky, Verf.-R. S. 431.

stimmten gleichen Voraussetzungen bezieht, indem er die des näheren untersuchte Pflichtlage des Trägers der öffentlichen Sache nur im Verhältnis zu diesem Kreis eingeht; man denke z. B. an die sogenannten beschränkt öffentlichen Wege, soweit deren Benützungsschranken nicht kraft polizeilicher Vorschrift, sondern kraft Widmung bestehen. Diese im öffentlichen Sachenrecht häufige Begrenzung ist keineswegs mit dem Hineinstellen in das allgemeine Untertanenverhältnis unvereinbar. Es kommt nicht auf den erfaßten Personenkreis, sondern auf den normierten Pflichtenkreis an. Nicht die Adresse, sondern die Grundlage entscheidet.[12])

5. Ist die Widmung, wie angenommen, ein Verwaltungsakt, so muß sie eine Tätigkeit darstellen. Ein Rechtszustand, ein Rechtsbegriff, ein Rechtsverhältnis, eine Rechtslage sind keine Tätigkeiten. Sie können daher keine Verwaltungsakte und damit keine Begründungsakte öffentlicher Sachen sein. Dies hat eine erhebliche praktische Bedeutung vor allem für das öffentliche Wegerecht, aber auch für die anderen Stoffgebiete des öffentlichen Sachenrechts. Denn ist für die Schöpfung einer öffentlichen Sache ein Verwaltungsakt erforderlich, zu dem eine Tätigkeitsäußerung einer Behörde gehört, so kann die „Öffentlichkeit" eines Weges oder Gewässers nicht durch einen langandauernden Zustand allein entstehen. Dies gilt auch bei den aus unvordenklicher Zeit stammenden und vielfach im Hinblick auf diese Unvordenklichkeit als öffentlich angesehenen Wegen (s. u.). Etwas anderes ist es, wenn positive Gesetze mitunter einen Vorbehalt für die Fortgeltung bestehender Rechtsverhältnisse enthalten; solche Vorbehalte können für den Fall, daß eine Widmung stattgefunden haben sollte, inbezug auf öffentliche Sachen eine ähnliche Begründungswirkung haben, wie die (deklaratorischen) Erkenntnissprüche über die Öffentlichkeit.[13]) Die Tätigkeit, die begriffswesentlich zu einem Verwaltungsakt gehört, kann in einem positiven oder in einem negativen Tun bestehen. Für den Widmungsakt kommt das negative Tun, das Unterlassen, soweit ersichtlich, kaum in Betracht. Auch jener Fall, an den man bei einer vorgestellten „Widmung durch Unterlassen" denken könnte, die ungenützte Fristverstreichung bei der Anfechtungsbefugnis eines staatsaufsichtlichen Zwangsakts gegenüber einem Selbstverwaltungskörper, durch den ein pflichtwidrig unterlassener Widmungsakt ersetzt wird, ist nicht in diesen Zusammenhang zu stellen. Denn nicht etwa die Nichtanfechtung des staatsaufsichtlichen Zwangsaktes ist der Schöpfungsakt der öffentlichen Sache, sondern die Ersatzvornahme der Staatsaufsichtsbehörde, die allerdings bei unterlassener Anfechtung rechtskräftig wird. Eine mittel-

---

[12]) Vergl. Nawiasky, a.a.O. S. 431.

[13]) Vergl. z. B. Art. 1 II des bayer. Wassergesetzes vom 23. 3. 1907 und oben § 30, I, 2 c.

bare bayerische Gemeinde weigert sich z. B. einen notwendigen Verbindungsweg zweier Gemeinden als Gemeindeweg zu „übernehmen", d. h. zu widmen; das vorgesetzte Bezirksamt ersetzt die Widmung durch einen staatsaufsichtlichen Ausspruch, der bei Nichtanfechtung nach Ablauf von vier Wochen rechtskräftig wird (Art. 28 und 60 Gem.O.). Ebensowenig wie durch das bloße Bestehen eines Rechtszustands entsteht eine öffentliche Sache durch ein bloßes Dulden dieses Rechtszustands, sei es auch durch die für die Widmung zuständige Verwaltungsbehörde. Auch diese Erkenntnis ist für die altrechtlichen öffentlichen Sachen von Bedeutung, d. h. für jene öffentlichen Sachen, deren Bestand als so lange vorhanden angenommen werden muß, daß der Entstehungszeitpunkt in unbekannter zeitlicher Ferne zurückliegt.

6. Das Tatbestandsmerkmal eines ersichtlichen positiven Handelns der Verwaltungsbehörde führt zum Merkmal der Erkennbarkeit der Tätigkeit des Trägers öffentlicher Verwaltung. Eine Tätigkeit allein genügt nicht. Es muß eine Tätigkeitsäußerung vorliegen. Eine Tätigkeit, die im Schoße der Verwaltungsbehörde verschlossen bleibt, ist aus diesem Grunde kein Verwaltungsakt und kann daher die rechtlichen Voraussetzungen der Widmung nicht erfüllen. Die Tätigkeitsäußerung kann ausdrücklich oder stillschweigend erfolgen. Eine stillschweigende Äußerung kann z. B. darin liegen, daß nach Beendigung des technischen Ausbaues einer Straße auf Anweisung der zuständigen Behörde an ihre Organe die Absperrungszeichen beseitigt werden. Die Äußerung hätte zwar auch „ausdrücklich" erfolgen können — dies ist sogar regelmäßig der Fall —, für die Erkennbarkeit des Akts genügt aber auch die erwähnte Aufräumungsarbeit. Die Frage, ob die Widmung stillschweigend oder ausdrücklich vorgenommen werden kann, berührt im Gegensatz zu der Frage, ob sie durch eine Handlung und durch eine positive Handlung betätigt werden muß, lediglich die Erkennbarkeit, nicht die Tätigkeit an sich. Unter diesem Gesichtspunkt ist es verfehlt, wenn O. Mayer[14]) aus der Tatsache, daß die „Widmung" unbestrittenermaßen auch stillschweigend vorgenommen werden kann, folgert, die Widmung sei kein Verwaltungsakt. Es ist die logische Folge von O. Mayers ebenfalls irrtümlicher Ansicht, stillschweigende Verwaltungsakte gäbe es nicht.[15]) Nicht der Verwaltungsakt selbst verdankt ja einem Stillschweigen sein Entstehen, sondern ein bereits ergangener Verwaltungsakt wird durch Stillschweigen, richtiger durch schlüssige (konkludente) Handlungen, geäußert oder bekanntgegeben. In dem Beispiel der Straßeneröffnung kann die stillschweigende Widmung nicht in der Weise erfolgen, daß überhaupt keine Anweisung des zuständigen Trä-

[14]) Verw.-R. II, S. 110 Fußn. 4.

[15]) a.a.O. I, S. 246.

gers der öffentlichen Sache an seine Organe ergeht. In diesem Falle wäre selbst bei noch so gründlichen Aufräumungsarbeiten keine öffentliche Straße entstanden. Dagegen braucht die Erklärung, daß nunmehr eine öffentliche Straße im Rechtssinn entstanden sein soll, nicht ausdrücklich erkennbar gemacht werden. Es genügt vielmehr, wenn die Erkennbarkeit aus den Umständen gefolgert werden kann. Bezieht man die Zulässigkeit des Stillschweigens lediglich auf die Tätigkeits ä u ß e r u n g, nicht auf die Tätigkeit selbst, so können auch keine begründeten Zweifel darüber entstehen, ob nun tatsächlich eine Widmung gewollt war oder nicht. Ist aber der Verwaltungsakt zweifellos vorhanden, der diesen Willen enthält, und ist nur noch Erkennbarkeit erforderlich, so kann es auch bei stillschweigender Bekanntgabe sein Bewenden haben.

7. Das Tatbestandsmerkmal, daß der Widmungsakt von einer V e r w a l t u n g s b e h ö r d e ausgehen muß, bedarf gewisser Einschränkungen. Bezüglich des Begriffs Verwaltung kann davon ausgegangen werden, daß sie diejenige Staatstätigkeit ist, die nach Abzug von Gesetzgebung und Rechtssprechung im engeren Sinn übrig bleibt. Es ist aber anerkannt, daß auch ein Gericht oder eine gesetzgebende Körperschaft kraft gesetzlicher Ermächtigung auf den ihnen eingeräumten Arbeitsgebieten in gewissen Fällen Verwaltungsakte setzen können.[16]) Eine scharfe Trennung der Gewalten ist im deutschen Rechtssystem nicht durchgeführt. So ist es erklärlich, daß der „Verwaltungsakt" der Widmung eines öffentlichen Flusses durch ein Gesetz ausgesprochen werden kann. Es liegt dann materiell ein Verwaltungsakt, formell ein Gesetzgebungsakt vor. Diese Verbindung eines gewissen Inhalts mit einer anderen Form ist nichts Seltenes. Es hat sich in der gegenwärtigen Verfassungspraxis die Tatsache herausgebildet und mit ihr muß auch von der juristischen Theorie gerechnet werden, daß gewisse an sich zur Verwaltung gehörige Obliegenheiten im Zusammenhang mit einer gesetzlichen Regelung des gleichen Stoffgebietes (vergl. Wassergesetz) oder mit der Bewilligung des Haushalts (vergl. Straßenetat) von der gesetzgebenden Körperschaft miterfüllt werden. B e h ö r d e ist eine Person oder eine Mehrheit von Personen, der durch Weisung eines anderen Staatsorgans, den sogenannten Amtsauftrag, staatliche Geschäfte in öffentlichrechtlich abgegrenztem Umfang zur Wahrnehmung anvertraut sind. Jener öffentlichrechtlich abgegrenzte Kreis von Geschäften heißt Staatsamt. Bezieht sich das Geschäft, mit dem die Behörde befaßt ist, grundsätzlich und überwiegend auf die Verwaltung, so kann man von einer Verwaltungsbehörde sprechen. Im Zusammenhang mit der Widmung einer öffentlichen Sache kann man statt „Verwaltungs-

[16]) Vergl. z. B. Nawiasky Verf.-R. S. 413, „mit Verwaltungsaufgaben betraute Justizbehörden".

behörde" auch setzen „Träger öffentlicher Verwaltung". Es wird dann nicht abgestellt auf das Organ, das die Widmung als Organhandlung betätigt, sondern auf das Rechtssubjekt, dem die Organhandlung zugerechnet wird. Die Behörde ist Handlungsorgan des Trägers öffentlicher Verwaltung; sie ist nicht selbst Rechtssubjekt. Aber ihre Handlungen werden einem Rechtssubjekt zugerechnet. Träger öffentlicher Verwaltung sein und Verwaltungsbehörden haben können nur der Staat und die vom Staate damit betrauten unterstaatlichen Körperschaften des öffentlichen Rechts. Andere Rechtssubjekte können keine Verwaltungsakte erlassen und daher auch keine Widmungen zu öffentlichen Sachen vornehmen. Ist also Urheber einer auf seine Rechtsgültigkeit und Rechtswirksamkeit als Widmung zu prüfenden Handlung eine nicht mit der Fähigkeit zur Vornahme öffentlicher Verwaltung bekleidete Rechtsperson und kann sie ihre Fähigkeit auch nicht von einer solchen ableiten, so liegt keine rechtsgültige und rechtswirksame Widmung vor. Ein Nichtträger öffentlicher Verwaltung kann also keine öffentlichen Wege widmen. Er mag den Weg nach allen Regeln der Straßenbaukunst herstellen. Er mag zulassen, daß der allgemeine Verkehr über diesen Weg geht. Er mag sein Eigentum dem „Publikum zu mehr oder minder freier Benützung überlassen".[17]) Er mag Tafeln anbringen lassen mit der Aufschrift „Öffentlicher Weg". Trotzdem wird der Weg — falls nicht ausnahmsweise nach Maßgabe des positiven Rechts eine Übertragung der Widmungsbefugnis (oder besser Widmungsfähigkeit) stattgefunden hat — dadurch nicht zu einem öffentlichen Weg. Eine praktische Folgerung besteht z. B. darin, daß der Grundstückseigentümer den Weg auch nach noch so langer Zeit des allgemeinen Gebrauchs nach seinem Gutdünken wieder sperren lassen kann, es sei denn, daß nach einer etwa bestehenden Zivilrechtsnorm ein subjektives privates Recht durch Verjährung, Ersitzung oder Verschweigung entstanden ist. Vom verwaltungsrechtlichen Standpunkt aus dagegen hat, — soweit neben den allgemeinen Grundsätzen des deutschen Verwaltungsrechts die einschlägigen landesrechtlichen Sondernormen überblickt werden können —, niemand einen Rechtsanspruch darauf, zu verlangen, daß der Weg weiterhin (oder richtiger künftighin) ein öffentlicher Weg sei (oder werde). Es gibt, — vorbehaltlich positiver landesrechtlicher Sondernormen, die das Entstehen der Öffentlichkeit ausdrücklich an diese Tatbestandsmerkmale knüpfen —, keine Verjährung, Ersitzung oder Verschweigung der Öffentlichkeit durch Duldung des oben geschilderten Rechtszustands, weder zugunsten der Allgemeinheit oder des Publikums noch zugunsten einzelner, etwa zugunsten von Interessenten, Wegebenützern, Angrenzern oder Gebäudeeigentümern. Unter diesem rechtlichen Gesichtspunkte ist es verwaltungsrechtlich

[17]) O. Mayer II 137, Fußn. 2; ferner Germershausen I, S. 13.

gesehen, entbehrlich, daß der Eigentümer eines Grundstücks eine Tafel etwa mit der Aufschrift anbringen läßt: „Durchgangsverkehr widerruflich gestattet“; denn das Recht des freien Widerrufs besteht auch dann, wenn diese Erklärung fehlt. Allenfalls könnten positive landesrechtliche Sondernormen über den Ausschluß der Widerruflichkeit einer Gebrauchsüberlassung behauptet oder aufgestellt werden. Es gibt aber nicht (und kann nach der verfassungsrechtlichen Zuständigkeitsnormierung auch nicht geben) einen allgemeinen Rechtssatz des deutschen Verwaltungsrechts dieses Inhalts. Umgekehrt könnte sich der Grundstückseigentümer auch nicht nach noch so langer Zeit allgemeinen Gebrauchs zu seinen Gunsten auf die Öffentlichkeit berufen, etwa in Ansehung der Unterhaltspflicht; er kann nicht Haftungsansprüche gegen sich aus der Beschaffenheit des Weges unter Berufung auf die Öffentlichkeit des Weges und die daraus für den Träger der öffentlichen Sache entspringende Verkehrssicherungspflicht abtun. Die noch zu besprechende Widmungsvermutung kraft Unvordenklichkeit gehört systematisch nicht hierher; gerade bei ihr zeigt sich mit aller Deutlichkeit, daß nicht eine Privatperson widmen kann, sondern nur ein Träger öffentlicher Verwaltung. Die Begründung freilich, die Guba[18]) der Unmöglichkeit einer Widmung durch eine Privatperson gegeben hat, ist in dieser Form nicht überzeugend. Er glaubt nämlich, ein Privateigentümer sei aus dem Grunde nicht in der Lage einen öffentlichen Weg zu schaffen, „da der Eigentümer einseitig seinen Willen für die Zukunft nicht binden, seine Verfügungsfreiheit für die Zukunft nicht beschränken kann“. Welcher rechtliche Hinderungsgrund einer Bindung auf lange Sicht entgegenstehen soll, wird nicht dargetan. Gubas Ergebnis ist dagegen zutreffend: „Solange nicht eine Person des öffentlichen Rechts — (genauer eine zuständige Verwaltungsbehörde) — mitwirkt, bleibt der Weg ein Privatweg.“ Dies hängt aber nicht mit einer mangelnden Fähigkeit von Privatpersonen, ihre Verfügungsfreiheit zu beschränken, zusammen, sondern mit der Notwendigkeit, daß die Widmung die allgemeinen rechtlichen Voraussetzungen eines Verwaltungsakts erfüllen muß. Rechtlich möglich und in manchen Rechtsordnungen mit gewissen Abstufungen und Abschwächungen verwirklicht ist die Widmungsbefugnis einer Privatperson kraft Übertragung dieser Funktion durch einen widmungsbefugten Träger öffentlicher Verwaltung. Eine solche Übertragung ist durch das Wesen der Widmung als eines Verwaltungsakts nicht schlechthin ausgeschlossen. Auch hier nimmt den Verwaltungsakt die Behörde vor; sein Inhalt ist die Delegation (Ermächtigung, den Inhalt zu bestimmen, Übertragung, Verweisung). Die delegierte und die delegierende Handlung zusammen, also die Tätigkeit des belehnten Privaten und der belehnenden

[18]) a.a.O. S. 5.

Verwaltungsbehörde (einschließlich des von dieser vorgenommenen Verwaltungsakts), ist dann der Schöpfungsakt der öffentlichen Sache.

Auch sonst kennt das deutsche Verwaltungsrecht die Verleihung gewisser öffentlichrechtlicher Befugnisse und Fähigkeiten mittels eines Verwaltungsakts von Privatpersonen, die solche Befugnisse und Fähigkeiten nicht besitzen. Man nennt diese Delegation, Verleihung, Übertragung, Verweisung meist „Konzession" und zwar im eigentlichen Sinne, im Gegensatz zu der nicht selten ebenfalls Konzession genannten behördlichen Feststellung, daß einem bestimmten Vorhaben eines Bewerbers keine rechtlichen Hindernisse entgegenstehen, insbesondere der Erlaubnis bei sogenannten Polizeiverboten mit Erlaubnisvorbehalt, die keine eigentliche Rechtsstellung einräumt, mag man immerhin, verwaltungsprozessual gesehen, von einem öffentlichen Rechtsanspruch sprechen, z. B. nach Art. 8 Ziff. 8 des bayer. VGG. Eine Wegekonzession ist dagegen rechtlich zu konstruieren als Rechtsverleihung wie eine Eisenbahnkonzession, z. B. die Konzession der Deutschen Reichsbahngesellschaft,[19]) oder eine Telegraphen- und Telephonlizenz[20]). Fleiner hat denn auch mit Recht unter den Beispielen der echten Konzession auch die Wegekonzession aufgeführt.[21]) Positivrechtliche Voraussetzung ist eine gesetzliche Ermächtigung; ohne sie kann eine gültige Wegekonzession nicht erteilt werden. Für die Schöpfung sowohl wie für den Betrieb eines öffentlichen Weges ist nach verschiedenen Rechtsordnungen, z. B. nach bayerischem und badischem Landesrechte, eine Konzession nicht vorgesehen. Würde trotzdem im Geltungsbereiche dieser Rechtsordnungen ein Konzessionsakt vorgenommen werden, wenn schon von einer an sich zur Widmung befugten Behörde, etwa im Rechtsirrtum über die Übertragungsbefugnis, so wäre eine rechtsgültige, zu bestimmten Rechtsakten berechtigende Konzession nicht erteilt worden. Die aufgrund einer solchen Konzession vorgenommenen Widmungsakte wären rechtsunwirksam. Kann dagegen eine Konzession zur Widmung einer öffentlichen Sache nach einer bestimmten Rechtsordnung in rechtswirksamer Weise erteilt werden, so ist es ohne Belang, ob sie auf einem einseitigen Verwaltungsakt — gegebenenfalls in einem formellen Gesetze ausgesprochen — oder auf einem öffentlichrechtlichen Vertrag beruht. Die doppelte Art der Verleihung der Widmungsfähigkeit hat im Verwaltungsrecht eine Parallele in der Übertragung der Enteignungsbefugnis; dabei ist die Übertragung mittels eines Vertrages meist auch in solchen Rechten nicht ausgeschlossen, in denen nach dem Wortlaut der Gesetze zunächst nur von einer Übertragung durch

---

[19]) Nach dem Gesetz v. 30. 8. 1924, vergl. hierzu Fleiner, Institutionen, § 20 I sowie Anmerk. 26.

[20]) Vergl. § 2 des Reichsgesetzes über Fernmeldeanlagen vom 14. 1. 1928.

[21]) a.a.O. S. 344 mit Einschränkung Anmerk. 12.

einseitigen Verwaltungsakt die Rede ist.[22]) Von der vertragsmäßigen Verleihung der Widmungsfähigkeit sind sorgfältig zu unterscheiden die bedauerlicherweise ebenfalls Konzessionsverträge genannten Verträge, die eine schon bestehende öffentliche Sache voraussetzen und bestimmte Arten von Nutzungen daran regeln.[23]) Im ersten Fall ist Gegenstand des Vertrages die Verleihung der Widmungsfähigkeit, die erst die Voraussetzung der Widmung ist, und daher logisch und zeitlich vor dem Entstehen der öffentlichen Sache liegen muß. Im zweiten Fall ist Gegenstand des Vertrags die Regelung des Gebrauchs der öffentlichen Sache, die erst die Folge der Widmung ist und daher logisch und zeitlich nach dem Entstehen der öffentlichen Sache liegt.

9. Nicht jede Verwaltungsbehörde hat — auch wieder in Parallele mit dem Enteignungsrecht — schlechthin und an sich die Fähigkeit, eine öffentliche Sache zu begründen. Es kommt im Recht der öffentlichen Sache wie im Enteignungsrecht an auf die positiven Einzelgesetze über die Regelung der Zuständigkeit und Fähigkeit zur Vornahme gewisser Akte, und mangels solcher auf den Sinn, den bestimmte Rechtsordnungen mit der Regelung sachenrechtlicher Beziehungen geben, und auf die Bedeutung, die sie mit ihm verbinden wollen. So sind z. B. nach dem Sinn, den die bayerische Rechtsordnung mit ihren wenigen wegerechtlichen Vorschriften verbinden will und den die Verwaltungsrechtssprechung den schweigsamen Normen entrungen hat, nicht die Kulturbauämter, nicht die Straßen- und Flußbauämter, nicht die Messungsämter oder andere Behörden widmungsbefugt, obwohl gerade bei den genannten die Zweckmäßigkeit hierzu zuweilen nicht in Abrede gestellt werden kann (vergl. bei den Kulturbauämtern die sogenannten Wirtschaftswege, bei den Straßen- und Flußbauämtern die sogenannten Staatsstraßen des bayerischen Rechts), sondern ausschließlich die Behörden der sogenannten Gebietsselbstverwaltungskörper (Bezirke und Gemeinden einerseits, Kreise und Ortschaften in einer eingeschränkten Weise anderseits), sowie die Ministerialbauabteilung oder die von ihr ermächtigte Stelle (Regierung) für die Staatsstraßen. Dies rührt nicht daher, daß andere als die letztgenannten Träger öffentlicher Verwaltung keine Verwaltungsbehörden wären, oder daß diese keine anderen als die genannten Verwaltungsbehörden hätten, sondern daher, daß der Wirkungskreis jener im Vergleich zum Wirkungskreis dieser ein gesetzlich eingeschränkter ist. Es fehlt nicht an der Behördeneigenschaft, sondern an der Zuständigkeit. Die Frage berührt also nicht die Begriffsmerkmale der Widmung, sondern die Voraussetzungen der Widmung (s.u.!).

---

[22]) Vergl. z. B. bayer. Zwangsabtretungsgesetz Art. IV Ziff. 2.

[23]) Vergl. z. B. Fleiner S. 380, A. 54.

II.

Von zwei wichtigen Erscheinungen auf dem Rechtsgebiete der Entstehung der öffentlichen Sache möchte man glauben, daß sie von den Erfordernissen eines Verwaltungsakts abweichen. Allein die Abweichung ist nur scheinbar. Die eine Besonderheit bezieht sich auf die sogenannten altrechtlichen öffentlichen Sachen (1), die andere auf die Einwirkung der öffentlichrechtlichen Gebietswechselverträge bei den dem Territorialprinzip unterliegenden öffentlichen Sachen (2).

1. Es gibt in verschiedenen Rechtssystemen öffentliche Sachen, deren Widmung zeitlich so weit zurückliegt, daß sich die Tatsache der Widmung schwer oder überhaupt nicht feststellen läßt. Der Vorgang selbst ist nichts Auffallendes, wenn man an die Mangelhaftigkeit der Überlieferungsmittel und auch an das vielfach geringe Interesse an der Überlieferungsfähigkeit gerade von verwaltungsrechtlichen Rechtstatsachen in früherer Zeit denkt. Er ist nichts dem öffentlichen Sachenrechte Spezifisches. Wie, wann und warum gemeindliches Eigentum oder Eigentum von bevorzugten Nutzungsberechtigten an gemeinschaftlich benützten Gemeindeweiden entstanden ist, ist nicht selten in undurchdringliches Dunkel gehüllt. Solange in solchen Rechtsverhältnissen die überkommene Übung weitergepflogen wird und kein Streit über die Rechtsausübung besteht, mag die Erforschung der vergangenen Vorgänge wissenschaftliches Interesse und historischen Reiz bieten. Entsteht Streit, so sind die vergangenen Vorgänge nach Kräften aufzudecken und vor allem mit den Mitteln juristischer Begriffsbildung zu erfassen. Zwar ist dabei das für jede Zeit geltende Recht auf die Rechtsvorgänge dieser Zeit anzuwenden. Dagegen steht nichts im Wege, die vergangenen Vorgänge zu würdigen mit jenen Begriffen, wie sie der gegenwärtige Stand der verwaltungsrechtlichen Begriffsbildung darbietet, falls nicht für die Vergangenheit abweichende Begriffe festgestellt werden können. Es kann daher nicht ausschlaggebend sein, daß der Begriff des Verwaltungsaktes vor hundert oder mehr Jahren nicht in so bewußter Weise vorgestellt worden ist wie in der Gegenwart. Daraus folgern zu wollen, daß zum Entstehen einer öffentlichen Sache keine Widmung erforderlich gewesen sein konnte, wäre verfehlt. Zulässig wäre es allenfalls zu erforschen und festzustellen, daß und von wann bis wann nach einem früher geltenden Recht der Ursprung einer öffentlichen Sache an andere Tatbestandsmerkmale geknüpft war als in der Gegenwart, und das Vorliegen oder Nichtvorliegen dieser anderen Merkmale nachzuweisen. Die eigentliche Schwierigkeit beginnt dort, wo alle Nachforschungen keinerlei Ergebnisse über ein damals geltendes vom jetzigen Recht abweichendes Recht ergeben und wo außerdem auch keine Rechtsvorgänge aufgewiesen werden können, die als

Tatbestände für die Entstehung der öffentlichen Sache gedeutet werden könnten. Man hat versucht, diese Schwierigkeit in der Weise zu lösen, daß man neben dem Widmungsakt noch einen weiteren Entstehungsgrund für eine öffentliche Sache zugelassen oder verlangt hat, nämlich den der sogenannten „unvordenklichen Verjährung"[24]) im Sinne des öffentlichen Sachenrechts. Es mag dahingestellt bleiben, daß bei einer solchen dualistischen Konstruktion des Ursprungs der öffentlichen Sache stets ein theoretisch-systematisches Unbehagen verbleiben muß; auch die praktische Handhabung des Gedankens stößt auf mehr als eine Schwierigkeit. Bei dem erwähnten Begriff wird meist ein Zweifaches nicht scharf auseinandergehalten: einerseits der im Wege der unvordenklichen Verjährung sich vollziehende Erwerb einer rechtlichen Verfügungsgewalt über das Substrat der öffentlichen Sache, die, wie noch zu zeigen sein wird, eine der Voraussetzungen für die rechtswirksame Vornahme des Widmungsakts darstellt; anderseits die Entstehung der öffentlichen Sache selbst durch unvordenkliche Verjährung. Jener ist in der Regel nichts anderes als eine Ersitzung von Eigentum, von Dienstbarkeiten oder sonstigen privaten Rechten; für das Verwaltungsrecht ist im wesentlichen nur die Beziehung zum zweitgenannten Begriff und das Verhältnis zur Sachwidmung rechtlich interessant daran. Bei dem zweitgenannten Begriff dagegen ist wiederum zu sondern einerseits die unvordenkliche Verjährung als Ersatz für die Vornahme der Widmung, und anderseits eine stillschweigende anstelle einer ausdrücklichen Widmung in vergangener Zeit. Bei der unvordenklichen Verjährung als Ersatztatsache des Widmungsaktes kann und darf ein Widmungswille des Trägers öffentlicher Verwaltung und künftigen Trägers der öffentlichen Sache nicht vorliegen und nicht vorgelegen haben. Bei der stillschweigenden Widmung dagegen muß nicht nur ein Widmungswille bestehen, sondern er muß auch in die Erscheinung getreten sein, wenn schon nur durch ein schlüssiges Verhalten. Nach der Theorie vom Ursprung der öffentlichen Sache durch unvordenkliche Verjährung soll die öffentliche Sache dadurch entstehen, daß etwas als öffentliche Sache angesehen und behandelt wird und daß diese Rechtslage nach der eigenen wie auch nach der von den Vorfahren überkommenen Erinnerung des jetzt lebenden Geschlechts immer bestanden hat.[25]) Ob dabei neben der unvordenklichen Verjährung als Ersatz der Widmung noch ein gesonderter Erwerbsakt der Verfügungsgewalt über das Substrat der künftigen öffentlichen Sache nötig ist, und ob dieser Erwerbsakt, falls etwa an seiner Notwendigkeit allgemein

[24]) Vergl. zum folgenden die Abhandlung von Knauth, Der Beweis der Öffentlichkeit bei alten Wegen, VerwArch Bd. 30 (1923), S. 465, der aber zu einem anderen Ergebnis kommt, als es hier für richtig gehalten wird.

[25]) Kormann, Sächsisches Wegerecht, S. 83.

oder für besondere Fälle — etwa für das Wegerecht — festgehalten wird, ebenfalls durch das Rechtsinstitut der unvordenklichen Verjährung ersetzt werden kann, pflegt meist unerörtert oder doch unentschieden zu bleiben. Ebenso bleibt in den Theorien über die Entstehung altrechtlicher öffentlicher Sachen vielfach dahingestellt, welche Wirkungen im einzelnen aus der unvordenklichen Verjährung für die öffentliche Sache zu ziehen ist. Hawelka lehnt es z. B. ab, die unvordenkliche Verjährung lediglich als einen Grund für die Vermutung des Entstehens einer öffentlichen Sache anzusehen, da die in diesem Falle jederzeit mögliche Gegenbeweisführung mit dem Zwecke unvordenklicher Verjährung unvereinbar sei. Ihm schließt sich Guba in seinen öffentlichrechtlichen Grundlagen des Wegerechts[26]) mit der nach mehrfacher Richtung unzutreffenden Berufung auf die „Analogie des Gewohnheitsrechts" an, „das als tatsächlich bestehendes Recht festgestellt wird und nicht nur für den Fall, daß in später Zeit ein Gegenbeweis nicht mehr erbracht werden sollte".

Aber auch über die Voraussetzungen der unvordenklichen Verjährung für das Entstehen der öffentlichen Sache herrscht im einzelnen keine Einigkeit. So wird z. B. neben der zeitlich nicht mehr feststellbaren Länge des Bestands mitunter auch noch eine Notwendigkeit der Existenz der öffentlichen Sache gefordert.[27]) Man fragt vergeblich, warum eine Existenznotwendigkeit, die nicht einmal für eine durch ausdrückliche Widmung entstandene öffentliche Sache begriffsnotwendig ist, erforderlich sein soll für eine angeblich durch unvordenkliche Verjährung entstandene öffentliche Sache. Man fragt ebenso vergeblich, worin das Merkmal der Existenznotwendigkeit bestehen soll, und wonach und von wem die Notwendigkeit geprüft und beurteilt werden soll. Soll ferner die öffentliche Sache „notwendig" gewesen sein, als sie — vom Standpunkt rückschauender Betrachtung aus — zu existieren begann oder soll sie in der Gegenwart notwendig sein? Und soll die öffentliche Sache nicht mehr bestehen, ihrer rechtlichen Wesenseigenschaft entkleidet sein, wenn das Tatbestandsmerkmal der Notwendigkeit wegfällt? Ist das Merkmal vielleicht nur für das Entstehen, nicht das Bestehen erforderlich? Eine Fülle von Fragen, die bei Hawelka ungelöst geblieben sind. Daß außerdem auch kein einwandfreier Rechtssatz über die unvordenkliche Verjährung im öffentlichen Sachenrecht aufgewiesen werden kann und daß die Lehren Hawelkas und Gubas auch schwerlich als anerkannte oder anzuerkennende Interpretation eines bestehenden Rechtssatzes konstruiert werden können, ist eine weitere Schwierigkeit. Schultzenstein[28]) weist noch nach, daß auch kein Gerichtsgebrauch

---

[26]) a.a.O. S. 16/17.

[27]) Hawelka a.a.O. S. 20.

[28]) VerwArch Bd. 28 S. 179.

über das Entstehen öffentlicher Sachen durch unvordenkliche Verjährung besteht, was für Vertreter solcher Auffassungen wichtig ist, die dem Gerichtsgebrauch eine maßgebliche Bedeutung als Rechtsgeltungsquelle beimessen wollen. Die Gerichte, jedenfalls in Preußen, hätten im Gegenteil eine solche Wirkung der unvordenklichen Verjährung abgelehnt. Es verdient in diesem Zusammenhang als Merkwürdigkeit aus der Theorie des öffentlichen Sachenrechts festgestellt zu werden, daß Schultzenstein in weiterer Folge der rechtlichen Unhaltbarkeit einer Konstruktion des Ursprungs öffentlicher Sachen durch unvordenkliche Verjährung auch die Vorstellung eines Widmungsakts als Entstehungsgrundes öffentlicher Sachen aus dem verwaltungsrechtlichen Denken zu eliminieren sucht.[29]) Anstelle des Widmungsakts soll nach Schultzenstein der „Gemeingebrauch" treten. Was eine Benützungsart der öffentlichen Sache ist, also dem Ursprung der öffentlichen Sache logisch und rechtlich nachfolgen muß, soll gleichzeitig Entstehungsgrund der öffentlichen Sache sein. Wesentlich ist für Schultzenstein nicht etwa die Frage, was vom Träger der öffentlichen Sache unternommen wird, sondern, was von dritter Seite, den Benützern der öffentlichen Sache, geschehen ist. Um die Unhaltbarkeit der Schultzenstein'schen Theorie nachzuweisen, genügt es, darauf hinzuweisen, daß hiernach überhaupt nie eine öffentliche Sache entstehen könnte. Denn ein Gemeingebrauch kann auch nach dieser Theorie nur stattfinden an öffentlichen Sachen. Solange also eine öffentliche Sache nicht existiert, kann es auch keinen Gemeingebrauch geben. Gibt es aber keinen Gemeingebrauch, so können auch keine öffentlichen Sachen entstehen; denn der Gemeingebrauch ist der Entstehungsgrund der öffentlichen Sachen. Man denkt an den Zirkelschluß in der Rechtsquellenlehre, daß positives Recht jenes Recht sei, das angewandt wird, daß aber anderseits jenes Recht angewandt werden muß, das positivrechtlich gilt. Was bei der Theorie der altrechtlichen öffentlichen Sachen meist übersehen wird, das ist die Tatsache, daß das Aufstellen eines anderen Entstehungsgrundes als der Widmung gar nicht notwendig erscheint, da es nur auf die Tragung der Beweislast ankommt. Die Schwierigkeit der Beweislast darf aber selbstverständlich nicht dazu verleiten, den Entstehungsgrund zu identifizieren mit dem, was die Schwierigkeit, ihn zu beweisen, erzeugt hat. Läßt sich kein anderes objektives Recht für die Vergangenheit nachweisen, als das gegenwärtig geltende Recht, so darf für die rechtliche Prüfung der vergangenen Tatsachen das gegenwärtige Recht zugrunde gelegt werden, dessen Entstehungsbeginn ungewiß ist. Scheitert der Nachweis eines nach dem zugrunde gelegten Rechte für die Existenz der öffentlichen Sache notwendigen Rechtsvorganges an rein tatsächlichen Schwierigkeiten, während sonstige einschlägige Vorgänge und insbesondere

[29]) Schultzenstein im VerwArch Bd. 28 S. 179 ff. und dazu Knauth a.a.O.

die rechtliche Wirkung feststellbar sind, so wird man sich ohne rechtlichen oder logischen Verstoß mit der Beweisvermutung zugunsten dieses einen Rechtsvorganges behelfen dürfen. Der Schlüssel liegt in der Erkenntnis, daß nicht etwa — wie bei Schultzenstein — die Wirkung die Ursache schafft, sondern daß nur aus der Wirkung ein Schluß auf das Vorliegen der Ursache gezogen wird. Die Beweisvermutung muß daher notwendigerweise widerlegbar sein. Was Hawelka und Guba (s. o.) gegen die Widerlegbarkeit vorgebracht haben, ist nicht stichhaltig. Richtig ist, daß das Rechtsinstitut der unvordenklichen Verjährung durch die Basierung auf der Widerlegbarkeit seinem Wesen nach etwas ganz anderes ist, als das, was Hawelka und Guba unter der gleichen Begriffsbezeichnung verstanden haben.

Diese Grundsätze über die Stellung der unvordenklichen Verjährung im öffentlichen Sachenrecht, wie sie hier für richtig gehalten wurden, sind auch auf das bayerische Landesrecht der öffentlichen Sache anzuwenden, das im übrigen in gewissen Punkten eine abweichende Rechtsentwicklung durchgemacht hat. Bedauerlich an ihm ist, daß über die genannten Unterscheidungen, nämlich unvordenkliche Verjährung einerseits als Erwerbsgrund der rechtlichen Verfügungsgewalt über das Substrat der öffentlichen Sache, anderseits Entstehungsgrund der öffentlichen Sache selbst, ferner zwischen Voraussetzungen und Wirkungen in diesen beiden Fällen, im wesentlichen rein privatrechtliche Vorstellungen die Rechtssprechung und teilweise auch das Schrifttum beherrschen, und zwar in der Weise, daß hergebrachte privatrechtliche Gedankengänge einfach in das öffentliche Recht unkritisch übernommen werden. So wird z. B. in der Entsch. des bayr. Oberst. Gerichtshofs Bd. XIII, S. 279 für die Begründung eines Rechts durch unvordenkliche Verjährung die dem Gegner erkennbare Absicht verlangt, ein Recht auszuüben, und der Gedankengang dieser in der erwähnten Entscheidung auf die Rechtsstellung der Benützer der öffentlichen Sache abgestellten Beweisführung wird überwiegend auch für die Rechtsstellung des Trägers der öffentlichen Sache für richtig gehalten. Es handelt sich dabei keineswegs um eine veraltete und überholte Entscheidung; in der (als Sonderdruck erschienenen) Regierungssenatsentscheidung der Regierung von Oberbayern in der Streitsache der Tölzer Flößer aus dem Jahre 1925 schließt sich der erkennende Senat unter Hervorhebung dieser Entscheidung ihr ausdrücklich an (S. 20): „Nach bayerischem Landesrecht muß, wer sich für den Erwerb eines Rechts auf unvordenkliche Verjährung als Erwerbsgrund beruft, beweisen, daß der Zustand, um dessen unvordenkliche Dauer es sich handelt, den Charakter einer Rechtsausübung hat oder mit anderen Worten, daß die Übung mit der gegenseitigen Absicht, ein Privatrecht auszuüben und zu dulden, erfolgt.“ Fast unmerklich wird hier eingeführt, daß die durch unvordenkliche Verjährung entstandene Rechtsstellung eine privatrechtliche sei. Die Theorie des Ursprungs öffentlicher Sachen nach bayerischem Rechte hat eine grundlegende Förderung seinerzeit durch Luthardt[30]) erfahren, der für die Existenz öffentlicher Wege in allen Fällen zwei Voraussetzungen aufstellt, einmal das Eigentum oder ein dingliches Recht am Substrat und sodann die Widmung. Der Grundgedanke dieser seiner Lehre, die später in der ihr von Seydel, Kahr und Dyroff gegebenen Formulierung in Bayern herrschend geworden ist, eben die Trennung der beiden Rechtsvorgänge hinsichtlich des Substrats und der Verfügungsgewalt über das Substrat der öffentlichen Sache, verdient auch für die Zukunft festgehalten zu werden. Es ist jedoch beachtlich, daß Luthardt neben der Widmung als maßgebendem Entstehungsakt der öffentlichen Sache eine unvordenkliche Verjährung mit schöpferischer Wirkung hinsichtlich der öffentlichen Sache nicht kennt, während sein in der allerneuesten Zeit aufgetretener scharfer Kritiker Steinbach[31]) gerade hierauf den größten Wert legt. Die Steinbach'sche Theorie verdient auch aus dem Grunde entwicklungsgeschichtliche Beachtung, weil sie die Gleichstellung in der Entstehung des Rechtes der Träger und des Benützers der öffentlichen Sache, wie sie die ältere Rechtssprechung mehr unbewußt beherrscht hat, soweit führt, daß er gerade durch Entstehen der Rechte der Benützer — nämlich der öffentlichrechtlichen Wegeservituten der Wegebenutzer — *die öffentliche Sache entstehen* läßt, und sich damit in bedenklicher Weise der eben abgelehnten Lehre Schultzensteins vom Gemeingebrauch als Ursprungsfaktor der öffentlichen Sache nähert. Steinbach[32]) wendet zwar gegen seine eigene Theorie ein, daß die durch unvordenkliche Verjährung entstandenen Wegeservituten überhaupt nicht in das herrschende System von der Schöpfung öffentlicher Sachen passen, zieht aber daraus die Folgerung, daß das herrschende System falsch sei. Er sieht die Unvereinbarkeit einmal in der Unmöglichkeit, aus der Übung der Gesamtheit ein Recht für einen beschränkten Teil derselben, nämlich eine Korporation (etwa eine Gemeinde), erstehen zu lassen; auch damit identifiziert er augenscheinlich die Rechte der Gemeinden als Träger öffentlicher Sachen mit den Rechten der zu einer Gemeinde gehörigen Einzelpersonen, die die öffentliche Sache benützen. Sodann hält er die unvordenkliche Verjährung für die überwiegende Entstehungsart öffentlicher Sachen und lehnt bei ihr das Vorliegen der Widmung oder auch nur der rechtlichen Möglichkeit von ihr ab; denn *während* des Laufs der für die unvordenkliche Verjährung notwendigen Frist sei eine Widmung nicht nötig, da ihre Voraussetzung, ein Verfügungsrecht über

[30]) Blätter für administrat. Praxis Bd. 20, S. 321, sowie oben, § 21.
[31]) Vergl. dessen Abhandlung in Bay Verw Bl 1926, S. 351.
[32]) Vergl. 1926, S. 357.

das Substrat noch nicht bestehe. Im Augenblicke der Vollendung der unvordenklichen Verjährung aber — ein solcher Augenblick müsse theoretisch gedacht werden können — sei gleichzeitig das Recht und der öffentliche Weg entstanden. Abgesehen von den Handlungen des Publikums habe sich hinsichtlich der Wegefläche selbst nichts von Belang ereignet. Diese Handlungen aber blieben sich vor und nach dem angegebenen Zeitpunkte völlig gleich. Das Ergebnis Steinbachs besteht darin, daß es öffentliche Wege auch ohne Widmung gebe. Es liegt auf der Hand, daß die Konstruktion Steinbachs die im Laufe einer längeren Rechtsentwicklung mühsam herausgearbeiteten Unterschiede zwischen dem Schöpfungsakt der öffentlichen Sache und den rechtlichen Voraussetzungen zu ihm völlig verwischt und an ihre Stelle eine Unterschiedslosigkeit der Handlungen, ihrer rechtlichen Qualität nach, treten läßt. Die Mängel, die allen dualistischen Schöpfungslehren anhaften, treten daneben bei Steinbach umso stärker hervor, als bei ihm die Ausnahmeschöpfungsart die zahlenmäßige Regel, die Regelschöpfungsart aber die zahlenmäßige Ausnahme bilden soll. Dazu kommt endlich, daß die neben die Widmung tretende Schöpfung weder nach ihren Voraussetzungen noch nach ihren Wirkungen klare Verhältnisse bietet, im Gegenteil an die Stelle geschlossener und einfacher Rechtssätze, wie sie die Widmungslehre bietet, schwankende Vorstellungen und mehrdeutige Begriffe — was ist z. B. unvordenklich, wann ist die Verjährung beendet? — setzt.

Die Lehre Steinbachs ist daher ebenso abzulehnen wie verwandte Theorien von Schultzenstein u. a., die der unvordenklichen Verjährung (oder der seit Unvordenklichkeit geübten Benützung der öffentlichen Sache) die Kraft der Schöpfung der öffentlichen Sache zuschreiben.

2. Noch weniger als die unvordenkliche Verjährung bedeutet der Wechsel der Trägerschaft einer öffentlichen Sache bei Gebietswechselverträgen eine Durchbrechung des Grundsatzes der Notwendigkeit der Widmung für die Entstehung einer öffentlichen Sache. Mögen im einzelnen die Voraussetzungen, der Inhalt und die Wirkungen der Gebietswechselverträge, zu denen insbesondere die für das öffentliche Sachenrecht bedeutsamen Eingemeindungsverträge gehören, gestaltet sein wie immer, so ist doch bei allen als gemeinsam anzunehmen, daß die öffentliche Sache nicht durch solche Verträge neu entsteht, sondern allenfalls, wenn nämlich die Art der in Frage stehenden öffentlichen Sache es im Hinblick auf das Territorialprinzip erfordert, durch Eintritt des neuen Trägers der öffentlichen Sache in die Pflichtstellung des Vorgängers übernommen wird. Selbst wenn man so konstruieren würde, daß die Pflichtstellung nicht abgetreten wird, etwa mit der Begründung, daß öffentlichrechtliche Pflichten überhaupt nicht abtretbar seien, so muß doch die Konstruktion darauf hinauslaufen, daß der

neue Gebietsherr die gleiche Pflichtstellung auf sich nimmt, wie sie der Vorgänger in der Gebietsherrschaft innegehabt hat, und zwar vom Augenblick des Erlöschens der alten Pflicht an. In einem solchen Fall ist dann die Übernahme der Pflicht durch den Nachfolger gleichzeitig der Akt der die öffentliche Sache schöpfenden Widmung. Ein Beispiel möge dies des näheren beleuchten. Anläßlich der Eingemeindung einer Vorortsgemeinde wird z. B. ein gemeindlicher Friedhof mit übernommen, d. h. die Trägerschaft der öffentlichen Sache geht von der Vorortsgemeinde auf die Großstadt über. Es mag hier dahingestellt bleiben, durch welche Rechtstatsache im einzelnen der Übergang der Trägerschaft stattfindet, durch einen Vertrag, eine Vereinbarung, einen Gesamtakt oder etwa durch eine organisatorische Verfügung einer den beiden Gemeinden vorgesetzten staatlichen Behörde oder einen sonstigen Vorgang. Jedenfalls pflegt eine Willenserklärung der beiden Gemeinden voranzugehen, selbst wenn sie erst durch eine nachfolgende Genehmigung oder Zustimmung eines Dritten Rechtswirksamkeit erlangt. In dem übereinstimmenden Willen der Gemeinden, den Friedhof als öffentliche Sache von der einen (untergehenden) Gemeinde auf die andere (aufnehmende) Gemeinde zu übertragen, ist auch der Wille der aufnehmenden Gemeinde enthalten, die Pflichtstellung einzugehen, in der das Wesen der öffentlichen Sache besteht. Nach bayer. Recht stellt sich dieser Rechtsvorgang des näheren folgendermaßen dar: Eine Gemeindebestandsänderung erfolgt grundsätzlich durch Verfügung des Staatsministeriums des Innern. Über die mit der Bestandsänderung zusammenhängenden rechtlichen und wirtschaftlichen Verhältnisse der beiden Gemeinden — z. B. den Eigentumswechsel an Gebäuden, die Benützung von Anstalten, die Verwendung von Beamten usw. — können die Gemeinden Vereinbarungen treffen, deren Wirksamkeit von der Vornahme der Bestandsänderung abhängig ist. In derartigen Vereinbarungen können auch die Rechtsverhältnisse der öffentlichen Sachen, insbesondere die Trägerschaft, geregelt werden. Dabei bestehen drei Stadien des Übergangs der öffentlichen Sache, einmal der Abschnitt bis zum Abschluß des Eingemeindungsvertrages, sodann der Abschnitt vom Abschluß des Eingemeindungsvertrags bis zur Vornahme des Eingemeindungsakts, und endlich der Abschnitt nach der Eingemeindung. Für die stillschweigende Widmung durch die aufnehmende Gemeinde kommt nur der Abschluß des Eingemeindungsvertrags in Betracht, der zwischen dem ersten und zweiten der genannten Abschnitte liegt. Mit der Übernahmeerklärung will die neue Gemeinde, die künftig Träger des öffentlichen Friedhofs sein wird, gleichzeitig auch jene Pflichtlage eingehen, wie sie der Träger einer öffentlichen Sache einzugehen hat. Nicht im Wege steht, daß hier die Widmungserklärung nicht sofort jene rechtliche Wirkung äußert, wie die nicht in einem

Eingemeindungsakt eingeschlossene Widmung, daß vielmehr der Schwebezustand, der wiederum ein Anwartschaftsverhältnis — hier aber eine Rechtsanwartschaft — der aufnehmenden gegenüber der aufzunehmenden Gemeinde inbezug auf die öffentliche Sache begründet, fortdauert bis zur Bestandsänderungsverfügung. Hier gehört also zum Wirksamwerden der Widmung noch jener außerhalb der widmenden Rechtsperson liegende Akt, der Rechtsbedingung (conditio iuris) ist für das Inkrafttreten des Eingemeindungsvertrags. An der Tatsache der Widmung selbst und an der rechtlichen Notwendigkeit der Widmung für den Ursprung der öffentlichen Sache wird also auch in diesem Falle nichts geändert. Tritt die Bestandsänderungsverfügung nicht ein oder ist im Zeitpunkt ihres Eintritts der Eingemeindungsvertrag nicht mehr wirksam, so kann auch die in ihm eingeschlossene (oder eingeschlossen gewesene) Widmung keine rechtliche Wirkung äußern. Sie hat hinsichtlich ihrer Existenz das Schicksal des Eingemeindungsvertrags. Findet kein Gebietswechsel statt, so entfällt auch der Wechsel in der Trägerschaft der öffentlichen Sache.

Der Gebietswechsel, der für den Bestand der öffentlichen Sache eine Rolle spielt, muß nicht gerade ein solcher zwischen Gemeinden sein. Der Gebietswechsel zwischen Staaten kann z. B. eine Rolle auf dem Gebiete der öffentlichen Herrschaft über die Luft spielen.

§ 31. Die Voraussetzungen der Widmung.

I. In subjektiver (personeller) Hinsicht.

1. Mitwirkungsrechte. a) Für die Lösung des Problems der Einseitigkeit oder Zweiseitigkeit des Verwaltungsakts der Widmung enthält das preußische Wegerecht einen ebenso interessanten wie lehrreichen Fall. Sowohl von der oberstrichterlichen Rechtsprechung wie auch vom überwiegenden Schrifttum dieses Rechts wird die Widmung in ideologisch beeinflußter Interpretation undeutlicher positiver Rechtssätze konstruiert als ein rechtliches Mitwirken oder Zusammenwirken von drei Beteiligten, nämlich der sogenannten Wegepolizeibehörde, des Wegeunterhaltspflichtigen und des Eigentümers des Grund und Bodens.[33]) Das Fehlen auch nur eines einzigen dieser drei Beteiligten macht nach herrschender Ansicht die Widmung unwirksam. Daher wird überwiegend, wenn auch nicht unbestritten[34]), angenommen, daß keine der drei notwendigen Erklärungen als

[33]) Vergl. z. B. preuß. OVG Bd. 27 S. 400 ff.; Bd. 58 S. 336, 337; Bd. 72 S. 289; auch Bd. 80 S. 206; (betrifft hauptsächlich die Entwidmung, damit aber auch die Widmung); preuß. Kammergericht in Pr. Verw Bl 48 S. 600.

[34]) Vergl. Lassar, Grundbegriffe des preußischen Wegerechts, 1919, S. 73 ff.; ferner Guba, Die öffentlichrechtlichen Grundlagen des Wegerechts: „Ihre (d. h. der Wegepolizeibehörde) Widmung ist allein ausschlaggebend für die Entstehung des

die hauptsächlichste hingestellt werden darf. Begründet wird die rechtliche Gleichwertigkeit der Erklärungen meist damit, daß die Schöpfung eines Weges die rechtliche Sphäre dreier Rechtsträger berührt und daher die Zustimmung eines jeden erforderlich ist.[35])

Die richtige Erkenntnis liegt auf der Linie des von Lassar angedeuteten Gedankens, der die Erklärung der Wegepolizeibehörde als den Kern des Widmungsakts ansieht. Fragt man nämlich des näheren, in welcher Weise das Zusammenwirken dieser drei Erklärungen zu erfolgen hat, so gibt die herrschende preußische Lehre die überraschende Antwort, daß ein Zusammenwirken im eigentlichen Sinn rechtlich gar nicht erforderlich und tatsächlich auch gar nicht gebräuchlich sei. Vielmehr müssen die Erklärungen der drei Rechtsbeteiligten nur überhaupt vorliegen. Sie können aber unabhängig voneinander und zeitlich nacheinander bestehen. Ein gemeinschaftliches Wirken ist dagegen nicht vorgeschrieben. Im Grunde läuft dieses Nebeneinander logisch geordnet, darauf hinaus, daß die Wegepolizeibehörde im preußischen Sinn in Ansehung der Schöpfung des öffentlichen Weges nichts mit rechtlicher Wirksamkeit unternehmen kann, solange nicht

aa) vom Eigentümer des Grund und Bodens in einer zulässigen Rechtsform die Wegefläche als Substrat der künftigen öffentlichen Sache bereitgestellt ist, und solange außerdem nicht

bb) die Unterhaltspflicht, falls sie nicht vom Gesetz unmittelbar geregelt ist, durch eine ausdrückliche Verpflichtungserklärung (Übernahmeerklärung) eines Rechtssubjekts übernommen wird.

Die Abweichung des preußischen vom bayerischen Rechte besteht in der Hauptsache darin, daß nach preußischem Rechte noch eine Zustimmungserklärung des Unterhaltspflichtigen verlangt wird, der eine ähnliche rechtliche Qualität zukommt, wie der Zustimmungserklärung des Grundeigentümers; diese (letztere) kennt ja auch das bayerische Recht, und zwar in einer besonders betonten Form. Von den unter a und b genannten Beteiligten, nämlich Grundeigentümer und Unterhaltspflichtigen, wird auch nach preußischem Rechte wohl nicht ein Widmungsakt in dem entwickelten Sinne verlangt. Ein solches Verlangen wäre gar nicht erfüllbar, da der Widmungsakt ein Verwaltungsakt ist und eine Privatperson keinen Verwaltungsakt erlassen kann. Die Mitwirkung des Eigentümers ist seinem rechtlichen Wesen nach nichts anderes als eine Zustimmungserklärung besonderer Art. Sie kann nicht selbst als Widmung und auch nicht

öffentlichen Weges." „Es kommt auch dann zur Widmung, wenn Eigentümer und Wegebaupflichtiger sich einer Widmung widersetzen, das heißt jener den Grund und Boden nicht freiwillig zu Wegezwecken hergeben, dieser den Weg nicht anlegen will."

[35]) Vergl. Jellinek, Verw Recht, S. 491.

[36]) So Germershausen, Wegerecht I 8.

als Widmungsbestandteil aufgefaßt werden, sondern nur als grundsätzliche Voraussetzung für das Wirksamwerden der Widmung. Sie ist nicht begriffsnotwendig für die Widmung, was sich auch daraus ergeben dürfte, daß sie in bestimmten Fällen, z. B. bei der Enteignung oder beim Rezeß im Auseinandersetzungsverfahren, entbehrt oder ersetzt werden kann, und daß die Polizeibehörde ausnahmsweise sogar befugt ist, einem Dritten aufzugeben, die Benutzung seines Grundstücks vorbehaltlich der erforderlichen Entschädigung zu dulden. In diesem Falle erlangt die Wegepolizeibehörde mit der Unanfechtbarkeit dieser Anordnung die Herrschaft über den Weg und die öffentliche Sache ist entstanden.[36]) Ihrem rechtlichen Inhalt nach ist die Mitwirkung des Grundeigentümers bei der Widmung, wie sich deutlich aus ihren Ersatztatsachen ergibt, nichts anderes als die Einräumung der privatrechtlichen Verfügungsgewalt, wie sie auch andere öffentliche Sachenrechte als das preußische als Voraussetzung der Widmung kennen. Die Bezeichnung als Mitwirkungsrecht und die Vorstellung eines rechtlichen Zusammenwirkens vermag dabei irre zu führen. Der wirkliche rechtliche Unterschied zwischen dem preußischen und bayerischen Rechte liegt nicht in dem, was die Bezeichnung andeutet, sondern darin, daß nach der — ideologisch zu erklärenden — Rechtsprechung des bayerischen Verwaltungsgerichtshofs die Einräumung der Verfügungsgewalt im Wege einer Dienstbarkeitsbestellung erfolgen muß, wenn nicht überhaupt das Eigentum übertragen wird, während sie nach preußischem Rechte in wesentlich einfacherer Form durch privatschriftliche oder mündliche Überlassungsverträge oder durch einseitige, annahmebedürftige, aber im übrigen formlose Erklärungen vor sich gehen kann. Am inhaltlichen Wesen — Einräumung der Verfügungsgewalt — wird dadurch nichts geändert. Daran ändert ferner auch die Tatsache nichts, daß die Überlassungserklärung hinsichtlich ihrer Widerruflichkeit mit einer besonderen öffentlichrechtlichen Beschränkung behaftet ist. Ist nämlich die Widmung einmal unter Zustimmung der drei Rechtsbeteiligten des preußischen Rechts wirksam geworden, so kann sie von keinem der drei Beteiligten, auch nicht vom Grundeigentümer unter Berufung auf seine Rechte aus dem Eigentum einseitig rückgängig gemacht werden. Nur solange die übrigen Rechtsbeteiligten ihrerseits noch keine Erklärungen über ihre eigene Pflichtstellung abgegeben haben, kann auch der Grundeigentümer seine Zustimmungserklärung widerrufen.[37]) Die Bindung tritt nicht etwa durch die A n n a h m e der Zustimmungserklärung des Grundeigentümers, seitens der Erklärungsgegner, sondern durch die Abgabe der e i g e n e n Erklärung dieser ein, genauer durch Abgabe der letzten noch erforderlichen und noch

[36]) Germershausen, Wegerecht I 8.
[37]) Vergl. Germershausen, Wegerecht I, 7.

ausstehenden Erklärung eines Rechtsbeteiligten, — man kann auch sagen, mit der Entstehung des öffentlichen Weges. Diese öffentlichrechtliche Beschränkung ist von erheblicher Bedeutung. Durch sie wird ein Problem gelöst, dessen Schwierigkeit wohl den bayerischen Verwaltungsgerichtshof zu der Annahme geführt hat, daß die Verfügungsgewalt mindestens durch Bestellung einer Dienstbarkeit — wenn nicht durch Überlassung des Eigentums selbst — für die Dauer gesichert werden müsse. Die Schwierigkeit besteht hier in der Möglichkeit, daß die Einräumung der Verfügungsgewalt, wenn sie nicht mit dinglicher Kraft erfolgt, zum mindesten durch den Rechtsnachfolger der die Verfügungsgewalt einräumenden Person widerrufen werden könnte, die ja durch einen persönlichen im Gegensatz zu einem den jeweiligen Grundstückseigentümer dinglich verpflichtenden Vertrag nicht gebunden werden kann. In einem solchen Falle würde aber der öffentlichrechtliche Aufbau (Widmung, Gemeingebrauch und sonstige Benützung, Unterhaltspflichten usw.) mit der Beseitigung der zivilrechtlichen Grundlage seiner notwendigen Existenzvoraussetzung ermangeln. Wird indessen diese durch das Privatrecht eröffnete Beseitigungsmöglichkeit kraft öffentlichen Rechts ausgeschlossen, wie dies das preußische Recht durch die Unwiderruflichkeit der Erklärung des Grundeigentümers von einem gewissen Stadium an, nämlich nach Eintritt der Rechtswirksamkeit der Widmung, vorsieht, so entfällt der rechtspolitische Grund für die Unerläßlichkeit einer Verdinglichung der Erklärung. Rechtspolitisch gesehen ist der preußische Typ für das bayerische öffentliche Sachenrecht lehrreich und anregend.

Die Eigenschaft öffentlichrechtlich beschränkter Widerruflichkeit spricht keineswegs gegen den Charakter der Willenserklärung des Eigentümers als einer eine rechtliche Voraussetzung des Widmungsakts bildenden Zustimmungserklärung. Warum sollte nicht auch eine aus der privatrechtlichen Rechtsstellung fließende Zustimmungserklärung zu einem Verwaltungsakt vom Standpunkte des öffentlichen Rechts aus frei widerruflich, beschränkt widerruflich oder unwiderruflich gestaltet werden können? Das Wesen der Zustimmungserklärung, mag man sie nun als eine öffentlichrechtliche oder als eine privatrechtliche Rechtshandlung betrachten, ist kein Hinderungsgrund dafür, daß der Widerruf öffentlichrechtlich beschränkt wird. Die eigenartige öffentlichrechtliche Beschränkung des Widerrufs der Einräumung der Verfügungsgewalt über den Grund und Boden nach preußischem Rechte rechtfertigt inhaltlich (nicht formell, da es sich nicht um notwendige Begriffsmerkmale handelt) die verbreitete Begriffsbestimmung, wonach öffentliche Wege solche Wege sein sollen, die dem Gemeingebrauch nicht kraft Privatrechts entzogen werden können. Nur auf der Grundlage der preußischen Konstruktion ist diese Begriffsbestimmung sinnvoll und verständlich. Sie bedeutet dann, daß der Eigentümer des Grund und Bodens nicht befugt ist, die Erklärung zu widerrufen, durch die er der Behörde die Verfügungsgewalt über die Wegefläche eingeräumt hat, sobald einmal der öffentliche Weg entstanden ist. Sie kann aber keine allgemeine, in ihrer Bedeutung über das preußische Recht hinausgehende Begriffsbestimmung darstellen und keinen schlechthin geltenden Rechtsgrundsatz enthalten. Geradezu sinnstörend wäre ihre Übernahme in das bayerische Recht. Der bayerische Gesetzentwurf über das Straßenwesen von 1855/56, der diesen Abweg gegangen wäre, ist glücklicherweise niemals Gesetz geworden. Einer doppelten Zustimmungserklärung, die die Einräumung einer Verfügungsgewalt enthalten muß, bedarf es in jenen Fällen, in denen hinsichtlich der Substrate zweier öffentlicher Sachen ein besonders enger räumlicher Zusammenhang besteht, z. B. wenn ein öffentlicher Weg über ein Festungsgelände, über eine Hafenanlage oder auf einem Deich führt.[38]) Hier muß die Zustimmungserklärung sowohl vom Grundeigentümer wie auch vom Träger der bereits vorhandenen öffentlichen Sache ausgehen. Ebensowenig wie die Erklärung des Grundeigentümers ist auch die des Trägers der bereits bestehenden öffentlichen Sache ihrem rechtlichen Wesen nach ein Widmungsakt oder ein Widmungsbestandteil. Beide sind vielmehr Widmungsvoraussetzungen.

b) Rechtlich nicht wesentlich anders als bei der sogenannten Mitwirkung des Grundeigentümers verhält es sich mit der Erklärung des Unterhaltspflichtigen. Dieses Erfordernis zielt weniger ab auf ein Mitwirkungsrecht einer anderen Rechtsperson zum Widmungsakt, als vielmehr auf einen bestimmten Inhalt des behördlichen Widmungsakts. Der Widmungsakt muß nämlich nach preußischem Recht über die künftige Unterhaltspflicht etwas aussagen. Soweit nun die Unterhaltspflicht nicht im Gesetz selbst geregelt ist, bedarf es zur Aufnahme des Satzes über die Unterhaltspflicht in die Widmungserklärung der Zustimmung dessen, dem die Unterhaltspflicht obliegen soll. Es heißt nach preußischem Recht nicht eigentlich, daß ein öffentlicher Weg nicht ohne Zustimmung des Unterhaltspflichtigen entstehen kann, sondern vielmehr, daß ein öffentlicher Weg nicht ohne Regelung der öffentlichrechtlichen Unterhaltspflicht entstehen kann[39]) und daß diese entweder einer unmittelbaren gesetzlichen Grundlage oder einer freiwilligen Übernahme bedarf. Die Regelung der Unterhaltspflicht kann des näheren in dreifacher Art vor sich gehen: Entweder unmittelbar durch Gesetz oder durch einseitigen Ausspruch einer dafür zuständigen Behörde, z. B. einen Planfeststellungsbeschluß samt Unterhaltsregelung[40]), oder end-

[38]) Vergl. Germershausen, I, 6.

[39]) Germershausen, I, S. 5.

[40]) Germershausen, I, 6, ohne Zustimmungsnotwendigkeit des Pflichtigen.

lich, wenn die beiden genannten Fälle nicht eigens vorgesehen sind, also der Regel nach, durch Pflichtübernahme seitens des Unterhaltspflichtigen und anschließende Erklärung der widmenden Behörde. Die Pflichtübernahme kann wieder in zweifacher Weise erfolgen: entweder freiwillig, oder in einem geordneten Zwangsverfahren, durch das die freiwillige Übernahme rechtsgültig ersetzt wird. Nicht die Verpflichtungserklärung des künftigen Unterhaltspflichtigen ist als das Primäre anzusehen, sondern die Regelung der Unterhaltspflicht schlechthin. Es liegt auf der Hand, daß sich diese aus einer Besonderheit des preußischen Verwaltungsrechts erklärende Notwendigkeit einer Verpflichtungserklärung des Unterhaltspflichtigen auch dann scharf unterscheidet vom Widmungsakt, wenn etwa der widmende (künftige) Herr der öffentlichen Sache identisch sein sollte mit dem (künftigen) Unterhaltspflichtigen. Man kann die Verpflichtungserklärung zu den notwendigen Voraussetzungen einer wirksamen Widmung rechnen. Man kann das durch diese Geäußerte auch als inhaltlichen Bestandteil des Verwaltungsakts der Widmung erklären. Man kann sie aber nicht selbst als Widmung oder als Mitwirkungsrecht zur Vornahme des Widmungsakts ansehen.

c) Endlich bleibt als Drittes der Charakter zu erforschen übrig, der — besonders im Hinblick auf die gegebene Unterscheidung zwischen dem Herrn der öffentlichen Sache einerseits und der Polizeibehörde der öffentlichen Sache anderseits — der Erklärung der sogenannten Wegepolizeibehörde zukommt. Zuzugeben ist, daß die auch sonst im öffentlichen Sachenrecht auftretende Verwechslung der Funktionen der Trägerschaft (Herrschaft) und der Polizei der öffentlichen Sache, wie ihn hier das preußische Wegerecht bietet, ein höchst bedauerlicher Schönheitsfehler ist. Immerhin liegt im Grunde in vielen Fällen weniger eine Begriffsverwechslung, als vielmehr eine Benennungsverwechslung vor, die sich wohl daraus erklärt, daß die widmende Behörde manche — beileibe nicht alle — polizeilichen Befugnisse inbezug auf einen öffentlichen Weg auszuüben hat und daß in §§ 55—57 des preuß. Zuständigkeitsgesetzes die Wegepolizei nicht klar von anderen Tätigkeiten der öffentlichen Verwaltung geschieden ist. Aus der gleichen Tatsache erklärt sich wohl auch der weitere Umstand, daß die überwiegend preußische Rechtsprechung[41]) hier mit dem wenig brauchbaren Begriff einer „polizeilichen Anstalt“ im Gegensatz zu einer kommunalen Anstalt arbeitet.[42]) Diese Tatsachen stehen aber in keiner Weise dem Umstand im Wege, daß die Erklärung der vom preußischen Recht als Wegepolizeibehörde bezeichneten Behörde in Wahrheit die die öffentliche

[41]) Vergl. Germershausen, I, 3.

[42]) Vergl. Germershausen, I, 9 b.

Sache schöpfende Widmungserklärung mit allen dem Widmungsakt zukommenden rechtlichen Eigenschaften und Wirkungen darstellt.

In diesem Punkte wesentlich klarer als das preußische Wegerecht betont z. B. das bayerische Wasserrecht die Priorität des Widmungsakts, die Subsidiarität der Erklärung des Grundflächeneigentümers und die Artverschiedenheit der Widmung von der Regelung oder der Übernahme der Unterhaltspflicht. Es trägt damit erfreulicherweise zur Gewinnung klarer Grundbegriffe im öffentlichen Sachenrecht bei. Nach Art. 4 Abs. 1 des bayer. Wassergesetzes kann ein Fluß unter bestimmten Voraussetzungen von der Staatsregierung zum öffentlichen Fluß erklärt werden. Es spielt keine für die Begriffsbildung wesentliche Rolle, daß aus dem Wortlaut des Gesetzes ausnahmsweise die Notwendigkeit einer ausdrücklichen im Gegensatz zu der sonst ausreichenden konkludenten Widmung gefolgert wird.[43]) Für den Charakter der Erklärung der Staatsregierung als Widmungsakt ist dagegen von Bedeutung, daß „die Erklärung zugleich den Zeitpunkt bestimmen muß, von dem ab die öffentliche Eigenschaft mit allen daran sich knüpfenden Rechtsfolgen beginnen soll"[44]). Die Existenz der öffentlichen Sache datiert mithin von dem von der Staatsregierung bezeichneten Zeitpunkt an (Art. 4 Abs. 1, Satz 2). Streng geschieden von der Widmung (nach Abs. 1) ist die Abtretung eines Grundstücks und die Belastung eines Grundstücks mit einer Dienstbarkeit (nach Abs. 2). Abtretung und Belastung sind Voraussetzungen der Widmung, allerdings wieder mit einer Besonderheit, die eine Unwirksamkeit der Widmung beim Mangel der Voraussetzungen automatisch ausschließt: Durch die Erklärung der Staatsregierung geht nämlich das Eigentum am Fluß von selbst auf den Staat über, falls es nicht schon vorher dem Staat zustand, und zwar ohne daß es hierzu eines weiteren Rechtsakts oder eines Zwangsenteignungsverfahrens bedürfte.[45]) Während im preußischen Wegerecht die Bedeutung des Rechtsakts des Grundflächeneigentümers bis zur Vorstellung eines Mitwirkungsrechts beim Widmungsakt gesteigert ist, ist es im bayerischen Wasserrecht nahezu bis zur Bedeutungslosigkeit abgeschwächt. Man kann diese entgegengesetzt verlaufende Rechtsentwicklung auch so auffassen, daß im bayerischen Recht der öffentlichrechtliche Gesichtspunkt den privatrechtlichen zurückgedrängt hat, während umgekehrt im preußischen Recht der sich auf seine privaten Rechte stützende Eigentümer eine beherrschende Stellung einnimmt. Dem Ziele nach, nicht aber den Mitteln nach, fügt sich der vorher erwähnte andersartige Unterschied der beiden Rechtsordnungen hinsichtlich der Bindung des Privateigen-

---

[43]) Eymann, Wassergesetz, II, S. 537.
[44]) Eymann, a.a.O.
[45]) Vergl. Eymann II, 537; Brenner, Wassergesetz, S. 35.

tümers an die dem öffentlichen Rechte angehörende Widmung in diese Entwicklungslinie ein: auch hier Tendenz der möglichst starken und sicheren Bindung der privaten Rechte durch die öffentlichrechtliche Rechtsstellung des Trägers der öffentlichen Sache. Die Frage, ob die erwähnte Abschwächung, die durch Art. 4 Abs. 3 Satz 1 WG in ihrer weiteren Wirkung auch Aufnahme in den Gesetzestext gefunden hat („für die Entziehung des Flußbettes kann eine Entschädigung nicht verlangt werden"), rechtlich zulässig ist, ob sie insbesondere mit Art. 153 RV, der ja die entschädigungslose Enteignung einem Reichsgesetz vorbehält, vereinbar ist, mag hier dahingestellt bleiben. Die „Erklärung der Staatsregierung", die sich als Widmung darstellt, trifft in Übereinstimmung mit der allgemeinen Theorie der Widmung nur Bestimmungen über die Existenz einer öffentlichen Sache, also die künftige Pflichtstellung des Staates als des Trägers (Herrn) der öffentlichen Flüsse, bestehend in der Erwartung, bestimmte Handlungen dulden zu müssen (Art. 26 ff. WG); sie regelt dagegen nichts Wasserpolizeiliches und auch nicht die Unterhaltspflicht. Von der Begründung dieser Pflichtstellung ist die Ordnung der Unterhaltspflicht, die nach bayerischem Wasserrecht unmittelbar durch das Gesetz, nicht mittelbar durch eine Übernahmeerklärung des künftigen Unterhaltspflichtigen erfolgt, streng zu sondern. Erfreulicherweise ist im bayerischen Wasserrecht auch die Bezeichnung „Polizei" für die Begründung und Ausübung der Sachträgerschaft vermieden.

Im bayerischen Wegerecht tritt die Verwirrung, der das preußische Wegerecht in mehrfacher Hinsicht zum Opfer gefallen ist — Mitwirkungsrechte oder rechtliches Zusammenwirken von Grundeigentümern, Wegepolizeibehörden und Wegebaupflichtigen; Wegepolizei statt Wegeträgerschaft — ebenfalls nicht zutage. Selbst die Konstruktion von Hawelka[46]), daß die Widmung ausgehen müsse entweder von der Verwaltungsbehörde oder vom Eigentümer des Grund und Bodens (letzteres dürfte übrigens nach österreichischem Rechte nicht zutreffen), ist nicht zu verstehen, als müßten beide zusammenwirken. Hawelka zufolge müßte vielmehr eines das andere ausschließen. Im sächsischen Schrifttum der öffentlichen Sache ist z. B., soweit ersichtlich, bei der Lehre von der Widmung nicht von einer Wegepolizeibehörde die Rede. Neben dem Herrn der öffentlichen Sache kommen vielmehr nur der Baupflichtige und der Grundstücks- und Nachbargrundstückseigentümer als Beteiligte in Frage; es ist aber nicht so, als würden die beiden letzteren Gruppen Widmungen vornehmen. Daneben gibt es aber eine Wegepolizei und Wegebaupolizei mit dem Finanzministerium als Spitze und eine Wegeverkehrspolizei mit dem Ministerium des Innern als Spitze. Keinesfalls hat es in den positiven deutschen Lan-

[46]) a.a.O. S. 13.

desrechten eine Grundlage, wenn Guba[47]) die Notwendigkeit des Zusammenwirkens der drei Beteiligten des preußischen Rechts als allgemeinen Grundsatz für das gesamte deutsche Wegerecht in Anspruch nehmen will.

2. Zuständigkeit. Die Vornahme des Widmungsakts ist kein Recht, sondern Ausfluß einer Zuständigkeit. Die Widmung muß, um die von ihr erwarteten regelmäßigen Rechtsfolgen hervorrufen zu können, von einer zuständigen Behörde vorgenommen werden. Wie der Verwaltungsakt im allgemeinen, so ist auch der Widmungsakt nicht nur dann nichtig, wenn die etwa erforderliche Mitwirkung anderer Behörden oder Personen unterblieben ist, sondern auch wenn der Akt von einer absolut unzuständigen Behörde ausgegangen ist. Unter Zuständigkeit versteht man die Berufung einer Behörde zur Vornahme staatlicher Geschäfte. In diesem allgemeinen Sinn ist in dem Begriffe eine subjektive und eine objektive Seite enthalten. Im subjektiven Sinn ist die Zuständigkeit das Recht und die Pflicht einer Behörde zur Erledigung eines bestimmten Geschäfts; Rechte und Pflichten der Behörden sind sogenannte Organrechte und Organpflichten, oder Rechte und Pflichten zweiter Ordnung. Im objektiven Sinn ist sie der einer Behörde obliegende Geschäftskreis. Dabei ist zu unterscheiden zwischen sachlicher, örtlicher und funktioneller Zuständigkeit. Von sachlicher Zuständigkeit wird gesprochen bei der Verteilung der Aufgaben unter die Behörden der verschiedenen Ordnung und der verschiedenen Art innerhalb des gleichen räumlichen Gebiets. Eine öffentliche Straße liegt z. B. sowohl im Gebiete eines Bezirks im Sinne des bayerischen (oder eines Kreises im Sinne des preußischen) Kommunalrechts wie auch in einer Gemeinde oder einer ihr gleichstehenden abgesonderten Markung oder gemeindefreien Herrschaft; die Frage, ob hierbei der Gemeinderat oder der Bezirkstag (Kreisausschuß) oder eine sonstige Stelle zuständig sind, ist eine Frage der sachlichen Zuständigkeit. Von örtlicher Zuständigkeit wird gesprochen bei Verteilung der Aufgaben unter die gleichartigen Behörden verschiedener räumlicher Gebiete. Ob inbezug auf eine öffentliche Brücke, die über den Grenzfluß zweier Gemeinden führt, die Widmung von der einen oder der anderen oder beiden Gemeinden vorzunehmen ist, ist eine Frage der örtlichen Zuständigkeit. Von funktioneller Zuständigkeit endlich spricht man, wenn die Erledigung der gleichen Aufgabe zwischen mehreren Behörden geteilt ist. Ob die Widmung einer Behörde für sich allein gültig sein kann, oder ob sie erst der Genehmigung einer vorgesetzten Behörde oder der Mitwirkung einer anderen Stelle bedarf, ist eine Frage der funktionellen Zuständigkeit.

Für alle drei Arten der Zuständigkeit zur Widmung öffentlicher Sachen können allgemeingültige d. h. über die Territorialrechte hinaus bedeutsame

[47]) a.a.O. S. 11.

Rechtsgrundsätze schwerlich aufgestellt werden, da die Zuständigkeitsnormen zu buntscheckig sind und wenig grundsätzlich Gemeinsames aufweisen. Für die Erfassung der Normen des öffentlichen Sachenrechts im allgemeinen ist bemerkenswert, daß die Zuständigkeit zur Widmung vielfach nicht ausdrücklich geregelt ist, sondern aus dem systematischen Aufbau und aus den Besonderheiten einzelner Rechtssätze durch — naturgemäß ideologisch beeinflußte — Auslegung erschlossen werden muß. Die bayerische Rechtsprechung hat z. B. angenommen, daß die Reichsbahngesellschaft nicht widmungsberechtigt sei, daher öffentliche Reichsbahnwege jedenfalls in der Gegenwart nicht neu entstehen könnten. Ob die aus früherer Zeit, vom alten bayerischen Eisenbahnärar stammenden öffentlichen Wege mit dem Übergang der Eisenbahnen auf das Reich die Eigenschaft als öffentliche Sachen im Sinne des bayerischen Rechts verloren haben, oder als öffentliche Reichssachen weiterhin nach dem Territorialprinzip unter den Normen auch des bayerischen öffentlichen Rechts stehen, oder eine besondere Kategorie öffentlicher Sachen unter alleiniger Unterstellung unter die Normen eines neu sich bildenden öffentlichen Reichssachenrechts ausmachen, ist dabei von der bayerischen Rechtsprechung bisher nicht geklärt worden. Die Zuständigkeitsprobleme werden hier bis zu ihrer eindeutigen Lösung noch erhebliche Schwierigkeiten bieten. Ebenso hat die bayerische Rechtsprechung angenommen, daß es zwar öffentliche Staats-, Bezirks- und Gemeindewege, dagegen keine öffentlichen Kreiswege gebe. Dabei scheint sie allerdings die P f l i c h t bestimmter Selbstverwaltungskörper, die die bayerische Kommunalgesetzgebung normiert, zu verwechseln mit der Zuständigkeit zur Widmung. Eine P f l i c h t der bayerischen Kreise zur Wegewidmung besteht — im Gegensatz zu der Pflicht der Gemeinden und Bezirke — in der Tat nicht. Dagegen wird eine Zuständigkeit hierzu unschwer aus Art. 1 KrO (grundsätzlich Selbstverwaltungsrecht des Kreises) abgeleitet werden können. Soweit übrigens die Zuständigkeit in einem besonderen Sinn die Pflicht zur Wegeherstellung einschließen soll, umfaßt sie nicht nur die bauliche Seite (Wegebau), sondern auch die rechtliche Seite (Charakter als öffentliche Sache). Dies hat zur Folge, daß von dem zuständigen Selbstverwaltungskörper nicht nur der Bau, sondern auch der Widmungsakt erzwungen oder im staatsaufsichtlichen Verfahren (durch rechtserhebliche Erklärung anstelle des verpflichteten Selbstverwaltungskörpers) ersetzt werden kann.

II. In objektiver (sachlicher) Hinsicht.

1. Die Verfügungsmöglichkeit. a) Eine weitere Voraussetzung für eine rechtsgültige Widmung besteht darin, daß der körperliche Gegenstand, der Substrat der künftigen öffentlichen Sache sein soll, sich hierzu auch tat-

sächlich eignet, — in hergebrachter, wenn auch unklarer Terminologie gesprochen: daß die Sache zu einer öffentlichen gewidmet werden kann. Die Pflichtstellung kann mit anderen Worten wirksam nur begründet werden, wenn für den Fall des Eintritts der Pflicht der Verwaltungsakt in die noch des näheren zu betrachtende geeignete tatsächliche und rechtliche Situation hineintrifft. Man kann die Summe von Verhältnissen tatsächlicher Art, in die der Verwaltungsakt hineintreffen muß, oder die bei der Vornahme des Verwaltungsakts bestehen müssen, zusammenfassend bezeichnen als „Verfügungsmöglichkeit", die gemeinsam mit der Summe der Verhältnisse rechtlicher Art, zusammenfassend bezeichnet als „Verfügungsfähigkeit", die „Verfügungsgewalt" ergibt. Auf dieses Gebiet der (objektiven oder sachlichen) Voraussetzungen der Widmung sind nach der hier vertretenen Konstruktion das Eigentum und andere Privatrechte gedrängt, während die Lehre vom Recht der öffentlichen Sache selbst rein öffentlichrechtlich ist. Ein Beispiel klärt diese theoretische Unterscheidung. Bei den öffentlichen Wegen, Spiel- und Rasenplätzen (Grünflächen), Dorfangern und ähnlichen Einrichtungen, die einer räumlichen Unterlage bedürfen, besteht die Verfügungsmöglichkeit in der natürlichen oder künstlich hergestellten Brauchbarkeit der in Aussicht genommenen räumlichen Unterlage für die Aufnahme des Verkehrs und die sonstigen einschlägigen Zweckbestimmungen. Aus diesem Grunde ist eine mit dem Bauwerk versehene Grundfläche solange nicht geeignet, dem allgemeinen Verkehr bestimmt zu werden, als das Bauwerk auf der Grundfläche steht. Ähnlich verhält es sich bei einem unbegehbaren Grundstück, z. B. einer Sumpffläche. Ein trotz tatsächlicher Unbrauchbarkeit der Grundfläche vorgenommener Widmungsakt kann mindestens keine augenblicklichen Rechtswirkungen äußern. Eine spätere Wirkung kommt allenfalls dann in Frage, wenn der Verwaltungsakt unter einer aufschiebenden Bedingung, nämlich der der tatsächlichen Brauchbarkeit des körperlichen Substrats, erfolgen kann und (ausdrücklich oder stillschweigend) erfolgt. Ist beides der Fall, so ist der Widmungsakt solange schwebend unwirksam, bis das Hindernis beseitigt ist. Nur mit dieser Maßgabe ist es richtig, wenn es Kahr[48]) als gleichgültig erklärt, ob ein öffentlicher Weg „überhaupt erst geschaffen — hergestellt — wird oder ein bisher einer anderen Klasse von Wegen angehörender öffentlicher Weg mit der neuen Bestimmung bedacht wird. Es handelt sich im übrigen weniger um einen Streit darüber, ob die rein tatsächliche Verfügungsmöglichkeit bestehen muß oder nicht, als vielmehr um die Lösung des Problems, ob ein aufschiebend bedingter Verwaltungsakt an sich vorgenommen werden kann und mit Eintritt der Bedingung die an seine Vornahme geknüpften Rechtswirkungen hervorruft. Diese Frage

[48]) Gem.-Ordnung I S. 370.

ist zu bejahen. Daß die Widmung ein bedingungsfeindliches Rechtsgeschäft des öffentlichen Rechts wäre, ist nirgends ersichtlich und entspricht auch nicht seinem Wesen als Verwaltungsakt.

Praktisch ist die bedingte Widmung in einem baulich noch nicht vollständig erschlossenen Gelände sogar ein durchaus häufiger Fall. Was Guba[49]) gegen die Konstruktion der bedingten Widmung vorbringt, ist nicht stichhaltig. Ihm zufolge hätten die vor der baulichen Fertigstellung ergangenen als Widmungen gewollten Verwaltungsakte rechtlich lediglich die Bedeutung von Zusicherungen, daß nach der Fertigstellung eine Widmung stattfinden werde. Findet dann, was praktisch regelmäßig ist, später eine Widmung nicht mehr statt, so arbeitet Guba für diesen Fall mit einer Fiktion einer Widmung (die er übrigens „stillschweigende Widmung" „aufgrund" der „vorangegangenen Erklärung" nennt). Einerseits erklärt er die vor der Fertigstellung erfolgte Widmung als rechtsunwirksam, anderseits muß er, um nicht die Widmungstheorie aufgeben zu müssen, in einem späteren Stadium eine fiktive Widmung einführen, ein Verfahren, das in konstruktiver Hinsicht mindestens unrationell genannt werden muß. Zudem muß es Bedenken erregen, den Inhalt einer Erklärung, die wichtig sein soll, zu übertragen auf eine andere Erklärung, die fingiert wird, mit anderen Worten, den Inhalt einer nichtigen Erklärung fortgelten und fortwirken zu lassen und damit die Theorie der Unwirksamkeit ihres Kernes zu berauben. Läge in Wahrheit aber eine stillschweigende Widmung, nicht nur eine fingierte Widmung vor, so müßte der Widmungswille der Behörde in dem späteren Zeitpunkt vorhanden sein, und es müßte, falls dies, wie regelmäßig, nicht der Fall ist, wegen Mangels des subjektiven Tatbestands das Vorliegen einer öffentlichen Sache verneint werden. Der Weg würde z. B. als ein öffentlicher Weg angesehen und hinsichtlich der bestehenden Rechte und Pflichten behandelt werden. In Wahrheit wäre aber, vielleicht ohne daß die Beteiligten davon ahnen, ein öffentlicher Weg nicht gegeben, weil es an den Voraussetzungen der rechtlichen Konstruktion gefehlt hat. In einem Verwaltungsrechtsstreit (in Bayern nach Art. 8 Ziff. 34, VGG) käme dieses Ergebnis zur Überraschung aller Beteiligten zutage. Es ist nicht ersichtlich, daß sich Guba dieser die entstehenden Mißhelligkeiten aufzeigenden Folgerung voll bewußt gewesen wäre.

Ebensowenig kann Germershausen[50]) zugestimmt werden, wenn er behauptet, zur Schaffung eines öffentlichen Weges „gehöre" die Bereitstellung des für den Weg erforderlichen Geländes. Logisch handelt es sich nicht um ein „Gehören" zu, sondern um eine „Voraussetzung für", und

---

[49]) a.a.O. S. 12.
[50]) a.a.O. I, 6.

für den Fall des Nichtvorliegens der Voraussetzung um eine bedingte Vornahme eines Verwaltungsakts. Näher kommt der zutreffenden Vorstellung die weitere Meinung von Germershausen[51]), ein Weg könne erst in demjenigen Zeitpunkte öffentlich werden, in dem ein Weg tatsächlich vorhanden sei; denn im Grunde ist dies wohl nur eine unjuristische Umschreibung dafür, daß der Eintritt der aufschiebenden Bedingung die volle Rechtswirksamkeit des bedingungsweise vorgenommenen und nur mehr von dieser einen Bedingung abhängigen Verwaltungsakts zur Folge hat.

b) Welche Arten von tatsächlichen Zuständen vorauszusetzen sind, kann nicht generell aufgestellt werden. Der Zustand muß eben so sein, daß die Pflicht erfüllt werden kann, als die sich die betreffende öffentliche Sache darstellt. Mit Recht sagt Germershausen[52]), daß ein bestimmt abgegrenzter oder in äußerlich erkennbarer Weise hergerichteter Wegekörper nicht erforderlich sei; er fehle z. B. häufig bei Heidewegen oder am Meeresstrand. Notwendig sei nur eine Unterlage zum Gehen oder Fahren. Möglich seien auch Eiswege oder bewegliche Schiffbrücken oder Fähren als öffentliche Sachen.

Im Gegensatz zu der mit der tatsächlichen Geeignetheit des Substrats zusammenhängenden Verfügungsmöglichkeit ist die sogenannte Notwendigkeit der öffentlichen Sache keine Voraussetzung der Gültigkeit oder des Wirksamwerdens des Widmungsakts. Dies ist schon daran ersichtlich, daß es öffentliche Sachen gibt, die nicht notwendig sind, ohne darum aufzuhören, öffentliche Sachen zu sein. Ebensowenig ist die Unentbehrlichkeit eine solche Voraussetzung. Etwas anderes ist es, daß die Unentbehrlichkeit nach preußischem Rechte eine „gewichtige Unterlage für den Schluß auf die Öffentlichkeit" bildet[53]). Eine bedeutsame Folgerung aus der Konstruktion der bedingten Widmung besteht darin, daß für den Fall, daß das Hindernis für den Eintritt der aufschiebenden Bedingung ein dauerndes ist, also daß das Ereignis nie eintreten kann, an dessen Eintritt die unbedingte Wirkung geknüpft ist, auch die Widmung dauernd rechtsunwirksam ist.

2. Die Verfügungsfähigkeit. Die rechtliche Seite der Verfügungsgewalt betrifft die Fähigkeit zur Verfügung. Diese Fähigkeit ist Ausfluß eines Rechts, das die Herrschaft über das Substrat verleiht, z. B. des Eigentums. Es braucht aber nicht gerade ein privatrechtliches Herrschaftsrecht zu sein. Auch in öffentlichrechtlicher Weise kann diese Herrschaft, vorbehaltlich positivrechtlicher Einzelgestaltung[54]), vermittelt werden. Es erübrigt sich

---

[51]) a.a.O. I, 7.

[52]) a.a.O. I, 7.

[53]) Germershausen, a.a.O. I S. 14.

[54]) Vergl. dazu Kahr, GO, I 347; Dyroff, VGG, Art. 8 Ziff. 34 (beide verneinend), dann Wörner, GO, S. 200 (bejahend), sämtliche für das geltende bayerische Recht. Eine Rolle spielt dabei z. B. die Frage, ob obligatorische Rechte die Funktion

für eine Untersuchung der Hauptprobleme des öffentlichen Sachenrechts, auf diese die Verfügungsfähigkeit vermittelnden Rechte einzugehen. Denn sie sind vorsachenrechtlicher Natur. Gerade dadurch, daß die dabei einschlägigen Probleme häufig in das öffentliche Sachenrecht hineinvermengt wurden, entstand die große Verwirrung um den Begriff des öffentlichen Eigentums und eine Menge anderer Schwierigkeiten, z. B. das Problem der öffentlichrechtlichen Wegeservitut, die sich bei schärferem Zusehen als (privatrechtliche) Dienstbarkeit des BGB entpuppt usw. Nur dann ist die Klarheit um den Begriff der öffentlichen Sache möglich, wenn dieser ganze Fragenkomplex der die Verfügungsfähigkeit vermittelnden Rechte aus dem öffentlichen Sachenrecht ausgeschieden, und teils in anderen Zweigen des Verwaltungsrechts, teils im Privatrecht behandelt wird.

§ 32. Rechtskraft und Schranken der Widmung.

Mit der Erkenntnis, daß die Widmung ein Verwaltungsakt sei, ist ein nicht unerheblicher Bestand an allgemeinen verwaltungsrechtlichen Rechtsgrundsätzen auf sie anwendbar. Bezüglich dieser darf auf die allgemeinen Lehren über den Verwaltungsakt verwiesen werden. Hier sollen lediglich einige Besonderheiten der Widmung Erwähnung finden.

I.

1. Sobald der Widmungsakt von einer zuständigen Behörde und in einem dafür vorgesehenen Verfahren vorgenommen und kundgemacht worden ist, kommt ihm Verbindlichkeit zu. Wie bei Verwaltungsakten überhaupt, kann man eine doppelte Wirkung feststellen: einmal die sogenannte Existenzwirkung und sodann die sogenannte Inhaltswirkung.

Von einer Existenzwirkung der Widmung kann man sprechen, wenn sie durch Anrufung einer vorgesetzten Behörde nicht mehr angefochten werden kann. Die Inhaltswirkung der Widmung dagegen würde darin bestehen, daß sowohl die widmende Behörde wie auch alle anderen in Betracht kommenden Beteiligten an sie gebunden wären.

a) Soweit die Widmung von einem Organ eines Selbstverwaltungskörpers auf einem seinem Selbstverwaltungsrecht unterliegenden Gebiete vorgenommen worden ist, kann sie vom Augenblick der Kundmachung an grundsätzlich weder von den Beteiligten noch von anderen Behörden als der widmenden Behörde, weder innerhalb einer bestimten Frist noch fristlos weder auf Anruf oder Beschwerde noch durch Einschreiten der vorgesetzten

der Vermittlung der Verfügungstätigkeit haben können. Bejahend z. B. Becher, Bayerisches Landeszivilrecht, I, S. 1073, verneinend die ständige Rechtsprechung des bayerischen Verwaltungsgerichtshofs.

Behörde von Amtswegen aufgehoben werden. Sie ist in dieser Hinsicht unanfechtbar geworden. Die Staatsaufsichtsbehörde kann zwar beim Vorliegen gewisser Voraussetzungen (s.u.II!) den Widmungsakt erzwingen oder ersetzen. Sie kann ihn aber nicht aufheben. Bei Vornahme positiver Handlungen, die zum Kreis der Selbstverwaltungsgeschäfte gehören, sind die Organe des Selbstverwaltungskörpers letzte Verwaltungsstufe. Anders verhält es sich bei negativen Handlungen, also bei Ablehnung (Weigerung) oder bei Nichthandeln. Hier darf eine Widmung von der Staatsaufsichtsbehörde verhindert werden. Wird sie aber vom Selbstverwaltungskörper trotzdem vorgenommen, so ist auch dieser Akt aufhebbar. Auch in anderen Fällen ist der Akt aber nicht schlechthin unveränderlich. Er ist nämlich, vorbehaltlich einer Rechtspflicht zur Widmung, vom widmenden Organ des Selbstverwaltungskörpers stets frei vernichtbar. Selbst beim Vorliegen einer Rechtspflicht zur Widmung ist die freie Vernichtung durch das widmende Organ selbst rechtsgültig, wenn auch durch die Staatsaufsichtsbehörde aufhebbar. Die Vernichtbarkeit in diesem Sinne ist weitergehend als die Anfechtbarkeit; denn sie umfaßt auch die Beseitigung durch die erlassende Behörde selbst, die sogenannte „Selbstanfechtung" mit ein. Die hier berührte Besonderheit bezeichnet im Grunde nicht eine Eigenart der Widmung, sondern ist im Wesen des Selbstverwaltungsrechts, wie es vom deutschen Verwaltungsrecht ausgebildet wurde, enthalten. Ist aber die Widmung einer öffentlichen Sache, deren Träger der Staat ist, von der obersten zuständigen Behörde erlassen, z. B. die Widmung eines öffentlichen Flusses oder einer Staatsstraße durch das zuständige Ministerium, so findet eine Anfechtung aus dem Grunde nicht statt, weil keine vorgesetzte Behörde vorhanden ist, die angerufen werden könnte. Hier sind nur Gegenvorstellungen möglich. Die Besonderheit der grundsätzlich freien Selbstvernichtbarkeit der Widmung berührt nicht nur die formelle Seite der Bindung — die Existenzwirkung —, sondern auch ihre materielle Seite, — die Inhaltswirkung. In letzterer Hinsicht bedeutet sie den relativen Mangel einer Inhaltswirkung, nämlich gegenüber der erlassenden Behörde. Es kommt auf die Auffassung an, ob sie nicht in ihrer ganzen Wirkung zur materiellen Seite gerechnet werden muß. Hiernach würde Existenzwirkung lediglich die Unangreifbarkeit des Akts durch Beteiligte oder Parteien, die Inhaltswirkung dagegen die Bindung auch der erlassenden Behörde bedeuten. Beide Auffassungen berühren sich am Punkte der Selbstvernichtbarkeit. Man kann die Zurücknahme des Aktes auch als eine neue Befassung der gleichen Behörde mit der gleichen Sache bezeichnen. Die Wirkung der Vernichtung des Widmungsakts besteht, dem rechtlichen Wesen der öffentlichen Sache als einer Rechtspflicht entsprechend, in einer Aufhebung oder Auflösung dieser Rechtspflicht.

b) Im Gegensatz zur Existenzwirkung kommt der Widmung keine Inhaltswirkung zu. Während die materielle Rechtskraft des Zivil- und Strafprozesses verhindert, daß eine einmal erledigte Sache ein zweites Mal zur Entscheidung kommt, ist die Rechtslage im Verwaltungsrecht anders gelagert. Zwar kommt auch im Verwaltungsrecht den Erkenntnisakten Rechtskraft im materiellen Sinn zu. Für die Willensakte der Verwaltung dagegen kann sie grundsätzlich nicht in gleicher Weise angenommen werden. Bei der Widmung kann die Behörde im Gegenteil in jedem Zeitpunkt prüfen, ob der erlassene Verwaltungsakt auf die Lage paßt, wie sie im Augenblick der Prüfung dieser Lage besteht. Bei Änderung der Lage kann der Inhalt des Akts den neuen Bedürfnissen angepaßt werden. Fleiner geht noch weiter[55]; er glaubt, der Inhalt müsse sogar der neuen Lage angepaßt werden. „Ein Zustand, der dem öffentlichen Interesse widerspricht, darf auch nicht einen Tag weiterbestehen." Bei einem Gemeindeweg im Sinne des bayer. Rechts darf also jederzeit nachgeprüft werden, ob nicht die Voraussetzungen für die Erhebung zur Bezirksstraße vorliegen, oder ob nicht umgekehrt der Weg lediglich noch Bedeutung für die lokale Bewirtschaftung hat. Dabei wird eine Änderung nicht nur beim Wechsel der tatsächlichen Verhältnisse eintreten, sondern schlechthin, also etwa bei bloß veränderter oder abweichender Ansicht der widmenden Behörde. Ist z. B. eine Widmung zur Staatsbrücke erfolgt, so kann die Aufhebung der Widmung (Abwürdigung) einfach aus dem Grunde erfolgen, weil die zuständige Stelle glaubt, eine Staatsbrücke sei an dieser Stelle nicht mehr erforderlich. Durch die Abwürdigung erlangt selbstverständlich die Brücke nicht von selbst den Charakter einer Bezirks- oder Gemeindebrücke; denn der Staat kann nicht durch Abwürdigung einen anderen Träger öffentlicher Verwaltung verpflichten. Die Begründung der Rechtspflicht muß durch diesen selbst erfolgen. Gegenüber der Aufhebung der Widmung kann sich kein Beteiligter auf die Inhaltswirkung des Widmungsakts berufen. Er kann sich aber auch auf kein sonstiges aus der Widmung selbst entstandenes Recht berufen.

c) Die Lehre von der Existenz- und Inhaltswirkung des Widmungsakts weist noch insoferne eine weitere Besonderheit auf, als bei öffentlichen Wegen die dem Träger der öffentlichen Sache jeweils vorgesetzte Behörde nachprüfen darf, ob nicht die Verkehrsbedeutung des Weges so gewachsen ist, daß sich eine Einreihung in eine „höhere Klasse" als notwendig erweist. Beispiel: Die sogenannte Umwandlung oder Umwidmung einer Gemeindestraße zu einer Bezirksstraße, rechtlich zu konstruieren als Aufhebung der Rechtspflicht der Gemeinde und Begründung einer Rechtspflicht des Bezirks. Daher ist die Bezeichnung „Verwaltungsverschiebung" bei Herrnritt

[55]) Vergl. Fleiner, Institutionen, S. 196/197.

wenig passend. Die Existenzwirkung steht dem nicht entgegen und eine Inhaltswirkung ermangelte dem ersten Akt ohnehin.

2. Fleiner schränkt das Ermessen der Behörde zur Zurücknahme des Widmungsakts ein durch einen Satz des Inhalts, daß die Behörde davon nur Gebrauch machen soll, wenn das öffentliche Interesse es gebietet oder zuläßt.[56]) „Die Behörde soll nicht leichthin bestehende Verhältnisse stören, die sich aufgrund ihrer Verfügungen herausgebildet hat. Sie soll auch nicht infolge einer veränderten Rechtsauffassung ohne zwingende Notwendigkeit Besitzstände der Bürger als rechtsungültig erklären, die sie jahrelang unangefochten erlassen hatte." Den Nachweis, daß es den von ihm vorgestellten allgemeinen Rechtssatz „quieta non movere" im Verwaltungsrecht gebe, hat Fleiner freilich weder positivrechtlich noch interpretatorisch erbracht. Der ideologische Hintergrund seiner Auffassung entbehrt der Fundierung in der Norm.

3. Da die Widmung als Verwaltungsakt keine Rechte irgend jemands begründet, kann auf sie oder vielmehr auf die Rechte hieraus auch nicht verzichtet werden; denn der Verzicht setzt Rechte voraus.[57])

II.

Der Widmungsakt unterliegt einer doppelten Schranke. Er kann in gewissen Fällen erzwungen, in anderen Fällen verhindert werden. Auch diese Besonderheit hängt in der Hauptsache mit dem Selbstverwaltungsrecht sowie damit zusammen, daß die Trägerschaft der öffentlichen Sache vielfach eine Selbstverwaltungsangelegenheit von Selbstverwaltungskörpern ist.

1. Ein rechtlicher Zwang zur Vornahme der Widmung kann von einer Staatsaufsichtsbehörde eines Selbstverwaltungskörpers dann ausgeübt werden, wenn die Widmung der öffentlichen Sache eine Pflichtaufgabe des Selbstverwaltungskörpers darstellt und diese nicht ordnungsgemäß erfüllt wird. Die Pflicht zur Herstellung von Wegen, Brücken, Grünplätzen, Fähren, Waagen, Uhren, Brunnen, Abwässeranlagen, Begräbnisplätzen, Viehverscharrungsorten — vergl. für das bayer. Recht Art. 28 GO — umfaßt nicht nur die körperliche (bauliche) Herstellung, sondern auch das rechtliche Bereithalten, die Begründung von Rechtspflichten, die die öffentlichen Sachen darstellen. Die zwangsweise Durchsetzung der Pflicht des Selbstverwaltungskörpers gegenüber dem übergeordneten Staat, die selbstverständlich etwas ganz anderes ist, als die durch die Widmung eingegangene

[56]) Vergl. Fleiner, a.a.O. S. 199.

[57]) Vergl. Gg. Jellinek, System der subjektiven öffentlichen Rechte, 2. Aufl., S. 332 ff., insbes. 339; Maunz, Zur Frage der Verzichtbarkeit öffentlicher Rechte, BayGVZ 1927, S. 241.

Rechtspflicht, bemißt sich im einzelnen nach den für den betreffenden Staat jeweils geltenden allgemeinen Gesetzen über kommunale Staatsaufsicht und staatsaufsichtlichen Zwang. Hiernach kann es auch einen Ersatz des Widmungsaktes durch einen Beschluß der vorgesetzten Staatsaufsichtsbehörde geben. Die ersetzte Widmung ist ihrem rechtlichen Wesen nach von gleicher Struktur wie die Widmung durch den Träger der öffentlichen Sache selbst. Sie kann nach ihrer Vornahme vom zuständigen Organ des Selbstverwaltungskörpers im allgemeinen wieder aufgehoben, richtiger durch Rücknahmebeschluß (Entwidmung) illusorisch gemacht werden. Die Staatsaufsichtsbehörde kann dann aber, wiederum nach Maßgabe des kommunalen Staatsaufsichtsrechts, den Rücknahmebeschluß aufheben.

2. Die Verhinderung der Widmung öffentlicher Sachen durch Selbstverwaltungskörper kann unter dem Gesichtspunkte der Weggabe oder Belastung kommunalen Vermögens oder der Abgleichung des Haushalts durch die Staatsaufsichtsbehörden erfolgen. Auch hierin liegt an sich keine Besonderheit der Widmung, sondern nur eine Ausstrahlung des Kommunalrechts im allgemeinen. Die Verhinderung erfolgt hierbei meist durch Versagung einer etwa erforderlichen Zustimmung, Einwilligung oder Genehmigung.

3. Soweit keine Pflicht zur Vornahme einer Widmung besteht, hat die öffentliche Verwaltung Freiheit, ob sie die die öffentliche Sache darstellende Rechtspflicht eingehen will oder nicht; daß eine Rechtspflicht besteht, eine andere Rechtspflicht einzugehen oder zu übernehmen, ist keine rechtliche Besonderheit. Sie hat weiterhin Freiheit, inwieweit sie sich binden will, und welches im einzelnen der Inhalt der Bindung sein soll. Schon durch die Widmung kann hiernach der Benützerkreis und können die Benützungsarten eingeschränkt werden. Sorgfältig davon zu trennen ist die Einengung durch Polizeiverbot, das mitunter ähnliche praktische Ergebnisse erzielen kann wie die beschränkte Widmung, dem rechtlichen Wesen nach aber etwas ganz anderes darstellt. Dies gilt auch dann, wenn die äußerliche Ähnlichkeit noch dadurch erhöht wird, daß die Beschränkung in der Widmung — also die Verringerung des Umfangs der Rechtspflicht — erst im Laufe des Bestands der öffentlichen Sache vorgenommen wird und vielleicht überdies noch der Träger der öffentlichen Sache und der Inhaber der Polizeihoheit identisch sind. Auch hier sind die beiden Funktionen begrifflich schwer zu trennen.

§ 33. Von den Benützungsformen der öffentlichen Sache.

Die Benützung der öffentlichen Sache erfolgt durch Eintritt in ein Nutzungsrechtsverhältnis. Zum Zwecke der klaren Behandlung und rechtlichen Erfassung werden die Nutzungsrechtsverhältnisse in verschiedene Klassen eingeteilt. Hierbei kann an die bei den ideengeschichtlichen Grundlagen gegebenen Ausführungen angeknüpft werden. Das positive Recht pflegt sich vielfach an die nachstehend behandelte Dreiteilung der Benützungsformen anzulehnen oder sie vorauszusetzen, ohne sie jedoch ausdrücklich in die Rechtssätze selbst aufzunehmen.

I.

1. Otto Mayer unterscheidet drei Benützungsformen: Den Gemeingebrauch, die Gebrauchserlaubnis und die Verleihung besonderer Nutzungen[58]). Unter Gemeingebrauch versteht er den Gebrauch, der ohne eine auf Zulassung zur Benützung gerichtete Willensäußerung jedem einzelnen kraft der persönlichen Freiheit zusteht. Unter Gebrauchserlaubnis versteht er einen Gebrauch, zu dem eine besondere Gewährung und Einräumung durch die Verwaltung erforderlich ist; er rechnet dazu „alle über den Gemeingebrauch hinausgehenden Benutzungen, die eine öffentliche Sache nur oberflächlich und vorübergehend berühren, die ihrer Natur nach nicht auf Herstellung eines dauernden Besitzstandes gerichtet sind und deren Beseitigung oder Änderung keine Zerstörung von Sachwerten bedeutet". Für die Benützung kraft Verleihung hält er einen Verwaltungsakt für charakteristisch, der dem Beliehenen rechtliche Macht über ein Stück öffentlicher Verwaltung und die darin erscheinende öffentliche Gewalt verleiht. An der Meinung, der Gemeingebrauch als rechtlicher Vorgang könne etwas „rein Tatsächliches", der „persönlichen Freiheit" Entspringendes sein, soll hier nicht neuerlich Kritik geübt werden.[59]) Mit der hier vertretenen Auffassung, daß auch der Gemeingebrauch nur stattfinden könne aufgrund eines Rechtsverhältnisses mit dem Träger der öffentlichen Sache, wird der Unterschied gegenüber der Gebrauchserlaubnis im Mayer'schen Sinn beseitigt; denn für beide Benützungsarten ist dann eine Gewährung durch die Verwaltung erforderlich. Aber auch im Verhältnis zur dritten Form kann ein rechtlich erheblicher Unterschied nicht festgestellt werden. Es ist zu fragen, worin das rechtlich Spezifische einer „Verleihung" eines Rechts bestehen soll. Man unterscheidet einerseits die „Begründung" eines subjektiven Rechts, die dadurch erfolgt, daß eine Rechtspflicht entsteht, die einer anderen Rechtsperson durch Korrespondieren der Tatbestandselemente von Rechtsanspruch und Rechtspflicht in bestimmter Weise zugute kommt; anderseits die „Abtretung" eines subjektiven Rechts, die durch Eintritt einer anderen Rechtsperson in einen Anspruchstatbestand

[58]) Vergl. VerwR II S. 136 ff.; S. 165 ff.; S. 181 ff.

[59]) Über die verschiedenen Konstruktionen des Gemeingebrauchs siehe die Übersicht bei O. Mayer II S. 138 ff.

vor sich geht, ohne daß der Pflichttatbestand sich ändert. Der Vorgang der Abtretung läßt sich bei näherem Zusehen auf den Vorgang der „Begründung“ des Rechts zurückführen, da für den sogenannten Zessionar der Rechtsanspruch im Grunde neu entsteht, also begründet wird, wenn auch mit gleichem Inhalt, wie er vorher inbezug auf eine andere Person bereits bestanden hatte. „Verleihungen“ gibt es dagegen auf dem Gebiete der Regelung von Zuständigkeiten. Eine Zuständigkeit wird verliehen, ein Recht wird begründet. Das Wesen der Zuständigkeit besteht darin, daß die von einer Rechtsperson erlassenen Rechtsakte formell verbindlich sind. Nur eine zuständige Rechtsperson kann einen verbindlichen Rechtsakt erlassen. Ein Rechtsanspruch auf eine Zuständigkeit kann aus der Zuständigkeit nicht gefolgert werden. Von einer Abtretung eines subjektiven Rechts kann bei der Verleihung im Mayer'schen Sinne nicht gesprochen werden; denn das gleiche Recht bestand vor der Verleihung nicht. Man spricht auch sonst im Rechtsleben nicht von einer Verleihung, wenn etwa aus einem umfassenderen rechtsgewährenden Tatbestand ein beschränkteres Recht herausgeschält wird. Der Eigentümer eines Grundstücks „verleiht“ nicht etwa dem Hypothekengläubiger das „Hypothek“ genannte dingliche Pfandrecht, sondern er räumt es ihm ein, gewährt es ihm, begründet es für ihn, indem er in seiner Person den Tatbestand einer Rechtspflicht begründet, die dem Hypothekengläubiger in der Weise zugute kommt, daß die Verwirklichung der Pflicht von einer auf ihn zurückzuführenden Handlung abhängt. So ist auch die Verleihung eines Nutzungsrechts an einer öffentlichen Sache nichts anderes, als die Begründung eines Rechtsanspruchs durch Begründung einer entsprechenden Rechtspflicht, nicht aber die Verleihung einer Zuständigkeit. Ist sie aber das, so unterscheidet sie sich ihrer rechtlichen Struktur nach in nichts vom Gemeingebrauch oder der Gebrauchserlaubnis. Bei dieser Betrachtungsweise ist es nicht veranlaßt, das Trennende der drei Nutzungsformen, sondern ihr Gemeinsames in den Vordergrund zu stellen, das eben im Bestand eines Nutzungsrechtsverhältnisses zwischen dem Träger der öffentlichen Sache und dem Nutzzieher besteht. Für das Problem der Zuständigkeitsverleihung und Rechtsbegründung nicht ohne Bedeutung ist die scharfe Scheidung, die O. Mayer[60]) mit Recht zieht zwischen der Gewährung der Ausübung eines öffentlichen Unternehmens (Konzession in diesem Sinne) und der Darbietung der öffentlichen Sache zur Benützung. Beispiel: Konzessionierung eines Straßenbahnunternehmens einerseits, und Gestattung, daß die Gleise in den öffentlichen Weg eingelegt werden, anderseits. Dabei müssen die beiden Tätigkeiten nicht notwendigerweise auf den gleichen Rechtsträger zurückgeführt werden. Es ließe sich darüber reden, ob nicht die „Konzession“

[60]) II S. 201, Fußnote 49.

in den genannten Beispielen ihrem rechtlichen Wesen nach die Verleihung einer Zuständigkeit ist. Dagegen ist wohl unbestreitbar, daß die Darbietung der öffentlichen Sache zur Benutzung — und auf diese kommt es auch hier allein an — dann keine Zuständigkeitsverleihung, sondern eine Rechtsbegründung darstellt, wenn etwa die Benützung mittels Sondergebrauchs erfolgt.

2. Fleiner [61]) unterscheidet zwei Benützungsformen: den Gemeingebrauch und die Sondernutzung. Innerhalb des Gemeingebrauchs weist er allerdings dem sogenannten „gesteigerten Gemeingebrauch“[62]) einen besonderen Platz an. Den Gemeingebrauch bezeichnet er als eine „rechtliche Eigenschaft der Objekte“, die darin bestehen soll, daß „jeder, der im Staatsgebiet zugelassen ist“, die Möglichkeit besitzt, „diese Eigenschaft nach seinem Belieben für seine individuellen Zwecke zu benutzen, soweit dies ohne Beeinträchtigung anderer geschehen kann“. Das Spezifische des gesteigerten Gemeingebrauchs sieht Fleiner darin, daß für eine an sich nicht über den bestimmungsgemäßen Gebrauch hinausgehende Benützungsmöglichkeit eine polizeiliche Bewilligung erforderlich sei. Als eine Sondernutzung (oder Sonder b e nutzung) endlich erscheint ihm jede Inanspruchnahme der öffentlichen Sache für individuelle Zwecke, die weder im allgemeinen noch im gesteigerten Gemeingebrauch enthalten sei.

Die Zweiteilung Fleiners bedeutet einen Rückschritt gegenüber Mayer. Die Auffassung des Gemeingebrauchs deckt sich im wesentlichen mit der Theorie der „Ausübung der persönlichen Freiheit“ bei Mayer. Daß ein „Gebrauch“, also eine Tätigkeit, eine Eigenschaft sein soll, und daß der Benützende diese Eigenschaft, also den Gebrauch, soll benützen können, ist daneben schon sprachlich eine Unmöglichkeit[63]). Der gesteigerte Gemeingebrauch ist im wesentlichen nichts anderes als die Gebrauchserlaubnis bei Mayer, nur daß Fleiner auch noch einer unglücklichen Verwechslung der Polizeierlaubnis mit der Gebrauchserlaubnis zum Opfer fällt (siehe unten!). Warum angesichts dessen nicht besser die Dreiteilung Mayer's beibehalten wurde, ist nicht ersichtlich. Die Sondernutzung endlich dürfte sich, ungeachtet ihrer negativen Begriffsbestimmung, mit der „Verleihung“ Mayers decken. Dafür spricht u. a. die Herleitung aus den alten Regalrechten[64]) und auch die Begriffsbezeichnung, z. B. „Konzession“, „Verleihung“, der „Beliehene“[65]) u. a. Gegen sie können die gleichen Einwendungen vorgebracht werden, wie gegen Mayer.

---

[61]) Institutionen S. 374 ff.
[62]) a.a.O. S. 379 ff.
[63]) Vergl. a.a.O. S. 374.
[64]) a.a.O. S. 379.
[65]) a.a.O. S. 381.

3. Was Hatscheks Lehre[66]) charakteristisch macht, ist nicht die Klassifizierung der Nutzungsformen, die auch er nach der Dreiteilung: Gemeingebrauch, Gebrauchserlaubnis und Nutzungsverleihung vornimmt, sondern — neben der Auffassung des Gemeingebrauchs als Reflex objektiven Rechts — die auf die Spitze getriebene „Mischung" von öffentlichrechtlichen und privatrechtlichen Rechtsverhältnissen. Auch die Gebrauchserlaubnis ist ihm ein „gemischtes" Rechtsverhältnis:[67]) der Polizei gegenüber eine gewöhnliche Polizeierlaubnis, aufgrund welcher ein öffentlichrechtlicher Besitzstand erworben werde, parallel damit aber die privatrechtliche Gewährung eines prekaristischen Besitzstandes seitens des Privateigentümers der öffentlichen Sache. Nicht viel anders steht es nach Hatschek bei der Nutzungsverleihung. Zwar nimmt er hier an, es liege ein „echtes subjektives öffentliches Recht" vor. Allein auch hier laufe neben der öffentlichrechtlichen Gewährung die privatrechtliche Rechtsgewährung einher. Soweit z. B. ein öffentlicher Weg zur Anlage einer Kleinbahn benützt werde, habe der Unternehmer die Zustimmung der Wegeunterhaltspflichtigen beizubringen, die häufig auch Wegeeigentümer seien. Wenn allerdings diese Zustimmung (in privatrechtlichen Formen) nicht „gutwillig" erteilt werde, so könne der Wille des Pflichtigen durch die zuständige Beschlußbehörde „ergänzt" werden. Der Ergänzungsbeschluß komme einem Enteignungsbeschluß gleich, durch den unter Ausschluß des Rechtsweges über die an den Unternehmer gestellten (privatrechtlichen) Ansprüche entschieden werde. Folgt man der Auffassung von Hatschek, so ist es ein wahres Kunststück, die privatrechtlichen, die öffentlichrechtlichen und die gemischten Rechtsverhältnisse voneinander zu unterscheiden. Wie wenig dies selbst den preußischen Verwaltungsbehörden glückt, die doch im wesentlichen unter dem ideologischen Einfluß von Hatschek stehen, dafür ist ein deutliches Zeichen ein Beispiel von Almsick[68]) und dessen Kritik hierzu[69]). Unter Bezugnahme auf die früheren Darlegungen über die Unhaltbarkeit dieser Konstruktion genügt es darauf hinzuweisen, daß die Konstruktion der öffentlichen Sache als eines Rechtsverhältnisses auch, soweit im folgenden die Folgerungen

[66]) Hatschek, Lehrbuch des deutschen und preußischen Verwaltungsrechts, 1922, S. 418.

[67]) Keine gemischten Rechtsverhältnisse, sondern eine Übertragung der Mehrgliederung der Sachnutzung ins Privatrecht sind die „Abarten" bei O. Mayer II S. 181, „welche in das Gebiet des privatwirtschaftlichen und damit des bürgerlichen Rechts hinüberspielen". Die Benützungsformen der öffentlichen Sache sind bei O. Mayer öffentlichrechtlich gedacht; ganz frei von der Verstrickung in die Eigentumsvorstellung des Privatrechts kann sich freilich auch er nicht machen, wie die an die Spitze gestellte Begriffsbestimmung der Gebrauchserlaubnis bei Mayer („Zerstörung von Sachwerten") erkennen läßt.

[68]) a.a.O. S. 82, Fußnote 235.

[69]) Vergl. auch den Hinweis auf den Zusammenhang dieser Theorie mit der Fiskustheorie bei O. Mayer II S. 188, Fußnote 13.

aus ihr für die Benützungsformen und ihre Gliederung gezogen werden, imstande ist, die gesamten Rechtsbeziehungen der Nutzung der öffentlichen Sache ins Verwaltungsrecht zu verlegen. Nicht weniger beachtlich als die Theorie der gemischten Nutzungsverhältnisse ist bei Hatschek die Auffassung des Ursprungs des Gemeingebrauchs als Reflex objektiven Rechts, die hier nochmals zu erwähnen ist, da sie auch ein Unterscheidungsmerkmal für die Systematik der Benützungsformen abgibt. Ihre Kritik wurde bereits an anderer Stelle gebracht.

4. Nach Herrnritt[70]) versteht man unter Gemeingebrauch die Bestimmung gewisser Sachen dafür, daß sie in gesetzlich normierten Schranken ihrem besonderen Zwecke gemäß von jedermann oder mindestens von der Gesamtheit der Mitglieder einer Körperschaft unmittelbar, „also allein schon vermöge der tatsächlichen Bestimmung dieser Sache in gleicher Weise gebraucht werden können, wobei der Gemeingebrauch kein subjektives Recht, sondern nur eine Wirkung persönlicher und wirtschaftlicher Selbstbestimmung ist, die ihre Quelle in der Zugehörigkeit zu einem mehr oder weniger bestimmten Kreise von Personen hat. Demgegenüber versteht man unter Sondergebrauch oder Vorzugsgebrauch eine dauernde oder besonders intensive Benützung der öffentlichen Sache, welche den Gemeingebrauch teilweise beeinträchtigt oder welche nur durch eine Veränderung in der Substanz der öffentlichen Sache ermöglicht wird; seine höchste Steigerung bildet das behördlich verliehene Nutzungsrecht an der Sache.[71]) Im Gegensatz zum Gemeingebrauch hält Herrnritt den Sondergebrauch für ein subjektives öffentliches Recht. Zwischen Sondergebrauch und Gemeingebrauch stellt auch er die Form des gesteigerten Gemeingebrauchs und zwar in der Weise, daß er den Sondergebrauch in zwei Unterformen, das Sonderbenutzungsrecht und den gesteigerten Gemeingebrauch zerlegt, wobei er freilich die Grenzen zwischen Sonderbenutzung und gesteigertem Gemeingebrauch (die er also b e i d e als Formen des Sondergebrauchs betrachtet) als „schwankend" ansieht. Immerhin versucht er eine Grenzlinie und zwar nach der Richtung zu ziehen, daß der gesteigerte Gemeingebrauch nicht über den bestimmungsgemäßen Gebrauch der Sache hinausgehe, während das Sonderbenützungsrecht in einer Inanspruchnahme der öffentlichen Sache bestehe, die weder im allgemeinen, noch im gesteigerten Gemeingebrauch enthalten sei.[72]) Die Gliederung der Benutzungsformen ist bei Herrnritt bereits erheblich komplizierter als bei Mayer und bei Fleiner. Diese Komplizierung ist wohl aus dem zweifellos richtigen Gefühl heraus erfolgt, daß die Dreiteilung Mayers und die Zweiteilung Fleiners unzu-

[70]) Grundlehren S. 386.
[71]) a.a.O. S. 389.
[72]) a.a.O. S. 390.

reichend seien. Allein das Ergebnis Herrnritts selbst erhebt sich nicht wesentlich über die übliche Systematisierung. Mit einer Vermehrung der Unterformen allein ohne scharfe Heraushebung der rechtlichen Unterscheidung, mit der Resignation, die Grenzlinien der geprägten Unterformen zueinander seien schwankend[72]), ist der Rechtsanwendung nicht gedient. Was im Interesse der Rechtsanwendung angestrebt werden muß, ist die Subsumierung der Vielheit der tatsächlichen Erscheinungen unter möglichst wenige und möglichst nach denselben Merkmalen gegensätzlich gegliederte Typen. Warum der gesteigerte Gemeingebrauch, wenn er schon einmal als Gemeingebrauch bezeichnet werden soll, seinem Wesen nach kein Gemeingebrauch, sondern ein Sondergebrauch sein soll, wird aus den Darlegungen von Herrnritt nicht recht ersichtlich. Die Einführung des Gedankens einer „Veränderung der Substanz der öffentlichen Sache" für die Klassifizierung bedeutet die Übersteigerung des Irrtums, daß das rechtlich Wesentliche der öffentlichen Sache in der körperlichen Substanz liege. Gegen den Verleihungsbegriff ist das gleiche einzuwenden wie bei Mayer. Dagegen sind die Begriffsbezeichnungen Gemeingebrauch und Sondergebrauch von Herrnritt gut gewählt, weil sie schon ihrer sprachlichen Form nach geeignet sind, den Gegensatz der Benützungsformen auf eine eindeutige und leicht faßliche Linie zu führen. Allerdings muß ihnen eine andere Bedeutung gegeben werden als bei Herrnritt.

5. In neuester Zeit hat Laue[74]) eine zusammenfassende Darstellung der Nutzungsformen gegeben. Seine Dreiteilung: Gemeingebrauch, Nutzungsrecht, Vorzugsgebrauch, weicht von der herrschenden Lehre insofern ab, als die Nutzungsrechte vom Vorzugsgebrauch getrennt werden. Unter „Nutzungsrechten" am Meeresstrand versteht er Vorteile, die der Strand unbeschadet seiner Substanz gewähren kann, z. B. Jagd und Fischerei, Gewinnung von Bernstein, Muscheln, Seetang, Gras, Steine, Sand, auch ein nicht durch Verleihung, sondern durch Ersitzung erworbenes Baderecht, dann das „Scharrecht", das sich auf alle Nutzungen erstreckt.[75]) Der Kreis der Nutzungsrechte sei ebenso unbegrenzt, wie die Arten des Gemeingebrauchs. Den Unterschied zwischen Gemeingebrauch und Nutzungsrechten sieht er darin, daß diese nur einzelnen zuständen und an Dritte übertragen werden könnten, während der Gemeingebrauch jedermann zustehe und nur von jedem persönlich für seinen persönlichen Bedarf ausgeübt werden könne.[76]) Der Gemeingebrauch sei hiernach die unübertragbare höchstpersönliche Benützung des Strands durch einzelne. Demgegenüber

[73]) Vergl. dazu auch die treffende Kritik bei O. Mayer, II S. 165, Fußnote 1.

[74]) Laue, Der Rechtscharakter des Gemeingebrauchs am Meeresstrande, VerwArch Bd. 34, S. 297, 417.

[75]) a.a.O. S. 320.

[76]) a.a.O. S. 322.

versteht Laue unter Vorzugsgebrauch eine über den Gemeingebrauch hinausgehende Benutzung entweder aufgrund einer Gebrauchserlaubnis, (die er bedauerlicherweise mit der Polizeierlaubnis im wesentlichen gleichsetzt,[77]) oder aufgrund eines behördlich verliehenen ausschließlichen Benutzungsrechts[78]). Den Unterschied des einen Vorzugsgebrauch darstellenden behördlich verliehenen Nutzungsrechts zu den übrigen Nutzungsrechten sieht er darin, daß diese den Gemeingebrauch beschränken, während jene nur unbeschadet des Gemeingebrauchs ausgeübt werden dürfen.[79]) Eine klare Scheidung zwischen den sonstigen Nutzungsrechten und dem Vorzugsgebrauch im allgemeinen fehlt dagegen bei Laue. Das Unterscheidungsmerkmal der Nutzung aufgrund einer Gebrauchserlaubnis gegenüber dem Gemeingebrauch sieht Laue darin, daß dieser aufgrund eines generellen Rechtssatzes, jener dagegen aufgrund eines speziellen Erlaubnisaktes ausgeübt werde.[80]) Zwischen Gebrauchserlaubnis und verliehenem Nutzungsrecht endlich unterscheidet er in der herkömmlichen Weise dahin, daß dieses ein subjektives, Dritten gegenüber geschütztes Sonderrecht auf die verliehene Benützungsart gewähre, jene hingegen nicht.[81]) Bemerkenswert ist, daß Laue (trotz der berührten Gleichsetzung von Polizeierlaubnis und Gebrauchserlaubnis) die „Verfügungsgewalt" des Staates, durch die solche den Gemeingebrauch ausschließende Sonderrechte verliehen werden, nicht als Ausfluß der Polizeigewalt betrachtet. Die Polizeigewalt beschränke sich auch auf die Regelung des Gemeingebrauchs und den Schutz der öffentlichen Sache.[82]) Die Verfügungsgewalt des Staates über die öffentliche Sache sei dagegen „landeshoheitlicher Natur", Ausfluß der „rechtlich geordneten unteilbaren höchsten Gewalt des Staates"[83]). Verdienstlich ist Laue's Zusammenstellung der Theorien über den Gemeingebrauch, die eine Fortführung der oben[84]) erwähnten Mayer'schen Übersicht auf den gegenwärtigen Stand bedeutet, nämlich die grundlegende Erörterung über die öffentlichrechtliche Natur des Gemeingebrauchs[85]), über den Gemeingebrauch als „Freiheitsbestätigung" (rein tatsächliche Übung, Betätigung der natürlichen Handlungsfreiheit) bei O. Mayer und seinen Nachfolgern[86]), dann über den Gemeingebrauch als „Reflexrecht"[87]) und endlich über den

[77]) a.a.O. S. 333.
[78]) a.a.O. S. 324.
[79]) a.a.O. S. 355.
[80]) a.a.O. S. 324.
[81]) a.a.O. S. 339.
[82]) a.a.O. S. 351.
[83]) a.a.O. S. 352.
[84]) Siehe Fußnote 2 im § 33 I!
[85]) a.a.O. S. 417 ff.
[86]) a.a.O. S. 442 ff.
[87]) a.a.O. S. 452 ff.

Gemeingebrauch als „subjektives öffentliches Recht“[88]. Laue selbst faßt den Gemeingebrauch als eine „öffentlichrechtliche objektive dingliche Berechtigung“[89], als eine „allgemeine öffentlichrechtliche Dienstbarkeit“[90] auf. Abgesehen davon, daß Laue zwischen der Rechtsstellung des Benützers vor Eintritt und nach Eintritt in das Nutzungsrechtsverhältnis nicht klar unterscheidet und sich daher von vornherein den Weg zu einer klaren Lösung verbaut, ist bei ihm insbesondere die Gliederung der Nutzungsformen mangelhaft, da sie weder nach einem gleichen Unterscheidungsmerkmal vorgenommen noch geschlossen und übersichtlich erscheint, im Gegenteil durch die Aufstellung einer neuen Kategorie „Nutzungsrechte“, die sich nicht deutlich vom Vorzugsgebrauch unterscheidet und den Verdacht einer Nachwirkung überwundener privatrechtlicher Vorstellungen nicht ganz vermeidet, sogar verwirrend wirken kann.

6. Ungeachtet der bereits in anderem Zusammenhang dargestellten Theorien über die öffentliche Sache wurden hier nochmals einige für die gegenwärtig herrschende Lehre von der Benützung der öffentlichen Sache besonders charakteristische Auffassungen vorgeführt. Die sonst bestehenden Auffassungen bilden im wesentlichen nur Schattierungen der vorgeführten. So unterscheidet z. B. W. Jellinek[91] den Gemeingebrauch als die jedermann zustehende Freiheit, die Sache ihrer Zweckbestimmung gemäß oder, wo die Zweckbestimmung fehlt oder zweifelhaft ist, in der üblichen Weise zu gebrauchen, von der Gebrauchserlaubnis als der über den Gemeingebrauch hinausgehenden Benützung kraft polizeilicher Genehmigung, und der Verleihung eines Nutzungsrechts, wodurch für den Beliehenen ein grundsätzliches Recht auf Beibehaltung des verliehenen Vorteils begründet werde. So weitverbreitet die diesen Auffassungen zugrunde liegende Konstruktion ist, so vermag mit ihr doch nicht die Klassifizierung der Benützungsformen auf die notwendige einheitliche Linie gestellt zu werden. Die Zwiespältigkeit der Konstruktion zeigt sich besonders deutlich bei Hatschek. Um die Konstruktion auf eine neue Grundlage zu stellen, bedarf es einer Anknüpfung an die oben vorgetragene Konstruktion des Nutzungsrechtsverhältnisses.

II.

1. Die Erkenntnis, daß bei individueller Nutzungsmöglichkeit mit der Schöpfung der öffentlichen Sache ein Mantelrechtsgeschäft verbunden ist, in dem der allgemeine Inhalt künftiger Nutzungsrechtsverhältnisse vorweg genommen wird, so daß es nur einer (ausdrücklichen oder stillschweigen-

[88] a.a.O. S. 460 ff.
[89] a.a.O. S. 470.
[90] a.a.O. S. 475.
[91] Verw. R. S. 492 ff.

den) Bezugnahme auf den so geformten Inhalt bedarf, ist der erste Schritt zu einer neuen Systematisierung. Aus dieser Erkenntnis ergibt sich zunächst, daß ohne Rücksicht auf die Form des Gebrauchs jeder Benützer in ein Rechtsverhältnis (im weiteren Sinn) mit dem Träger der öffentlichen Sache eintritt, in dem ein gegenseitiges Korrespondieren von Rechtsanspruch und Rechtspflicht stattfindet, daß also sowohl die Auffassung, als sei der Gemeingebrauch etwas rein Tatsächliches, der persönlichen Freiheit des Menschen Entsprungenes, wie auch die Konstruktion mit dem Reflex des objektiven Rechts auszuscheiden sind. Weiterhin ist daraus ersichtlich, daß der Umfang und die Intensität des Gebrauchs, die Möglichkeit eines Eingriffs in die Substanz u. a. kein rechtlich entscheidendes Kriterium abgeben können; denn diese sind für das rechtliche Wesen der öffentlichen Sache ohne Belang. Maßgebend ist allein die Form des Eintritts des Benützers in das Nutzungsrechtsverhältnis, und zwar nach folgendem Gesichtspunkt: Das Mantelrechtsgeschäft enthält den vorweggenommenen Inhalt des Nutzungsrechtsverhältnisses nicht für jeden möglichen Fall der Benützung bereits so klar und feststehend, daß weitere Inhaltsbestimmungen des Trägers der öffentlichen Sache überhaupt nicht mehr nötig wären. Vielmehr treten zu den Fällen, in denen der Inhalt bereits vollkommen feststeht, andere Fälle, in denen der Benützer und der Träger der öffentlichen Sache sich über den besonderen Inhalt eines Nutzungsrechtsverhältnisses erst noch zu verständigen haben, in denen mit anderen Worten zwar die allgemeine Basis für das besondere Nutzungsrechtsverhältnis durch die Existenz der öffentlichen Sache als einer bestehenden Rechtspflicht einer Rechtsperson, die der Träger dieser Rechtspflicht ist, geschaffen ist, in denen ferner auch der ausdrückliche oder stillschweigende Vorbehalt mit eingeschlossen ist, von dem vorweggenommenen allgemeinen Inhalt abweichende Rechtsverhältnisse abzuschließen, in denen aber der Inhalt dieser abweichenden Rechtsverhältnisse noch nicht festgestellt ist. Hiernach unterscheidet man zwei Arten der Benützung der öffentlichen Sache, die man Gemeingebrauch und Sondergebrauch nennen kann, und die sich trotz der Abstellung darauf, wie der Inhalt eines Nutzungsrechtsverhältnisses vorweggenommen wird, doch nicht inhaltlich, sondern formell voneinander unterscheiden. Gemeingebrauch ist hiernach jede Benützungsform, bei der der Inhalt des Nutzungsrechtsverhältnisses zwischen dem Benützer und dem Träger der öffentlichen Sache bereits durch den Schöpfungsakt der öffentlichen Sache generell festgestellt ist. Sondergebrauch ist dagegen jene Benützungsform, bei der der Inhalt des Nutzungsrechtsverhältnisses zwischen dem Benützer und dem Träger der öffentlichen Sache durch einen auf einen bestimmten Benützer beschränkten Rechtsakt individuell festgestellt wird.

2. Die Gliederung ist hiernach klar und scharf gegensätzlich, nach folgendem Schema.

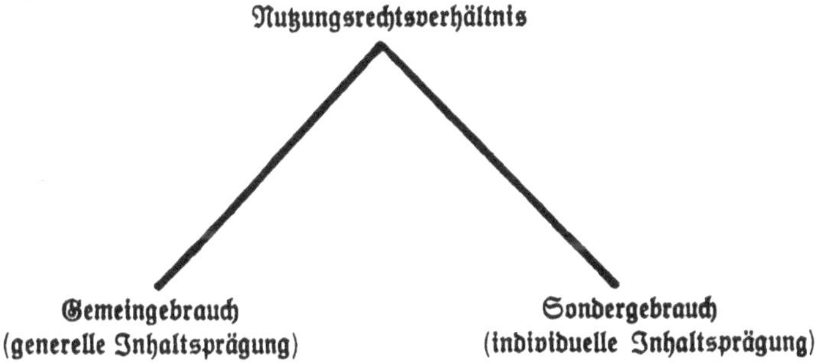

Es hat wenig praktische Bedeutung, hier im einzelnen aufzuzählen, welche tatsächlichen Vorgänge der einen und welche der anderen Kategorie zuzurechnen sind;[92]) denn es kommt in jedem Fall auf den Inhalt der *positivrechtlichen Regelung* an. Darnach kann sich z. B. die Ausübung des Hufbeschlagens oder das Aufstellen von Zierpflanzen vor einem Schanklokal auf einem öffentlichen Weg nach der einen Norm darstellen als Gemeingebrauch, nach einer anderen als Sondergebrauch. Ist trotz der scharfen Zweiteilung die Zuteilung bei einigen tatsächlichen Lebensvorgängen noch zweifelhaft geblieben, so liegt dies nicht an dem Schema, sondern an den Rechtsnormen. Ein etwa unklarer Inhalt einer Rechtsnorm ist nach allgemeinen Auslegungsgrundsätzen zu ermitteln. Der Wert des Schemas besteht hier darin, einen Maßstab zu haben, an dem Zweifelhaftes gemessen werden kann, oder zu wissen, nach welchen Gesichtspunkten bei der Erforschung des unklaren Norminhalts gefragt werden muß. Die praktische Bedeutung der Gliederung für die Rechtsanwendung beruht darin, daß ein individuelles Herantreten des Benützers an den Träger der öffentlichen Sache zum Zwecke der Einigung über die Benützung nicht bei der Ausübung des *Gemeingebrauchs*, wohl aber bei der Ausübung des *Sondergebrauchs*, erforderlich ist, um ein rechtswirksames Nutzungsrechtsverhältnis zum Entstehen zu bringen.

3. Ist der Sondergebrauch erkannt als eine Benützungsform, bei der der Inhalt des Nutzungsrechtsverhältnisses zwischen dem Benützer und dem Träger der öffentlichen Sache durch einen auf einen bestimmten Benützer beschränkten Rechtsakt individuell festgestellt wird, so kann die Frage aufgeworfen werden, inwieweit die Begriffsbestimmung der öffentlichen Sache hiermit vereinbar ist. Diese Frage ist folgendermaßen zu beantworten:

---

[92]) Vergl. die teilweise brauchbaren Beispiele bei O. Mayer, insbes. II 166 ff., 172, 184 ff.

a) Soweit an der einschlägigen öffentlichen Sache Gemeingebrauch besteht, kann der später hinzutretende Sondergebrauch an dem schon früher entstandenen Verhältnis des Trägers der öffentlichen Sache zur Rechtsordnung nichts ändern. Die Existenz der öffentlichen Sache hängt von dem Entstehen dieses Verhältnisses ab. Man mag dann immerhin in dem vorgenommenen Mantelrechtsgeschäft bereits einen, wenn nicht ausdrücklichen, so doch jedenfalls stillschweigenden Vorbehalt für die Möglichkeit des Eingehens anderer Nutzungsrechtsverhältnisse sehen als solcher, deren Inhalt bereits durch das Mantelrechtsgeschäft vollkommen festgestellt ist. Beispiel: Bei der Begründung eines „öffentlichen Flusses" im Rechtssinn durch Gesetz oder Verwaltungsakt wird nicht nur die Rechtspflicht begründet, das Baden, das Waschen u. dergl. zu dulden, sondern auch die Möglichkeit vorgesehen, Wasserein- und -ausleitungen oder Stauungen nach Maßgabe später vorzunehmender Rechtsakte dulden zu müssen. Notwendig ist die Konstruktion des Vorbehalts späterer auf einen Sondergebrauch bezüglicher Rechtsakte indessen nicht.

b) Schwieriger ist die Rechtslage bei jenen öffentlichen Sachen, die einem Gemeingebrauch nicht unterliegen. Hier ist wieder zu unterscheiden:

aa) Solche, bei denen Gewährungszwang — im Gegensatz zu Benützungszwang — besteht. Hier liegt die für die Existenz der öffentlichen Sache erforderliche Rechtspflicht in diesem Gewährungszwang; denn selbst dann, wenn der Zwang in einem Gesetz allgemein vorgesehen sein sollte, wird er konkretisiert als Rechtspflicht einer bestimmten Rechtsperson durch den Widmungsakt. Beispiel: Öffentlicher Friedhof.

bb) Solche, bei denen kein Gewährungszwang besteht. Auch bei diesen öffentlichen Sachen ist eine ihre Existenz ausmachende, in der Widmung oder Satzung enthaltene, auf eine Handlung oder Duldung bezügliche Rechtspflicht nach Maßgabe des positiven Rechts festzustellen, und sei es auch nur die Pflicht zur gleichmäßigen Behandlung der Benützer. Beispiel: Öffentliche Wasserleitungen.

c) Der Vollständigkeit halber sei nochmals bemerkt, daß es auch öffentliche Sachen gibt, an denen weder Gemeingebrauch, noch Sondergebrauch besteht, inbezug auf die also ein individuelles Nutzungsrechtsverhältnis überhaupt nicht entsteht. Beispiel: Festungen.

4. Ebenso wie beim Gemeingebrauch ist auch beim Sondergebrauch der öffentlichen Sache sorgfältig zu unterscheiden zwischen dem Stadium vor Eintritt in das Nutzungsrechtsverhältnis und dem Stadium nachher. Hiernach ist auch die Frage, ob jemand ein subjektives öffentliches Recht auf den Sondergebrauch hat, ebenso zu beantworten, wie die gleiche Frage inbezug auf den Gemeingebrauch. V o r Eintritt in das Nutzungsrechtsverhältnis besteht grundsätzlich kein subjektives Recht; die Rechtspflicht

des Nutzgewährers kommt hier noch nicht in der Weise einer anderen Rechtsperson zugute, daß die Verwirklichung des Rechts von einer Handlung abhängt. (Einer abweichenden Beurteilung bedürfen die Fälle des Gewährungszwangs; darüber siehe unten!). Dagegen besteht nach Eintritt in das Nutzungsrechtsverhältnis ein subjektives Recht, eben jenes Recht, das zusammen mit der korrespondierenden Rechtspflicht als Rechtsverhältnis im weiteren Sinne bezeichnet wird.

5. Ob der Gemeingebrauch dem Sondergebrauch, oder der Sondergebrauch dem Gemeingebrauch vorgeht, bemißt sich nach dem positiven Recht. Vielfach ist es hiernach so, daß ein gewährter Sondergebrauch den Gemeingebrauch insoweit ausschließt oder beschränkt, als dieser den Sondergebrauch hindern würde, nicht umgekehrt. Beispiel: Straßenbahngeleise in einer öffentlichen Straße. Positivrechtlich kann etwas anderes bestimmt sein.

Zu unterscheiden davon ist die andere Frage, ob ein Sondergebrauch überhaupt eingeräumt werden darf, wenn dieser geeignet ist, den Gemeingebrauch auszuschließen oder zu beschränken. Aber auch für diese Frage ist die Lösung lediglich aus dem positiven Recht zu entnehmen.

6. Unverdientermaßen spielt die Streitfrage, ob für gewisse Benützungsarten (Gemeingebrauch) Gebühren erhoben werden dürfen oder nicht, im öffentlichen Sachenrecht eine Rolle. Zwar sind die Meinungen darüber geteilt; aber mit dem bayer. Verwaltungsgerichtshof[93]) zu behaupten, daß im Schrifttum die Berechtigung zur Erhebung „für den Regelfall verneint" werde, geht zu weit. Die Begründung vollends, daß für eine Handlung, die ein Dritter kraft einer gesetzlichen Verpflichtung dulden müsse, ein Entgelt nur gefordert werden könne, soweit das Gesetz dies ausdrücklich gestatte, ist schon in ihrer Voraussetzung und demgemäß auch in ihrer Folgerung verfehlt. Das „Duldenmüssen" des Gebrauchs beruht nämlich gar nicht auf Gesetz, sondern auf Verwaltungsakt (Widmung); nur das „Schaffenmüssen" der öffentlichen Sache kann eine gesetzliche Verpflichtung darstellen. Es besteht z. B. nach bayer. Recht eine gesetzliche Verpflichtung der Gemeinden, Wasserleitungen zu errichten (Pflicht des Schaffenmüssens). Verfehlt wäre es aber — selbst wenn Art. 44 GO nicht existieren würde — daraus zu folgern, daß jede Benützung der Wasserleitung kostenlos erfolgen müsse; das Duldenmüssen des einzelnen Anschlusses und Wasserbezugs beruht — selbst wenn es durch generelle Inhaltsprägung entstanden sein sollte, also Ausfluß des Gemeingebrauchs darstellt —, nicht auf Gesetz, sondern auf Verwaltungsakt, nämlich der Satzung. Nicht weniger bedenklich ist die Berufung des VGH auf die Notwendigkeit gesetzlicher Begründung des Rechts der Abgabenerhebung. Denn beim Entgelt für die Gewährung einer Nutzung an einer öffentlichen Sache (Leistung und Gegen-

[93]) Band 50, S. 167 ff., hier 171.

leistung) ist von einem Abgabengewaltverhältnis keine Rede. Es ist, auch abgesehen von der Begründung des bayer. VGH nicht ersichtlich, aus welchen rechtlichen Gründen ein Träger einer öffentlichen Sache, der in rechtlich gebilligter Weise eine Leistung gewährt, dafür keine Gegenleistung in der öffentlichrechtlichen Form der Gebühr verlangen dürfte, wenn er die Entgeltlichkeit (in der Widmung oder Satzung) vor Inanspruchnahme der Leistung für diese Leistung generell festgelegt und bekanntgemacht hat. Die zahlreichen Arten von Wegezöllen, Brückenzöllen, Wasserzöllen und dgl.[94]) trotz des Bestehens des Gemeingebrauchs dürften zudem ersichtlich machen, daß die Gebührenpflichtigkeit nicht dem Wesen des Gemeingebrauchs widerspricht, sondern, wo sie unzulässig ist, auf einem ausdrücklichen gesetzlichen Verbot beruht. Es ist also nicht so, wie der VGH geglaubt hat, daß die Zulässigkeit der Erhebung öffentlichrechtlicher Entgelte von einem ausdrücklichen gesetzlichen Anspruch hierüber abhängig sei, sondern umgekehrt: aus dem Wesen eines auf Leistung gerichteten zweiseitigen öffentlichrechtlichen Nutzungsrechtsverhältnisses ergibt sich, daß die Unzulässigkeit der Forderung einer Gegenleistung ausdrücklich ausgesprochen sein müßte.

7. Völlig im argen liegt, verwaltungsrechtlich gesehen, die Lehre von der Haftung des Trägers der öffentlichen Sache aus dem Nutzungsrechtsverhältnis. Auf einem Spezialgebiet, nämlich dem der Haftung für verkehrsgefährliche Beschaffenheit von Wegen, hat die reichsgerichtliche Rechtsprechung unter dem Namen „Verkehrssicherungspflicht" eine rein privatrechtlich aufgezäumte Theorie entwickelt, deren Kernsatz lautet: Wer einen Verkehr eröffnet, hat für die Verkehrssicherung und Verkehrssicherheit Sorge zu tragen.[95]) In Wahrheit ist die Haftung aus dem Nutzungsrechtsverhältnis der öffentlichen Sache ebenso zu beurteilen wie die Haftung aus dem Anstaltsnutzungsverhältnis. Die einschlägigen Gesichtspunkte haben O. Mayer[96]) und Fleiner[97]) klar herausgearbeitet. Das Wesentliche an dieser grundsätzlich zutreffenden Lehre beruht darin, daß im Hinblick auf die öffentlichrechtliche Natur des Nutzungsrechtsverhältnisses auch die Haftung öffentlichrechtlich, nicht privatrechtlich zu beurteilen ist. Unrichtig ist dagegen die von Fleiner im Zusammenhang mit der Lehre von dem dem Anstaltsherrn anvertrauten Gut vertretene Auffassung, die Haftung sei

[94]) Vergl. O. Mayer II, S. 155.

[95]) Eine scharfe, aber vielfach nicht unbegründete Kritik siehe in der auch methodisch und ideologisch interessanten Schrift von Hofacker, Die Verkehrssicherungspflicht, 1929. Eine mehr systematische Darstellung bei Bohley, Wegehaltung und Wegehaftung, Bay Verw Bl 1931, S. 181, mit ausführlicher Ausführung von Rechtsprechung und Literatur. Der reichsgerichtliche Grundsatz ist übrigens nicht auf die öffentlichen Wege beschränkt.

[96]) a.a.O. II, 510.

[97]) a.a.O. S. 338.

ihrem Rechtsgrund nach eine solche ex lege, nicht ex contractu. Die Begründung, daß keine „zivilrechtlichen Verwahrungsverträge" vorlägen, ist offensichtlich abwegig; denn es können ja verwaltungsrechtliche Verträge sein und sind es in der Tat auch. Der Inhalt der Haftung beruht darin, daß der Benützer einer öffentlichen Sache durch die Benützung an seiner Person und seiner Gesundheit keinen Schaden leidet. Da eine Rechtsnorm dieses Inhalts fehlt, läßt sich der Grundsatz gar nicht anders rechtfertigen als durch vertragliche Gewährleistung im Rahmen des öffentlichrechtlichen Nutzungsrechtsverhältnisses.

§ 34. Die Polizei der öffentlichen Sache.

I.

Für das Halten der öffentlichen Sache kommen wie für andere Zweige der staatlichen Tätigkeit die allgemeinen Aufgaben und Befugnisse der Polizei in Betracht. Dieser naturgemäße allgemeinste Zusammenhang des öffentlichen Sachenrechts mit dem Polizeirecht, der allein es wohl kaum rechtfertigen würde, von einer „Polizei der öffentlichen Sache" zu sprechen, ist in der Tat bei diesem Begriff zumeist nicht gemeint. Vielmehr wird der Begriff der Polizei der öffentlichen Sache ähnlich wie der der Anstaltspolizei in einem ganz spezifischen Sinn verwendet, bei dessen Erforschung zweckmäßig von der Theorie O. Mayers über sie ausgegangen wird.[98])

Nach Mayer ist jedem subjektiven Recht der ihm zukommende Rechtsschutz charakteristisch. Der dem subjektiven Recht des öffentlichen Eigentums charakteristische Rechtsschutz sei die Polizei der öffentlichen Sache, mögen daneben auch noch „als besondere Zutaten allerlei Verfahrensformen, Rechtswege und zivilgerichtliche Zuständigkeiten" beigefügt sein. Die öffentlichen Sachen gehörten zu den äußerlichen Polizeigütern[99]), für die die öffentliche Gewalt sich unbedingt einsetze. Jede Störung ihrer Unversehrtheit und Benützbarkeit sei zugleich eine Störung der guten Ordnung des Gemeinwesens und die Abwehr solcher Störungen mit den Mitteln obrigkeitlicher Gewalt sei begriffsmäßig Polizei. Ihre Handhabung verbinde sich mit der Tätigkeit zur Besorgung und Unterhaltung der öffentlichen Sache zur sog. Verwaltungspolizei. Hiernach versteht Mayer unter Polizei der öffentlichen Sache eine solche obrigkeitliche Tätigkeit, die zu Schutz und Sicherung der öffentlichen Sache dient, oder vielmehr „nur für die öffentliche Sache ausgeübte Polizeigewalt". „Sie ist der Schutz der öffentlichen Sache und damit auch des öffentlichen Eigentums."[100]) Die

[98]) Vergl. insbes. II 124; dann I 211 ff.
[99]) d. h. den realen im Gegensatz zu den idealen Gütern, siehe O. Mayer I, 223.
[100]) II S. 125.

Polizei der öffentlichen Sache richte sich gegen alle Störungen des Bestands der öffentlichen Sache selbst durch Beschädigung oder unbefugte tatsächliche Eingriffe. Soweit ein tatsächliches Benutzen der Sache durch andere zulässig sei, wache sie darüber, daß dieses in unschädlicher Form, in zulässigen Grenzen und in guter Ordnung geschehe. Zur Polizei der öffentlichen Sache gehöre aber weiterhin auch die Aufgabe, die räumliche Grundlage ihres Rechts und ihrer Wirksamkeit festzustellen, z. B. die Feststellung, ob eine öffentliche Sache überhaupt vorliege und was zu ihr gehöre. Die Rechtsprechung zu diesem Punkte ist freilich nach Mayer[101]) keineswegs einheitlich, besonders nicht hinsichtlich der Grenzen der Eigentums- und Besitzbefugnisse (ordentlicher Rechtsweg) und der Polizeibefugnisse (Verwaltungsweg). Daneben sei noch eine weitere Grenze der Polizei der öffentlichen Sache zu beachten, die darin bestehe, daß sie bei Zusammenstößen mit den Anforderungen eines gleichwertigen Verwaltungszweiges auf die Vermittlung der oberen Stellen angewiesen, vom Selbsthilfeweg also ausgeschlossen sei. Im wesentlichen ist also die Polizei der öffentlichen Sache im Mayer'schen Sinn eine Summe von Befugnissen zur Ausübung der Selbsthilfe für den Schutz der öffentlichen Sache, deren Rechtsgeltung zurückgeführt wird auf die Eigenart der öffentlichen Sache, ein Stück der öffentlichen Verwaltung zu sein. Es werden hierbei gewisse Befugnisse nicht etwa auf eine Rechtsnorm gegründet, sondern aus dem Begriff der Verwaltung oder der öffentlichen Sache abgeleitet.

II.

An diesem Punkte muß die kritische Würdigung der Theorie einsetzen. Sie geht aus von dem Begriff der Polizei und von dem im Polizeirecht ganz besonders bedeutungsvollen Grundsatz der Gesetzmäßigkeit der Verwaltung.

1. So umstritten der Polizeibegriff hinsichtlich seiner einzelnen Schattierungen sein mag, so pflegt doch im wesentlichen Einigkeit zunächst darüber zu bestehen, daß alle polizeiliche Tätigkeit von einem Träger der öffentlichen Verwaltung ausgehen muß, ferner darüber, daß nicht jeder obrigkeitliche Zwang, nicht jede Einschränkung der Handlungsfreiheit des Untertanen polizeilich zu sein braucht, da ja der rechtmäßige Zwang mit dem Wesen des Rechts überhaupt zusammenhängt, daß also der polizeiliche Zwang eine besondere Färbung erhalten muß, und zwar durch die Unmittelbarkeit und durch den Zweck des ausgeübten Zwangs, endlich darüber, daß der unmittelbare Zwang möglich, aber für das Vorliegen einer polizeilichen Tätigkeit nicht unerläßlich ist. Hiernach kann man die

[101]) II S. 128 Fußnote 33.

Polizei auffassen als diejenige Tätigkeit eines Trägers öffentlicher Verwaltung zur Abwehr von Störungen und Gefährdungen der allgemeinen Rechtsgüter der Gemeinschaft, die nötigenfalls durch unmittelbare obrigkeitliche Einschränkung der Handlungsfreiheit des Untertanen durchgesetzt werden kann.[102]) Polizei in diesem Sinn ist nicht eine ausgeschiedene staatliche Funktion, sondern eine bestimmte Art und Richtung der staatlichen Verwaltungstätigkeit.[103]) Sie ist nicht der inneren Verwaltung und auch nicht der „allgemeinen Ortsverwaltung" gegenüberzustellen[104]), sondern ist in sie einzugliedern. Es gibt nicht für die einzelnen Verwaltungszweige gesonderte Arten von Polizei — mag auch immerhin die Bezeichnung dem Objekt angepaßt sein, auf das sich die Tätigkeit erstreckt —, sondern der rechtlichen Art nach ist die Tätigkeit auf allen Verwaltungszweigen die gleiche. Darin macht auch die Beschaffenheit des zu schützenden Rechtsgutes keinen Unterschied. Es gibt Güter, deren Schutz und Förderung jedem einzelnen überlassen ist, andere, die auch beim einzelnen als so allgemein erscheinen, daß grundsätzlich auch bei ihnen der Staat den Schutz übernimmt — hier liegt also beim einzelnen ein allgemeines Rechtsgut vor, das unter Umständen mit unmittelbarem öffentlichem Zwang verteidigt werden muß (z. B. Leben) —, endlich wieder andere, die man als die spezifischen Rechtsgüter der Allgemeinheit bezeichnen kann und die die Gemeinschaft selbst oder ihre rechtlichen Organisationsformen (z. B. Bestand des Staates, öffentliche Sicherheit) betreffen. Der Schutz durch Polizeigewalt setzt notwendigerweise die Gefährdung einer der beiden letztgenannten Gruppen von Rechtsgütern voraus, eben von „allgemeinen Rechtsgütern der Gemeinschaft".

2. Jede polizeiliche Tätigkeit muß auf eine Rechtsnorm zurückgeführt werden können. Eine Tätigkeit ohne gesetzliche Grundlage ist keine polizeiliche Tätigkeit; denn sie kann mangels einer Zurechnungsnorm nicht dem Träger der Polizeigewalt zugerechnet werden. Die Rechtsnorm bildet also für die Polizei nicht allein eine Schranke (weil im Rechtsstaat die Vermutung für die Freiheit des Individuums von staatlichem Zwang spricht[105]), sondern schlechthin ihre Grundlage[106]). Aufgaben und Befugnisse der Polizei bemessen sich nicht nur negativ, sondern auch positiv aus dem Gesetz. Ein wissenschaftlicher Begriff, wie der der Polizei kann nicht

---

[102]) Auf die Einzelheiten dieses Begriffs kann hier nicht eingegangen werden; vergl. O. Mayer I S. 211 ff. Fleiner S. 385 ff.; Herrnritt S. 327 ff.; W. Jellinek S. 405/407 und das dort reichlich aufgeführte Schrifttum.

[103]) Siehe O. Mayer I 211, Fleiner S. 390.

[104]) Irrig daher Schmidt, Grundbegriffe, S. 148, 147.

[105]) Fleiner S. 389.

[106]) Vergl. Nawiasky, Die allgemeine Rechtsstellung der Polizei. Bay Verw Bl 1926, S. 385.

selbst eine Rechtsgrundlage für bestimmte Befugnisse von Trägern öffentlicher Verwaltung und ebensowenig eine Rechtsquelle für polizeiliche Rechtsnormen darstellen. Man kann daher auch nicht aus dem Begriff der öffentlichen Sache, oder aus dem Begriff der Polizei der öffentlichen Sache ableiten, daß die Träger öffentlicher Sachen als solche gewisse Befugnisse hätten, für die keine andere Rechtsgrundlage aufgewiesen werden könnte, als der Begriff. Ebensowenig kann aus dem Begriff der öffentlichen Verwaltung eine Berechtigung zu Eingriffen in die Handlungsfreiheit des einzelnen zum Schutze dieser Verwaltung abgeleitet werden. Daher ist es kein schlüssiger Beweis für die Existenz einer „Polizei der öffentlichen Sache" als einer Summe von Zwangsbefugnissen, wenn nachgewiesen wird, die öffentliche Sache sei ein Stück der öffentlichen Verwaltung, also ein Gut, für das sich die öffentliche Gewalt unbedingt einzusetzen habe. Mit dieser Beweisführung wird das Problem, wofür sich die öffentliche Gewalt mit den ihr kraft der Rechtsnorm zustehenden Zwangsbefugnissen einzusetzen habe, verwechselt mit dem Problem, welche Mittel der öffentlichen Gewalt zustehen, um die öffentliche Verwaltung zu schützen. Es wird auch verwechselt, daß die Polizei an sich keine Summe von Befugnissen sei, sondern eine Tätigkeit, für die die einzelnen notwendigen „Befugnisse" aus einer Rechtsnorm hergeleitet werden müssen. Daß die Abwehr von Störungen der guten Ordnung des Gemeinwesens begriffsmäßig Polizei sei, und daß hierzu auch die Erhaltung der Unversehrtheit und Benützbarkeit der öffentlichen Sachen gehöre, ist unbehelflich für den Nachweis, ob ein besonderes Bündel von Befugnissen zum Schutze der öffentlichen Sache bestehe; denn aus dem Begriff der Polizei kann, wie mehrfach betont, ein solches Bündel von Befugnissen nicht hergeholt werden.

3. Nun ist zwar nicht zu bestreiten, daß es kraft positiven Rechts Zwangsbefugnisse geben kann, die dem Schutze der hier einschlägigen Seite der öffentlichen Verwaltung dienen. Diese sind aber aufs sorgfältigste zu trennen von der Rechtsstellung, die der Träger der öffentlichen Sache aus dem Nutzungsrechtsverhältnis gegenüber dem Benützer der öffentlichen Sache einnimmt. Die Herausschälung des Nutzungsrechtsverhältnisses aus den vorhandenen rechtlichen Beziehungen und die Erkenntnis der öffentlichen Sache selbst als einer Pflichtstellung eines Trägers öffentlicher Verwaltung mit ganz bestimmtem Inhalt vermag auch hier bestehende Unklarheiten zu zerstreuen. Es ist verwirrend, wenn Mayer sagt, die Tätigkeit der „Besorgung" der öffentlichen Sache verbinde sich mit der Polizei der öffentlichen Sache zur „Verwaltungspolizei". Richtig daran ist, daß, soweit eine polizeiliche Tätigkeit im Bereich der öffentlichen Sache Platz greift, diese zweifellos der Verwaltungspolizei im Gegensatz zur Sicherheitspolizei zuzurechnen ist. Damit ist aber über den Inhalt der polizeilichen

Befugnisse und über das Verhältnis der Polizeiausübung zur Sachträgerschaft nichts gesagt. Die Erkenntnis, daß nichts anderes als die gewöhnliche Verwaltungspolizei vorliegt, mit anderen Worten, die Polizei, soweit sie inbezug auf einen bestimmten Verwaltungszweig ausgeübt wird, müßte im Gegenteil zur Ablehnung einer besonderen „Polizei der öffentlichen Sache" und zur Einfügung der hierzu gerechneten Tätigkeiten in den allgemeinen Komplex der polizeilichen Tätigkeit führen.

4. Verwirrend ist es auch, wenn die Polizei der öffentlichen Sache deren „Rechtsschutz" genannt wird. Dies hängt freilich mit dem besonderen Sinn zusammen, den Mayer dem „Rechtsschutz" in Verwaltungssachen zuspricht.[107]) Während ihm für das Zivilrecht der „Rechtsschutz" ein Schutz des subjektiven Rechts durch ein dafür besonders geordnetes Einschreiten der öffentlichen Gewalt ist, versteht er unter Rechtsschutz in Verwaltungssachen einfach einen Schutz im Wege rechtens: „Nicht um Rechtsschutz als Schutz von subjektiven Rechten handelt es sich, sondern um Schutz im Wege rechtens." Dieser Schutz kann gewährt werden entweder durch besonders dafür getroffene Vorkehrungen oder schlechthin durch den ordentlichen Gang der Verwaltungstätigkeit, da sich ja auch dieser im Wege rechtens vollzieht. Es ist nicht veranlaßt zwischen der Bedeutung des Zivilrechtsschutzes und des Verwaltungsrechtsschutzes den von Mayer aufgestellten Unterschied zu machen. Die Begründung, im Zivilrecht drehe sich alles um subjektive Rechte, ist nach einer doppelten Richtung bedenklich: einmal handelt es sich beim Rechtsschutz auch im Zivilrecht nicht ausschließlich um den Schutz subjektiver Rechte und sodann spielen auch in Verwaltungssachen die subjektiven Rechte und ihr Schutz eine erhebliche Rolle. Dagegen ist es zweckmäßig unter Rechtsschutz solche Vorkehrungen zu verstehen, wonach *andere* Rechtssubjekte oder Organe als die zu Schützenden selbst den Schutz gewähren. Die Selbsthilfe des Trägers der öffentlichen Sache, soweit eine solche im Rahmen des bestehenden Nutzungsrechtsverhältnisses möglich ist, wird man hiernach ebensowenig als Rechtsschutz im eigentlichen Sinn bezeichnen können, wie im Zivilrecht die Selbsthilfe des Eigentümers bei Eigentumsstörungen. Es liegt dann allenfalls *Ausübung* eines Rechts durch den Berechtigten, aber nicht *Schutz* eines Rechtes vor.[108]) Soweit übrigens der Träger der öffentlichen Sache als solcher darüber wacht, daß das Benützen der öffentlichen Sache in zulässigen Grenzen erfolgt, liegt nicht Polizei vor, sondern das Wachen der einen Seite des Nutzungsrechtsverhältnisses darüber, daß die andere

---

[107]) Vergl. I 124 ff.

[108]) Herrnritt unterscheidet zwischen ordentlichem und außerordentlichem Rechtsschutz in Verwaltungssachen (S. 456); in beiden Fällen ist aber nicht die Selbsthilfe des Rechtsträgers gemeint.

Seite den vereinbarten Inhalt des Rechtsverhältnisses innehält. Wieweit sie hiernach zur Selbsthilfe berechtigt sei, bemißt sich nach diesem Rechtsverhältnis, und den ihm zugrunde liegenden Rechtsnormen. Im übrigen können zum Schutz der einschlägigen Rechte und rechtsähnlichen Stellungen verschiedenartige Vorkehrungen getroffen sein, z. B. das Verwaltungsgerichtsverfahren.[109]) Zur „Polizei" können diese selbstverständlich ebensowenig gerechnet werden wie die „Selbsthilfe" des Trägers der öffentlichen Sache. Von diesem Ergebnis kann auch die Tatsache nicht abbringen, daß mitunter zwischen dem Träger der öffentlichen Sache und der Polizeigewalt Identität besteht. Fallen auch die tätig werdenden Organe zusammen, so sind doch die Tätigkeiten selbst scharf voneinander zu trennen.[110])

5. Endlich ist die Polizei der öffentlichen Sache zu sondern von zwei weiteren Tätigkeiten, die Mayer wiederum mit jener zusammennimmt: einerseits der Unterhaltung der öffentlichen Sache, anderseits der Feststellung des Bestands und Umfangs der öffentlichen Sache.

a) Unter der Unterhaltung der öffentlichen Sache versteht Mayer die Unterhaltung des körperlichen Substrats der öffentlichen Sache. In welcher Weise sich die Sachunterhaltung — etwa der Wegebau — unterscheidet von der Polizei der öffentlichen Sache — etwa der Wegepolizei —, inwiefern also der Unterhaltspflichtige bei Ausübung von Unterhaltsmaßnahmen — etwa der Ausbesserung eines schadhaften Weges — keine polizeiliche Tätigkeit entwickelt, ferner warum der, der die Unterhaltspflicht im Bedarfsfall erzwingt, damit keine polizeiliche Tätigkeit ausübt, wird im einzelnen noch darzulegen sein. Hier ist zunächst auf den Begriff der „Polizeipflichtigkeit des Eigentums" einzugehen, dem man nicht auf den ersten Blick ansieht, ob er ein Institut des Polizeirechts inbezug auf die öffentliche Sache, oder des Rechts der Unterhaltung der Substrate öffentlicher Sachen darstellt. Ersichtlich wird auch hier wieder die Schwierigkeit des Problems dadurch erhöht, daß in das Nutzungsrechtsverhältnis zwischen dem Träger und dem Benützer der öffentlichen Sache der Eigentümer — und noch dazu in der häufigen, aber nicht notwendigen Identität mit dem Unterhaltspflichtigen — hereinragt. Die „Polizeipflichtigkeit des Eigentums", unter der im wesentlichen eine Pflicht des Eigentümers verstanden wird, sein Eigentum in polizeimäßigem Zustand zu erhalten, kann nicht aus einer konkreten Rechtsnorm abgeleitet werden, sondern allenfalls aus dem sogenannten allgemeinen Polizeigrundsatz, daß die Polizei sich zum Zwecke der Aufrechterhaltung der öffentlichen Sicherheit und Ordnung, die durch eine Sache gestört werde, angeblich an den Eigentümer der Sache halten könne, da dieser dafür verantwortlich sei, daß durch

[109]) Vergl. in Bayern z. B. Art. 8 Ziff. 34 VGG und Art. 177 WG.

[110]) Über die Klärung von Grenzfällen siehe unten III!

sein Eigentum nicht die öffentliche Sicherheit gestört oder gefährdet werde. Nach einem vom preuß. Oberverwaltungsgericht herausgebildeten Grundsatz ist jeder Eigentümer gegenüber der Polizei verpflichtet, sein Grundstück auf seine Kosten in einem solchen Zustand zu erhalten oder so umzugestalten, daß durch seine Beschaffenheit polizeilich zu schützende öffentliche Interessen nicht beeinträchtigt oder gefährdet werden, gleichgültig ob die unzulässige Beschaffenheit durch den Eigentümer selbst, durch Dritte oder durch Zufall entstanden ist.[111]) Auch außerhalb Preußens finden sich Anklänge an diese Lehre.[112]) In Bayern ist in diesem Zusammenhang jene Polizeirechtslehre zu erwähnen, wonach die Polizei aufgrund einer zwar ungeschriebenen, aber doch positivrechtlichen, historisch nachweisbaren Generalklausel die allgemeine Ermächtigung hat, zur Erfüllung ihrer Aufgabe alle Maßnahmen zu ergreifen, die der Zweck im Einzelfall unumgänglich notwendig erscheinen lasse, es sei denn, daß ihr eine Maßnahme ausdrücklich durch gesetzliche Vorschrift entzogen sei.[113]) Hiernach hätte sie also auch die Befugnis vom Eigentümer zu verlangen, daß er sein Eigentum in einem Zustand erhalte, daß daraus keine Gefährdung oder Störung allgemeiner Rechtsgüter entstehen könne; damit fiele ein erheblicher Teil der Unterhaltsaufgaben unter den Begriff der Polizei der öffentlichen Sache.

Hiergegen ist verschiedenes einzuwenden:

aa) Durchaus beachtlich ist der Einwand von W. Jellinek[114]), daß der Satz des allgemeinen Polizeirechts, der Eigentümer habe für die Polizeimäßigkeit der ihm gehörigen Sachen einzustehen, für das öffentliche Sachenrecht nicht gelte; denn dem Eigentümer fehle hier die Kehrseite seiner Polizeipflicht, die Verfügungsgewalt über die öffentliche Sache, insbesondere die Befugnis, sich durch Aufhebung (Sperrung usw.) der öffentlichen Sache von seiner Pflicht zu befreien. Im weiteren Verfolg des Gedankens führt die Jellinek'sche Theorie zu einer Erkenntnis des Hauptirrtums, der in

[111]) Vergl. hierzu Entsch. des VOG Bd. 7 S. 348; Bd. 18 S. 414; Bd. 30 S. 216; Bd. 79 S. 303; ferner Pr Verw Bl Bd. 27 S. 910. Brauchitsch, Die preuß. Verwaltungsgesetze S. 265, 271. Drews, Preußisches Polizeirecht, S. 8. Maunz, Zur Polizeipflichtigkeit des Eigentums, Bay Verw Bl 1932, S. 161 und weiteres Schrifttum dortselbst.

[112]) Vergl. Entsch. des württ. VGH, Jahrb. der Württ. Rechtspflege, Bd. 14 S. 414.

[113]) Vergl. Eichner, Rechtsgrundlagen der Präventivpolizei, 1927, und dazu Laforet, Bay Verw Bl 1927, S. 448, Wintrich, Präventivpolizei, Bay Verw Bl 1928, S. 177; Dittmann, Präventivpolizei ebda., S. 184; v. Jan, Präventivpolizei, Bay Verw Bl 1927, S. 209; ferner Laforet-v. Jan-Schattenfroh, Bay GO, 1931, Art. 51, Anmerk. 3; Nawiasky, Die allgemeine Rechtsstellung der Polizei, in Bay Verw Bl 1926, S. 385; Masson, Der Grundsatz der Spezialdelegation im bayer. Polizeirecht, Anm. d. R., 1931, S. 251; Freudenthal, Generalklausel oder Spezialdelegation im bayer. Polizeirecht, Bay Verw Bl 1931, S. 421.

[114]) Verwaltungsrecht, S. 489.

der Anwendung des Grundsatzes der Polizeipflichtigkeit des Eigentums auf das öffentliche Sachenrecht steckt. Er beruht in der Verwechslung von „Träger der öffentlichen Sache" und „Eigentümer", also wiederum in dem Hereinragen des Eigentums in das verwaltungsrechtliche Rechtsverhältnis der Nutzung. Wird dieser Grundirrtum behoben, so kann auch die Theorie der Polizeipflichtigkeit des Eigentums für das öffentliche Sachenrecht keine Rolle mehr spielen.

bb) Von der Bedeutung der Theorie für das öffentliche Sachenrecht abgesehen müßten auch sonst gegen sie schwere rechtliche Bedenken erhoben werden, auf die aber im vorliegenden Zusammenhang nicht näher eingegangen werden kann.[115])

b) Etwas ganz anderes als „Polizei" der öffentlichen Sache ist ferner auch die Feststellung des Bestands, Inhalts und Umfangs einer öffentlichen Sache. Wenn ein Verwaltungsgericht z. B. darüber entscheidet, ob ein öffentlicher Weg oder ein öffentliches Gewässer vorliegt oder nicht — in Bayern z. B. auf Grund des Art. 8 Ziff. 34 VGG und des Art. 177 WG —, so hat das mit Polizei schlechterdings nichts zu tun. Ebensowenig liegt eine polizeiliche Tätigkeit vor, wenn der Träger eines öffentlichen Weges selbst angegangen wird, auszusprechen, wieweit die von ihm durch die Widmung begründete Rechtspflicht nach seiner Auffassung reicht. Die Vermengung solcher Akte mit Polizei muß sorgfältig vermieden werden.

6. Die Erkenntnis, daß die „Polizei der öffentlichen Sache" ihre Grenze finde in der Verwaltungspolizei anderer „gleichwertiger" Verwaltungszweige, hätte Mayer auf das Ergebnis bringen können, daß auch die „Polizei der öffentlichen Sache" ihrem Wesen nach nichts anderes ist als Polizei im allgemeinen inbezug auf einen bestimmten Verwaltungszweig, eben „Verwaltungspolizei" im technischen Sinn, ohne irgendwelche eigenrechtliche Grundlagen und ohne spezifische auf das Recht der öffentlichen Sache beschränkte Befugnisse.[116]) Die Zuständigkeit zur Sperrung eines Weges ist daher nicht beschränkt auf einen öffentlichen Weg im Rechtssinn. Es kann auch z. B. ein viel begangener Privatweg aus verkehrspolizeilichen Gründen gesperrt werden. Es ist sohin keineswegs veranlaßt, mit Mayer der „Polizei der öffentlichen Sache" einen besonderen Platz innerhalb des öffentlichen Sachenrechts zuzuweisen und sie als den

[115]) Näheres siehe Maunz, Polizeipflichtigkeit a.a.O. Vergl. Entsch. des OVG Bd. 16 S. 321; Bd. 18 S. 414; Bd. 24 S. 144; Bd. 30 S. 214, sowie die bereits oben genannte württ. Entscheidung.

[116]) Die Rechtslage ist ähnlich zu beurteilen wie etwa beim Begriff der Anstaltspolizei, bei dem auch nach Ausscheidung der Anstaltsgewalt (Anstaltsdisziplin) und der Selbsthilfe des Anstaltsherrn gegen Störungen durch Dritte nichts mehr übrig bleibt als die allgemeine Polizei. Vergl. zu dem Für und Wider der Anstaltspolizei Fleiner, S. 330 ff., W. Jellinek, S. 419, Kormann, Ann d DR 1912, S. 195 ff. Waldecker, Ann d DR, 1915, S. 290 ff. Kuprian, Ann DR 1929, S. 378, W. Jellinek, S. 419/20, 497.

besonderen Rechtsschutz der öffentlichen Sache zu bezeichnen. Ist hiernach die Scheidung von Polizei, Sachträgerschaft, Staatsaufsicht und Unterhaltspflicht grundsätzlich klar, so ist doch nicht in Abrede zu stellen, daß hinsichtlich der Zuteilung bestimmter Tätigkeiten zur einen oder anderen Gruppe im einzelnen Zweifel auftauchen können. Am häufigsten pflegt eine Grenzverwischung im öffentlichen Wegerecht einzutreten. Ein Beispiel der Verwirrung bildet z. B. der Satz von Kormann[117]): „Namentlich bei der Einziehung tritt die rein negative Bedeutung der Wegepolizei gegenüber der Wegeherrschaft recht deutlich in dem Satz zutage, daß die Einziehung zwar polizeilich verhindert, aber nicht polizeilich erzwungen werden kann." In diesem Satz liegt nicht nur eine Verwechslung der Wegeträgerschaft mit der Wegepolizei enthalten, sondern daneben schleicht sich auch noch der Begriff der Staatsaufsicht über Selbstverwaltungskörper verwirrend ein. Richtig ist es, scharf zu unterscheiden zwischen der Zwangsgewalt, die ein Träger öffentlicher Verwaltung auf gesetzlicher Grundlage unmittelbar gegen den Untertan ausüben kann, einerseits, und der Zwangsgewalt, die dem Staat gesetzlich eingeräumt ist, wenn er die Gesetzmäßigkeit der Verwaltung von unterstaatlichen Trägern öffentlicher Verwaltung überwacht, anderseits. Jene bezeichnet man als Polizeigewalt, diese als staatliche Aufsichtsgewalt (Staatsaufsicht). Voraussetzung und Wirkung des staatlichen Eingreifens, Zuständigkeit und Verfahren sind in den beiden Fällen durchaus verschieden. Nach bayerischem Recht z. B. ist die Verhinderung der Einziehung von Wegen, soweit die Verhinderung rechtlich möglich ist, Aufgabe der Staatsaufsichtsbehörde des Selbstverwaltungskörpers, der Träger des Weges ist. Ein polizeiliches Eingreifen gegenüber dem Selbstverwaltungskörper kann hier nicht in Frage kommen. Weiterhin ist zu unterscheiden zwischen Handlungen von Selbstverwaltungsorganen als Organen der örtlichen Polizei und Handlungen als Organen der Selbstverwaltung. Im ersten Fall liegt nach bayerischem Recht eine Angelegenheit des übertragenen Wirkungskreises, im zweiten eine solche des eigenen Wirkungskreises vor. In polizeilichen Angelegenheiten kann kein Staatsaufsichtsverfahren Platz greifen (Art. 60 GO; Art. 33 Bez.O), während umgekehrt in Selbstverwaltungsangelegenheiten z. B. in Angelegenheiten der Wegebaupflicht (Art. 28 GO; Art. 3 BezO) kein sachaufsichtliches Anweisungsrecht (Art. 50 GO) gegenüber dem Selbstverwaltungskörper besteht.

Schwierigkeiten bereitet der Praxis noch die Zuteilung und rechtliche Behandlung der Wegesperrung und der Wegeeinziehung. Auch diese lassen sich jedoch mit den hier aufgestellten Begriffen unschwer lösen. Auf Einzelheiten kann hier im Rahmen einer Behandlung von Hauptproblemen nicht

[117]) Kormann, Grundzüge S. 47.

eingegangen werden; es genügt hier auf die Bedeutung der Begriffsbildung für die Praxis hinzuweisen.[118])

Faßt man das Ergebnis der Betrachtung der Grenzfälle zusammen, so ergibt sich folgendes:

a) In der Wegeträgerschaft ist vorgesehen, daß der Wegeträger Rechtsverhältnisse mit den Benützern eingeht. Der Wegeträger kann dabei den Inhalt der Rechtspflichten nach Maßgabe der Gesetze im einzelnen festlegen und die etwa aus den Rechtsverhältnissen entspringenden Ansprüche geltend machen.

b) Im Gegensatz hierzu besteht die Wegepolizei darin, daß durch einen Träger öffentlicher Verwaltung, (der nicht der Träger der öffentlichen Sache zu sein braucht), Störungen und Gefährdungen abgewehrt werden, wobei die Abwehr nötigenfalls durch unmittelbare Einschränkung der Handlungsfreiheit, durch Zwang, durchgesetzt werden kann.

Zu a) und b): Durch die Wegeträgerschaft wird in niemands Handlungsfreiheit eingegriffen. Das Rechtsverhältnis des Trägers des öffentlichen Weges zum Benützer des öffentlichen Weges ist ein auf Gegenseitigkeit beruhendes Rechtsverhältnis, das man, unbeschadet der Rückführbarkeit auf einen Verwaltungsakt, bezeichnen kann als einen öffentlichrechtlichen Vertrag; denn der Handlungswille des Trägers der öffentlichen Sache stimmt mit dem Handlungswillen des Benützers der öffentlichen Sache überein.

[118]) Die Wegesperrung als polizeiliche Maßnahme betrifft entweder nur den Ausschluß einer bestimmten Art der Fortbewegung oder des Beförderungsgegenstandes, z. B. das Verbot des Kraftwagenverkehrs, das Verbot der Lastenbeförderung von mehr als einem polizeilich festgesetzten Gewicht, oder sie wird von vorneherein mit der Absicht einer zeitlichen Begrenzung vorgenommen, z. B. das Verbot der Wegebenutzung mit Rücksicht auf Instandsetzungsarbeiten, Kanalisationsbauten oder auf Unglücksfälle. (Bezüglich der Sperrung zu Wegeunterhaltszwecken vertritt eine eigenartige Auffassung Schmidt, Grundbegriffe, S. 144, der eine zeitweilige gänzliche Sperrung zu Wegeunterhaltskosten als Ausfluß der „Wegeherrschaft" und daher durch § 366 Ziff. 10 StrGB nicht voll gedeckt erachtet; das sächsische OVG ist in der Entsch. in Fischers Zeitschrift Bd. 36, S. 283 dieser Rechtsauffassung allerdings nicht gefolgt). Ist das die Sperrung verursachende Ereignis abgeschlossen oder beseitigt, so wird die Maßnahme wieder aufgehoben und die rechtliche Besonderheit, die auch während der Sperrung unberührt geblieben ist, dauert ohne weiteres fort. Im Gegensatz dazu betrifft die Wegeeinziehung und Wegeumwidmung entweder die Verkehrsgruppe an sich (Umwidmung vom Fahrweg zum Fußweg) oder bezieht sich auf alle Zukunft („Abwürdigung") eines Stücks der Staatsstraße, das durch Abschneidung einer Kurve entbehrlich geworden ist. Vergl. Schmidt, Grundbegriffe, S. 143; Germershausen S. 486; Thoma, Polizeibefehl Bd. 1, S. 376. Die Grenzlinie von Wegesperrung und Wegeumwidmung ist gleichzeitig auch die Grenze zwischen Wegepolizei und Wegeträgerschaft. Interessante Beispiele von Anwendungsfällen der Wegepolizei finden sich bei v. Jan, Straßenpolizei und Reichsverfassung, Festschrift des bayer. VGH. 1929, S. 98 ff. Über praktische Einzelfälle an der Grenze zwischen Wegepolizei und Wegebaulast siehe z. B. Häbler, Wegerecht im Königreich Sachsen, S. 18, Fußnote 1 (Schneeräumen).

Mit polizeilichem Zwang dagegen wird einseitig in ein Lebensverhältnis eingegriffen. Das dadurch begründete öffentlichrechtliche Rechtsverhältnis kann man nicht als einen öffentlichrechtlichen Vertrag bezeichnen; denn es beruht nicht auf der Übereinstimmung der Handlungswillen.

c) Die Wegebaupflicht hinwiederum betrifft die bauliche Instandsetzung und Unterhaltung jener Grundfläche, auf der sich der Verkehr bewegen soll. Sie kann unter Umständen mit staatlichen Zwangsmitteln erzwungen werden, nämlich durch Tätigwerden der Staatsaufsicht gegenüber einem zum Wegebau verpflichteten Selbstverwaltungskörper. Die zwangsweise Verwirklichung der Wegebaupflicht im Staatsaufsichtswege hat aber mit Wegepolizei, der zwangsweisen Einschränkung der Handlungsfreiheit des Untertanen, nichts zu tun.

III.

Wie Polizei der öffentlichen Sache und Trägerschaft der öffentlichen Sache, so werden nicht selten auch die Institute „Polizeierlaubnis" und „Gebrauchserlaubnis" miteinander vermengt. Besonders unter dem preußischen Recht, das ja auch den Träger der öffentlichen Sache nicht immer auseinanderhält von dem mitunter personengleichen Inhaber der Polizeigewalt (s. o.), werden die begrifflichen Grenzen gerne übersehen und z. B. behauptet, ein Sondergebrauch könne durch Polizeierlaubnis gewährt werden.[119]) Unter Polizeierlaubnis wird im allgemeinen verstanden die Erlaubnis, von einem Polizeiverbot abweichen zu dürfen. Da im Polizeiverbot die Abweichungsermächtigung bereits enthalten sein muß, kann man nach dem Vorbild O. Mayers[120]) von einem Polizeiverbot mit Erlaubnisvorbehalt sprechen[121]). Die Polizeierlaubnis kann nur erteilt werden, wenn in einer Rechtsnorm eine Ermächtigung enthalten ist, von einem Polizeiverbot Ausnahmen zu bewilligen. Zuständig zur Bewilligung der Ausnahmen ist der Inhaber (Träger) der Polizeigewalt.

Gebrauchserlaubnis hingegen im Sinne der Gewährung eines Sondergebrauchs an einer öffentlichen Sache besteht darin, daß eine individuelle Inhaltsprägung eines Nutzungsrechtsverhältnisses stattfindet. Zuständig dafür ist, vorbehaltlich der für das Zustandekommen erforderlichen Willensübereinstimmung mit dem Benützer, der Träger der öffentlichen Sache.

---

[119]) Vergl. oben die preußische Theorie; dann auch überraschenderweise Herrnritt, der die Bewilligung einer Anlage an einem öffentlichen Gewässer ohne nähere Unterscheidung als Polizeierlaubnis bezeichnet (S. 344) und sogar, bei Erörterung der deklaratorischen und konstitutiven Polizeierlaubnisse, schlechthin die Gesamtgewährung des Sondergebrauchs an einer öffentlichen Sache grundsätzlich zu den konstitutiven Polizeierlaubnissen rechnet (S. 345).

[120]) I S. 249 mit ausführlicher Begründung.

[121]) Ebenso Fleiner, S. 405 ff. mit umfangreichen Literaturangaben. Gegen den Begriff Herrnritt S. 343.

Hiernach sind Polizeierlaubnis und Gebrauchserlaubnis nach Voraussetzung, Inhalt, Wirkung und Zuständigkeit verschieden. Während z. B. die Erteilung und Versagung der Polizeierlaubnis durch einseitige Verfügung der Polizeibehörde erfolgt, wird der Sondergebrauch mittels eines öffentlich-rechtlichen Vertrags gewährt. Und während die Polizeierlaubnis dem Begünstigten keinen Rechtsanspruch einräumt, hat der Benützer beim Sondergebrauch nach Abschluß des Nutzungsrechtsverhältnisses die Stellung eines Rechtsanspruchssubjekts. Selbstverständlich sind auch die Anlässe und Beweggründe in den beiden Fällen durchaus verschieden.

Ein praktisches Beispiel aus dem bayerischen Wegerecht mag die Unterscheidung noch mehr verdeutlichen:

a) Ein Gemeindeweg wird durch bezirkspolizeiliche Vorschrift für Kraftwagen gesperrt. Hier liegt eine polizeiliche Maßnahme vor. Es ist nun möglich, daß die Bezirkspolizeibehörde aus besonderen Gründen, etwa bei einem Hausbau an der gesperrten Straße oder einem sonstigen Anlaß, durch Ausstellung von Befreiungsscheinen Ausnahmen bewilligt. Hierbei handelt es sich um eine Polizeierlaubnis, die aufgrund eines Vorbehalts im Polizeiverbot ergehen kann. Wird ein Antrag auf Bewilligung einer Ausnahme abgelehnt, so kann die der Bezirkspolizeibehörde übergeordnete Behörde zur Entscheidung angerufen werden. Diese kann die Polizeierlaubnis erteilen.

b) Anders ist der Fall zu beurteilen, wenn zwischen der Gemeinde als der Trägerin des öffentlichen Weges und dem Unternehmer des Baues eine Vereinbarung über die Aufstellung von Gerüsten, Maschinen, Umzäunungen usw. auf dem öffentlichen Weg getroffen werden. In diesem Fall liegt eine individuelle Inhaltsprägung eines Nutzungsrechtsverhältnisses und daher Sondergebrauch an der öffentlichen Sache vor. Zuständig zum Abschluß ist nur die Gemeinde. Die Staatsaufsichtsbehörde der Gemeinde kann nicht angerufen werden und kann auch nicht gegen den Willen der Gemeinde den Sondergebrauch gewähren.

Zu a) und b): Eine Unklarheit kann nur Platz greifen, wenn das Rechtsverhältnis zwischen dem Benützer und dem Träger der öffentlichen Sache nicht klar gesondert wird von der Sphäre der polizeilichen Regelung des Verhaltens der Untertanen. Ist man sich aber über das Wesen des Nutzungsrechtsverhältnisses klar, wie es im konstruktiven Teil darzustellen versucht wird, so ist die scharfe Scheidung eine selbstverständliche Folge.

IV.

Ein typischer Fall der Verwechslung der beiden Sphären findet sich in Art. 44 Abs. VI der bayr. Gemeindeordnung, der mit einer wohldurchdachten und bewährten Regelung des früheren bayerischen Gemeinderechts gebrochen hat. Er betrifft den sogenannten Benützungszwang, z. B. bei Wasserleitungen und Kanalisationen. An der positivrechtlichen Regelung, daß hier durch „Satzung" — also durch das Mantelrechtsgeschäft — ein Zwang zum Abschluß eines Nutzungsrechtsverhältnisses soll geschaffen werden können, ist nun freilich nichts zu ändern. Das positive Recht geht der Konstruktion vor. Aber es ist eine nicht haltbare Vorstellung, daß durch ein Rechtsverhältnis oder das Angebot zum Abschluß dieses Rechtsverhältnisses ein rechtlicher Zwang soll ausgeübt werden zum Abschluß eben dieses Rechtsverhältnisses. Richtig war allein die frühere Vorstellung, der auch die oberstrichterliche Rechtsprechung entsprach, daß nämlich der Zwang zur Benützung nur auf einer Polizeivorschrift beruhen kann. Der führende Kommentar zur bayer. GO hat sich denn auch mit Recht gegen diese positivrechtliche Regelung gewandt.[122]) Laforet hat dabei mit guten Gründen auch für das neue Recht die These aufgestellt: Ein Zwang zur Benutzung ist nur gegeben, wenn dieser Zwang im Polizeirecht begründet ist und wenn die Gemeinde diesen Polizeizwang für sich in Anspruch nimmt. Jedenfalls dürfte nicht zu bestreiten sein, daß auch heute noch neben dem Zwang durch die Satzung, soweit dieser kraft positiven Rechts zulässig ist, ein polizeilicher Zwang zur Benützung statthaft ist, insbesondere auf dem durch Art. 44 Abs. VI nicht gedeckten Raum.[123]) Das Gegenstück zum Benützungszwang dagegen, der Gewährungszwang, beruht nicht auf polizeilichen Maßnahmen, sondern unmittelbar auf dem Gesetz. Er kann gegen widerstrebende Selbstverwaltungskörper mit den Mitteln der Staatsaufsicht durchgeführt werden.

V.

Eine Besonderheit des preußischen Polizeirechts der öffentlichen Sache, aber auch lehrreich für das öffentliche Sachenrecht überhaupt, ist das Institut der sogenannten Inanspruchnahme. Darunter wird folgendes verstanden: Nach § 55 des Gesetzes über die Zuständigkeit der Verwaltungs- und Verwaltungsgerichtsbehörden vom 1. 8. 1883 (siehe darüber oben die positivrechtlichen Grundlagen!) kann „die Wegepolizeibehörde" Verfügungen an den „Pflichtigen" dahin erlassen, daß den Bedürfnissen des öffentlichen Verkehrs inbezug auf das Wegewesen genüge geschieht und sie kann durch einstweilige Anordnungen ihre Verfügungen vollstrecken. Sie kann Anordnungen treffen, die den Bau und die Unterhaltung der öffentlichen Wege oder die Aufbringung und Verteilung der dazu erforder-

[122]) Laforet-v. Jan-Schattenfroh, S. 506, Anmerk. 28 d; ähnlich auch Wörner, S. 357; dortselbst auch Rechtsprechung zu dieser Frage.

[123]) Vergl. auch Materialien zur GO, Landtagsverh. IV. Tagung 1926/27, Beilage 2846, S. 435.

lichen Kosten betreffen. Solche Verfügungen und Anordnungen nennt man Inanspruchnahmeverfügungen[124]). Sie können nach § 56 durch Einspruch mit nachfolgender Klage im Verwaltungsstreitverfahren angefochten werden.[125]) Lehrreich ist dieses Institut für das öffentliche Sachenrecht vor allem in negativer Hinsicht, insoferne, als es eine Warnung dafür bildet, wie die Begriffe: Erzwingung der Unterhaltspflicht, Überwachung der Abwicklung der individuellen Nutzungsrechtsverhältnisse (durch den Sachträger), Staatsaufsicht in Wegesachen und Polizei der öffentlichen Sache durcheinander gebracht werden können, aber nicht durcheinander gebracht werden sollen. Mag auch das Institut selbst praktisch gute Dienste tun — in anderen Ländern fehlt es vielfach vollkommen an ähnlichen Rechtsschutzeinrichtungen —, so empfiehlt es sich doch aus Gründen einer reinlichen Begriffsbildung und -scheidung nicht, es, wie es das preußische Gesetz tut, unter der Überschrift „Wegepolizei" mit den ganz anderen Tätigkeiten zusammenzufassen. Jedenfalls hat es aber auch, soweit eigentlich polizeiliche Tätigkeiten überhaupt in Betracht kommen (sie machen den geringsten Teil davon aus), mit dem Begriff „Polizei der öffentlichen Sache" im Sinne eines selbständigen Kreises von öffentlichrechtlichen Befugnissen nichts zu tun; es ist insoweit, hier wie sonst, nichts anderes als die allgemeine Polizeiausübung im Rahmen des öffentlichen Sachenrechts.

§ 35. Die Endigung der öffentlichen Sache.

I.

1. Wie die Widmung der Schöpfungsakt der öffentlichen Sache ist, so ist die Entwidmung der Endigungsakt der öffentlichen Sache. Der Form nach ist die Entwidmung ein Verwaltungsakt. Ihrem rechtlichen Inhalt nach ist sie die Aufhebung der Rechtspflicht des Trägers der öffentlichen Sache durch diesen selbst, und, falls die öffentliche Sache der individuellen Nutzung unterlag, auch die Aufhebung des Mantelrechtsgeschäfts, das die generelle Inhaltsprägung der Nutzungsrechtsverhältnisse bedeutete. Die rechtliche Wirkung der Entwidmung besteht darin, daß eine Nutzung der öffentlichen Sache, sei es generelle oder individuelle Nutzung, nicht mehr stattfinden kann. Dagegen ist mit der Entwidmung an sich nichts darüber ausgesagt, ob das die Verfügungsfähigkeit vermittelnde Recht, z. B. die Dienstbarkeit am Sachsubstrat, fortbesteht oder nicht. Zur Aufhebung des vermittelnden Rechts bedarf es eines besonderen Rechtsakts. Dem steht nicht

[124]) Trotz des Wortlauts in § 56 Abs. I des Ges., der für einen engeren Begriff der Inanspruchnahme zu sprechen scheint.

[125]) Vergl. § 56 Abs. IV und VI des Ges. sowie Entsch. des preuß. OVG. Bd. 77, S. 356, Bd. 80, S. 253.

entgegen, daß mit dem Untergang des Substrats auch die öffentliche Sache untergeht[126]), wie dies der oben vertretenen Auffassung von der Verfügungsmöglichkeit durchaus entspricht. Die Aufhebung der Rechtspflicht durch den Pflichtigen selbst ist rechtlich nichts Auffälliges. Sie ist eine Art Kündigung des einseitigen Pflichtverhältnisses. Im Gegensatz zur privatrechtlichen Kündigung ist sie aber nicht empfangsbedürftig, da das Rechtsverhältnis einseitig ist. Da kein Benützer vor Eintritt in ein Nutzungsrechtsverhältnis ein subjektives Recht auf den Bestand der öffentlichen Sache hat, vermag er die Aufhebung nicht zu verhindern. Soweit ein Eintritt in ein Nutzungsrechtsverhältnis bereits erfolgt, dieses aber noch nicht abgewickelt ist — was insbesondere beim Sondergebrauch möglich ist — bemißt sich die Rechtsstellung des Benützers nach dem Inhalt des besonderen Nutzungsvertrags. Eine Verhinderung der Aufhebung wird auch hieraus vorbehaltlich abweichender Regelung grundsätzlich nicht gefolgert werden können. Dagegen wird darin nicht selten die Entschädigungsfrage geregelt sein.

2. Auch wenn eine Verhinderung der Aufhebung durch die Benützer nicht möglich ist, kann beim Bestehen einer Rechtspflicht zum Forthalten der öffentlichen Sache durch einen Selbstverwaltungskörper dessen Staatsaufsichtsbehörde diese Rechtspflicht erzwingen. Diese Erzwingung ist aber von der Verhinderung zu unterscheiden. Auch wenn eine Gemeinde z. B. verpflichtet ist, einen bestimmten öffentlichen Weg fortzuhalten, kann sie den Verwaltungsakt der Entwidmung rechtsgültig vornehmen, der Akt kann also nicht verhindert werden. Dagegen kann die Staatsaufsichtsbehörde die Neuwidmung entweder erzwingen oder im Wege der Zwangsersatzvornahme selbst durchführen.

3. Für die Aufhebung ist in manchen Rechten ein besonderes Rechtsschutzverfahren vorgesehen zum Schutze derer, die interessiert sein können am Fortbestand der öffentlichen Sache. So ist z. B. im § 57 des preußischen Zuständigkeitsgesetzes vorgesehen: Aufforderung der Behörde, Einsprüche binnen vier Wochen bei Vermeidung des Ausschlusses geltend zu machen; dann dieser Einspruch selbst; ferner der Beschluß der Polizeibehörde und die verwaltungsrechtliche Klage beim Bezirksausschuß oder Kreisausschuß. Ähnlich verhält es sich nach dem thüringischen Wegegesetz § 6. Als Rechtsschutzmittel ist dieses Verfahren, wie jede Eröffnung einer Überprüfung behördlicher Akte durch Rechtsschutzeinrichtungen, begrüßenswert. Für das rechtliche Wesen der Endigung der öffentlichen Sache ist es dagegen nicht erheblich.[127]) Von manchen wird die Aufhebung noch an andere und zwar

[126]) So auch W. Jellinek, a.a.O. S. 491.

[127]) Über die Einziehung des öffentlichen Weges siehe die umfassende Darstellung mit Literatur und Rechtsprechung bei Germershausen, a.a.O. I, 4, S. 515—554.

materielle Voraussetzungen geknüpft. So spricht Schultzenstein[128]) aus, daß die Einziehung eines öffentlichen Weges nur um des öffentlichen Wohles willen und nicht um der Interessen einzelner willen zuzulassen sei, selbst wenn das öffentliche Wohl dadurch nicht geschädigt werde. „Diese neue Ansicht“ schreibt Friedrichs[129]), „der das OVG sich anzuschließen beginnt . . ., hat außer den rechtlichen auch wirtschaftliche Bedenken; denn sie würde zur Folge haben, daß für die Erweiterung einer Schiffswerft . . . einer Kohlengrube . . . eines Steinbruchs . . . oder einer Fabrik, eines Friedhofs . . . und für ähnliche Zwecke die Einziehung nicht erfolgen dürfe. Und wirklich bezeichnet Schultzenstein es als bedenklich, daß nicht bloß allgemeine wirtschaftliche Interessen, sondern sogar schon dasjenige einer einzelnen Gemeinde die Förderung ihres industriellen Aufschwungs, die Vermehrung ihres Handels usw. ausreichen sollen (S. 185), und noch als ganz erheblich bedenklicher, wenn in weiter Ausdehnung auch das Interesse größerer industrieller Unternehmungen als ein Grund für die Einziehung erklärt werden (S. 186).“ So beachtlich vom rechtspolitischen Standpunkt aus die Rechtsauffassung Schultzensteins und des preußischen OVG ist, so fehlt ihr doch jegliche, auch nur schwache Fundierung in der Norm. Als einer reinen Ideologie kann ihr vom Standpunkt des positiven Rechts aus nicht beigetreten werden.

II.

Eine praktisch erhebliche Rolle spielt die Frage der **Entschädigung** bei Aufhebung öffentlicher Sachen. Die einschlägigen Probleme sind in den größeren Rahmen der öffentlich-rechtlichen Entschädigung überhaupt zu stellen.[130]) Da der herrschenden Theorie hierzu ein neuer Gedanke nicht beigefügt werden will, ist ein kurzer Hinweis auf den Stand dieser Lehre ausreichend. Der Satz, daß „Entschädigung nur geschuldet wird, wenn ein Rechtssatz eine solche zuspricht“,[131]) wird auch hier für richtig gehalten. Maßgebend ist hiernach, ob ein bestimmtes Recht eine Entschädigung gewährt. Im badischen Recht z. B. wird die Frage bejaht.[132]) Die Behauptung W. Jellineks aber[133]), daß das gleiche auch beim Schweigen des Gesetzes gelte, kann mit dem Hinweis auf die — übrigens nicht einheitliche — Rechtsprechung allein nicht begründet werden. Bei den häufigen Entschädigungsansprüchen des Anliegers öffentlicher Straßen im Falle der Aufhe-

[128]) Schultzenstein im Verwaltungsarchiv, Bd. 23, S. 165—211.

[129]) Friedrichs in Pr. Verw. Bl. 1918, S. 491.

[130]) Vergl. darüber Fleiner a.a.O. S. 289, „Öffentlich-rechtliche Entschädigung“ mit reichen Literaturangaben.

[131]) Fleiner, a.a.O. S. 303.

[132]) Siehe badisches Ortsstraßengesetz, § 30 und Fleiner a.a.O. S. 303, Fußn. 36.

[133]) W. Jellinek a.a.O. S. 492.

bung pflegt die Rechtsprechung vielfach diejenige Begründung zu verwenden, die rechtlich wohl die schwächste ist, nämlich die Behauptung eines durch den Bau der Straße stillschweigend geschlossenen dinglichen Vertrags zwischen dem Träger der öffentlichen Straße und dem Anlieger (sogenannte Anliegerdienstbarkeit)[134]), oder eines Garantieversprechens des Trägers gegenüber dem Anlieger; diese — meist bürgerlichrechtliche — Konstruktion scheitert schon daran, daß es an einem vertraglichen Verpflichtungswillen des Trägers der öffentlichen Straße fehlt. Schelcher[135]) hat eine öffentlichrechtliche Konstruktion versucht, die aber daran scheitert, daß sein Kernsatz, die Behörde habe demjenigen, dem das Vorhandensein der Straße begründeten Anlaß gegeben habe, auf ihren Bestand zu vertrauen, den Schaden zu ersetzen, den er durch sein gerechtfertigtes Vertrauen auf den bisherigen Zustand der Straße erleidet, vollkommen der positivrechtlichen Fundierung entbehrt; die Konstruktion steht sogar in mittelbarem Widerspruch mit dem als Wille des Gesetzes aus verschiedenen Rechtsnormen herausgeschälten Satz, daß niemand ein subjektives Recht auf den Fortbestand der öffentlichen Sache habe, daher auch keinen begründeten Anlaß nehmen kann, auf den Bestand zu vertrauen. Mit kommunalpolitischen und wirtschaftlichen Erwägungen kann selbstverständlich die Existenz eines Rechtsanspruchs noch viel weniger gestützt werden[136]). Eine Berufung auf Art. 153 RV kann aber die anspruchеrhebende Rechtsperson schon aus dem Grunde nicht zum Ziele führen, weil durch den Verwaltungsakt der Entwidmung nicht in das rechtlich geschützte Vermögen, sondern nur in bestimmte Verwaltungsmöglichkeiten des Vermögens oder nur in wirtschaftliche Berechnungen und Erwartungen eingegriffen wird.[137])

III.

Im Zusammenhang mit der Frage der Aufhebung der öffentlichen Sache überhaupt oder doch der Nutzungsaufhebung und mit der Entschädigungsfrage pflegen häufig nochmals die Kernschwierigkeiten der Theorie der öffentlichen Sache aufgeworfen zu werden. Wie das komplizierte Problem gerade bei der Endigung sich in seiner ganzen Ungelöstheit offenbart, beleuchtet treffend der folgende historisch wirkliche und bedeutsame Fall. In rechtlicher Hinsicht kaum weniger interessant als der Basler Schanzenstreit ist der infolge der Ableitung des Isarwassers in den Walchensee entstandene Streit, ob den Flößern, die den öffentlichen Fluß bisher zur Flößerei benützt haben, ein Recht auf den Fortbestand des

134) Näheres hierüber siehe bei Maunz, Entschädigung der Anlieger bei Straßenverlegungen, Bay Verw Bl 1930, S. 231.

135) Schelcher, Entschädigungspflicht des Straßenanliegers, Fisch. Z. Bd. 34, S. 60.

136) So der verfehlte Versuch von Germershausen a.a.O. I, S. 119.

137) Maunz, Entschädigung der Anlieger S. 233.

öffentlichen Flusses und auf die Fortbenützung zur Ausübung ihres seit unvordenklichen Zeiten betriebenen Gewerbes zustehe.[138]) Der bayerische Staatsärar bestritt die Existenz eines solchen Rechtes und auch den Bestand irgendwelcher Entschädigungsansprüche vom privatrechtlichen wie vom öffentlichrechtlichen Standpunkt aus mit der Begründung, die Flößerei sei eine dem Gemeingebrauch ähnliche Nutzung, die jedem nur insoweit und insolange freistehe, als dies eben tatsächlich möglich sei. Dem Staate stehe das Recht zu, die Flößerei jederzeit aufzuheben oder einzuschränken.[139]) Die Flößer machten demgegenüber geltend, daß öffentliche Flüsse solche Flüsse seien, die zur Schiff- und Floßfahrt dienten (Art. 1 WG). Durch die Wasserentnahme aus der Isar werde die Verwendung der Isar zur Schiffahrt und Floßfahrt unmöglich gemacht und damit die Zweckbestimmung als öffentlicher Fluß aufgehoben. Ein gewaltsamer Eingriff in die Eigenschaft des Flusses, die für die Schiffahrt und Floßfahrt wesentlich sei, sei vom Gesetz nicht vorgesehen. Der Staat habe am öffentlichen Fluß ein mit dem Gemeingebrauch belastetes Privateigentum. Diese Beschränkung sei so groß, daß es sich überhaupt um kein Eigentum mehr handeln könne. Insbesondere könne der Staat nicht über die Substanz des Flusses verfügen. Der öffentliche Fluß sei Staatsgut und notwendig Staatsgut, d. h. ein öffentlicher Fluß, der nicht dem Gemeingebrauch unterliegendes Staatsgut sei, sei undenkbar. Außerdem wurde das behauptete Recht auf den Fortbestand der öffentlichen Sache und der Nutzung auf privatrechtliche Gesichtspunkte gestützt. Demgegenüber vertrat der Staatsfinanzärar die Auffassung[140]), daß der Staat über den Bestand der öffentlichen Sache und kraft seines Eigentums an den öffentlichen Flüssen über das Wasser des öffentlichen Flusses frei verfügen, ferner kraft seines Hoheitsrechts die Flößerei und Trift entweder ganz einstellen oder nur zu bestimmten Zeiten oder nur unter gewissen Beschränkungen ausüben lassen könne, während sich die Flößereiberechtigten mit dem im Flußbett jeweils tatsächlich vorhandenen Wasser begnügen müßten. So wurden in den Parteierklärungen durcheinander geworfen die Frage der Endigung der öffentlichen Sache und der Endigung der Sachnutzung, ferner die Frage der freien Aufhebbarkeit der öffentlichen Sache und ihrer Endigung infolge Untergangs des Sachsubstrats, sodann verwechselt das Recht auf die

[138]) Vergl. zum folgenden insbesondere Urteil des verwaltungsrechtlichen Senats der Regierung von Oberbayern vom 17. 9. 1925 (Sonderabdruck, jedoch im Buchhandel nicht erschienen), in dem noch ausführlicher als in der späteren Verwaltungsgerichtshofentscheidung Bd. 49, S. 25 ff., insbes. S. 52 der Rechtsstandpunkt der streitenden Parteien zum Ausdruck kommt.

[139]) Siehe Seite 14 des Urteils; auch die Vorinstanz des Regierungssenats hatte sich auf den Standpunkt gestellt, daß die „Befugnis" zur Floßfahrt jedermann nur insolange freistehe, als das hierfür benötigte Wasser vorhanden sei.

[140]) Siehe S. 17 des Urteils.

fortdauernde Gewährung des Gemeingebrauchs mit dem subjektiven Recht im entstandenen Rechtsverhältnis des Gemeingebrauchs, das Eigentumsrecht, das Hoheitsrecht und die Sachträgerschaft des Staates, die Entschädigung für den Untergang der öffentlichen Sache mit der Entschädigung für die Aufhebung der einzelnen Nutzungen und der Benutzbarkeit und anderes mehr. Die Verwaltungsgerichte entschieden schließlich — im Ergebnis, nicht aber in der Begründung im wesentlichen zutreffend —, daß der Staat die öffentliche Sache und ihre Benützbarkeit frei aufheben dürfe, da ein privatrechtliches Recht auf den Fortbestand nicht bestehe, und daß er nicht verpflichtet sei, für die Aufhebung eine Entschädigung zu leisten.

V. Abschnitt.

Der ideologische Ausblick.

§ 36. Die Sinnforschung.

I.

Mit dem Sinnproblem im Recht kann man sich in abstrakter oder in konkreter Weise befassen. Die abstrakte Untersuchung beschäftigt sich mit der Frage nach der Art des Denkvorgangs der Sinnforschung, die konkrete dagegen mit der Frage nach dem Sinngehalt eines bestimmten Instituts. Im einen Fall wird gefragt: Welche Voraussetzungen erfordert und welche Ergebnisse liefert die Forschung nach dem Sinn? Im anderen Fall wird gefragt: Welchen Sinn hat ein bestimmtes Institut?

Der erste (methodische) Teil der Abhandlung gab eine Skizze zum ersten der beiden Probleme. Das zweite Problem wurde wiederholt im Verlaufe der Darstellung berührt, insbesondere beim Überblick über die Ideengeschichte der öffentlichen Sache; es soll nunmehr durch zusammenfassende Behandlung zum Abschluß gebracht werden. Dadurch schließt sich der Gang der Gedanken zu einem einheitlichen Ganzen, in dessen Mittelpunkt die Idee der öffentlichen Sache steht. Das Ganze ist der Versuch einer einheitlichen Erklärung einer Fülle der verschiedensten positivrechtlichen Gestaltungen, deren bisherige dogmatische Behandlung eine solche Erklärung notwendig zu machen schien. Das Recht der öffentlichen Sache ist hiernach nicht mehr ein Sammelsurium bunter Erscheinungen, Einrichtungen und Rechtsvorschriften, sondern der Ausdruck eines „geschlossenen Gesamtbildes"[1]). Diese Erkenntnis stellt die Spezialfrage in den großen wissenschaftlichen Zusammenhang. Die „große Rechtsidee" ist getreu dem gewählten Vorspruch, „in die kleinsten Einzelheiten des praktischen Lebens" verfolgt.

Nicht schon das Herausschälen der Ideen, der „leitenden Grundsätze", sondern „von ihnen ausgehend den inneren Zusammenhang und die Art

[1]) Vergl. Nawiasky, Sinn der Reichsverfassung, S. 1.

der Verwandtschaft aller juristischen Begriffe und Sätze zu erkennen, gehört" nach einem von Kaufmann[2]) in dem auch hier in Betracht kommenden Sinne verwendeten Wort von Savigny „zu den schwersten Aufgaben unserer Wissenschaft, ja es ist eigentlich dasjenige, was unserer Arbeit den wissenschaftlichen Charakter gibt". Ohne daß Kaufmann in seiner Auffassung von den „überpositiven", aus der Natur der Sache und aus dem Wesen des Rechts fließenden, den „naturrechtlichen Wahrheiten", beigetreten werden muß, kann man sich doch seine in diesem Zusammenhang klar und knapp ausgesprochene Erkenntnis vom Wert, vom Wesen und von einer wichtigen Aufgabe der Sinnforschung ohne Gefahr des Mißverstandenwerdens zu eigen machen: „Es ist eine der Hauptaufgaben der Rechtswissenschaft, die sich über eine enzyklopädische Darstellung und Systematisierung der formulierten Rechtssätze erheben will, gerade auch die Sätze zu finden, die in keinem Gesetzestexte stehen", — Kaufmann hätte vielleicht vorsichtiger sagen sollen „ausdrücklich stehen" oder „ohne weiteres ersichtlich stehen" —, „und diese Sätze durch eindringende Wesensforschung bereitzustellen für den Fall, daß die Rechtsanwendung ihrer bedarf." Die zentrale Bedeutung der Rechtsdogmatik wird durch diese Erkenntnis nicht abgeschwächt, sondern bestätigt.

II.

Der Forschung nach dem Sinn der öffentlichen Sache ist, wie ein Blick auf die Theorien über die öffentliche Sache beweist, bisher in der Verwaltungsrechtswissenschaft wohl nicht die Bedeutung zugewandt worden, die sie für die Erkenntnis und für die Anwendung des Rechts verdient. Immerhin finden sich beachtliche Ansätze dazu. Zu ihnen gehören schon jene, die erkannt haben, daß die Trägerschaft der öffentlichen Sachen nicht zum Aktiv-, sondern zum Passivvermögen der Träger gehört[3]) und daß das Pflichtmoment in den Vordergrund gerückt gehört. Stärker treten die Ansätze dort hervor, wo der enge Zusammenhang zwischen der Staatsauffassung im allgemeinen und der Konstruktion der öffentlichen Sache erkannt und hervorgehoben ist.[4]) Am bisher klarsten scheint mir das Sinnproblem in einer beachtlichen Abhandlung von Moll[5]) erkannt worden zu sein. Moll führt die Gestaltung der Rechtsverhältnisse an öffentlichen Sachen auf „zwei sich bekämpfende Weltanschauungen" zurück[6]), nämlich „die individuelle und die soziale". „Ihr

[2]) Kaufmann, Otto Mayer, VerwArch Bd. 30, S. 378.

[3]) So treffend Friedrichs, Eigentum an öffentlichen Wegen, Gruchots Beiträge, Bd. 62, S. 456.

[4]) Vergl. Dernburg, Gutachten S. 5/6; dann Otto Mayer, Verwaltungsrecht, II, S. 76 ff.

[5]) Walter Moll, Zur Lehre von den öffentlichen Sachen, Beiträge zur Erläuterung des Deutschen Rechts, 54. Jahrg. (1910), S. 313 ff.

[6]) a.a.O. S. 317.

Gegensatz reicht bis in die Urzustände der Menschheit zurück." Schon in den einfachsten Formen „zeigten sich Fehler und Vorzüge einer einseitigen Betonung einer dieser Weltanschauungen". Moll vertritt auch eine eigene Ideologie, die er als Leitmotiv seiner Auslegung der Rechtssätze über öffentliche Sachen zugrundelegt. „Der Individualismus war und ist gerechtfertigt, sobald dem Nächsten die Möglichkeit geboten ist, selbst für seine Bedürfnisse sorgen zu können, und der soziale Gedanke erscheint regelmäßig dann für das Wohlbefinden zusammenlebender Menschen fruchtbar und förderlich, wenn der eine über seine Bedürfnisse hinaus besitzt, der andere dagegen trotz redlichster Mühewaltung das zum Lebensunterhalte Notwendige sich nicht zu beschaffen vermag."[7]) Die Wandlungen des Rechts der öffentlichen Sache führt er auf die Staatsideologie zurück. „Es ist daher einleuchtend, daß sich unter dem Einfluß dieses Werdegangs das Recht an öffentlichen Sachen wie überhaupt das Eigentumsrecht gestaltet und gewandelt hat, und daß man die in einem Zeitalter herrschenden Ansichten über die fraglichen Verhältnisse nur aus der in ihm geltenden Auffassung von dem Wesen und den Aufgaben des Staates zu verstehen vermag." „Bei der geschilderten Sachlage läßt sich naturgemäß keine allgemeingültige Deutung für den Begriff der öffentlichen Sachen geben; man kann vielmehr lediglich sagen, daß regelmäßig diejenigen unter diesem Ausdruck verstanden werden, welche eine rechtliche Sonderstellung unter besonderer Berücksichtigung sozialer Anschauungsweise einnehmen."[8]) Wenn diesen Gedanken Molls auch nicht inhaltlich zugestimmt werden kann, so verdienen sie doch, schon aus methodischen Gründen, der Vergessenheit entrissen zu werden. Sie weisen den Weg, der von der Sinnforschung gegangen werden muß, ohne freilich selbst den richtigen zu gehen.

Nachdem im ersten Teil das Wesen und der Zweck der Sinnforschung im allgemeinen angegeben worden ist, ist mit diesem Gedanken die besondere Aufgabe inbezug auf das öffentliche Sachenrecht gestellt. In ähnlicher Weise, wie es Dernburg, Otto Mayer und besonders Moll unternommen haben, soll auch hier der Sinn der öffentlichen Sache erforscht werden.

§ 37. Der Sinn der öffentlichen Sache.

I.

1. Die Bedeutung der öffentlichen Sache im Geltungsbereich der deutschen Rechtsordnung hat in den letzten Jahrzehnten zugenommen. Der Grund

[7]) a.a.O. S. 318.

[8]) a.a.O. S. 319. Moll behandelt die Herrschaft über die öffentlichen Sachen auch vom historischen Standpunkt, von den Gesetzen Hammurabis über den römischen ager publicus bis zu den öffentlichen Sachen des Code civil und des Allgemeinen Preußischen Landrechts. So interessant diese Darstellung an sich sein mag, so vermag sie doch schon aus dem einen Grunde die Sinnforschung wenig vorwärts zu bringen, weil sie sich im wesentlichen auf das Problem beschränkt, was zum Kreise der öffentlichen Sachen gehörte.

hierfür scheint mir in einem Doppelten zu liegen, einmal darin, daß sich ihre Zahl nicht unbeträchtlich vermehrt hat, und sodann darin, daß gewisse Artgruppen neu entstanden und neu zu einer rechtlichen Behandlung gelangt sind. Die öffentliche Sache ist das Produkt eines bewußten rechtlichen Schöpfungsakts, mag auch das Substrat, etwa ein Wasserlauf oder der Luftraum, von Natur gegeben sein. Ist die Schöpfung der öffentlichen Sache ein bewußter Akt, so ist es für die Erforschung des ideologischen Hintergrundes naheliegend zu prüfen, welche Vorstellungen für denjenigen Träger öffentlicher Verwaltung von Bedeutung waren, von dessen Entschluß die Schöpfung abhing. Zwei Vorstellungen scheinen mir hierfür von Einfluß gewesen zu sein, eine Vorstellung auf seiten der Träger der öffentlichen Verwaltung, und eine Vorstellung auf seiten der Nutznießer der öffentlichen Sache.

2. Aufseiten der öffentlichen Verwaltung ist eine Vorstellung maßgebend, deren Betätigungsrichtung sich in der Hauptsache unter der Bezeichnung „Machterweiterung" und „Machterweiterungsstreben" zusammenfassen läßt. Wie vielfach im öffentlichen Sachenrecht, so bestehen auch in diesem Punkte gewisse Berührungspunkte mit dem öffentlichen Anstaltsrecht. Was Richter[9]) von der Ausdehnung der öffentlichen Anstalt sagen konnte, gilt in mancher Hinsicht auch von der öffentlichen Sache, wennschon nicht zu verkennen ist, daß bei einem Teil der öffentlichen Sachen wesentliche Gesichtspunkte hiervon, insbesondere die auf den wirtschaftlichen Ertrag abzielenden Vorstellungen, entfallen. Die Machterweiterung und das hierauf gerichtete Streben der öffentlichen Verwaltung in der jüngsten Vergangenheit und in der Gegenwart sind, soweit ersichtlich, noch nicht zum Gegenstand einer eingehenderen wissenschaftlichen Untersuchung gemacht worden, wennschon die Erkenntnis davon nicht verborgen geblieben ist.[10]) W. Jellinek[11]) hat diese Tendenz mit dem Satz gekennzeichnet: „Während des Krieges und in den ersten Jahren nach dem Kriege ging eine mächtige polizeistaatliche Welle durch das Land." Diese Welle ist auch heute noch und zwar in einer für den Außenstehenden gar nicht geahnten Weise, mächtig. Sie offenbart sich gerade auch bei der verwaltungsmäßigen Behandlung der kleinen Angelegenheiten des täglichen Lebens, bei der die staatliche Einmischung und staatliche Bevormundung, die die Privatsphäre des Einzelnen beengt, oft besonders augenscheinlich ist. Dieses Reglementieren der kleinen und kleinsten Lebensbetätigungen pflegt zwar regelmäßig umkleidet zu sein mit dem Hinweis auf die vorgeblich in Mitte liegenden öffentlichen Interessen; doch täuscht diese kollektivistische Verbrämung nicht darüber hinweg, daß sie vielfach nur ein dürftiger Mantel

[9]) Richter, Verwaltungsrecht der öffentlichen Anstalt, Veröffentlichungen der Vereinigung der Deutschen Staatsrechtslehrer, Heft 6 (1929), S. 69 ff.

[10]) Am ehesten noch Kleindinst, Verwaltungspolitik und Verwaltungsreform, 1929.

[11]) Verwaltungsrecht S. 91.

für die wahren Strebungen ist. Das Machterweiterungsstreben hat auch das Gebiet des öffentlichen Sachenrechts, vor allem dessen polizeiliche Seite ergriffen. Es ist nicht uninteressant zu sehen, mit welcher Zähigkeit oft ein Träger öffentlicher Verwaltung daraufhin arbeitet, den Kreis der ihm zuzurechnenden öffentlichen Sachen zu vergrößern, und wie gering gegenüber dem Streben, ein neues Betätigungsfeld zu eröffnen, die damit verbundenen Lasten und Pflichten in der Vorstellung des Sachträgers ins Gewicht fallen und wie leicht sie in Kauf genommen werden.

3. Man mag nun freilich Zweifel darüber hegen, ob mit der Erweiterung dieses Betätigungsfeldes auch in Wahrheit eine Machterweiterung verbunden ist, sodaß das Machterweiterungsstreben auch vernunftmäßig gerechtfertigt erscheint. Es kann davon abgesehen werden, daß es für die Tendenz zur Ausdehnung nicht schlechthin auf eine tatsächliche Machterweiterung, sondern an sich nur auf die Vorstellung von ihr ankäme. Allein auch objektiv ist nach dem heutigen Stand der Ideen- und Rechtslage eine tatsächliche Machterweiterung nicht abzuleugnen. Man denke z. B. daran, daß der Staat sich ein Monopol auf den gesamten Luftverkehr und die gesamte Nachrichtenbeförderung teils bereits geschaffen hat, teils zu schaffen im Begriffe ist. Oder man vergegenwärtige sich, daß die Grundlagen für den gesamten Überland-(Straßen)-Verkehr in der Hand der öffentlichen Verwaltung ruhen und dadurch diese eine überragende Stellung schon in normalen, noch mehr aber in anormalen Zeiten gewinnt. Gerade die Verbindung der sogenannten sachherrschaftlichen mit den sogenannten polizeilichen Zuständigkeiten und Befugnissen in einer Hand ist geeignet, in dieser Richtung zu wirken. Dazu kommen zahlreiche andere, der Verwaltungspraxis geläufigen Druckmittel der öffentlichen Gewalt, die irgendwie mit der Sachträgerschaft oder der Sachpolizei zusammenhängen, etwa auf dem Gebiete der Behinderung des Gebäudeerrichtens durch den Träger des öffentlichen Weges oder die mit ihm personell verbundene Wege- und Baupolizeibehörde, oder das Streben der öffentlichen Verwaltung, sich von gewissen Bindungen gegenüber anderen Kräften zu befreien, etwa auf dem Gebiete des kommunalen Friedhofs- und Bestattungsrechts.

4. Will man in diesem Zusammenhang die grundsätzliche Frage der Zweckmäßigkeit der Haltung öffentlicher Sachen — anstelle einer Befriedigung der auftretenden Bedürfnisse in anderer Rechtsform oder anstelle der Unterlassung einer Befriedigung — aufwerfen, so sind dabei zwei Fragen bedeutungsvoll, nämlich einmal, ob die öffentliche Verwaltung sich überhaupt mit der Sachhaltung befassen soll, und sodann, in welcher Form sie sich damit befassen soll. Beide Fragen stehen nicht nur insoferne in engem Zusammenhang, als durch Verneinung der ersten die zweite hinfällig wird, sondern auch insoferne, als durch Prägung eines ganz bestimmten Typs der öffentlichen

Sachträgerschaft als der zweckmäßigsten Form der Befriedigung der einschlägigen Bedürfnisse auch die Lösung der ersten Frage mit in die Hand gegeben ist. Nach beiden Richtungen wurden ähnliche Probleme im Zusammenhang mit der rechtspolitischen Betrachtung der wirtschaftlichen Betätigung der öffentlichen Hand, mit dem öffentlichen Anstaltsrecht und mit dem Recht der erwerbswirtschaftlichen Unternehmungen der öffentlichen Körperschaften behandelt. So können z. B. die Gedanken von Glum[12]) hierher verwertet werden, soweit sie die Notwendigkeit des Machterweiterungsstrebens „höchstens aus militärischen Bedürfnissen, vielleicht noch beim Nachrichtenwesen" rechtfertigen wollen; gerade diese beiden Gesichtspunkte spielen bei den öffentlichen Sachen eine nicht unerhebliche Rolle (vergl. Straßen, Flüsse, Luftwege, Telegraphenwege, Festungen usw.). Bei den öffentlichen Sachen kommt hinzu der weitere Gesichtspunkt, daß sich bei vielen von ihnen ein wirtschaftlicher Ertrag nicht erarbeiten läßt und eine Unternehmung ohne wirtschaftlichen Ertrag für einen Privatbetrieb kaum eignet. Die Tatsache, daß sich für notwendige Einrichtungen mitunter kein Träger finden würde, scheint mir ein nicht unbeachtliches Moment zugunsten der Trägerschaft öffentlicher Sachen durch die öffentliche Verwaltung zu sein. Wenn daher auch eine Machterstreckung des Staates und unterstaatlicher Träger öffentlicher Verwaltung auf wirtschaftlichem Gebiete grundsätzlich nicht erwünscht ist, wird man doch bei einer Reihe von Artgruppen dem Betrieb durch die öffentliche Verwaltung den Vorzug geben können, ohne daß damit einer hemmungslosen Ausdehnung auf die Befriedigung der verschiedensten Bedürfnisse das Wort geredet werden kann. Was aber die rechtliche Form des Haltens anlangt, so verdient die Figur der öffentlichen Sachträgerschaft in dem näher betrachteten Sinn schon allein aus dem Grunde den Vorzug, weil gerade sie jene Bindung zu gewährleisten imstande ist, die eine Sicherung zugunsten der notwendigen Beschränkung der öffentlichen Verwaltung gegen ihre eigene Ausdehnungstendenz bietet.

5. Die Tendenz der öffentlichen Verwaltung, sich auszudehnen und sich neue Betätigungsfelder zu schaffen, findet nun allerdings aufseiten der Untertanen in der Gegenwart verhältnismäßig geringen geistigen Widerstand. Man kann den Inhalt der ideologischen Haltung des deutschen Untertanen auf die Formel bringen, daß der Untertan heute die Befriedigung möglichst zahlreicher Bedürfnisse gegen möglichst geringe oder wenigstens keine unmittelbar sichtbare Gegenleistung verlangt. „Alle erwarten alles vom Staat." Diese Haltung ist wie im Verwaltungsrecht überhaupt, so auch im öffentlichen Sachenrecht von einer nicht zu unterschätzenden Bedeutung. Es hat zuweilen den Anschein, als ob trotz aller späteren Staatsideen und Staatsumwälzungen doch die Idee des polizeilichen Wohlfahrtsstaates in der Seele des Untertanen

[12]) Auf der Staatsrechtslehrertagung 1929, a.a.O. S. 145.

erhalten geblieben oder zum mindesten in der Gegenwart wieder aufgelebt wäre. Ein Grund dafür mag die stark wirtschaftliche Auffassung des Staates sein, die zu der Vorstellung geführt hat, daß die öffentliche Verwaltung infolge ihrer ungeheuren Machtmittel die Fähigkeit habe, alle Notstände zu lindern und alle Schwierigkeiten aus dem Wege zu räumen.[13]) Die umfassende Einmischung des Staates in das Wirtschaftsleben in der Kriegs- und Nachkriegszeit bis zur Wirtschaftsgesetzgebung der Gegenwart[14]) mag mit eine Ursache dafür sein, daß die öffentliche Verwaltung in den Augen mancher Kreise als die Sphäre der unbegrenzten Möglichkeiten erschien. Dadurch hat eine ungeheure Überschätzung der Machtmittel des Staates im Volk Platz gegriffen. Mit der wirtschaftlichen Auffassung des Staates ist vielfach eine materielle Auffassung der Staatszwecke verbunden. Daß die öffentliche Verwaltung es in die Hand nehmen müsse, die unterschiedlichsten Bedürfnisse zu befriedigen und Angelegenheiten zu regeln, erscheint unter diesem Blickpunkt als naheliegend und selbstverständlich. Vom Untertanen werden dabei an die öffentliche Verwaltung weitestgehende Ansprüche gestellt, ohne daß diesem Begehren stets die entsprechende Bereitschaft, Opfer zu bringen, gegenüberstünde. In enger Berührung mit dieser Ideengruppe steht die Vorstellung, in welcher Weise man auf die wirtschaftliche Betätigung des Staates und auf die öffentliche Verwaltung überhaupt Einfluß nehmen könne und müsse, eine Vorstellung, die man vielleicht als mechanische Vorstellung von den Staatskräften und den Funktionen seiner Organe bezeichnen kann. Sie besteht darin, daß man nur Einfluß auf die öffentliche Verwaltung haben müsse (und zwar am besten auf die Spitze des Verwaltungsapparates, von wo aus der Druck weitergegeben werde), um auch Einfluß auf die wirtschaftlichen, sozialen und kulturellen Verhältnisse zu nehmen und diese zu gestalten, zu verändern und zu verbessern.[15])

6. Nicht nur die Tendenz der öffentlichen Verwaltung selbst ist mithin auf eine Abkehr von einer weisen Selbstbeschränkung auf die unbedingt notwendigen und lebenswichtigen Gebiete gerichtet und einer Rückkehr zum polizeilichen Wohlfahrtsstaat nicht abgeneigt. Auch die Ideologie des Untertanen bewegt sich vielfach in ähnlichen Gedankengängen und gibt dadurch der Tendenz der Verwaltung verstärkten Antrieb und erhöhte Durchschlagskraft.

II.

1. Bei der Stellung des Sinnproblems der öffentlichen Sache[16]) wurde erkannt, daß sich in der öffentlichen Sache zwei gegensätzliche Ideen gegen-

[13]) Kleindinst, a.a.O., S. 29.

[14]) W. Jellinek, Verwaltungsrecht, S. 91.

[15]) Vergl. Kleindinst, a.a.O., S. 30.

[16]) Siehe oben § 9 und 10.

übertreten und um Anerkennung ringen, nämlich die Idee des Eigentums und die Idee der öffentlichen Verwaltung. Schon in diesem Ringen, nicht erst in der Lösung des Widerstreits, ruht der Sinn der öffentlichen Sache. Es gibt zwischen den beiden Ideen in ihrer Abstraktheit kein Kompromiß. Nur bei der Beurteilung eines Einzelfalls kann man von einem Ausgleich der Ideen inbezug auf eine bestimmte Erscheinung sprechen. Grundsätzlich sind die beiden Ideen und damit auch die ihnen entsprechenden Rechtsinstitute unvereinbar. Es ist daher auch die „Addition" der beiden Rechtsinstitute, von der Otto Mayer gesprochen hat, ein unmöglicher Denkvorgang. Wohl aber kann bei der Realisierung der einen oder der anderen Idee der Nachdruck auf die eine oder die andere Seite des Gegenspiels gelegt werden. Das Ergebnis dieser Alternative ist zu erarbeiten aus der Auffassung von der staatlichen Macht, von der staatlichen Tätigkeit und von den staatlichen Aufgaben in einer bestimmten Epoche und einem bestimmten Rechtsordnungsbereich, also aus der jeweiligen Staatsideologie. Die Auswirkung der Optierung für die eine oder die andere Seite ist zu suchen in der Auslegung des geltenden und in der Gestaltung des werdenden Rechts.[17])

2. Bei der Stellung des Sinnproblems wurde ferner bereits angedeutet, daß in der vorliegenden Abhandlung der Nachdruck auf die Idee der öffentlichen Verwaltung gelegt werden wird. Diese Entscheidung ist indessen nach einer ganz anderen Richtung und unter einem ganz anderen Gesichtspunkt zu treffen, als unter dem der aufgezeigten Tendenz zur Machterweiterung der öffentlichen Verwaltung. Es muß im Gegenteil das Gewicht gerade auf die Eindämmung dieser Tendenz gelegt werden. Das Streben der öffentlichen Verwaltung auf Machterweiterung und die Auffassung der Untertanen von der Allmacht der öffentlichen Verwaltung führen letzten Endes zu einer Untergrabung der Rechtsstellung des Individuums, auf der ideenmäßig unsere gesamte deutsche Rechtsordnung der Gegenwart aufgebaut ist. Der Machterweiterungstendenz ist die Idee entgegenzustellen, daß bei aller Betonung der Gemeinschaftsinteressen das Einzelinteresse nicht beiseite geschoben oder gar vernichtet werden darf. In Auswirkung dieser Idee müssen zugunsten des Individuums Sicherungen gegen eine Ausartung der polizeistaatlichen Tendenz getroffen werden.

3. Die Sicherungen werden ihrer Art nach den verschiedenen Gebieten staatlicher Betätigung angepaßt sein müssen und daher durchaus verschieden sein. Auf dem Spezialgebiet der öffentlichen Sache sind insbesondere die nachfolgenden zwei Sicherungen zweckmäßig:

a) Wichtig ist die vollkommene begriffliche Loslösung der Sachträgerschaft von der Herrschaft über das Substrat. Die Vermengung der beiden Rechtsstellungen hat sich in der bisherigen Rechtsgeschichte der öffentlichen Sache

[17]) Siehe oben § 4 und 5.

keineswegs zugunsten, sondern im Gegenteil zum Nachteil des Individuums ausgewirkt. Die öffentliche Verwaltung hat hierbei entweder das Eigentum in sich aufgesaugt und dadurch ihre eigene Bedeutung ungeahnt vergrößert, wie bei der Idee des öffentlichen Eigentums, oder die Stellung des Eigentümers bis zur Bedeutungslosigkeit verkleinert, wie bei der an die frühere Fiskustheorie anklingenden preußischen Sachenrechtstheorie. Beide Untergrabungen der Rechtsstellung des Individuums müssen und können auch vermieden werden. Die in der vorliegenden Abhandlung versuchte völlige Befreiung des Begriffs der öffentlichen Sache und der sich um sie gruppierenden Rechtsbeziehungen, insbesondere der Nutzungsrechtsverhältnisse, vom Begriff des Eigentums und der sonstigen Rechtsformen der Substratherrschaft und damit die restlose Verlegung der ersten Begriffsgruppe in das Verwaltungsrecht ermöglicht es, die fruchtbarste Betätigung der öffentlichen Verwaltung auf rein öffentlichrechtlicher Grundlage zur Realisierung des Kollektivinteresses zu vereinigen mit der größtmöglichsten Schonung des Einzelinteresses. Diese Schonung äußert sich vorzugsweise durch Ausschluß von anderen Eingriffen in das Eigentum, als sie die Rechtsordnung außerhalb des öffentlichen Sachenrechts darbietet. In weiterer Verfolgung dieses Gedankens müssen die Zweiseitentheorie der öffentlichen Sache[18]) und die Eigentumsideologie (und zwar die Ideologie sowohl von einem öffentlichen wie vom privaten Eigentum) aus dem öffentlichen Sachenrecht eliminiert werden, ähnlich wie seinerzeit die Zweiseiten- oder Fiskustheorie des Staates (Theorie von der privatrechtlichen und öffentlichrechtlichen Seite des Staates) und die Idee einer privatrechtlichen Herrschaft des Staates über das Staatsgebiet eliminiert werden mußten. Damit entfällt dann von selbst die Klammerung an die Vorstellung einer Herrschaft über Sachen im bürgerlichrechtlichen Sinn und das Haften am p r i v a t e n Sachenrecht. Die Identifizierung der öffentlichen Sache mit ihrem außerrechtlichen Substrat verschwindet damit. Der Begriff der öffentlichen Sache kann hinfort nach allen seinen Richtungen dem Verwaltungrecht angehören. Konstruktion und Dogmatik des öffentlichen Sachenrechts sind damit auf neue Grundlagen gestellt.

b) Wichtig ist sodann der Einbau der Sachträgerschaft in ein mehrseitiges Rechtsverhältnis von formal gleichberechtigten Rechtssubjekten, wobei dem Sachträger die Stellung eines Rechtspflichtsubjektes zukommt. Die dadurch ermöglichte Betonung der r e ch t l i ch e n B i n d u n g des Sachträgers anstelle einer M a ch t b e t ä t i g u n g, das Hervorkehren des D i e n e n s der öffentlichen Verwaltung für die Gemeinschaft anstelle des Herrschens über den einzelnen, vermittelt eine Vorstellung, die am ehesten Gewähr dafür bietet, als wirksames Gegengewicht gegen die Tendenz der Machtüberspannung verwendet werden zu können; sie wird verstärkt durch eine Konstruk-

[18]) Siehe Fleiner, Institutionen, S. 353/354.

tion, derzufolge schon vor Eintritt in das mehrseitige Rechtsverhältnis eine Rechtspflichtlage des Sachträgers, wenn auch hier von anderer Art als dort, besteht, und wenn die Idee, der Sachträger sei Normgeber, ersetzt wird durch die Konstruktion von Satzung und Widmung als vorweggenommene Inhaltsprägung künftiger Nutzungsrechtsverhältnisse durch Rechtsgeschäft.

III.

Die hieraus sich ergebende Sinnlehre der öffentlichen Sache erhält eine knappe und leicht verständliche Fassung durch Einkleidung in die nachfolgenden zehn Thesen:

1. In dem Rechtsinstitut der öffentlichen Sache ringen die Ideen der öffentlichen Verwaltung und des Eigentums. Die öffentliche Verwaltung verkörpert das Kollektivinteresse, das Eigentum das Individualinteresse. (Die Bemängelungen Smends[19]) an dieser „Antinomie" gehen fehl. Eine tiefere Begründung, inwiefern das „Verlieren" in solchen Gegensätzen ein „Versagen" sei, ist dabei zu vermissen. Ob der Einzelne und die Gemeinschaft als „isolierte Elemente" des geistigen Lebens oder als „Momente einer dialektischen Zusammenordnung", „deren Glieder . . . einander polar zugeordnet sind"[20]) aufgefaßt werden, ist zwar für die philosophische Erklärung, nicht aber für die Verwendung des Gegensatzes im Rechtsleben maßgeblich.) In diesem Ringen — in der Spannung zwischen beiden Ideen — liegt der Sinn der öffentlichen Sache.

2. Zwischen den beiden Ideen und zwischen den Interessengegensätzen gibt es zwar einen Ausgleich in einer einzelnen Fallentscheidung, aber kein Kompromiß in grundsätzlicher Hinsicht, es gibt auch keine Addition der gegensätzlichen Rechtsinstitute.

3. Zu welchem Ergebnis das Ringen der Ideen und Interessen in ideologischer und konstruktiv-dogmatischer Hinsicht führt, kann nur aus einer konkreten Staatsauffassung (Staatsideologie) beantwortet werden.

4. In der Gegenwart ist eine auf Machterweiterung gerichtete Tendenz der öffentlichen Verwaltung in Deutschland festzustellen.

5. Als Gegengewicht gegen eine Überspannung dieser Tendenz müssen ideologische und konstruktive Sicherungen durch eine rechtliche Bindung der Machtstellung gefunden werden.

6. Eine dieser Sicherungen besteht darin, daß unter Loslösung der Sachträgerschaft vom Eigentum und unter Ablehnung einer Zwischen- oder Mittelstellung der öffentlichen Sache zwischen öffentlichem und privatem Recht die gesamten Rechtsverhältnisse um die öffentliche Sache verlegt werden in das Verwaltungsrecht. Der Eigentümer unterliegt dann keinen anderen als

[19]) Verfassung und Verfassungsrecht, S. 5/6.

[20]) a.a.O., S. 7.

den allgemeinen, außerhalb des öffentlichen Sachenrechts ohnehin bestehenden gesetzlichen Beschränkungen.

7. Eine weitere Sicherung besteht darin, daß die öffentliche Sache aufgefaßt wird als ein Rechtsverhältnis im engeren Sinn und daß die Stellung des Trägers der öffentlichen Sache nicht betrachtet wird als ein Herrschen eines übergeordneten mit Normgebungszuständigkeit ausgestatteten Subjekts, sondern als das Dienen eines formal gleichberechtigten Subjekts im Sinne der Bekleidung einer Rechtspflichtstellung.

8. Dadurch kann das Ringen der beiden Ideen und Interessen in Zusammenhang gebracht werden mit der Abwägung rechtlicher Macht und rechtlicher Pflicht durch die Rechtsnorm in einem Rechtsverhältnis. Dadurch wird auch das verpflichtende Moment nachdrücklich betont, das im Bestand und im Betrieb einer öffentlichen Sache liegt.

9. In dem Maße, in dem die beiden Ideen sich beeinflussen und in dem die eine oder andere das Übergewicht gewinnt, erhält das Recht der öffentlichen Sache in einem bestimmten Rechtssystem und in einer bestimmten Entwicklungsperiode ein charakteristisches Gepräge.

10. Damit ist gleichzeitig ein theoretisch bedeutsames und praktisch umfassendes Gebiet des Verwaltungsrechts von zivilrechtlichen Resten und von den rechtlichen Lücken der angeblich rein „tatsächlichen" Vorgänge befreit; das öffentliche Sachenrecht ist ja nicht zum wenigsten aus dem Grunde für die rechtswissenschaftliche Bearbeitung in der Gegenwart von so großem Interesse und von so grundlegender Bedeutung, weil die unheilvolle Vermengung des Verwaltungsrechts mit dem Zivilrecht, unter der das Verwaltungsrecht früher in viel stärkerem Maße zu leiden hatte als heute, hier einen letzten starken Stützpunkt hat, der genommen werden muß, wenn die Säuberung weitere Fortschritte machen will. Es genügt jedoch, daß dieser Stützpunkt wissenschaftlich oder — wenn man so sagen will — ideologisch genommen wird. Ein Tätigwerden der Gesetzgebung ist nicht erforderlich.[21])

Damit sind ferner neue Rechtsfiguren, insbesondere die der verwaltungsrechtlichen Anwartschaft und die des verwaltungsrechtlichen Mantelrechtsgeschäfts, für eine weitere Verwertung im öffentlichen Sachenrecht zur Verfügung gestellt.[22])

[21]) Auf einer Überschätzung der Gesetzgebung beruht es, wenn Rösch, G. O. S. 75, meint: „Es bleibt nichts übrig, als das Bedürfnis der Gegenwart festzustellen, daß die Gesetzgebung das öffentliche Sachenrecht regle." Beachtlich ist aber seine Erkenntnis der Abänderungsbedürftigkeit des gegenwärtig herrschenden Rechtszustands: „Solange diese Lücke besteht, wird die Rechtssprechung sich in der gleichen schlimmen Lage sehen wie das Schiff des Odysseus. Es wird zwischen Scylla des öffentlichen und der Charybdis des bürgerlichen Rechts die Durchfahrt niemals ohne Opfer gewinnen."

[22]) Damit wird die von Otto Mayer nach den Worten Kaufmanns (Verw Arch Bd. 30 S. 386) „angebahnte" „Lehre von den Rechtsformen der öffentlichen Verwaltung" fortzusetzen und auszubauen versucht.

Damit ist endlich, und zwar durch Aufzeigung neuer Gesichtspunkte für die Interpretation des positiven Rechts nach einem einheitlichen Gedanken, ein Teilgebiet des Verwaltungsrechts, mit ihm aber in Hinblick auf die Ausdehnbarkeit der Grundsätze auf das Gesamtgebiet auch das Verwaltungsrecht selbst auf eine neue Grundlage gestellt. Die Ideenspannung von Staat und Untertan ist nicht nur charakteristisch für das öffentliche Sachenrecht, sondern sie beherrscht das gesamte Verwaltungsrecht, ja das Verwaltungsrecht ist ohne sie undenkbar.

IV.

Mit diesen Leitsätzen, durch die die öffentliche Sache in einen größeren Zusammenhang und zwar, da es sich um eine staatliche und verwaltungsrechtliche Einrichtung handelt, in den Zusammenhang des Staates und des Verwaltungsrechts eingeordnet worden ist,[23]) ist der Sinn der öffentlichen Sache dargestellt. Ein letzter Gesichtspunkt, der in der gleichen Richtung der Zusammenordnung der Fülle positivrechtlicher und konstruktiver Einzelheiten zu einem sinnvollen Ganzen wirkt, ist das Verstehen des gegenwärtigen deutschen Rechts der öffentlichen Sache als ein im Strome der Ideengeschichte sich vollziehendes Werden[24]), als eine Anknüpfung an die Rechtsanschauungen der vorangegangenen und eine Wegweisung für die Rechtsanschauungen der nachfolgenden Epoche, als eine Stufe auf dem Wege zum Gipfel der idealen Rechtsordnung. Unter diesem Gesichtspunkt erscheint die hier vorgetragene Auffassung der öffentlichen Sache als eine Fortsetzung jener Ideologie, für die es ein Ungedanke ist, daß die Grenzen der öffentlichen Gewalt irgendwo nicht fest gezogen sein könnten, und als eine Fortsetzung jenes Strebens nach Schutz des Einzelnen gegen die Allmacht des Staates, das die große Wandlung von Polizeistaat zum Rechtsstaat herbeigeführt hat. Nur ein Ausschnitt aus dieser fortdauernden Entwicklung ist es, wenn anstelle des behaupteten „gesetzesfreien“ Bodens und der „rein tatsächlichen“ Vorgänge, geegen die es keine Rechtsschutzmittel gibt, die Idee als ausfüllende Interpretation der Norm und damit der Boden des Rechts und die Garantie des Rechtsschutzes treten, wenn der Eigentümer nicht schlechthin dem Ermessen der „Polizei“ der öffentlichen Sache preisgegeben ist, die ihre Befugnisse statt aus einem Rechtssatz aus dem Wesen der öffentlichen Sache und den Aufgaben der Polizei herleiten will, wenn die Behörde nicht einfach mit ihren Zwangsmitteln für die „Polizeimäßigkeit“ des Eigentums sorgen und die „Polizeipflichtigkeiten“ erzwingen kann, der Eigentümer aber „die öffentliche Sache nicht kraft Privatrechts dem öffentlichen Dienst entziehen darf“, wenn die Träger

[23]) Vergl. Nawiasky, Die allgemeine Rechtsstellung der Polizei, Bay Verw Bl 1926, S. 385.

[24]) Vergl. Rothenbücher, Das Wesen des Geschichtlichen, S. 90 ff., S. 126 ff.

der öffentlichen Gewalt nicht über Rechte des einzelnen unter Berufung auf Zweckmäßigkeitsgründe hinwegschreiten können, wenn sie nicht bindungsfreie Normgeber, sondern gebundene Pflichtsubjekte sind, wenn sich der Einzelne nicht einem Machtspruch der Behörde zu unterwerfen, sondern sich der Behörde zur Verwirklichung und zum Schutze seiner rechtlichen Interessen bedienen kann, wenn mit einem Worte nicht die Macht, sondern das Recht herrscht.

Erwachsen aus einem in vielfältiger praktischer Anschauung gewonnenen Bewußtsein, daß wie auf anderen Gebieten des Verwaltungsrechts, so auch und insbesondere auf dem Gebiete des öffentlichen Sachenrechts diese Gedanken einer nachdrücklichen Betonung bedürfen, geschrieben in der Überzeugung, daß es die Ideen sind, die das Rechtsleben gestalten, will die Untersuchung dem Ziele dienen, der Untergrabung der Rechtsstellung des Individuums durch Zersetzung und Auflösung vorhandener Rechtssicherungen mittels polizeistaatlicher Begriffe entgegenzutreten.

Es wäre für sie ein Lob, wenn man von ihr sagen könnte, sie habe auf einem Teilgebiet ein Bescheidenes beizutragen versucht, „daß selbst gegen den Herrscher Staat dem letzten Bürger im Lande sein Recht wird".[25])

---

[25]) Vergl. Fleiner, Umbildung zivilrechtlicher Institute durch das öffentliche Recht, S. 24.

MIX
Papier | Fördert gute Waldnutzung
FSC® C083411

Kolibri 360 GmbH
Ferdinand-Jühlke-Straße 7
99095 Erfurt, Deutschland
produktsicherheit@kolibri360.de